개 념 을 알 아 야 회 계 가 보 인 다.

제2판

개념을 잘 설명하는

IFRS 재무회계

International Financial Reporting Standards

저자 심호석

퍼블리셔

머 리 말

실무경험이 없는 학생들이 회계공부를 잘하는 방법은 그 개념원리를 정통하게 이해하는 것이다. 개념원리를 파악하지 못하고 회계를 공부할 경우 매우 복잡한 계산만 하게 된다. 그러면 회계가 매우 힘들어지고 재미없게 된다. 회계가 그렇게 재미있는 과목은 아니지만, 그 개념적 틀을 파악하고 공부하면 훨씬 수월하다. 따라서 이 책은 학생들이 회계의 개념적 틀을 익히는데 주안점을 두고, 각 장의 초반에 항상 개념적 틀을 먼저 제시하고 설명한다.

이 책은 학생들이 재무회계를 수월하게 공부할 수 있도록 재무회계의 개념적 틀을 제시하는데 주력하였다. 재무회계의 최고수준은 중급회계라 할 수 있는데, 회계원리를 배우고 바로 중급회계로 넘어갈 경우 상당한 어려움에 부딪히게 된다. 이 책에서 재무회계의 개념적 틀을 정립하고 나면 중급회계를 더 잘 이해할 수 있을 것이다. 이 책의 목표는 중급회계의 징검다리 역할을 하는 것이다.

이 책에서 회계의 모든 주제를 다루지는 않는다. 이 책은 학생들이 재무회계의 개념적 틀을 올바르게 습득하는데 그 목적을 두므로 주요 자산과 부채에 대한 회계만 다룬다. 2판에서는 금융자산부분을 좀 더 보완하였다. 금융자산과 금융부채 외에도 금융은 회계의 곳곳에 존재하고 있으므로, 회계를 정통하게 이해하기 위해서는 금융에 대한 지식을 필요로 한다. 이 책은 학생들이 금융회계를 이해할 수 있도록 쉽게 설명하고자 노력하였다. 부족한 부분은 추후 계속해서 보완할 것이다. 이 책에서 다루지 않은 부분은 중급회계에서 학습하기 바란다.

2022년 8월 31일
심호석

차 례

CHAPTER 1 사업활동과 회계기록

CHAPTER 2 재고자산

CHAPTER 3 수취채권

CHAPTER 4 현금 및 현금성자산

CHAPTER 5 현재가치와 금융거래

CHAPTER 6 유형자산

CHAPTER 7 금융자산(지분증권)

CHAPTER 8 금융자산(채무증권)

CHAPTER 9 금융부채

CHAPTER 10 충당부채

CHAPTER 11 자본

Chapter 01

사업활동과 회계기록

제1절 사업을 한다는 것

사업을 하는 목적은 돈을 벌기 위해서이다. 사업을 한다는 것(doing business)은 구체적으로 무엇을 하는 것일까? 상품이나 서비스를 판매함으로써 돈을 버는 것으로 생각할 수 있다. 그것은 사업의 일부분이다. 사업을 이루는 핵심적인 활동을 요약하면 그림1과 같다.

[그림 1] 사업활동의 흐름

재무활동 (Financing)	투자활동 (Investing)	생산 및 운영활동 (Operating)	영업활동 (Selling)
사업에 필요한 자금을 조달	필요한 자원(재화/용역)을 구매. 현금지출	구매한 자원을 사용-소비하여 새로운 재화나 용역을 창출	창출된 재화나 용역을 판매하여 현금회수

재무활동

사업에 필요한 자금을 조달하는 활동이다. 금융활동이라고도 한다. 자본주의에서는 자금을 빌려주는 것을 업으로 하는 사람들이 많다. 그들을 투자자(investors)라 하며, 채권자와 주주가 대표적이다.

투자활동

조달된 자금으로 생산요소가 되는 자원(재화나 용역)을 구매하는 활동이다. 이때 현금이 지출된다.

생산 및 운영활동

구매한 자원(재화나 용역)을 사용-소비하여 새로운 재화나 용역을 창출하는 활동이다. 제품을 생산하거나 용역을 창출하는데 자원이 사용-소비된다.

영업활동

기업이 창출한 새로운 재화나 용역을 판매함으로써 돈(현금)을 벌어들이는 활동이다. 현금을 회수한다.

제2절 사업활동과 자산, 그리고 돈(부)의 흐름

그림2는 사업활동, 즉 재무-투자-생산·운영-영업활동이 일어날 때 돈의 흐름을 보여준다. 돈이 어디서 와서 어디에 머물다가 어디로 흐르는지 그 흐름을 잘 관찰하자. 그림2에서 볼 수 있듯이, 돈이 머무는 장소(부를 저장하는 장소)는 자산(assets)이다. 그리고 돈은 한 곳에 머무르지 않고 이동한다. 그림2는 회계기록의 프로세스(accounting process)를 이해할 수 있는 밑그림을 보여주고 있으므로 잘 관찰해야 한다.

[그림 2] 사업활동과 돈(부)의 흐름

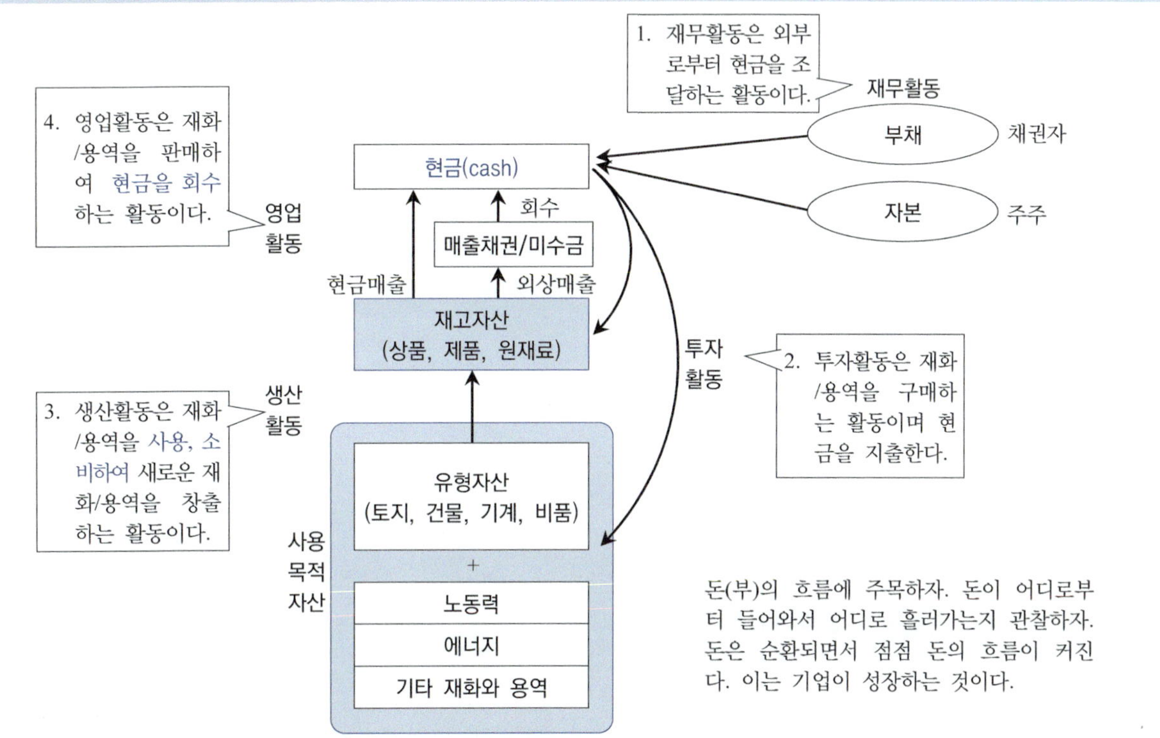

그림2에서 볼 수 있듯이, 사업활동(재무-투자-생산운영-영업)의 결과로 기업에는 자산-부채-자본이 생성된다. 먼저 재무활동을 통해 '현금'이 들어온다. 현금을 보유하는 것만으로는 돈을 벌지 못하므로 조달된 돈으로 생산요소가 되는 자원(재화나 용역)을 구매한다. 그것이 투자활동이다. 예를 들어, 자동차 제조회사의 투자활동을 보자. 자동차를 만들기 위해서는 설비와 노동력이 필요하다. 유형사산(토지,건물,기계,비품 등)을 구매해야 되고 종업원을 고용해야 한다. 자동생산설비를 가동하기 위해서는

에너지(전력,용수,오일,가스 등)가 필요하다. 원자재와 부품도 구매해야 한다. 모두 회사의 현금지출을 요한다. 이와 같은 자원을 사용-소비하여 자동차(제품)를 생산하고 판매함으로써 현금을 벌어들인다. 때에 따라서는 외상으로 판매할 수도 있다. 그럴 경우 '수취채권'이 발생하며, 나중에 회수하여야 할 것이다. 궁극적으로 기업은 상품이나 서비스를 팔아서 현금을 회수하여야 한다. 필요한 재화나 용역을 사는 데 지출한 현금(투자금), 그 이상의 현금을 회수하여야 돈을 버는 것이 된다.

지금부터 재무-투자-생산운영-영업활동을 통한 '돈의 흐름'을 구체적으로 관찰하자.

1. 재무활동

채권자와 주주로부터 각각 500억씩 자금을 조달하다.

[그림 3] 재무활동

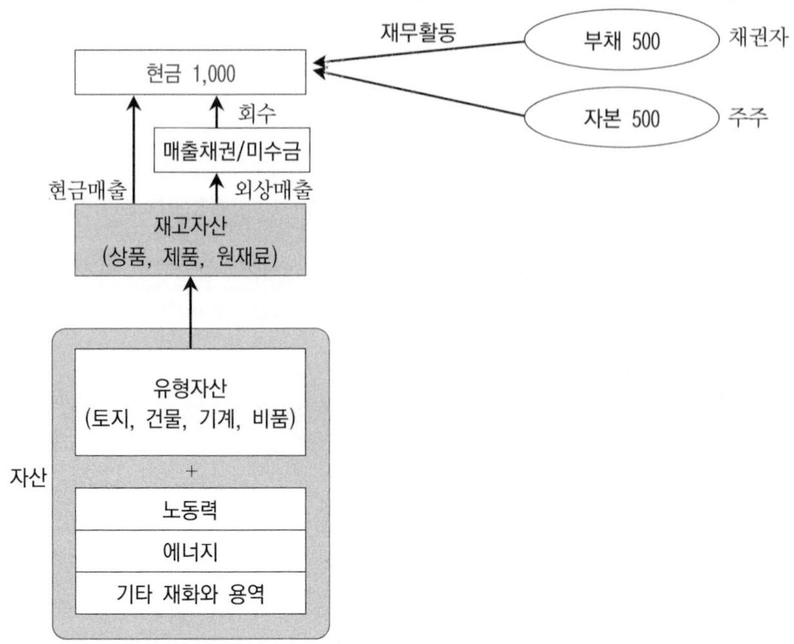

기업은 채권자와 주주로부터 각각 500억씩 현금을 조달하였다. 그 결과 현금자산 1,000억이 기업으로 유입된다. 채권자로부터 조달된 자금은 빌린 돈이다. 빌린 돈은 기한 내에 갚아야 하는 상환의무가 있기 때문에 부채가 된다. 주주로부터 조달된 자금은 상환의무가 없으므로 자본이 된다.

2. 투자활동

조달된 현금 1,000억으로 필요한 재화나 용역을 취득하다. 원재료 100억, 유형자산 200억, 노동용역 100억, 전력용역 100억, 그리고 임차용역 100억을 구매하다.

[그림 4] 투자활동

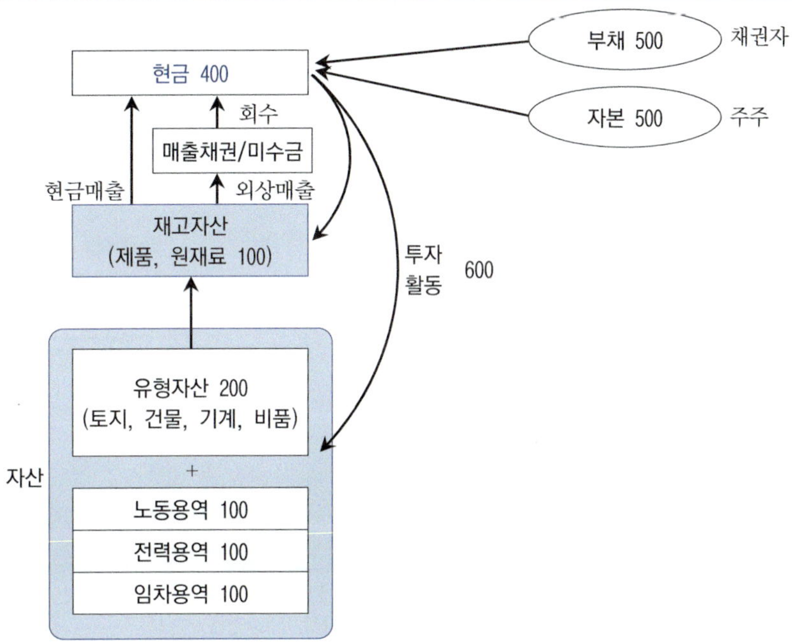

조달된 현금으로 필요한 자원(재화와 용역)을 구매한다. 원재료 100억, 유형자산 200억, 노동력 100억, 전력 100억, 그리고 임차용역 100억을 구매하는데 현금이 지출된다. 회계에서는 구매한 자원(재화나 용역)을 사용하기 전까지는 자산(assets)으로 본다. 왜냐하면, 사용하기 전까지는 자원의 사용가치가 그대로 보존되어 있기 때문이다. 여러 자산을 구매하느라 현금을 지출하였으므로 현금자산이 600억 감소한다. 그러나 아직까지 총자산은 1,000억 그대로이다.

3. 생산-운영활동(사용-소비활동→비용인식)

생산이나 운영활동은 구매한 자산(재화나 용역)을 사용-소비하는 활동이다. 기업은 대부분 사용-소비할 목적으로 자산을 구매한다. 구매한 재화나 용역을 각각 100억만큼 사용-소비한 것으로 가정한다. 설비자산 100억, 노동력 100억, 전력 100억, 임차용역 100억 중 절반은 제품생산에 사용하고 절반은 운영활동에 사용한 것으로 가정한다.

[그림 5] 생산-운영활동

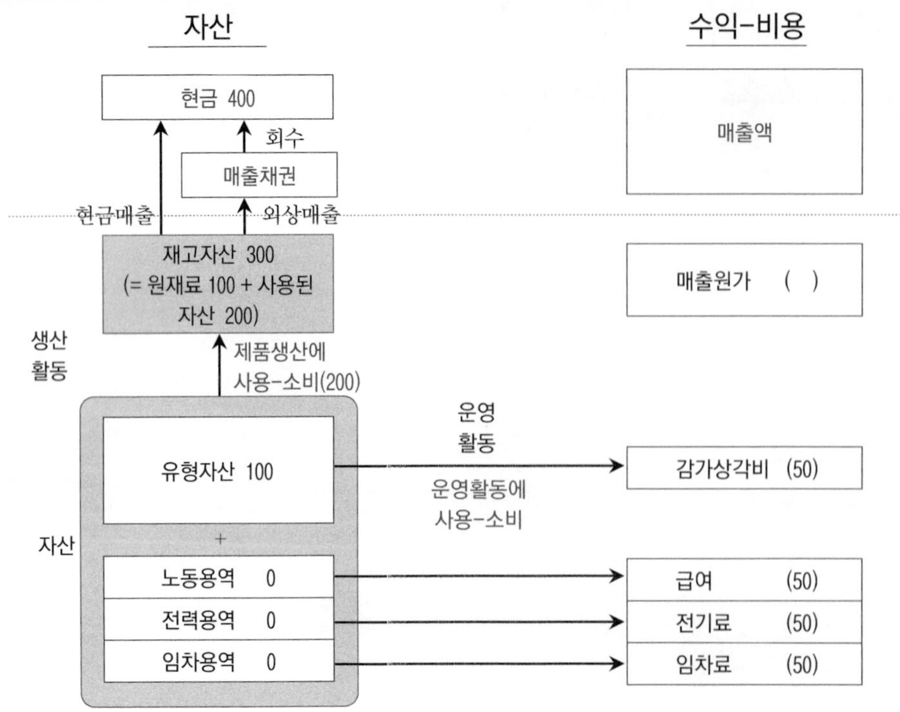

① 생산활동에 사용된 부분

제품생산에 사용-소비된 200억(=유형자산 50억+노동력 50억+전력용역 50억+임차용역 50억)은 원재료 100억과 결합되어 제품(재고자산)으로 완성된다. 완성된 제품의 원가는 300억이다.

② 운영활동에 사용된 부분

운영활동에 사용-소비된 부분은 비용으로 전환된다. 즉 자산이 비용으로 전환된다. 유형자산은 '감가상각비'라는 비용으로, 노동용역은 '급여'라는 비용으로, 전력용역은 '전기료'라는 비용으로, 임차용역은 '임차료'라는 비용으로 전환된다. 발생한 비용은 200억이며 수익에서 차감된다.

생산-운영활동은 '비용(expense)을 인식(기록)하는 활동'이라는 점에서 중요한 의미를 갖는다. 회계에서는 '재화나 용역을 구매하는 시점이 아니라 '사용-소비하는' 시점에서 비용을 인식한다. 시간적인 순서로 볼 때 구매활동이 먼저 일어나고 사용-소비활동이 일어난다. 그러므로 구매시점에서는 '자산'으로 기록해 두었다가 사용-소비시점에서 '비용'으로 조정해 주어야 한다.

4. 영업활동(상품/서비스의 판매활동→수익인식)

영업활동은 창출된 재화(제품, 상품)나 서비스를 고객에게 인도하고 그 대가로 현금을 받는 활동이다. 제품원가 300억 중 200억을 1,000억에 판매한 것으로 가정한다. 판매는 상품 200억을 주고 현금 1,000억을 받는 것이다.

[그림 6] 영업활동

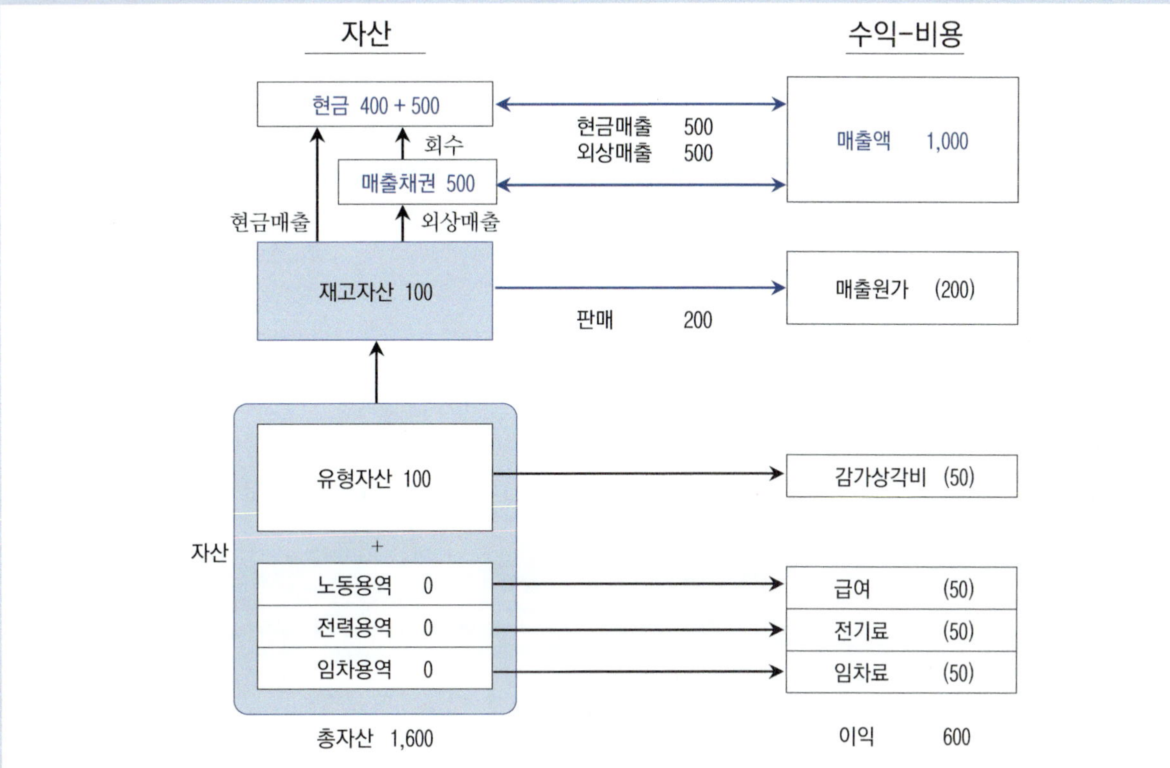

① 재고자산(상품)의 인도

고객에게 인도된 재고자산의 원가(200억)는 '매출원가'라는 비용으로 전환된다.

② 현금회수

상품이나 서비스를 인도한 대가로 현금 1,000억을 받아야 한다. 여기서 절반은 즉시 현금으로 받고, 절반은 나중에 받기로 가정한다. 따라서, '현금'이 500억 증가하고, '매출채권(현금받을권리)'이 500억 증가한다. 현금 500억과 매출채권 500억은 '벌어들인 자산'이므로 '수익'이다.

자산과 수익-비용의 관계

그림6에서 왼쪽은 자산(assets)을 보여주고, 오른쪽은 수익(revenue)과 비용(expense)을 보여준다. 왼쪽과 오른쪽은 서로 긴밀하게 연결된다. 자산증가(벌어들인 자산)는 수익이 되고, 자산감소(자산의 사용-소비)는 비용이 된다. 수익이나 비용은 자산의 증감과 별도로 발생하지 않는다. 자산은 실체이고, 수익이나 비용은 그림자이다. 실체가 있어야 그림자가 있다. 따라서 그림자를 보았으면, 그 실체가 존재함을 알아야 한다. 예를 들어, 매출수익이 1,000억이라면, 그 만큼 현금이나 매출채권 자산이 증가했음을 알아야 한다. 감가상각비가 50억이라면 그 만큼 해당 유형자산이 사용-소비되어 감소했음을 알아야 한다.

수익-비용의 대응(matching) → 손익계산서

그림6의 오른쪽은 수익과 비용이 어떻게 생겨났는지 보여준다. 회계는 수익과 비용을 따로 열거하는 표를 작성하는데 이것이 바로 '손익계산서(Income Statement)'이다. 손익계산서는 회계에서 가장 중요한 수치라고 할 수 있는 '이익(income)'을 보여준다. 이익은 기업의 최종적인 성과이다.

이익(600)	=	수익(1,000)	−	비용(400)	⇨ 손익계산서에 표시
(자산의 순증가)		(벌어들인 자산)		(사용 − 소비된 자산)	⇨ 재무상태표에 표시

이익 수치가 양(+)이면 '흑자'이고, 음(−)이면 '적자'이다.

그림6에서 매출수익은 1,000억이고 총비용은 400억이므로 이익은 600억이다. 기업은 매출(sales)을 통해 모든 노력을 보상받는다. 그 말은 기업이 사용 − 소비한 자산의 원가를 매출수익을 통해 회수하여야 한다는 것이다. 손익계산서는 투자원가의 회수구조를 나타내준다. 그림6에서 매출수익 1,000억을 통해 사용-소비된 자산 400억을 회수한 것으로 본다. 매출수익에서 맨 먼저 회수하여야 할 항목은

판매된 상품의 원가(매출원가)이다. 그 다음 매출수익을 올리기 위해 사용－소비된 영업용자산의 원가(영업비용)를 회수하여야 한다. 급여, 감가상각비, 전력비, 임차료 등 영업비용(판매비와관리비)을 회수하여야 한다. 이 원가들을 모두 회수하고도 남는 금액이 있다면 그것은 '이익'이 된다.

4. 기말의 재무상태

일정기간 동안 재무-투자-생산운영-영업활동을 종료하고 난 뒤, 기말까지 남아 있는 자산-부채-자본을 요약한 것이 기말의 '재무상태표(Balance Sheet)'이다.

[그림 7] 기말의 재무상태

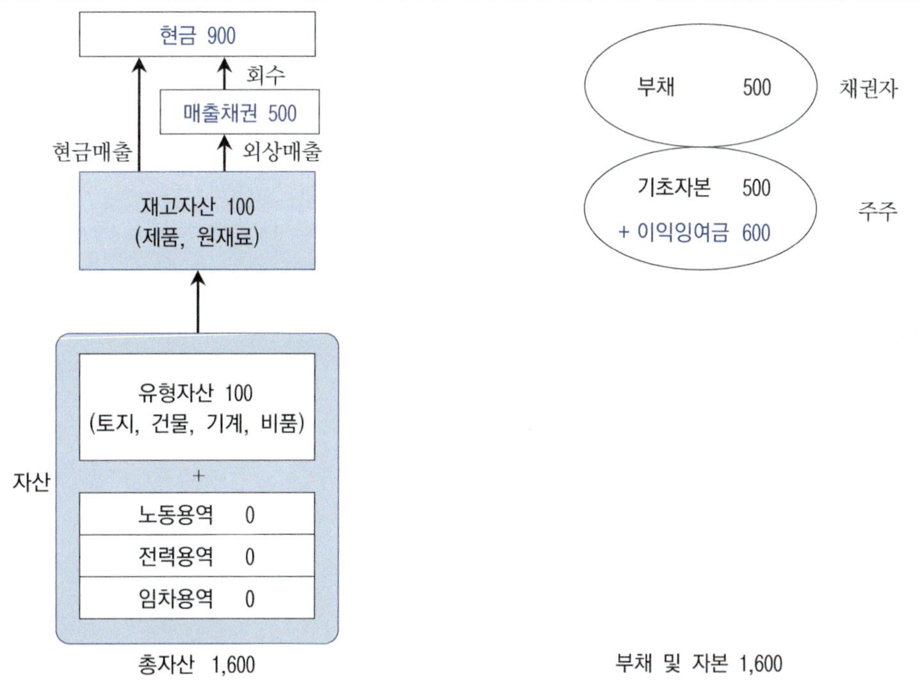

그림7은 기말까지 사용-소비되지 않고 남아 있는 자산과 아직 갚지 못한 부채를 보여준다. 손익계산서에 표시된 당기순이익 600억은 재무상태표에 자산의 형태로 존재한다. 그것은 영업활동을 통해 당기에 벌어들인 자산의 순증가이므로 재무상태표에 이익잉여금으로 표시되며 이는 자본에 속한다. 결과적으로, 총자산이 처음보다 600억 증가되고 자본도 600억 증가되었다.

기말시점에 '남아 있는 자산'을 살펴보자. 현금 900억, 매출채권 500억, 제고자산 100억, 그리고 유형자산 100억이 남아 있다. 매출채권은 다음 연도에 회수되어야 한다. 재고자산 100억은 기말까지 팔리지 않은 상품의 원가(cost)이다. 내년으로 이월하여 판매하여야 한다. 유형자산은 200억을 구매하였으며, 그 중 당기에 100억을 사용하였다. 잔여원가 100억은 차기에 사용-소비됨으로써 매출수익에 기여할 것으로 기대된다. 노동력, 전력, 임차용역은 내년에 새로 구매하여 사용하여야 할 것이다. 기말에 남아 있는 자산은 계속 사용가능하며, 이 자산을 갖고 차기에 사업을 계속할 것이다. 기말에 남아 있는 자산과 아직 갚지 못한 부채를 모아서 표를 만들면 재무상태표(balance sheet)가 된다.

앞의 그림들을 통해, 최초로 기업에 유입된 재화나 용역의 가치가 어디로 이동하는지, 얼마의 금액이 이동하는지, 잘 관찰하자. 유념하여야 할 사실은 '사용목적으로' 구매한 자산은 사용-소비됨으로써 비용이 된다는 것이다.

제3절 사업활동을 장부(계정)에 기록하기 : 회계

앞의 그림들은 재무-투자-생산운영-영업활동의 흐름을 보여준다. 그 흐름은 돈의 흐름(flows)이다. 여기서 돈은 단지 현금(cash)을 의미하지 않는다. 부(wealth) 또는 가치(value)를 의미한다. 돈은 특정한 곳(장소)에 머물다가 다른 곳(장소)으로 이동한다. 회계는 기업 내에서 돈의 흐름을 기록한다.

앞의 그림에서는 돈의 흐름을 기록하는 장소로 '네모박스'를 이용하였다. 그림의 네모박스는 돈이 들어 오고 나가는 것을 기록하지 않고 그 결과인 '잔액'만 표시하고 있다.

- 회계장부시스템은 '돈의 흐름'을 기록하는 구체적인 장소로 '계정(account)'을 이용한다.
- 계정은 돈의 유입(inflow)을 기록하는 장소, 유출(outflow)을 기록하는 장소, 그 결과인 잔액(balance)을 기록하는 장소로 구성된다.

회계교과서에서는 일반적으로 T계정을 이용하는데, T계정은 잔액을 기록하는 장소가 따로 없고 입금액과 출금액의 차이로 계산한다. 이제부터 T계정을 이용하여 거래를 기록해 보자. 초보자들은 이 '계정기록법(분개)'을 잘 배워야 한다.

계정은 그 성격에 따라 자산계정, 부채계정, 자본계정, 수익계정, 비용계정으로 분류된다.

지금부터 재무-투자-생산운영-영업활동을 기록하는 과정을 학습한다. 해당되는 그림과 비교하면서 학습하자. 초보자들은 아직까지 분개법이 익숙하지 않을 수도 있으나 회계기록이 이루어지는 과정, 손익계산서와 재무상태표가 만들어지는 과정을 이해하는 것으로 충분하다.

1. 재무활동(그림3)

재무활동은 외부로부터 자금을 조달하는 활동이다. 현금이 들어오는 대신 나중에 상환해야 할 의무를 부담한다. 이를 분개하면 다음과 같다.

12.1	(차) 현 금	1,000	(대) 차 입 금	500
			자 본 금	500
	(즉시 받는 자산)		(나중에 현금을 상환할 의무)	
			(주주의 출자금액)	

현금

차변	대변
12. 1 차입금 등 1,000	

차입금

차변	대변
	12. 1 현금 500

자본금

차변	대변
	12. 1 현금 500

2. 투자활동(그림4)

투자활동은 현금을 지불하고 재화나 용역을 취득하는 활동이다. 재화나 용역을 받고 현금을 주어야 한다.

12.5	(차) 원 재 료	100	(대) 현 금	100
	(차) 유 형 자 산	200	(대) 현 금	200
	(즉시 받는 자산)		(즉시 주는 자산)	
	(차) 선 급 급 여	100	(대) 현 금	100
	(차) 선 급 전 력 료	100	(대) 현 금	100
	(차) 선 급 임 차 료	100	(대) 현 금	100
	(나중에 용역을 받을 권리)		(즉시 주는 자산)	

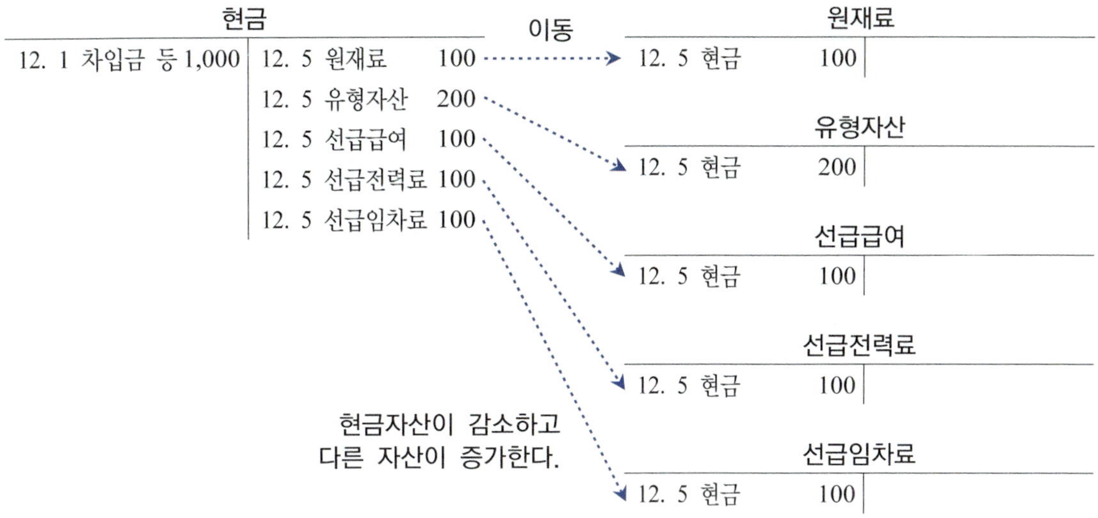

3. 생산-운영활동(그림5)

생산-운영활동은 구매한 자산(재화나 용역)을 사용-소비하는 활동이다. 자산을 사용-소비하면 비용이 된다. 자산이 감소하고 비용이 증가한다.

① 제품생산에 사용-소비한 자산의 원가는 제품계정으로 이동한다.

12.20	(차) 제 품	100	(대) 원 재 료	100
	(차) 제 품	50	(대) 유 형 자 산	50
	(차) 제 품	50	(대) 선 급 급 여	50
	(차) 제 품	50	(대) 선 급 전 력 료	50
	(차) 제 품	50	(대) 선 급 임 차 료	50

② 운영활동에 사용-소비한 자산의 원가는 비용이 된다.

12.30	(차) 감 가 상 각 비	50	(대) 유 형 자 산	50
	(차) 급 여	50	(대) 선 급 급 여	50
	(차) 전 력 료	50	(대) 선 급 전 력 료	50
	(차) 임 차 료	50	(대) 선 급 임 차 료	50

현금

차변		대변	
12. 1 차입금 등	1,000	12. 5 원재료	100
		12. 5 유형자산	200
		12. 5 선급급여	100
		12. 5 선급전력료	100
		12. 5 선급임차료	100

원재료

차변		대변	
12. 5 현금	100	12.20 제품	100

유형자산

차변		대변	
12. 5 현금	200	12.20 제품	50
		12.30 감가상각비	50

선급급여

차변		대변	
12. 5 현금	100	12.20 제품	50
		12.30 급여	50

선급전력료

차변		대변	
12. 5 현금	100	12.20 제품	50
		12.30 전력료	50

선급임차료

차변		대변	
12. 5 현금	100	12.20 제품	50
		12.30 전력료	50

재고자산(제품)

차변		대변	
12.20 원재료	100		
12.20 유형자산	50		
12.20 선급급여	50		
12.20 선급전력료	50		
12.20 선급임차료	50		

감가상각비

차변		대변	
12.30 유형자산	50		

급여

차변		대변	
12.30 선급급여	50		

전력료

차변		대변	
12.30 선급전력료	50		

임차료

차변		대변	
12.30 선급임차료	50		

4. 영업활동(그림6)

영업활동은 제품을 판매하는 활동이다. 제품을 주고 현금을 받는다.

12.25 앞의 거래에서 제품 200억을 주고, 현금 500억과 매출채권 500억을 얻는다.

(차)	현 금	500	(대) 제 품	200
	매 출 채 권	500	이 익 잉 여 금	800
	(즉시 받는 자산)		(즉시 주는 자산)	
	(나중에 현금을 받을 권리)		(교환차익)	

매출거래를 위와 같이 분개하는 것은 실질계정(real accounts : 자산, 부채, 자본계정)만 이용하는 것이다. 위의 분개는 '매출액(수익)'과 '매출원가(비용)'를 인식하지 않는다.

매출수익과 매출원가는 기업의 재무제표에서 가장 중요한 수치 중의 하나이기 때문에 별도로 집계한다. 따라서 오늘날 매출분개는 다음과 같이 중복적으로 처리한다. 중복적인 회계처리는 실질계정의 증감에 대해 명목계정(nominal accounts : 수익, 비용계정)을 사용하여 한번 더 기록하는 것이다(이중기록).

매출분개는 상품을 주고, 현금을 받는 거래이다. 따라서 받는 자산과 주는 자산 각각에 대해 명목계정을 사용하여 중복적으로 기록한다. 받는 자산에 대해서는 매출수익을 인식하고, 주는 자산에 대해서는 매출원가를 인식한다.

① 인도하는 자산 ⇨ 비용인식

(차)	매 출 원 가	200	(대) 제 품	200
	(제공된 자산은 비용 : 명목계정)		(즉시 주는 자산 : 실질계정)	

② 현금과 '현금받을권리'를 얻다 수익인식

(차)	현 금	500	(대) 매 출	1,000
	매 출 채 권	500		
	(즉시 받는 자산 : 실질계정)		(벌어들인 자산을 수익으로 인식 : 명목계정)	
	(나중에 현금을 받을 권리 : 실질계정)			

〈실질계정〉

현금

12. 1 차입금 등	1,000	12. 5 원재료	100
		12. 5 유형자산	200
12.25 매출	500	12. 5 선급급여	100
		12. 5 선급전력료	100
		12. 5 선급임차료	100

매출채권

12.25 매출	500		

〈명목계정〉

매출

		12.25 현금	500
		12.25 매출채권	500

재고자산(제품)

12.20 원재료	100	12.25 매출원가	200
12.20 유형자산	50		
12.20 선급급여	50		
12.20 선급전력료	50		
12.20 선급임차료	50		

이동

제공한 자산(제품)을 자산감소로 기록함과 동시에 비용으로 기록한다.

매출원가

12.25 제품	200		

기중에 발생한 모든 거래를 계정에 기록하였으므로, 기말에는 기업의 모든 활동(거래)이 계정에 기록되어 있다. 계정들이 모여 있는 장부를 '총계정원장(general ledger)'이라 한다.

총계정원장

현금

12. 1 차입금 등	1,000	12. 5 원재료	100
		12. 5 유형자산	200
12.25 매출	500	12. 5 선급급여	100
		12. 5 선급전력료	100
		12. 5 선급임차료	100

매출채권

12.25 매출	500		

재고자산(제품)

12.20 원재료	100	12.25 매출원가	200
12.20 유형자산	50		
12.20 선급급여	50		
12.20 선급전력료	50		
12.20 선급임차료	50		

유형자산

12. 5 현금	200	12.20 제품	50
		12.30 감가상각비	50

선급급여

12. 5 현금	100	12.20 제품	50
		12.30 급여	50

선급전력료

12. 5 현금	100	12.20 제품	50
		12.30 전력료	50

선급임차료

12. 5 현금	100	12.20 제품	50
		12.30 임차료	50

원재료

12. 5 현금	100	12.20 제품	100

차입금

		12. 1 현금	500

자본금

		12. 1 현금	500

매출

		12.25 현금	500
		12.25 매출채권	500

매출원가

12.25 제품	200		

감가상각비

12.30 유형자산	50		

급여

12.30 선급급여	50		

전력료

12.30 선급전력료	50		

임차료

12.30 선급임차료	50		

※ 계정기록의 역할

① 개별거래를 날짜순으로 기록한다.

② '잔액(balance)'을 도출한다. 계정에서 가장 중요한 수치는 잔액이다.
회계에서는 계정잔액을 '장부금액 또는 장부가치(book value)'라 한다. 장부금액은 회계에서 가장 중요한 개념이다.

시산표(trial balance)

기말시점에서는 계정들을 요약-정리하는 작업이 필요하다. 각 계정의 잔액을 수집하여 표(시산표)를 만든다. 계정잔액이 차변에 있으면 시산표의 차변에 표시하고, 계정잔액이 대변에 있으면 시산표의 대변에 표시한다. 여기서는 계정잔액에 대한 기말조정이 없는 것으로 가정한다.

시산표

자산	현금	900	차입금	500	부채
	매출채권	500	자본금	500	자본
	재고자산	100			
	유형자산	100			
	선급급여	0			
	선급전력료	0			
	선급임차료	0			
비용	매출원가	200	매출액	1,000	수익
	감가상각비	50			
	급여	50			
	전력료	50			
	임차료	50			
	합계	2,000	**합계**	2,000	

자산과 비용계정의 잔액은 차변에 존재하고, 부채, 자본, 그리고 수익계정의 잔액은 대변에 존재한다. 따라서 자산과 비용계정은 시산표의 차변에 표시하고, 부채, 자본, 수익계정은 시산표의 대변에 표시한다. 시산표의 차변잔액 합계와 대변잔액 합계는 같아야 한다. 그러므로 다음과 같은 '시산표등식'이 성립한다. 만약 양변의 합계가 같지 않으면 그 오류를 찾아야 할 것이다.

자산 + 비용 = 부채 + 자본 + 수익

손익계산서, 재무상태표 만들기

손익계산서와 재무상태표를 만드는 방법은 매우 간단하다.

1. 수익과 비용 계정의 '잔액'을 수집하여 표를 만든다. ⇨ 손익계산서(Income Statement)
2. 자산, 부채, 자본 계정의 '잔액'을 수집하여 표를 만든다. ⇨ 재무상태표(Balance Sheet)

손익계산서 1.1~12.31

매출원가	200	매출액	1,000
감가상각비	50		
급여	50		
전력료	50		
임차료	50		
순이익	600		
합계	1,000	합계	1,000

재무상태표 12.31

현금	900	차입금	500
매출채권	500	자본금	500
재고자산	100	이익잉여금	600
유형자산	100		
총자산	1,600	부채와 자본	1,600

수익과 비용의 차액은 손익계산서에 '당기순이익'으로 표시한다. 당기순이익은 '마감분개'를 통해 재무상태표의 '이익잉여금'으로 이동한다.

제4절 재무상태표와 손익계산서의 관계 설명하기

[그림 8] 재무상태표와 손익계산서에서 돈(가치)의 흐름

자산의 구성: 투자활동의 결과

부채-자본의 구성: 재무활동의 결과

재무상태표			12.31
현금	900	차입금	500
매출채권	500		
재고자산	100	자본금	500
유형자산	100		
선급급여	0	이익잉여금	600
선급임차료	0		
선급전력료	0		
합계	1,600	부채와 자본	1,600

사용 소비

자산의 순증가

손익계산서			1.1~12.31
매출원가	200	매출액	1,000
감가상각비	50		
급여	50		
임차료	50		
전력료	50		
순이익	600		
합계	1,000	합계	1,000

수익의 구성: 영업활동의 결과 (벌어들인 자산)

비용의 구성: 생산-운영활동의 결과 (사용-소비한 자산)

재무활동의 결과 : 부채-자본의 구성

재무상태표의 오른쪽은 부채와 자본의 구성을 보여준다. 이는 기업이 자금을 누구로부터 얼마나 조달했는지 나타내 준다. 부채와 자본의 상대적인 비율을 '부채비율(=부채/자본)'이라 하는데, 기업의 재무위험을 나타내는 지표이다. 부채비율이 높을수록 위험이 높다.

투자활동의 결과 : 자산의 구성

재무상태표의 왼쪽은 자산의 구성을 보여준다. 이는 조달된 자금으로 어떠한 자산에 투자하였는지 보여준다. 고정자산의 비중이 클 경우, 투자금을 회수하는데 장기간이 소요된다.

생산-운영활동의 결과 : 비용의 구성

손익계산서의 왼쪽은 비용의 구성을 보여준다. 이는 어떤 자산을 얼마만큼 사용-소비하였는지 보여준다. 유형자산의 규모가 크다면 감가상각비가 큰 비중을 차지할 것이고, 종업원 수가 많다면 급여가 큰 비중을 차지할 것이다. 기업의 자원을 어디에 많이 소비하고 있는지 보여준다.

영업활동의 결과 : 수익의 구성

손익계산서의 오른쪽은 수익의 구성을 보여준다. 주된 영업활동인 매출이 큰 비중을 차지하겠지만, 영업외활동으로 수익을 획득할 수도 있다. 예를 들어 임대료수익, 자산처분이익 등.

목차그림

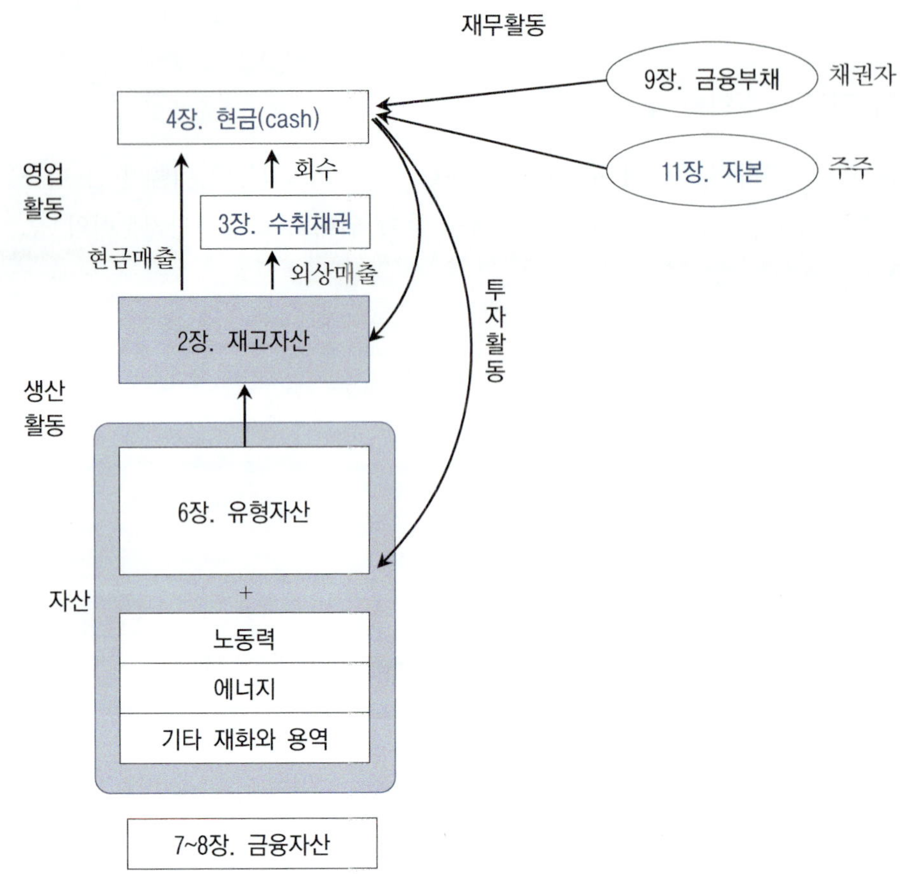
재무활동
9장. 금융부채
채권자
4장. 현금(cash)
11장. 자본
주주
영업
활동
회수
3장. 수취채권
현금매출
외상매출
투
자
활
동
2장. 재고자산
생산
활동
6장. 유형자산
+
자산
노동력
에너지
기타 재화와 용역
7~8장. 금융자산

Chapter 02

재고자산

제1절 재고자산의 의의
제2절 재고자산회계의 틀
제3절 재고자산회계 : 구매, 판매 그리고 원가배분
제4절 재고자산 취득원가
제5절 재고자산의 기말평가 : 저가법
제6절 특수매매상품의 기말재고 포함여부
제7절 기말재고자산원가의 추정 : 원가추정법

제1절 재고자산의 의의

재고자산이란?

재고자산(상품, 제품)은 '판매를 목적으로 하는'자산이다. 기업은 상품이나 제품을 판매하여 돈(현금)을 번다. 따라서 재고자산의 판매는 기업의 주된 수익원이다. 재고자산의 판매를 매출(sales)이라 하며, 기업은 매출을 통해 모든 노력을 보상받는다. 기업은 궁극적으로 매출을 통해 돈(현금)을 벌어서 지출한 원가를 회수하고 이익을 남긴다. 그러므로 매출은 기업의 가장 중요한 영업활동이며, 매출 증가를 위해 기업은 신제품개발이나 판촉에 온 힘을 쏟는다.

재고자산은 구체적으로 다음과 같다.

① 일상적인 영업과정에서 판매를 위하여 보유 중인 자산 : 제품, 상품

② 일상적인 영업과정에서 판매를 위하여 생산 중인 자산 : 재공품

③ 생산이나 용역제공에 사용될 원재료나 소모품

기업활동과정에서 재고자산의 위치

기업의 재무-투자-생산-영업활동 과정에서 재고자산은 어디에 위치하는지 그림1에서 관찰하자. 어떤 자산들의 가치가 재고자산으로 이동하고, 또 재고자산의 가치는 어디로 이동하는지 관찰하자. 모든 자산은 궁극적으로 현금(cash)을 창출하기 위해 존재한다. 현금을 창출하지 못하는 자산은 보유할 필요가 없다.

[그림 1] 기업활동과정에서 재고자산의 위치

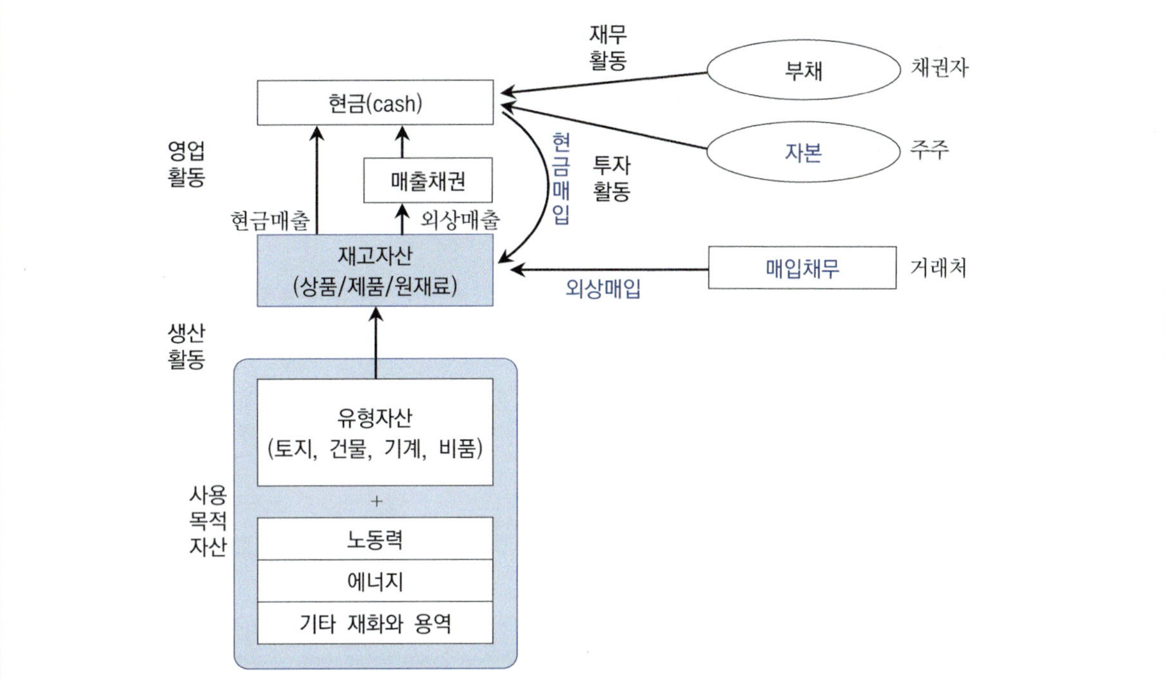

유통회사의 재고흐름

통상적으로 재고자산은 구매(입고)-보관-판매(출고)의 흐름을 갖는다. 유통회사는 구매한 상품을 창고에 보관하였다가 고객의 주문이 있을 때 판매한다. 입고된 상품 중 당기에 판매되지 않고 남아 있는 상품도 있을 것이다. 그것을 '기말재고'라 하며, 당기에 판매하지 못하였으므로 차기에 판매하여야 할 것이다.

[그림 2] 유통회사의 재고흐름

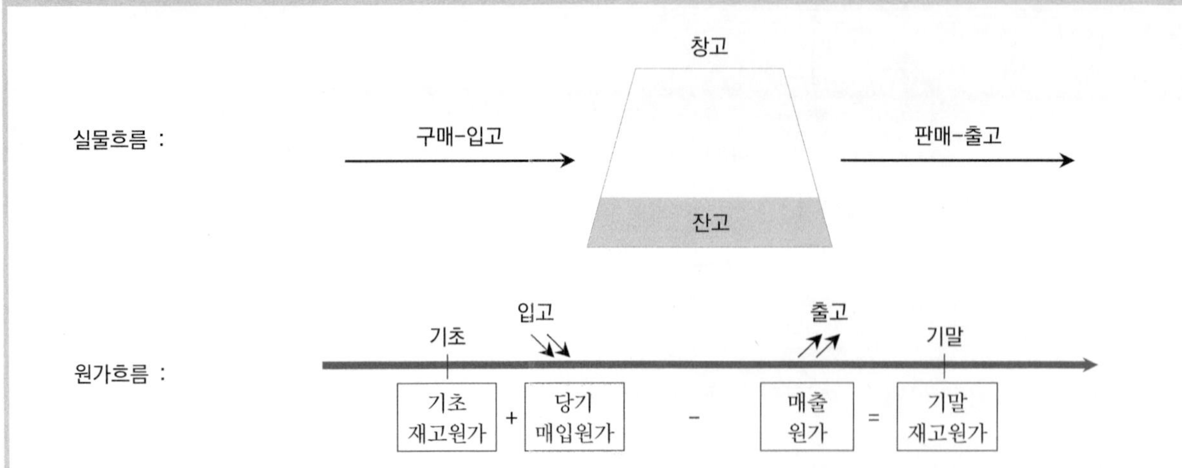

재고자산과 수익-비용 대응

기업은 재고자산을 판매하여 돈(현금)을 버는 것을 목적으로 한다. 판매는 고객을 상대로 상품을 주고 현금을 받는 것이다. 회계는 재고자산의 구매-보관-판매를 측정-기록하고, 이 과정에서 수익과 비용을 측정-기록한다. 재고자산의 라이프사이클 중 어디에서 수익과 비용이 발생하는지 잘 관찰하자.

[그림 3] 재고자산과 수익-비용대응

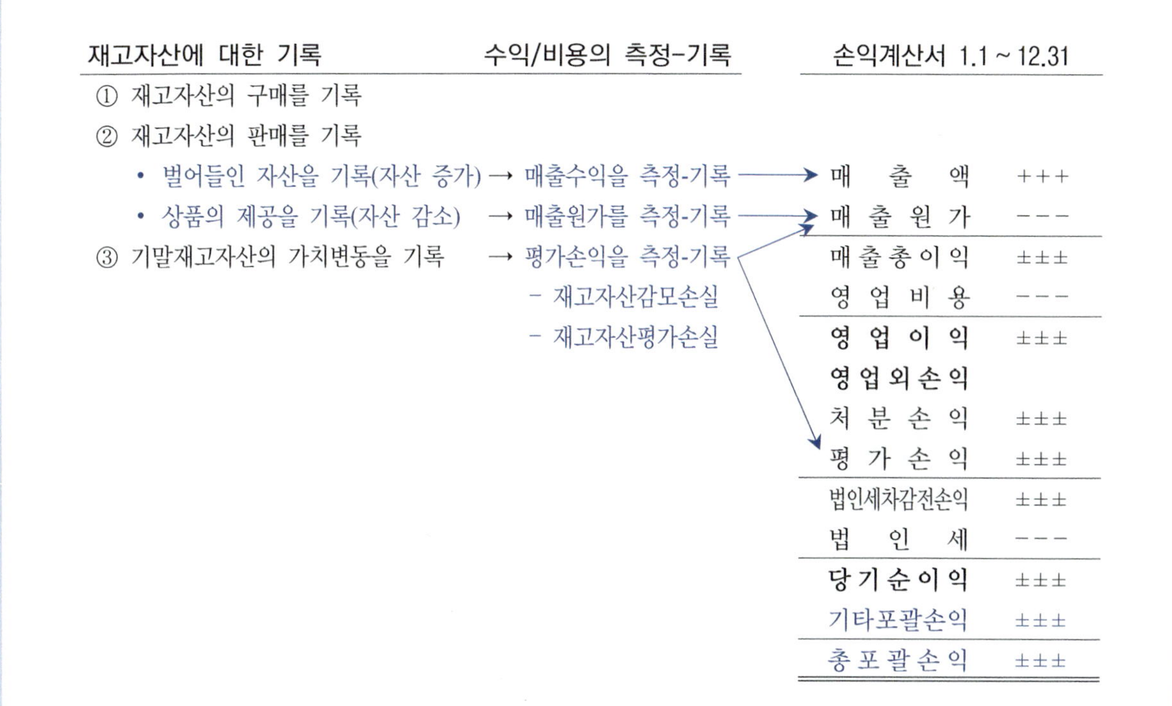

제2절 재고자산회계의 틀

유통회사의 재고자산인 '상품'에 대한 사업프로세스는 '구매-보관-판매'의 연속이다. 상품을 구매하여 창고에 보관해 두었다가 고객의 주문이 있을 때 판매한다.

기록장소와 보관장소

회계는 재고자산의 구매거래와 판매거래를 '기록(record)'한다. 재고자산 실물은 '창고'에 보관하고, 그 기록은 '재고자산(상품)' 계정에서 이루어진다. 상품을 구매하여 창고에 입고하면 입고금액(구매원가)을 상품계정 차변에 기록하고, 상품을 판매하여 창고에서 출고하면 출고금액(판매원가)을 상품계정 대변에 기록한다. 상품계정의 기말잔액은 기말재고자산이 되며, 이는 창고에 있는 기말잔고(기말까지 판매되지 않고 남아 있는 상품)와 일치되어야 한다. 보통 기말에 실사를 통해 그 일치 여부를 검증한다.

[그림 4] 재고자산의 보관장소와 기록장소

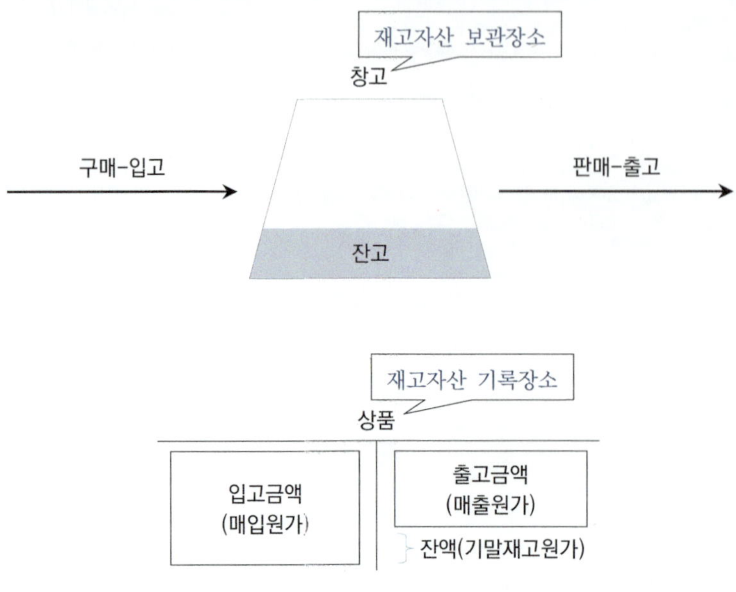

창고의 입고-출고기록은 재고자산계정의 차변-대변기록과 일치하여야 한다. 회계담당자는 상품이 입고될 때, 창고로부터 입고서류를 받아서 상품계정의 차변에 매입원가를 기록한다. 상품이 출고될 때, 출고서류를 받아서 상품계정의 대변에 매출원가를 기록한다.

[그림] 재고자산의 보관장소(창고)

재고자산회계의 핵심

판매가능상품원가를 매출원가와 기말재고원가로 배분

재고자산은 '판매를 목적으로 하는 자산'이다. 재고자산회계의 핵심은 입고된 상품(→ 판매가능상품원가)중에서 얼마만큼 팔리고(→ 매출원가), 얼마만큼 남아있는지(→ 기말재고원가)를 파악하는 것이다. 기업입장에서는 판매가능상품이 모두 팔리기를 바라지만 현실적으로 그렇지 못하다. 그러므로 기업은 판매가능상품의 매입원가를 매출원가와 기말재고원가로 구분해야 한다.

회계에서 판매가능상품원가의 배분은 '계정기록'을 통해 이루어진다. 그것은 판매가능상품원가가 기록되어 있는 계정에서 팔린 상품의 원가를 매출원가계정으로, 남아 있는 상품의 원가를 재고자산계정으로 이동시키는 작업이다. 따라서 재고자산원가배분을 오류 없이 잘하기 위해서는, 판매가능상품원가가 어느 계정에 기록되어 있는지, 판매가능상품원가를 언제, 어느 계정으로 이동시켜야 하는지 잘 알아야 한다.

[그림 5] 재고자산회계의 핵심

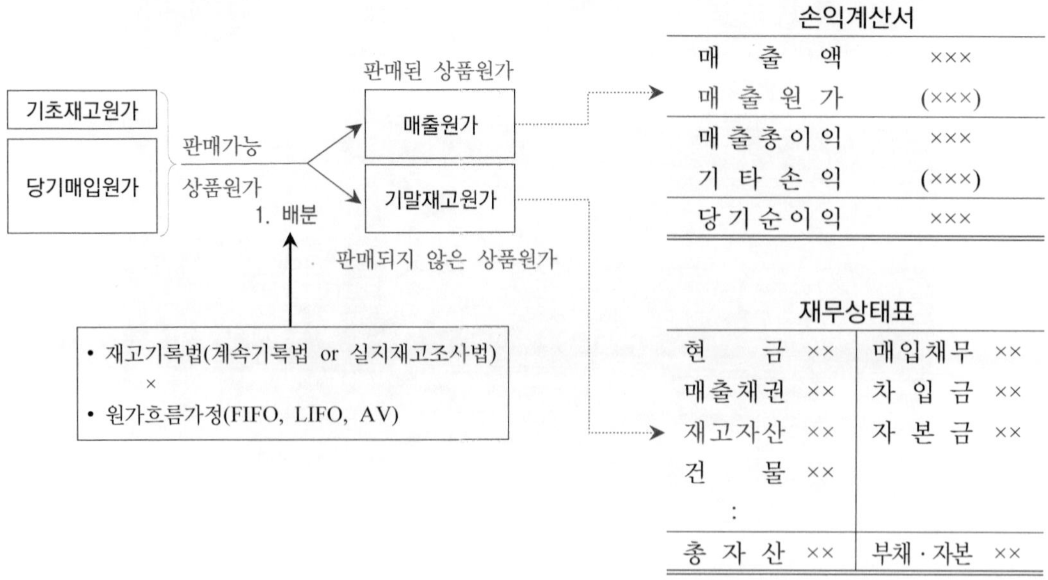

➲ 팔린 상품의 원가(매출원가)는 당기의 매출을 통해 회수된 원가이므로 손익계산서의 매출수익에서 차감하는 형식으로 표시된다(수익-비용 대응). 팔리지 않고 남아 있는 상품의 원가(기말재고원가)는 차기에 팔아서 그 원가를 회수하여야 하므로 재무상태표에 재고자산으로 표시하고 이월한다.

제3절 재고자산회계 : 구매, 판매 그리고 원가배분

재고자산회계의 핵심은 '판매가능상품원가'를 '매출원가'와 '기말재고원가'로 배분하는 것이라고 했다. 그 배분방법은 [그림 5]에서 보여주듯이 '재고기록법'과 '원가흐름가정'을 동시에 적용하는 것이다.

1. 재고자산기록법: '원가배분시점'의 결정

판매가능상품의 취득원가를 매출원가와 기말재고원가로 배분하는 시점에 따라 다음과 같이 구분한다.

(1) 계속기록법 : 판매시점에서 원가배분

'판매시점'에서 판매가능상품의 원가를 팔린 상품의 원가(매출원가)와 팔리지 않은 상품의 원가(재고원가)로 나누는 방법이다. 이 방식에 의하면 상품이 출고될 때마다 매출원가를 결정하고, 기말재고원가는 판매가능상품원가에서 기중의 매출원가를 차감하는 방식으로 결정된다.

기말재고원가 = 판매가능상품원가 − 매출원가(출고수량 × 구매단가)
└→ 출고시점에서 계산

- 구매시점 : 상품의 구매를 '재고자산'계정에 기록한다.

(차) 상 품	××	(대) 현금/매입채무	××	← 판매가능상품원가가 모두 '상품'계정에 기록된다.

- 판매시점 : 매출수익과 매출원가를 동시에 측정-기록한다.

(차) 현금/매출채권	××	(대) 매 출	××	
매 출 원 가	××	상 품	××	← 팔린 상품의 원가를 '매출원가'계정으로 이동(원가배분)

- 기말시점 : 조정분개 없음

[그림 6] 계속기록법에서 원가배분

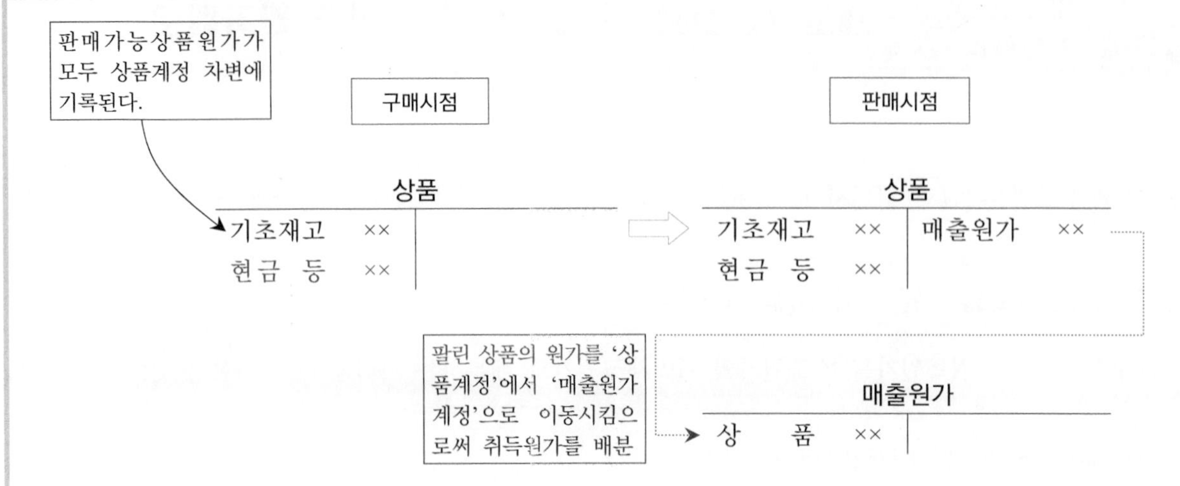

계속기록법에서는 상품의 입고-출고를 모두 상품계정에서 기록한다. 상품을 입고할 때마다 매입원가(= 매입수량 × 구매단가)를 상품계정의 차변에 기록한다. 그러므로 판매가능상품의 원가가 모두 상품계정 차변에 기록된다. 상품을 출고할 때마다 매출원가(= 출고수량 × 구매단가)를 계산하여 상품계정에서 매출원가계정으로 이동시킨다. 이는 상품을 출고할 때마다 원가를 배분하는 방식이다. 기말까지 매출원가계정으로 이동된 금액은 당기의 매출원가가 되고, 이동되지 않고 상품계정에 남아있는 잔액은 당기의 기말재고원가가 된다.

예제 1 계속기록법

> 기초재고 50, 당기매입액 200(현금구매), 당기매출액 500(외상판매), 판매된 상품의 원가 150이다.

위의 거래를 계속기록법으로 회계처리하시오.

풀이

시점		차변	금액		대변	금액	
• 구매시점 :	(차)	상 품	200	(대)	현 금	200	
• 판매시점 :	(차)	매 출 채 권	500	(대)	매 출	500	
		매 출 원 가	150		상 품	150	→ 원가배분
• 기말시점 :	분개없음						

[그림 7] 계속기록법에서 원가배분(예제 1)

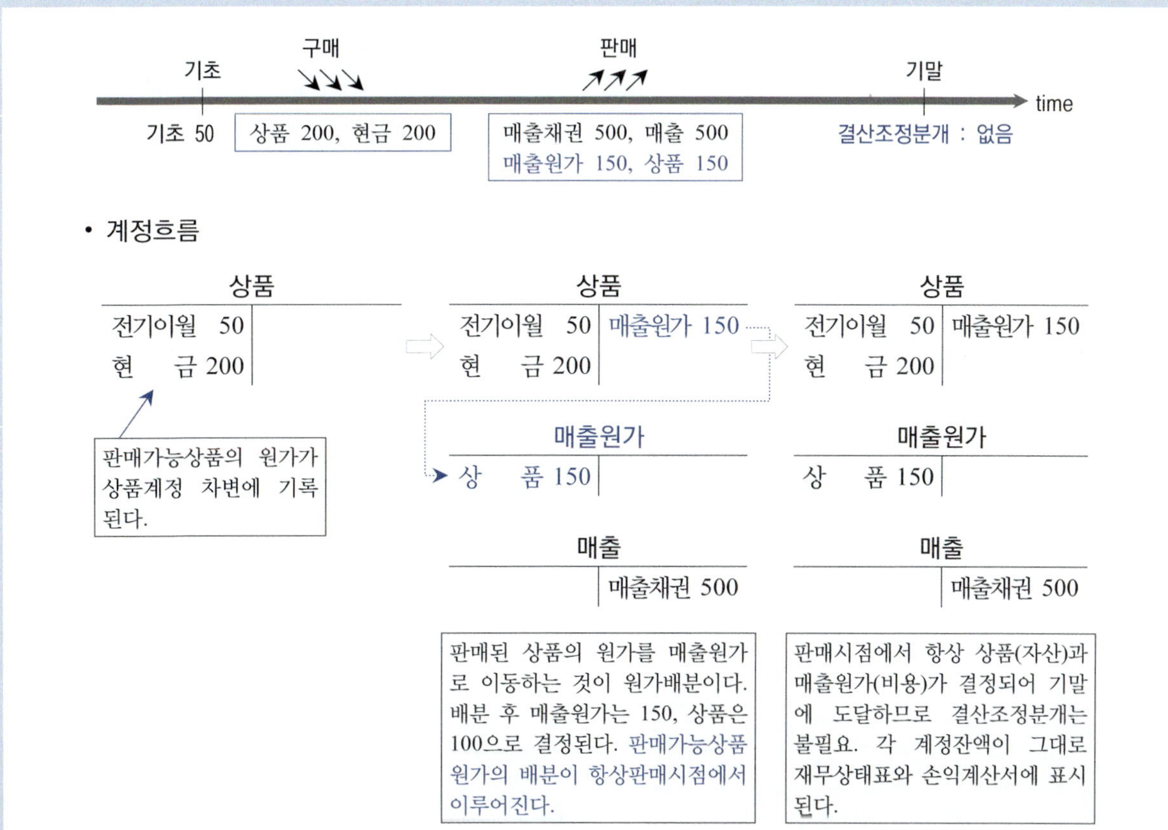

(2) 실지재고조사법 : 기말시점에서 원가배분

'기말시점에서' 판매가능상품의 원가를 팔린 상품의 원가(매출원가)와 팔리지 않은 상품의 원가(기말재고원가)로 나누는 방법이다. 기 중 상품이 출고될 때 매출원가를 계산하지 않는다. 기말에 실지재고조사를 통해 창고에 남아 있는 정상품의 원가를 먼저 구하고, 판매가능상품원가에서 기말재고원가를 차감하는 방식으로 매출원가를 결정한다. 이 방식은 기말에 창고에 남아 있지 않은 상품은 모두 팔린 것으로 간주한다.

> 매출원가 = 판매가능상품원가 − 기말재고원가(정상품수량 × 구매단가)
> └→ 기말실사를 통해 계산

- 구매시점 : 당기에 구매한 상품을 '매입'계정에 기록한다.

  (차) 매 입 ×× (대) 현금/매입채무 ×× ← 판매가능상품원가가 모두 '상품'계정에 기록되지 않는다.

- 판매시점 : 매출수익만 측정-기록하고, 매출원가를 측정-기록하지 않는다.

  (차) 현금/매출채권 ×× (대) 매 출 ××
  ← 매출원가에 대한 기록이 없다. 판매시점에서 원가배분이 없다.

- 기말시점 : 매출원가를 일괄 측정-기록한다. 매출원가를 계정으로 도출하기 위해서는 ①, ②, ③의 순서대로 조정분개를 한다.

1단계 : 판매가능상품원가의 집계

판매가능상품(=기초재고상품 + 당기매입상품)을 기중에 모두 판매한 것으로 가정하고, 그 원가를 모두 '매출원가계정'의 차변으로 이동시킨다. 그 결과 판매가능상품원가가 '매출원가계정' 차변에 집계된다.

①	(차) 매 출 원 가	××	(대) 상 품	××	←	기초재고상품의 이동
②	(차) 매 출 원 가	××	(대) 매 입	××	←	당기매입상품의 이동

2단계 : 원가배분

실지재고조사를 통해 창고에 남아 있는 기말재고수량을 결정한다. 이때 기말재고수량은 파손되지 않아 차기에 판매할 수 있는 정상품이어야 한다. 기말재고정상품(정상품수량 × 구매단가)은 당기에 팔리지 않은 상품이므로 당기의 매출원가에 포함되어서는 안된다. 따라서 판매가능상품원가가 집계되어 있는 매출원가계정에서 차감한다. 그리고 정상품은 차기에 판매할 재고자산이므로 '상품'계정에 가산한다.

③	(차) 상 품	××	(대) 매 출 원 가	××	←	정상품원가를 차기로 이월시킨다.

[그림 8] 실지재고조사법에서 원가배분

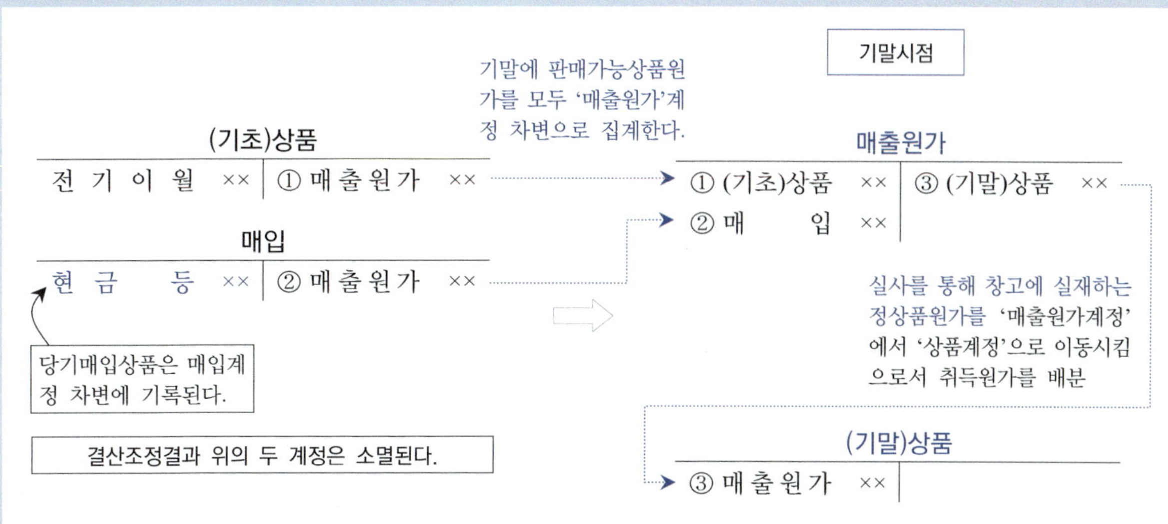

실지재고조사법에서는 당기에 입고되는 상품을 상품계정에 기록하지 않고 임시계정인 '매입계정'에 기록한다. 전기로부터 이월된 상품은 '상품'계정에 기록되어 있다. 판매가능상품원가가 상품계정과 매입계정에 나누어 기록되어 있으므로, 기말시점에 결산조정분개를 통해(①,②) 판매가능상품원가를 모두 매출원가계정 차변으로 집계한다. 그 결과 판매가능상품원가가 모두 매출원가계정 차변에 집계되어 있으므로 매출원가계정에서 원가배분을 한다. 기말재고조사결과 창고에 실재하는 정상품원가를 매출원가계정에서 상품계정으로 이동시킨다(③). 상품계정으로 이동된 금액은 기말재고원가이고, 이동되지 않은 금액은 매출원가이다.

예제 2 실지재고조사법

기초재고 50, 당기매입액 200(현금구매), 당기매출액 500(현금판매)

위의 거래를 실지재고조사법으로 회계처리하시오.
기말에 재고조사한결과 창고에 남아 있는 정상품의 원가는 100이다.

풀이

- 구매시점 : (차) 매입 200 (대) 현금 200
- 판매시점 : (차) 현금 500 (대) 매출 500
- 기말시점 : 조정분개

	차변	금액	대변	금액
①	(차) 매출원가	50	(대) 상품	50
②	(차) 매출원가	200	(대) 매입	200
③	(차) 상품	100	(대) 매출원가	100

[그림 9] 실지재고조사법에서 원가배분(예제 2)

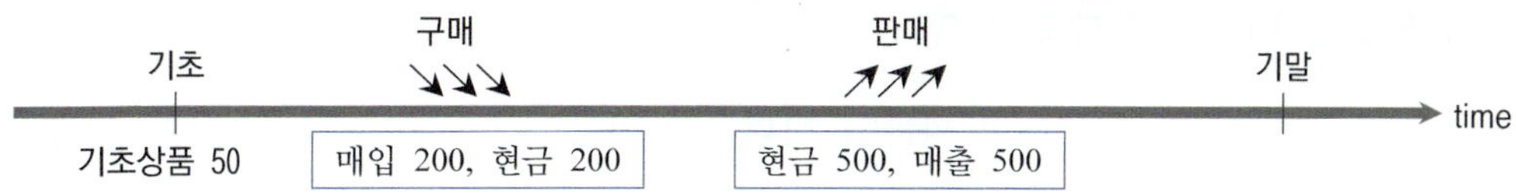

상품

차변	대변
전기이월 50	

매입

차변	대변
현 금 200	

당기에 입고된 상품은 매입계정에 기록한다. 판매가능상품원가가 상품계정과 매입계정에 기록된다.

⇨

매출

차변	대변
	현 금 500

판매시점에서 매출원가를 기록하지 않는다. → 판매된 상품의 원가를 매출원가에 배분하지 않는다.

⇨

상품

차변	대변
전기이월 50	

매입

차변	대변
현 금 200	

매출

차변	대변
	현 금 500

기말 현재의 계정기록은 위와 같은 상태이다. 기중의 계정기록만으로 매출원가가 얼마인지, 기말재고원가가 얼마인지 알 수 없다. 원가배분을 통해 매출원가를 도출하여야 한다.

⇩

- 결산조정분개(원가배분)
  - ① 매출원가 50, 상 품 50
  - ② 매출원가 200, 매 입 200
  - **③ 상 품 100, 매출원가 100**

(기초)상품

차변	대변
전기이월 50	① 매출원가 50

매출원가

차변	대변
① 상 품 50	**③ 상 품 100**
② 매 입 200	

매입

차변	대변
현 금 200	② 매출원가 200

(기말)상품

차변	대변
③ 매출원가 100	

조정분개 ①과 ②를 통해, 판매가능상품의 취득원가가 매출원가계정 차변으로 집계된다. 따라서 매출원가계정에서 원가배분이 이루어진다. 실사를 통해 파악된 정상품원가는 수정분개 ③을 통해 상품계정으로 이동한다(기말재고원가의 배분이 결정됨). 결과적으로, 상품계정으로 이동된 금액은 재무상태표에 재고자산으로 표시되고, 매출원가 계정에 남아있는 금액은 손익계산서에 표시된다. → 배분 후 상품 100, 매출원가 150이 된다.

2. 재고자산 원가흐름가정 : '출고순서'에 대한 가정

재고자산의 특징 : 빈번한 구매와 판매

다른 자산과 달리, 재고자산은 구매와 판매를 빈번하게 반복한다. 재고자산은 구매(입고)-보관-판매(출고)의 흐름을 갖는다. 일반적으로 물가가 상승하는 상황에서 먼저 구매한 상품은 구매단가가 낮고, 최근 구매한 상품은 구매단가가 높다. 상품이 판매될 때 상품의 입고순서와 관계없이 출고순서를 회사가 재량적으로 결정할 수 있다. 먼저 입고된 상품을 나중에 출고된 것으로 하거나 나중에 입고된 상품을 먼저 출고된 것으로 할 수 있다. 출고순서를 정하기에 따라 매출원가가 달라진다. 회계에서는 출고되는 상품의 구매단가를 개별적으로 추적하기 보다는, 상품의 출고순서에 대해 일정한 가정을 하고 매출원가를 산출한다. 그것을 '원가흐름가정'이라고 한다.

[그림 10] 원가흐름가정

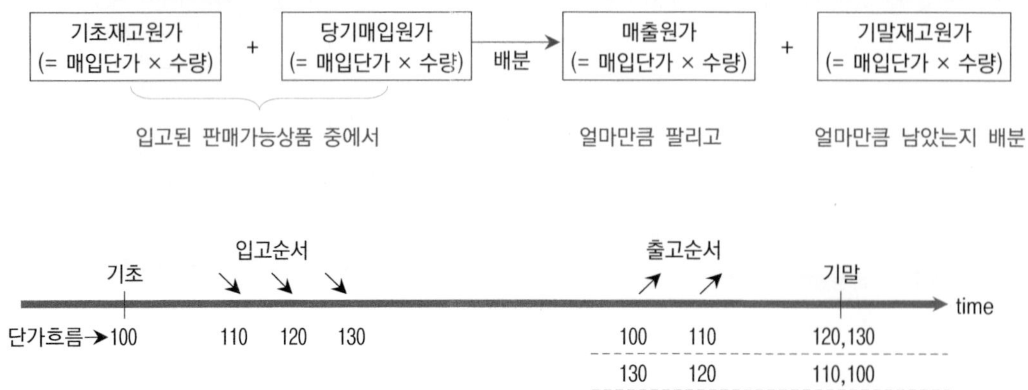

- 매입단가는 입고순서에 따라 결정된다. 입고순서를 인위적으로 결정할 수 없다.
- 출고단가는 인위적으로 결정할 수 있다. 여러 매입단가의 상품 중 어느 것을 먼저 출고시키느냐에 따라 매출원가와 기말재고원가가 달라진다. (출고순서에 대한 결정 → 원가흐름가정)

- 선입선출법(First In First Out : FIFO)

  먼저 입고된 상품이 먼저 출고된 것으로 기록하는 방법. 물가상승기에 매출원가는 낮아지고 기말재고원가는 높아진다(저가로 구매한 상품이 출고되고, 고가로 구매한 상품이 남아 있기 때문이다).

- 이동평균법(계속기록법)

  상품을 새로 구매할 때마다 새로운 가중평균단가를 구하고, 그 가중평균단가의 상품이 출고된 것으로 기록하는 방법. 물가상승기에는 가중평균단가가 상승하므로 매출원가는 상대적으로 낮고 기말재고원가는 상대적으로 높다(출고수량의 가중평균단가는 낮고, 잔고수량의 가중평균단가는 높기 때문이다).

- 총평균법(실사법)

  기말시점에서 단일의 총평균단가(=총구매원가 ÷ 총구매수량)를 구하고, 그 총평균단가를 모든 수량에 적용하는 방법(매출원가 = 총평균단가 × 판매수량, 기말재고원가 = 총평균단가 × 기말재고수량).

- 후입선출법(Last In First Out : LIFO) → 국제회계기준에서는 허용되지 않음

  최근에 입고된 상품이 먼저 출고된 것으로 기록하는 방법. 물가상승기에는 매출원가는 높아지고 기말재고원가는 낮아진다(고가로 구매한 상품이 출고되고 저가로 구매한 상품이 남아 있기 때문이다).

재고자산기록법과 원가흐름가정

원가흐름가정은 입고된 상품의 출고순서를 결정하는 것이다. 출고순서는 원가배분시점에서 결정한다. 계속기록법과 실지재고조사법은 원가배분시점이 다르므로 출고순서를 결정하는 시점이 다르다. 계속기록법에서는 판매시점에서 원가배분을 하므로 판매시점에서 출고순서를 결정한다. 실지재고조사법에서는 기말시점에서 원가배분을 하므로 기말시점에서 출고순서를 결정한다.

계속기록법	실지재고조사법
• 선입선출법(FIFO) • 이동평균법(MA) • 후입선출법(LIFO)	• 선입선출법(FIFO) • 총평균법(TA) • 후입선출법(LIFO)

평균법은 입고상품의 가중평균단가를 구하여 출고되는 것으로 결정한다. 입고상품의 가중평균단가를 구하는 시점도 원가배분시점에서 결정한다. 계속기록법의경우 판매시점에서 출고상품의 가중평균단가를 구한다. 물가상승기에 빈번한 판매가 일어날 경우 가중평균단가는 재산출되며 상승한다. 따라서 계속기록법에서의 평균법을 이동평균법(Moving Average)이라 한다. 실지재고조사법의 경우 기말

시점에서 가중평균단가를 한번 구하므로 총평균법(Total Average)이라 한다.

예제 3 원가흐름가정

상품을 다음과 같이 구매-판매하였다고 가정하자(모두 현금거래)

① 1.1 기초재고	: 수량 1개, 단가 @100원	
② 5.1 구매	: 수량 1개, 단가 @110원	7.1 판매 : 수량 1개, 판매가격 200원
③ 9.1 구매	: 수량 1개, 단가 @120원	
④ 10.1 구매	: 수량 1개, 단가 @130원	11.1 판매 : 수량 1개, 판매가격 200원

1. 계속기록법에서 선입선출법, 평균법, 후입선출법을 적용하여 매출원가와 기말재고원가를 계산하시오
2. 실지재고조사법에서 세가지 원가흐름가정을 적용하여 매출원가와 기말재고원가를 계산하시오.
   실지재고조사법에서는 기말실사를 통해 2개의 재고가 있음을 발견하다.

풀이

1-①. 계속기록-선입선출법(FIFO)

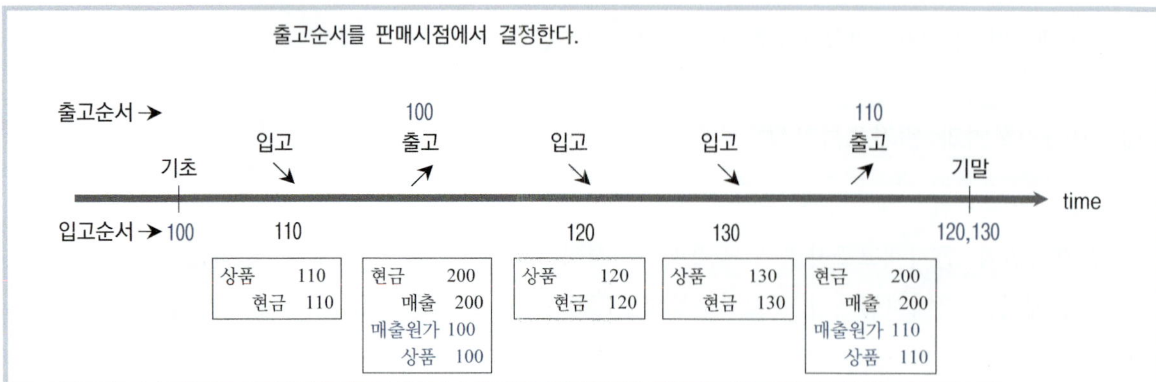

- 7. 1 출고 : 이 날까지 입고된 매입단가 100원과 110원의 상품 중에서 먼저 입고된 것은 100원이므로 100원이 출고된 것으로 본다. 출고시점의 매출원가는 100원이다.
- 11. 1 출고 : 이 날 창고에 존재하는 매입단가 110원, 120원, 130원의 상품 중에서 먼저 입고된 것은 110원이므로 110원이 출고된 것으로 본다. 출고시점의 매출원가는 110원이다.
- 12.31 잔고 : 매입단가 120원과 130원의 상품이 미출고 된다.
  원가배분결과 판매가능상품원가 460원 중에서 매출원가는 210원, 기말재고원가는 250원이다.

[그림 11] 계속기록-선입선출법에서 계정기록과 재무제표 표시

상품

차변		대변	
1.1 기초	100	7.1 매출원가	100
5.1 현금	110	11.1 매출원가	110
9.1 현금	120		
10.1 현금	130		

기말 재고 원가 → 재고자산 250

재무상태표

현 금	××	매입채무	××
매출채권	××	차 입 금	××
재고자산	250	자 본 금	××
건 물	××		
:	××		
총 자 산	××	부채 · 자본	××

매출원가

차변		대변	
7.1 상품	100		
11.1 상품	110		

손익계산서

매 출 액	400
매출원가	(210)
매출총이익	190
기타비용	(100)
당기순이익	90

1-②. 계속기록-후입선출법(LIFO)

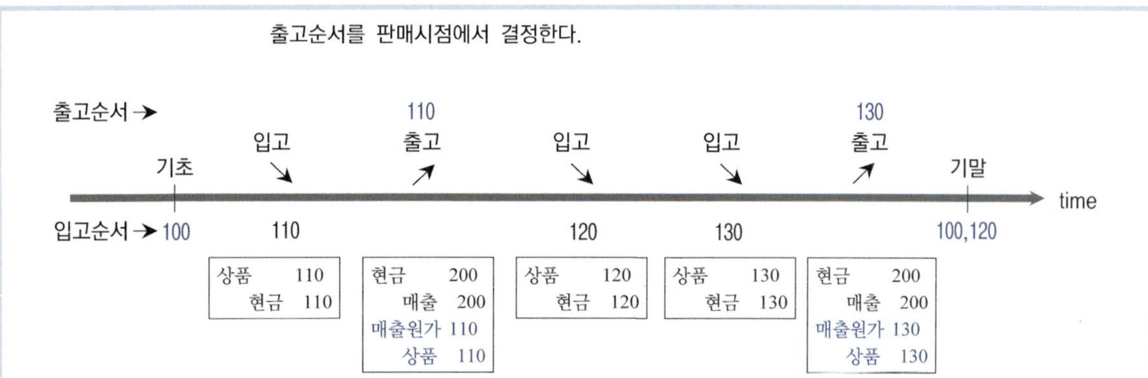

- 7. 1 출고 : 이 날까지 입고된 매입단가 100원과 110원의 상품중에서 나중 입고된 것은 110원이므로 110원이 출고된 것으로 본다. 출고시점의 매출원가는 110원이다.
- 11. 1 출고 : 이 날 창고에 존재하는 매입단가 100원, 120원, 130원의 상품중에서 나중 입고된 것은 130원이므로 130원이 출고된 것으로 본다. 출고시점의 매출원가는 130원이다.
- 12.31 잔고 : 매입단가 100원과 120원의 상품이 미출고 됨.
  원가배분결과 판매가능상품원가 460원 중에서 매출원가는 140원, 기말재고원가는 220원이다.

[그림 12] 계속기록-후입선출법에서 계정기록과 재무제표 표시

상품

차변		대변	
1.1 기초	100	7.1 매출원가	110
5.1 현금	110	11.1 매출원가	130
9.1 현금	120		
10.1 현금	130		

기말 재고 원가 → 재고자산

재무상태표

자산		부채·자본	
현 금	××	배입채무	××
매출채권	××	차 입 금	××
재고자산	220	자 본 금	××
건 물	××		
:			
총 자 산	××	부채 · 자본	××

매출원가

차변		대변	
7.1 상품	110		
11.1 상품	130		

손익계산서

매 출 액	400
매출원가	(240)
매출총이익	160
기타비용	(100)
당기순이익	60

1-③. 계속기록-이동평균법(MAV)

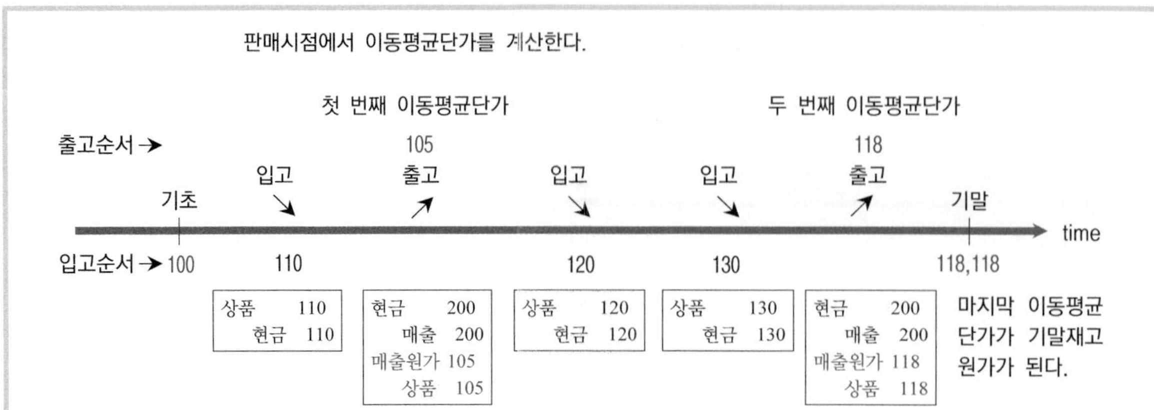

- 7. 1 출고 : 매입단가 100원과 110원의 평균단가(105={100 + 110}/2)인 105원이 출고된 것으로 본다. 출고시점의 매출원가는 105원. 출고되지 않은 상품 1개의 단가도 105원이다.
- 11. 1 출고 : 새로운 매입단가 105원, 120원, 130원의 평균단가(118={105 + 120 + 130}/3)인 118원이 출고된 것으로 본다(원 이하는 반올림한다). 출고시점의 매출원가는 118원. 출고되지 않은 상품 2개의 단가도 118원이다.
- 12.31 잔고 : 마지막 이동평균단가 118원 2개가 미출고 됨.
  원가배분결과 판매가능상품원가 460원중에서 매출원가는 223원, 기말재고원가는 237원이다.

[그림 13] 계속기록-이동평균법에서 계정기록과 재무제표 표시

상품

차변		대변	
1.1 기초	100	7.1 매출원가	105
5.1 현금	110	11.1 매출원가	118
9.1 현금	120		
10.1 현금	130		

기말 재고 원가 →

재무상태표

자산		부채·자본	
현금	××	매입채무	××
매출채권	××	차입금	××
재고자산	237	자본금	××
건물	××		
:			
총자산	××	부채·자본	××

매출원가

차변		대변	
7.1 상품	105		
11.1 상품	118		

손익계산서

항목	금액
매출액	400
매출원가	(223)
매출총이익	177
기타비용	(100)
당기순이익	77

2-실지재고조사법의 기중 매입-매출 기록

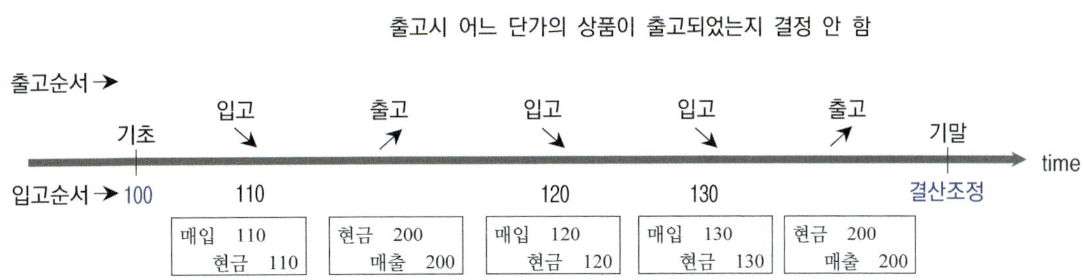

• 기중 계정의 흐름 :

(기초)상품

차변		대변	
1.1 기초	100		

매입

차변		대변	
5.1 현금	110		
9.1 현금	120		
10.1 현금	130		

매출

차변		대변	
		7.1 현금	200
		11.1 현금	200

기중의 매입-매출분개만 하고 원가배분을 하지 않는다.

① 실지조사-선입선출법(FIFO)의 결산조정

기말시점에서 실지재고조사를 통해 (정상품)잔고수량(2개)이 결정되므로 출고수량(2개)도 결정된다. 출고수량에 대해 기말시점에서 출고순서를 소급하여 결정한다. FIFO에서는 먼저 입고된 상품이 먼저 출고되는 것으로 가정하므로 출고상품은 먼저 입고된 순서대로 출고된 것으로 본다. 잔고상품은 나중 입고된 상품이다. 따라서 매출원가는 100원과 110원이고, 기말재고원가는 120원과 130원으로 결정된다.

[그림 14] 실지조사-선입선출법에서 조정분개와 재무제표 표시

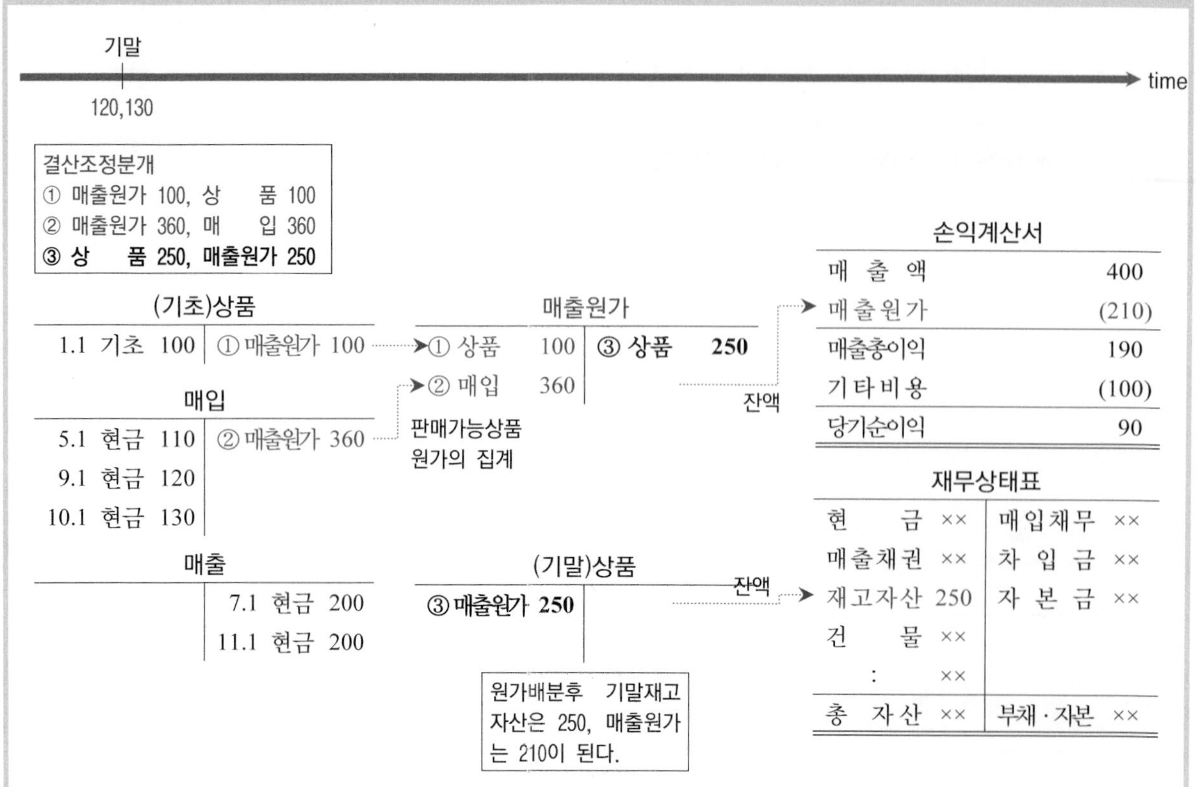

② 실지조사-후입선출법(LIFO)의 결산조정

기말시점에서 실지재고조사를 통해 (정상품)잔고수량(2개)이 결정되므로 출고수량(2개)도 결정된다. 출고수량에 대해 기말시점에서 출고순서를 소급하여 결정한다. LIFO에서는 나중 입고된 상품이 먼저 출고되는 것으로 가정하므로 출고상품은 최근 입고된 상품이 출고된 것으로 본다. 잔고상품은 먼저 입고된 상품이다. 따라서 매출원가는 130원과 120원이고, 기말재고원가는 110원과 100원으로 결정된다.

[그림 15] 실지조사-후입선출법에서 조정분개와 재무제표 표시

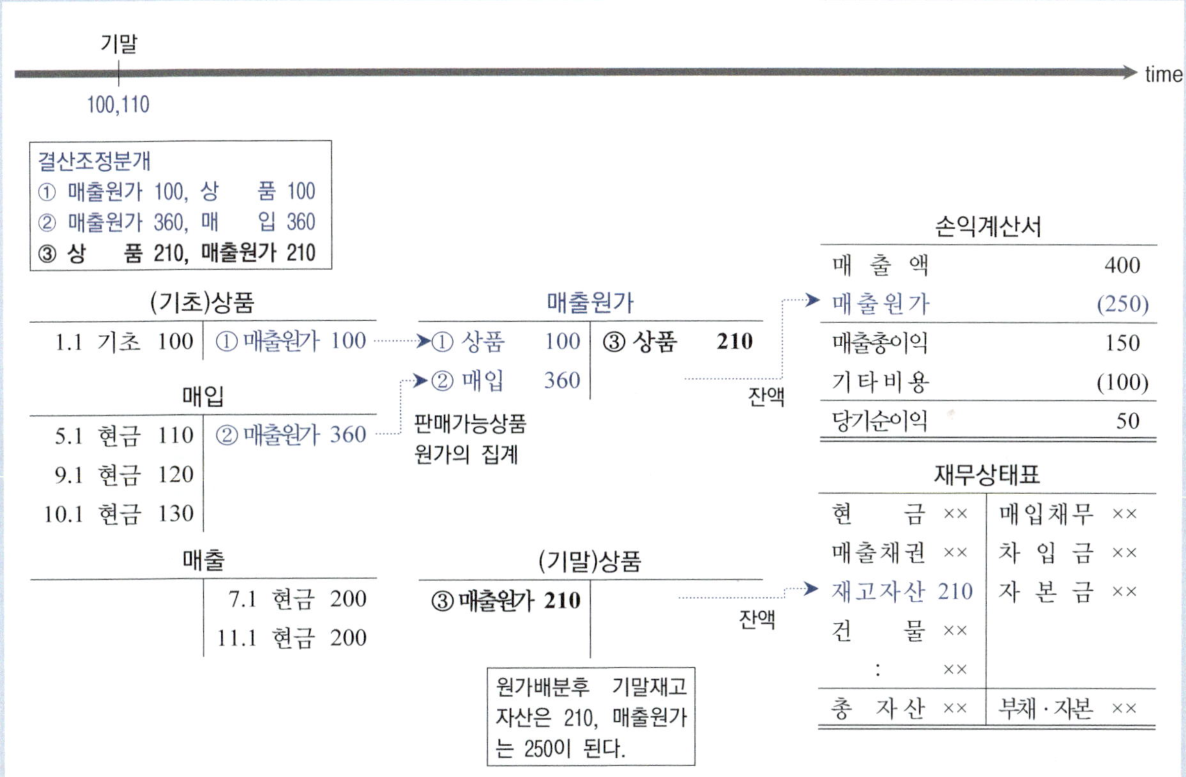

③ 실지조사-총평균법(TAV)의 결산조정

기말시점에서 총평균단가를 구하여 출고수량과 잔고수량에 각각 적용하여 매출원가와 기말재고원가를 산출한다. 기말시점에서 계산된 총평균단가는 115원이다. 따라서 매출원가는 230원(=115 × 2)이고, 기말재고원가는 230원(=115 × 2)이다.

[그림 16] 실지조사-총평균법에서 조정분개와 재무제표 표시

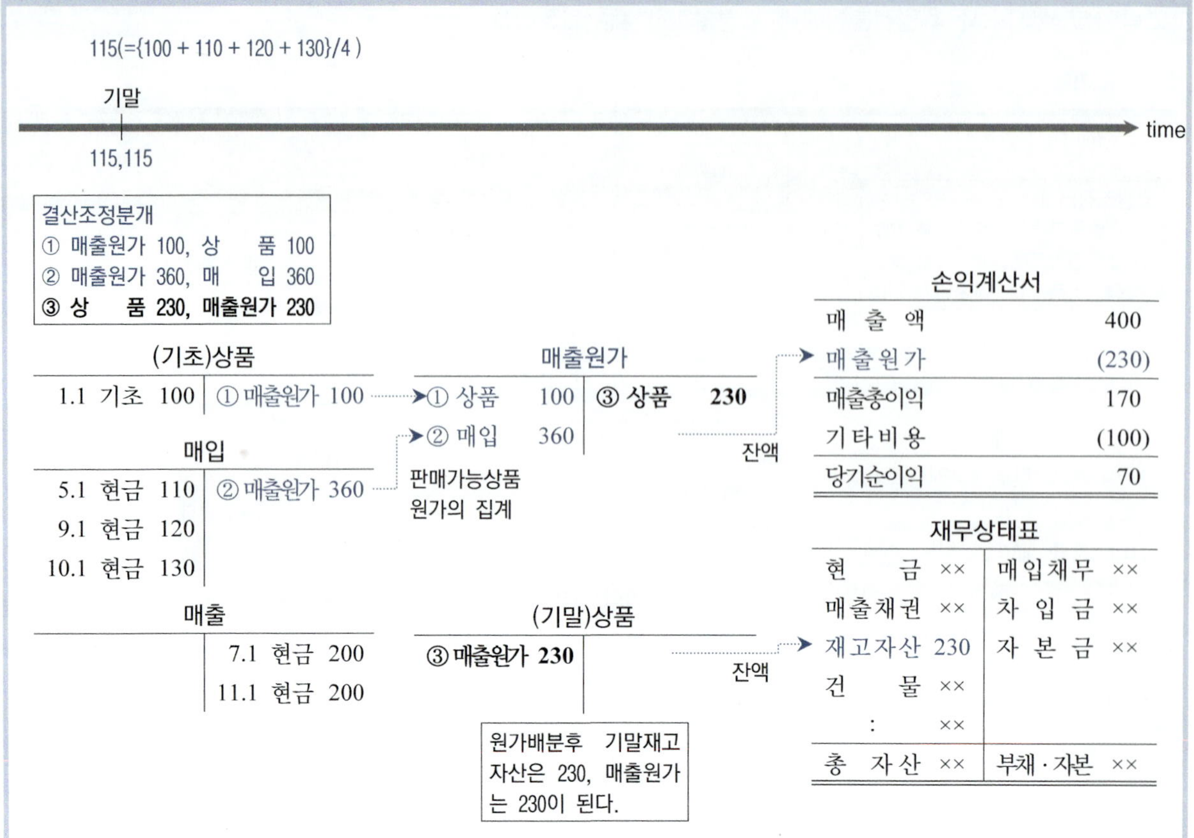

원가흐름가정이 매출원가, 기말재고자산, 당기순이익에 미치는 영향

재고자산의 원가흐름가정이 매출원가, 기말재고자산 및 당기순이익에 미치는 영향을 요약하면 다음 표와 같다.

앞의 예제에서 계산된 수치를 비교하여 보자. 다른 조건이 동일하다면, 법인세비용은 당기순이익의 일정비율에 해당하므로 당기순이익과 같은 방향이다. 다른 조건이 동일하다면, 현금흐름은 법인세납부액과 반대방향이다.

비교항목	비 교
기말재고자산	선입선출법(계속 = 실사) > 이동평균법(계속) > 총평균법(실사) > 후입선출법(계속) > 후입선출법(실사) 250 237 230 220 210
매출원가	선입선출법(계속 = 실사) < 이동평균법(계속) < 총평균법(실사) < 후입선출법(계속) < 후입선출법(실사) 210 223 230 240 250
당기순이익	선입선출법(계속 = 실사) > 이동평균법(계속) > 총평균법(실사) > 후입선출법(계속) > 후입선출법(실사) 90 77 70 60 50
법인세비용	선입선출법(계속 = 실사) > 이동평균법(계속) > 총평균법(실사) > 후입선출법(계속) > 후입선출법(실사)
현금흐름	선입선출법(계속 = 실사) < 이동평균법(계속) < 총평균법(실사) < 후입선출법(계속) < 후입선출법(실사)

* 선입선출법의 경우 계속기록법과 실사법이 동일한 결론을 낳는다. 평균법과 후입선출법의 경우 계속기록법이 실사법보다 앞쪽에 위치한다.

물가가 상승하는 기간동안 선입선출법을 적용할 때 당기순이익이 가장 크게 보고된다. 후입선출법은 반대이다. 평균법의 경우 선입선출법과 후입선출법의 중간이다.

예제 4 재고자산 원가배분 : 재고기록법과 원가흐름가정의 적용

상품을 다음과 같이 구매하고 판매하였다. 구매와 판매는 모두 외상으로 한다.

① 1.1 기초재고	: 수량 10개, 단가 @100원		
② 5.1 구입	: 수량 30개, 단가 @110원	7.1 판매 30개(매가 @500)	
③ 9.1 구입	: 수량 40개, 단가 @120원		
④ 10.1 구입	: 수량 30개, 단가 @130원	11.1 판매 60개(매가 @600)	

1. 계속기록법하에서 ①선입선출법 ②평균법 ③후입선출법을 적용하여 매출원가와 기말재고원가를 계산하시오. 분개하시오.
2. 실지재고조사법 하에서 ①선입선출법 ②평균법 ③후입선출법을 적용하여 매출원가와 기말재고원가를 계산하시오. 분개하시오. 기말재고조사결과 20개의 재고가 남아 있다.

   금액계산시 원이하는 반올림한다.

풀이

1. ① 계속기록-선입선출법(FIFO)

일자		차변	금액		대변	금액	
5. 1	(차)	상품	3,300	(대)	매입채무	3,300	
7. 1	(차)	매출채권	15,000	(대)	매출	15,000	
		매출원가	3,200		상품	3,200	→ 매출원가로 배분
9. 1	(차)	상품	4,800	(대)	매입채무	4,800	
10. 1	(차)	상품	3,900	(대)	매입채무	3,900	
11. 1	(차)	매출채권	36,000	(대)	매출	36,000	
		매출원가	7,200		상품	7,200	→ 매출원가로 배분

상품

차변	금액	대변	금액
1.1 전기이월	1,000	7.1 매출원가	3,200
5.1 매입채무	3,300	11.1 매출원가	7,200
9.1 매입채무	4,800		
10.1 매입채무	3,900		

7. 1 매출원가 = 3,200 = 10개 × 100 + 20개 × 110

11. 1 매출원가 = 7,200 = 10개 × 110 + 40개 × 120 + 10개 × 130

12.31 기말재고원가 = 2,600 = 20개 × 130

or = 13,000 − 10,400 (총매입액 − 매출원가)

매출원가

차변	금액	대변	금액
7.1 상품	3,200		
11.1 상품	7,200		

원가배분결과 기말재고원가(상품계정잔액)은 2,600원이고 매출원가는 10,400원이다.

② 계속기록-후입선출법(LIFO)

5. 1	(차) 상품	3,300	(대) 매입채무	3,300	
7. 1	(차) 매출채권	15,000	(대) 매출	15,000	
	매출원가	3,300	상품	3,300	→ 매출원가로 배분
9. 1	(차) 상품	4,800	(대) 매입채무	4,800	
10. 1	(차) 상품	3,900	(대) 매입채무	3,900	
11. 1	(차) 매출채권	36,000	(대) 매출	36,000	
	매출원가	7,500	상품	7,500	→ 매출원가로 배분

상품

1.1 전기이월	1,000	7.1 매출원가	3,300
5.1 매입채무	3,300	11.1 매출원가	7,500
9.1 매입채무	4,800		
10.1 매입채무	3,900		

7. 1 매출원가 = 3,300 = 30개 × 110
11. 1 매출원가 = 7,500 = 30개 × 130 + 30개 × 120
12.31 기말재고원가 = 2,200 = 10개 × 100 + 10개 × 120
or = 13,000 − 10,800
(총매입액 매출원가)

매출원가

7.1 상품	3,300		
11.1 상품	7,500		

원가배분결과 기말재고원가는 2,200원이고
매출원가는 10,800원이다.

③ 계속기록-평균법(이동평균법, MAV)

5. 1	(차) 상품	3,300	(대) 매입채무	3,300	
7. 1	(차) 매출채권	15,000	(대) 매출	15,000	
	매출원가	3,225	상품	3,225	→ 매출원가로 배분
9. 1	(차) 상품	4,800	(대) 매입채무	4,800	
10. 1	(차) 상품	3,900	(대) 매입채무	3,900	
11. 1	(차) 매출채권	36,000	(대) 매출	36,000	
	매출원가	7,331	상품	7,331	→ 매출원가로 배분

상품

1.1 전기이월	1,000	7.1 매출원가	3,225
5.1 매입채무	3,300	11.1 매출원가	7,331
9.1 매입채무	4,800		
10.1 매입채무	3,900		

7. 1 매출원가 = 3,225 = 30개 × 107.5
11. 1 매출원가 = 7,331 = 60개 × 122.1875
12.31 기말재고원가 = 2,444 = 20개 × 122.1875
or = 13,000 − (3,225 + 7,331)
총매입액 매출원가

매출원가

7.1 상품	3,225		
11.1 상품	7,331		

5. 1 이동평균단가 = 107.5 = (1,000 + 3,300)/40개
10. 1 이동평균단가 = 122.1875 = (1,075 + 4,800 + 3,900)/80개

원가배분결과 기말재고원가는 2,444원이고,
매출권가는 10,556원이다.

2. ① 실지조사-선입선출법(FIFO)

5. 1	(차) 매입	3,300	(대) 매입채무	3,300	
7. 1	(차) 매출채권	15,000	(대) 매출	15,000	
9. 1	(차) 매입	4,800	(대) 매입채무	4,800	
10. 1	(차) 매입	3,900	(대) 매입채무	3,900	
11. 1	(차) 매출채권	36,000	(대) 매출	36,000	
12.31	결산조정				
	(차) 매출원가	1,000	(대) 상품	1,000	
	(차) 매출원가	12,000	(대) 매입	12,000	
	(차) 상품	**2,600**	**(대) 매출원가**	**2,600**	→ 재고조사결과 정상품원가(2,600 = 20개 × 130)를 기말재고원가로 배분

판매가능상품원가를 모두 매출원가계정 차변으로 집계한다.

상품

1. 1 기 초	1,000	12.31 매출원가	1,000
12.31 매출원가	**2,600**		

매입

5. 1 매입채무	3,300	12.31 매출원가	12,000
9. 1 매입채무	4,800		
10. 1 매입채무	3,900		

매출원가

12.31 상 품	1,000	**12.31 상 품**	**2,600**
12.31 매 입	12,000		

12.31 기말재고원가 = 2,600 = 20개 × 130
12.31 매출원가 = 10,400 = 13,000 − 2,600
총매입액 기말재고액

② 실지조사-후입선출법(LIFO)

5. 1	(차) 매입	3,300	(대) 매입채무	3,300	
7. 1	(차) 매출채권	15,000	(대) 매출	15,000	
9. 1	(차) 매입	4,800	(대) 매입채무	4,800	
10. 1	(차) 매입	3,900	(대) 매입채무	3,900	
11. 1	(차) 매출채권	36,000	(대) 매출	36,000	
12.31	결산조정				
	(차) 매출원가	1,000	(대) 상품	1,000	
	(차) 매출원가	12,000	(대) 매입	12,000	
	(차) 상품	**2,100**	**(대) 매출원가**	**2,100**	→ 재고조사결과 정상품원가(2,100 = 10개 × 100 + 10개 × 110)를 기말재고원가로 배분

상품

1. 1 기초 1,000	12.31 매출원가 1,000
12.31 매출원가 2,100	

매출원가

12.31 상품 1,000	**12.31 상품 2,100**
12.31 매입 12,000	

매입

5. 1 매입채무 3,300	12.31 매출원가12,000
9. 1 매입채무 4,800	
10. 1 매입채무 3,900	

12.31 기말재고원가 = 2,100 = 10개 × 100 + 10개 × 110
12.31 매출원가 = 10,900 = 13,000 (총매입액) − 2,100 (기말재고액)

③ 실지조사-총평균법(TAV)

5. 1	(차) 매입	3,300	(대) 매입채무	3,300	
7. 1	(차) 매출채권	15,000	(대) 매출	15,000	
9. 1	(차) 매입	4,800	(대) 매입채무	4,800	
10. 1	(차) 매입	3,900	(대) 매입채무	3,900	
11. 1	(차) 매출채권	36,000	(대) 매출	36,000	
12.31	결산조정				
	(차) 매출원가	1,000	(대) 상품	1,000	
	(차) 매출원가	12,000	(대) 매입	12,000	
	(차) 상품	**2,364**	**(대) 매출원가**	**2,364**	→ 재고조사결과 정상품원가(2,364 = 20개 × 118.18)를 기말재고원가로 배분

상품

1. 1 기 초 1,000	12.31 매출원가 1,000
12.31 매출원가 2,364	

매출원가

12.31 상 품 1,000	**12.31 상 품 2,364**
12.31 매 입 12,000	

매입

5. 1 매입채무 3,300	12.31 매출원가12,000
9. 1 매입채무 4,800	
10. 1 매입채무 3,900	

12.31 기말재고원가 = 2,364 = 20개 × 118.18

12.31 매출원가 = 10,636 = 13,000 − 2,364
(13,000: 총매입액, 2,364: 재고조사액)

12.31 총평균단가 = 118.18 = 13,000/110개

제4절 재고자산 취득원가

재고자산을 구매하면 최초장부금액은 취득원가로 기록해야 한다. 재고자산의 취득원가는 재고자산에 대한 투자원가로서 매출을 통해 회수하여야 하는 금액을 의미한다.

1. 취득원가의 결정

취득원가의 개념

재고자산은 '판매를 목적으로'하는 자산이므로, 재고자산의 취득원가란 재고자산을 구매하여 판매가능한 장소에 판매가능한 상태로(목적한 상태)두기까지 지출된 금액을 말한다. 재고자산의 구매가격뿐만 아니라, 운송비, 취득세 등도 목적한 상태에 두기까지 지출한 금액이므로 취득원가에 포함한다.

취득원가 =	재고자산의 구매가격 +	취득활동에서 발생한 원가
	(−) 매입할인, 리베이트	(+) 매입운임(선적지인도조건), 하역료, 운송보험료, 보세창고보관료
	(−) 매입에누리, 매입환출	(+) 취득세,수입관세,각종세금(환급가능액제외)
		(+) 중개수수료,법률수수료

* 상품이나 원재료의 보관비용이나 운반비용은 재고관리비용(기간비용)으로 본다. 단 매입/생산과정에서 발생한 경우 취득원가에 포함한다(예: 원재료가 후속생산단계에 투입하기 전에 불가피하게 보관/위치 이동이 필요한 경우).

상품의 취득원가에 영향을 주는 요소와 그 회계처리는 다음과 같다.

(1) 매입할인

재고자산을 외상으로 매입하면 '매입채무(부채)'가 발생한다. 매입채무는 구매자가 판매자에게 약정기한 내에 현금을 지급해야 하는 의무이다. 판매자는 매출채권을 조기에 회수하기 위해 구매자에게 '할인조건'을 제시할 수 있다. 이때 구매자가 그 할인조건을 이용하면 재고자산의 구입가격에서 할인을 받게 되는 데, 이를 '매입할인'이라 한다. 구매자가 이 할인기회를 이용할 경우 재고자산의 실제 구입가격이 낮아지게 되므로 취득원가를 감소시켜야 한다. 즉, 매입할인액은 취득원가에서 차감한다.

할인조건 : 할인조건은 '할인율/지급기간'으로 표시된다. 예를 들어 1/10, net/30이라면, 10일 내에 상환하면 1%를 할인해 주고, 신용기한인 30일 내에 상환하면 송장가격으로 지급해야

한다는 것을 의미한다.

매입할인을 기록하는 방법은 총액법과 순액법이 있다. 총액법은 지급시점에서, 순액법은 구입시점에서 취득원가를 감소시키는 방법이다. 재고자산계정에서 직접 차감하거나 매입할인계정(차감계정)을 이용할 수 있다.

예제 5 매입할인

4.1 상품 1,000원을 외상으로 구입하다. 10/15, net/30의 할인조건이 있다.

풀이

① 총액법

4.1

(차) 상　　품 1,000
　(대) 매 입 채 무 1,000

현금지급일

(차) 매 입 채 무 1,000
　(대) 현　　금 900
　　상　　품 100
　　(or 매입할인)

할인기간 내에 지급하는 경우 상품원가 900원

(차) 매 입 채 무 1,000
　(대) 현　　금 1,000

할인기간 지나서 지급하는 경우 상품원가 1,000원

② 순액법

4.1

(차) 상　　품 900
　(대) 매 입 채 무 900

현금지급일

(차) 매 입 채 무 900
　(대) 현　　금 900

할인기간 내에 지급하는 경우 상품원가 900원

(차) 매 입 채 무 900
　이 자 비 용 100
　(대) 현　　금 1,000

할인기간 지나서 지급하는 경우 상품원가 900원

- 총액법에서는 상품원가를 1,000원으로 본다(할인을 이용하지 않는다는 전제하에서 회계처리). 할인을 이용할 경우 할인액을 상품원가에서 차감한다는 입장이다.
- 순액법에서는 상품원가를 900원으로 본다(할인을 이용한다는 전제하에서 회계처리). 할인기회는 판매자가 구매자에게 제공하는 금융의 기회이다. 할인을 포기할 경우 할인액을 상품원가에 가산하기보다 금융비용으로 인식한다.

(2) 매입에누리

매입에누리는 구입한 상품에 경미한 하자가 있어서 구입가격을 할인 받는 것이다. 회사가 구매한 재고자산은 검수부서에서 검수를 거쳐 창고에 입고된다. 이때 판매에 지장을 주지 않을 정도의 경미한 하자가 발생한 경우 반품하지 않는 조건으로 할인을 받을 수 있다. 할인액만큼 재고자산의 취득원가가 낮아지므로 구매자입장에서는 취득원가를 감소시켜야 한다.

재고자산의 취득원가를 직접 감액시키거나 매입에누리계정(차감계정)을 이용할 수 있다.

예제 6 매입에누리

4.1 상품 1,000원을 외상으로 구입하다. 검수과정에서 경미한 하자가 발견되어 100원 에누리 받다.

풀이

취득	현금지급
(차) 상 품 900	(차) 매입채무 900
(대) 매입채무 900	(대) 현 금 900

or 나중에 하자를 발견할 경우

(차) 상 품 1,000	(차) 매입채무 1,000
(대) 매입채무 1,000	(대) 현 금 900
	매입에누리 100

(3) 매입환출

매입환출은 구매한 재고자산에 중대한 하자가 발견되어 반품하는 것이다. 재고자산을 구매할 때 검수를 거쳐 입고된다. 검수과정에서 하자가 발견되면 즉시 반품시키므로 구매기록을 하지 않는다. 그러나 검수과정에서 표면적으로 하자를 발견할 수 없거나 사용해 보아야 하자를 발견할 수 있는 경우도 많다. 입고 후 나중에 하자가 발견될 경우 하자책임이 누구에게 있는지 알 수 없지만, 판매자가 반품을 받아주는 정책을 취할 경우 구매자는 나중에라도 반품 가능하다. 이 경우 상품구매를 취소시키는 분개를 해야 한다. 만약 판매자가 하자상품을 정상품으로 교환해 준다면 굳이 취소분개를 할 필요는 없을 것이다.

재고자산계정에서 직접 차감하거나 매입환출계정(차감계정)을 이용할 수 있다.

예제 7 매입환출

4.1	상품 1,000원을 외상으로 구입하다.
5.1	구매한 상품 중 중대한 하자가 발견되어 반품하다(반품된 상품의 원가 500).

풀 이

4.1

(차) 상 품	1,000	
(대) 매 입 채 무		1,000

5.1

(차) 매 입 채 무	500	
(대) 상 품 (or 매입환출)		500

제5절 재고자산의 기말평가 : 저가법

재고자산기록법과 원가흐름가정을 함께 적용한 결과 '배분된 금액'인 '기말재고원가'는 재무상태표에 '재고자산'으로 표시된다. 이는 당기에 판매되지 못하고 창고에 남아 있는 상품의 원가를 나타낸다. 이 원가는 당기에 회수하지 못한 원가이므로 차기에 판매하여 차기의 매출수익으로부터 회수하여야 하는 원가이다. 그러므로 회계는 기말시점에서 '배분된 기말재고원가'를 회수가능성의 관점에서 평가한다. 그 평가는 수량과 가격측면에서 이루어진다. 창고에 있는 상품의 일부 수량이 파손되지는 않았는지, 상품의 판매가격이 원가 이하로 하락하지는 않았는지 평가한다. 창고에 있는 상품이 파손되거나, 상품의 판매가격이 원가보다 하락할 경우, 상품의 취득원가(투자원가)를 모두 회수할 수 없을 것이다. 배분된 기말재고원가보다 회수가능액이 낮을 경우 재고자산이 과대평가된다. 보수주의 관점에서 재고자산을 '회수가능액'으로 감액한다. 즉 저가법으로 평가한다.

기말재고원가를 저가로 평가하는 것도 수량(→ 감모손실)과 가격(→ 평가손실)측면에서 이루어진다. 수량평가는 파손되어 판매할 수 없는 상품(이를 '파손품'이라 한다)의 원가를 손실로 처리하는 것이다. 따라서 파손품의 원가가 어느 계정에 위치하고 있는지 알아야 한다. 가격평가는 파손되지 않아서 판매가능한 정상품의 가격이 원가보다 하락하였는지 평가하고, 가격하락액만큼 감액하는 것이다. 그러므로 정상품의 원가가 어느 계정에 위치하고 있는지도 알아야 한다. 파손상품과 정상품의 원가가 어느 계정에 위치하고 있는지는 계속기록법과 실지재고조사법에서 차이가 있으므로 각각 살펴본다.

[그림 17] 재고자산의 기말평가

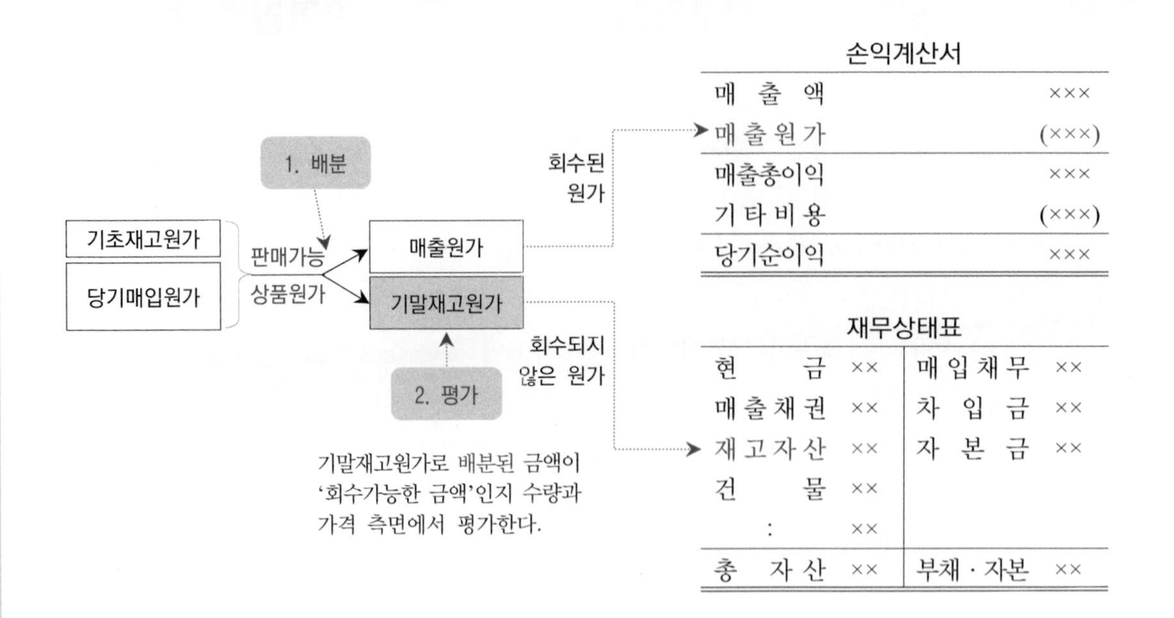

1. 계속기록법에서 재고자산평가

계속기록법에서도 기말에 창고에 가서 재고조사를 실시한다. 계속기록해 온 장부상 기말재고수량과 출고되지 않고 창고에 남아 있는 잔고수량의 일치여부를 확인하기 위해서다. 재고실사를 통해 파손품 수량과 온전한 상태로 남아 있는 정상품수량을 파악할 수 있다.

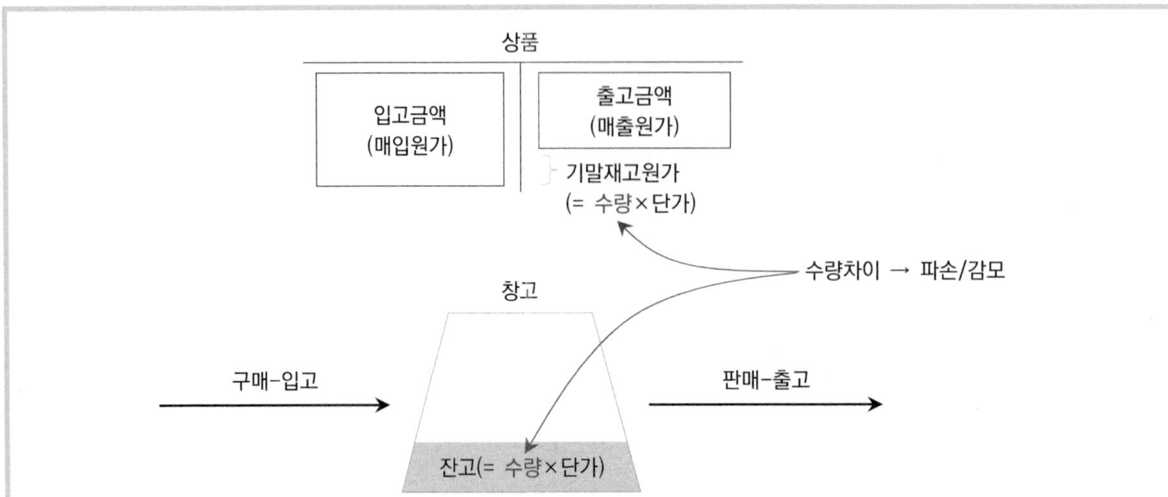

(1) 기말재고자산의 수량평가 : '재고자산계정'에서 이루어진다

파손된 상품의 취득원가는 판매를 통해 회수할 수 없으므로 재고자산계정에서 직접 제거하고 감모손실로 처리한다. 이때 그 손상이 일상적이라고 판단될 경우 파손상품의 원가를 매출원가에 포함시킬 수 있다. 재고자산감모손실은 다음과 같이 계산한다.

재고자산감모손실 = 파손품수량(= 기말장부수량 − 기말정상품수량) × 구매단가

계속기록법하에서는 판매가능상품원가가 모두 '재고자산'계정에 기록되어 있다. 즉 파손품원가도 '재고자산'계정에 존재한다. 그러므로 재고자산계정에서 파손품원가를 처리한다.

(차)	재고자산감모손실	××(비일상적)	(대)	재 고 자 산	××(일상적 + 비일상적)
	매 출 원 가	××(일상적)			

일상적인 손상품의 원가를 '매출원가'에 포함시키는 것은 그 손상품을 판매된 것으로 간주하여 매출을 통해 그 원가를 회수한 것으로 간주하겠다는 의미이다. 비일상적으로 발생하는 손상품의 원가를 '재고자산감모손실'로 처리하는 것은 손상품의 발생을 관리하기 위함이다. 비일상적인 손상품은 관리 소홀이 원인일 수 있기 때문이다.

[그림 18] 계속기록법에서 기말재고의 수량평가

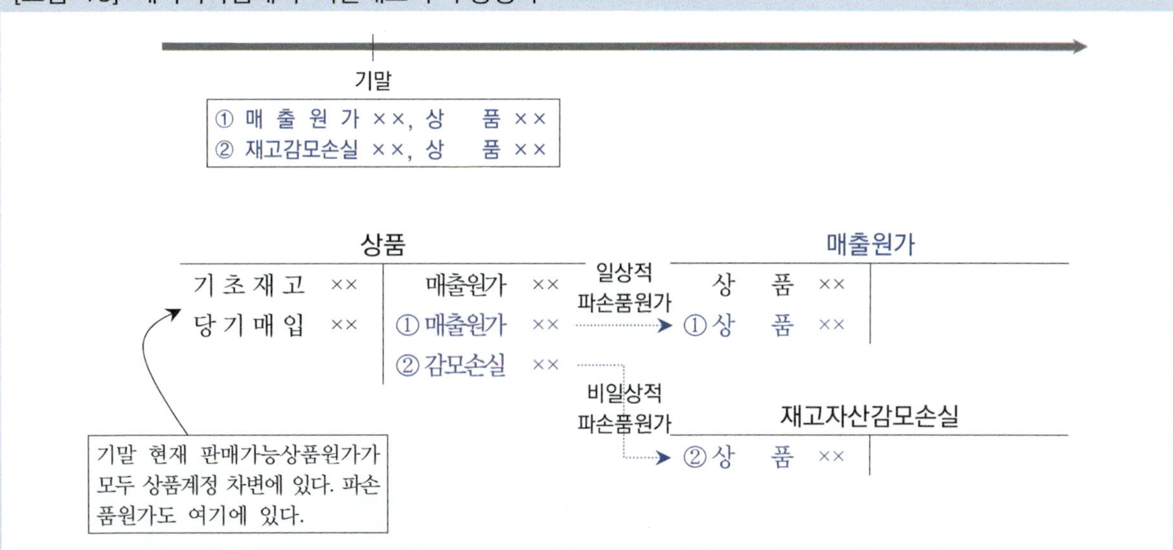

(2) 기말재고자산의 가격평가 : '재고자산계정'에서 이루어진다

기말재고자산의 가격평가는 물리적으로 손상되지 않아서 차기에 판매가능한 정상품에 대해서 이루어진다. 창고에 실재하는 정상품의 원가는 차기에 매출을 통해 회수하여야 하는 금액이다. 그러나 시장상황이 좋지 않아서 판매가격이 취득원가 이하로 하락하게 되면 기말재고자산의 취득원가를 온전히 회수할 수 없게 된다. 이때 재고자산을 취득원가로 표시하면 재무상태표에서 재고자산이 과대 표시된다. 회계는 보수주의적 관점에서 재고자산을 저가인 '회수가능액'으로 평가한다.

- 재고자산평가손실 = 정상품수량 × (구매단가 − 순실현가능가치)
- 순실현가능가치(회수가능액) = 추정판매금액 − 추가완성원가 − 추정판매비용

계속기록법에서 판매가능상품원가는 모두 재고자산계정 차변에 있다. 따라서 '회수가능액'으로 감액하는 것도 재고자산계정에서 이루어진다. 감액방법은, 수량평가와 달리, 재고자산계정에서 직접 차감하지 않고 충당금계정을 설정하여 간접적으로 감액한다. 가격하락은 나중에 가격상승으로 회복될 수 있기 때문이다. 가격하락은 재고자산평가손실(영업외비용)에 해당하지만, 매출원가에 포함시킬 수도 있다(IFRS에서는 규정없음).

(차) 재고자산평가손실	××	(대) 재고자산평가충당금	××
(or 매출원가)		└→ 재고자산의 차감계정	

재고자산평가손실환입

재고자산평가손실과 평가충당금은 순실현가능가치가 원가이하로 하락한 경우에 인식한다. 재고자산평가손실을 인식한 이후 순실현가능가치가 상승할 경우 과거의 평가손실을 환입(이익으로 인식)시킨다.

순실현가능가치가 원가이상으로 회복될 경우 더 이상 평가충당금을 인식하지 않는다. 이 경우 평가충당금을 전액 환입시킨다. 순실현가능가치가 원가 이상으로 회복되지는 않았지만 이전의 순실현가능가치보다 증가한 경우 그 차액만큼 평가충당금을 환입시킨다.

(차) 재고자산평가충당금	××	(대) 재고자산평가손실환입	××
		(or 매출원가)	

※ 기초평가충당금이 있고 기초재고를 당기 중에 판매한 경우 기중 매출원가는?

기중 매출원가계산은 취득원가를 기준으로 한다. 평가충당금은 기말재고자산에 대해서 설정한다.

①기초평가충당금 < 기말평가손실 : 보충적으로 평가충당금을 설정한다.

②기초평가충당금 > 기말평가손실 : 차액만큼 평가충당금을 환입시킨다.

※ 만약 재고가 소진되어 기말재고가 존재하지 않을 경우 기초재고평가충당금을 어떻게 해야 하는가?

→ 기말평가손실이 없으므로 기초 잔액을 전부 환입해야 한다.

[그림 19] 계속기록법에서 기말재고정상품의 가격평가

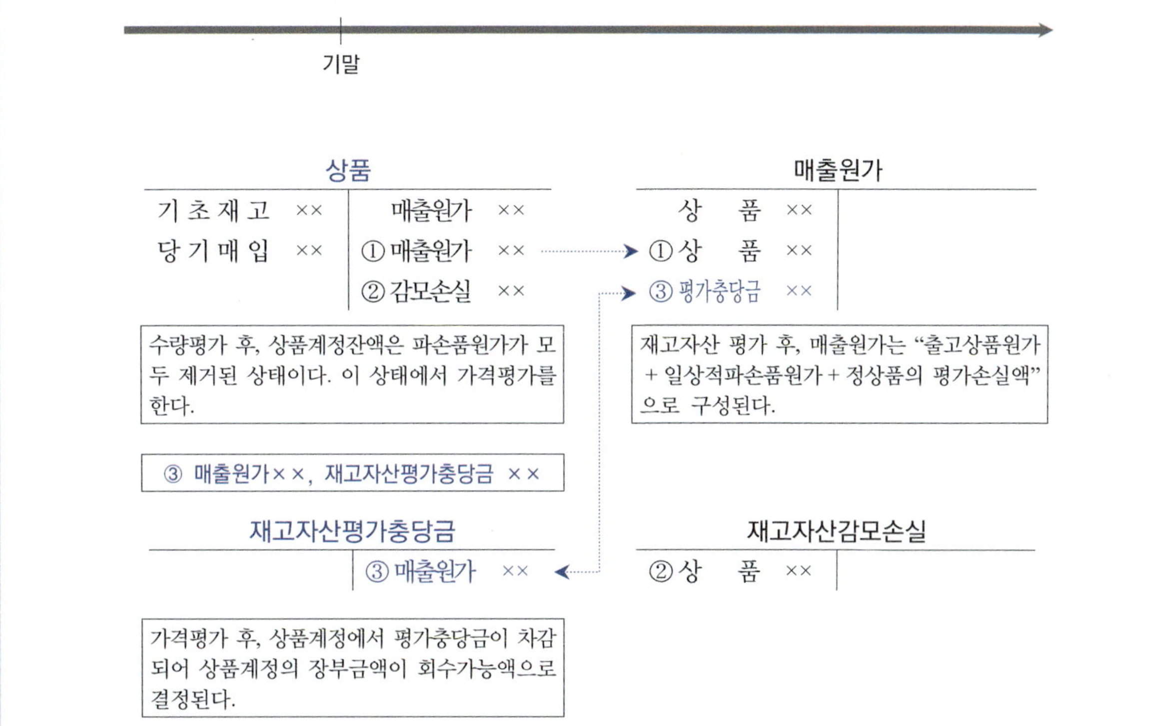

예제 8 재고자산 기말평가(계속기록법)

기초재고 50개(단가 80원), 당기매입액 300개(단가 100원), 당기판매수량 250개

기말재고조사결과 파손수량을 10개 발견하였는데, 그 중 50%는 일상적이다.
정상품의 단위당 순실현가능가치는 90원이다.
재고자산은 계속기록법을 적용하고 원가흐름은 선입선출법을 가정한다.

1. 수량평가를 하시오.
2. 가격평가를 하시오. 가격하락손실은 매출원가에 포함시킨다.

풀이

- 계속기록법에서 기말 현재 '상품'계정과 '매출원가'계정은 다음과 같은 상태이다.

상품

기초재고	4,000	매출원가	24,000
현금 등	30,000		

매출원가

상품	24,000		

➲ 현재 기말재고원가는 10,000원

[1] 계속기록법-수량평가

- 파손상품은 판매할 수 없으므로 그 원가를 모두 '상품'계정에서 직접 제거한다. 일상적인 파손상품원가는 매출원가에 포함시키고, 비일상적인 파손상품원가는 감모손실로 처리한다.

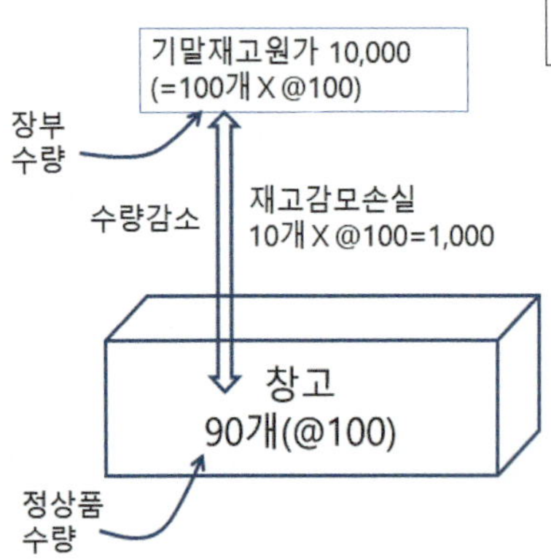

(차) 재고감모손실	500	(대) 상 품	1,000
매 출 원 가	500		

➲ 일상적이든, 비일상적이든 파손상품원가는 모두 '상품계정'에서 제거된다.

상품

기초	4,000	매출원가	24,000
현금	30,000	재고감모손실	500
		매출원가	500

재고감모손실

상품	500		

매출원가

상품	24,000		
상품	500		

➲ 파손품 원가를 제거한 재고자산 장부금액 9,000

➲ 파손을 반영한 매출원가 장부금액 24,500

[2] 계속기록법-가격평가

- 정상품의 원가하락으로 인한 평가손실을 상품계정에서 간접 차감한다.

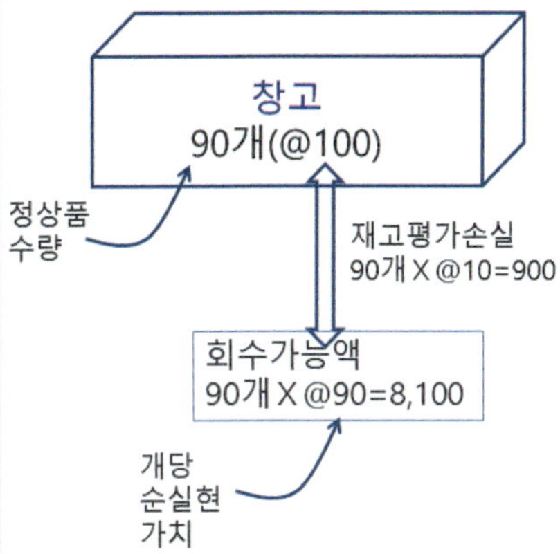

(차) 매 출 원 가	900	(대) 재고평가충당금	900

상품

기초	4,000	매출원가	24,000
현금	30,000	재고감모손실	500
		매출원가	500

매출원가

상품	24,000		
상품	500		
평가충당금	900		

평가충당금

		매출원가	900

➲ 기말재고자산의 장부금액은 감모손실과 평가손실을 차감한 후 회수가능액 8,100원이다.

➲ 매출원가 장부금액은 출고수량원가 24,000 + 정상감모원가 500 + 평가손실 900 = 25,400원이다.

2. 실지재고조사법에서 재고자산평가

실지재고조사법하에서는 기말시점에서 결산조정분개를 통해 매출원가와 기말재고원가를 배분한다. 앞의 결산조정분개 ①과 ②를 통해 판매가능상품원가가 모두 '매출원가계정'의 차변에 집계된다. 그 다음 결산조정분개 ③을 하기 위해서는 창고에 가서 재고조사를 하여야 한다. 재고조사를 통해 창고에 온전하게 실재하는 정상품의 수량을 파악할 뿐만 아니라, 파손이나 감모 등 하자가 있는 손상품의 수량도 파악할 수 있다.

(1) 기말재고자산의 수량평가 : '매출원가계정'에서 이루어진다.

재고실사를 통해 파악한 정상품은 차기에 판매하여야 한다. 따라서 정상품원가를 판매가능상품원가가 집계되어 있는 '매출원가계정'에서 '재고자산계정'으로 이동시킨다(결산조정분개 ③). 파손상품원가는 '매출원가계정'에 그대로 남아 있다. 즉 실사법에서는 파손상품의 원가가 '매출원가계정'의 차변에 존재하게 된다. 따라서 그 파손이 일상적이라면 '매출원가계정'에 그대로 두고, 비일상적이라면 '매출원가계정'에서 '재고자산감모손실계정'(영업외손실)으로 이동시킨다.

- 재고자산감모손실(비일상적) = 비일상적 파손수량 × 구매단가

④ (차) 재고자산감모손실 ××(비일상적) (대) 매 출 원 가 ××(비일상적)

[그림 20] 실지재고조사법에서 기말재고의 수량평가

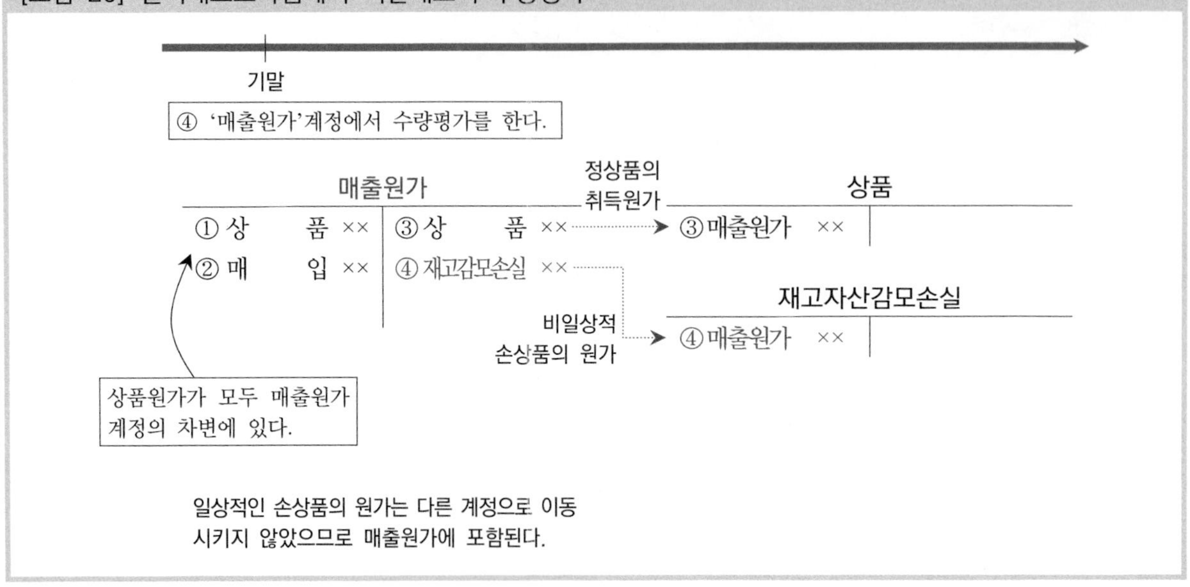

(2) 기말재고자산의 가격평가 : '재고자산계정'에서 이루어진다

기말재고자산의 가격평가는 창고에서 손상되지 않고 남아 있는 정상품에 대해 이루어진다. 결산조정분개 ③을 통해 정상품원가는 '재고자산계정'으로 이동되어 있다. 따라서 그 정상품원가의 회수가능성평가는 '재고자산계정'에서 이루어진다. 가격하락손실을 재고자산계정에서 간접적으로 차감한다.

⑤ (차) 재고자산평가손실 ×× (대) 재고자산평가충당금 ××
(or 매출원가) ↳ 재고자산의 차감계정

[그림 21] 실지재고조사법에서 기말재고 정상품의 가격평가

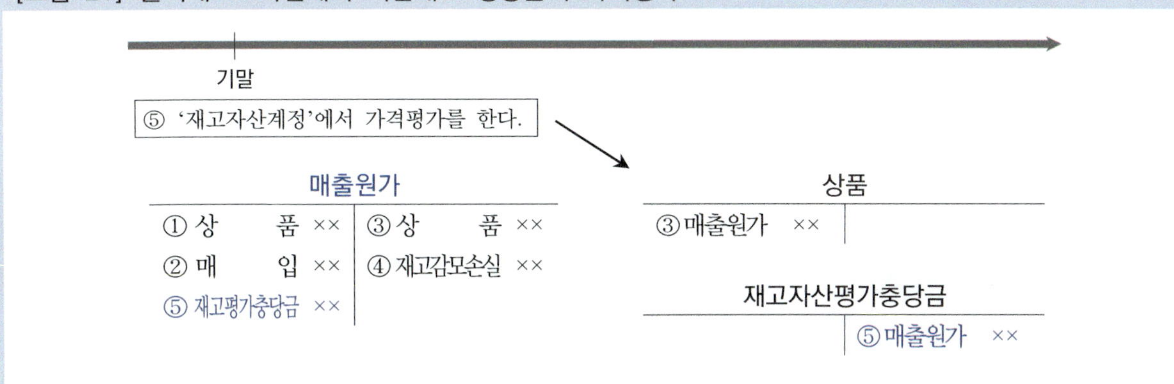

예제 9 재고자산 기말평가(실지재고조사법)

기초재고 50개(단가 80원), 당기매입액 300개(단가 100원), 기말재고조사결과 정상품수량은 90개이다.

10개의 파손수량을 발견하였는데, 그 중 50%는 비일상적이다.
정상품단위당 순실현가능가치는 90원이다.
재고자산은 실지재고조사법을 적용하고, 원가흐름은 선입선출법을 가정한다.

1. 수량평가를 하시오.
2. 가격평가를 하시오. 가격하락손실은 매출원가에 포함시킨다.

풀 이

[1] 결산조정

- 기초재고와 당기매입상품이 모두 팔린 것으로 간주하고, 그 원가를 모두 '매출원가'계정으로 옮긴다.

①	(차) 매 출 원 가	4,000	(대) 상	품	4,000
②	(차) 매 출 원 가	30,000	(대) 매	입	30,000

상품

기초재고	4,000	① 매출원가	4,000

매입

현금	30,000	② 매출원가	30,000

매출원가

① 상품	4,000		
② 매입	30,000		

판매가능상품원가가 모두 '매출원가'계정 차변에 집계된다.

[2] 실사법-수량평가

- 창고에 가서 실지재고조사를 한다. 정상품은 매출원가가 되어서는 안되므로 그 원가를 '매출원가'계정에서 차감하여 '상품'계정으로 이월시킨다.

실지재고조사

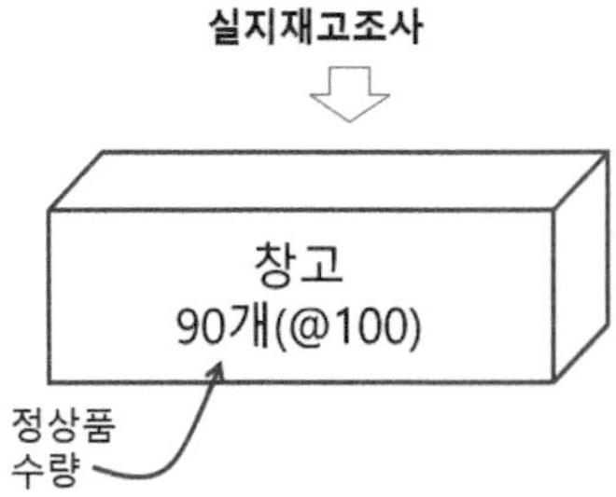

③ 정상품을 차기로 이월시킨다(결산조정분개③).

(차) 상	품	9,000	(대) 매 출 원 가	9,000

매출원가

상품	4,000	③ 상품	9,000
매입	30,000		

상품

기초재고	4,000	① 매출원가	4,000
③ 매출원가	9,000		

➲ 파손품원가는 남아 있다.

- 재고실사과정에서 발견한 비일상적인 파손상품의 원가를 '매출원가'계정에서 차감하여 '재고감모손실'로 처리한다. 이때 일상적인 파손상품의 원가는 매출원가에 포함되어야 하므로 그대로 둔다.

④ 비일상적 파손의 회계처리

(차) 재고감모손실	500	(대) 매 출 원 가	500

매출원가

상품	4,000	③ 상품	9,000
매입	30,000	④ 재고감모손실	500

재고감모손실

④ 매출원가	500		

➲ 일상적인 파손품원가는 남아 있다.

[3] 실사법-가격평가

• 상품의 가격하락손실을 '상품'계정에서 간접적으로 차감한다.

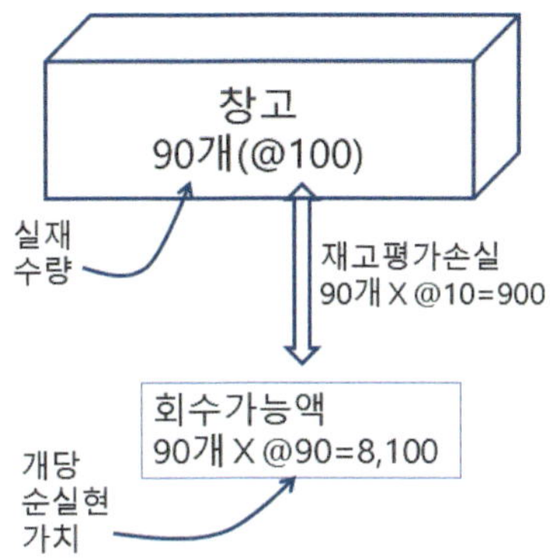

⑤ (차) 매 출 원 가	900	(대) 재고평가충당금	900

매출원가

상품	4,000	③ 상품	9,000
매입	30,000	④ 재고감모손실	500
⑤ 재고평가충당금	900		

상품

기초재고	4,000	① 매출원가	4,000
③ 매출원가	9,000		

재고평가충당금

		⑤ 매출원가	900

➲ 파손과 가격하락을 반영하여 매출원가 최종장부금액은 25,400

➲ 파손과 가격하락을 반영하여 재고자산 최종장부금액은 8,100 = 9,000 − 900

예제 10 재고자산 기말평가(수량평가와 가격평가)

앞의 예제를 그대로 이용한다.

① 1.1 기초재고 : 수량 10개, 단가 @100원		
② 5.1 외상매입 : 수량 30개, 단가 @110원	7.1 외상판매 30개(매가 @500)	
③ 9.1 외상매입 : 수량 40개, 단가 @120원		
④ 10.1 외상매입 : 수량 30개, 단가 @130원	11.1 외상판매 60개(매가 @600)	

기말실사결과 창고에는 10개의 정상품이 남아있다. 파손품중 5개는 일상적인 것이고 나머지는 비일상적인 것이다. 정상품의 순실현가능가치는 개당 110원이다.

1. 계속기록-선입선출법을 적용할 경우 매출원가와 기말재고자산을 산출하시오.
2. 실지조사-총평균법을 적용할 경우 매출원가와 기말재고자산을 산출하시오.

풀 이

(1) 계속기록-선입선출법(FIFO)의 원가배분 후 장부상 기말재고원가는 다음과 같다.

상품

1.1	기초재고	1,000	7.1	매출원가	3,200
5.1	현금	3,300	11.1	매출원가	7,200
9.1	현금	4,800			
10.1	현금	3,900			

(9.1~10.1) 기말재고원가 = 2,600 = 20개×130
(장부수량×최근구매단가)

실지재고조사를 통해 장부수량 20개 중 감모수량이 10개이고, 정상품수량이 10개임을 파악하였다.

- 일상감모손실 = 5개 × 130 = 650
- 비일상감모손실 = 5개 × 130 = 650

① 수량평가

(차)	매 출 원 가	650	(대)	상 품	1,300
	재 고 감 모 손 실	650			

상품

1.1	기초	1,000	7.1	매출원가	3,200
5.1	매입채무	3,300	11.1	매출원가	7,200
9.1	매입채무	4,800	1231	매출원가 등	1,300
10.1	매입채무	3,900			

일상 → 매출원가

7.1	상품	3,200	
11.1	상품	7,200	
12.31	상품	650	

비일상 → 재고감모손실

12.31	상품	650	

감모손실인식후 재고자산 장부금액(잔액)은 1,300원이고, 매출원가는 11,050원이다.

② 가격평가

정상품수량 10개의 경우, 순실현가격(@110)이 매입원가(@130)보다 하락하였다.
이를 매출원가에 산입하는 것으로 처리하면

평가손실 = 10개 × (130 − 110) = 200

(차)	매 출 원 가	200	(대)	재고자산평가충당금	200	→ 간접차감

상품

차변			대변		
1.1	기초재고	1,000	7.1	매출원가	3,200
5.1	매입채무	3,300	11.1	매출원가	7,200
9.1	매입채무	4,800	12.31	매출원가 등	1,300
10.1	매입채무	3,900			

매출원가

차변			대변
7.1	상품	3,200	
11.1	상품	7,200	
12.31	상품	650	
12.31	평가충당금	200	

재고자산평가충당금

차변	대변		
	12.31	매출원가	200

재고감모손실

차변			대변
12.31	상품	650	

평가손실인식후 재고자산 장부금액(잔액)은 1,100(= 1,300 − 200)원이고, 매출원가는 11,250원이다. 평가충당금 계정은 재고자산의 차감계정이다. 재무상태표에 재고자산을 표시할 때 아래와 같이 항상 평가충당금을 차감한다.

[그림 22] 계속기록-선입선출법에서 재무제표 표시

재무상태표 xxxx.12.31

:			
:			
재고자산	1,300		
평가충당금	(200)	1,100	
:			

손익계산서 1.1~12.31

매출액		51,000	
매출원가		(11,250)	← 일상적감모손실(650), 평가손실(200) 포함
매출총이익		39,750	
판매관리비		(-------)	
:			
:			
영업이익		-------	
영업외수익		-------	
영업외비용		(-------)	
재고감모손실	650		← 비일상적감모손실
법인세차감전이익		-------	
법인세		(-------)	
당기순이익		-------	

(2) 실지조사-총평균법(TAV)의 결산조정 후 매출원가 계정은 다음과 같다.

정상품수량에 대한 취득원가

매출원가

차변		대변	
12.31 상품	1,000	**12.31 상품**	**1,182**
12.31 매입	12,000	11,818	

상품

차변		대변
12.31 매출원가	1,182	

기말실사를 통해 정상품수량은 10개임을 파악하였다. 이 10개의 취득원가는 결산조정분개 ③을 통해 상품 계정으로 이동한다. 따라서 매출원가 계정잔액 11,818에는 출고상품원가뿐만 아니라 손상품원가(일상+비일상)가 포함되어 있다.

① 수량평가

(차) 재고감모손실 591 (대) 매출원가 591 → 비일상적인 손상만 재고감모손실로 이동

- 일상적 감모손실 = 5개 × 118.18 = 591, 비일상적 감모손실 = 5개 × 118.18 = 591

매출원가

차변		대변	
12.31 상품	1,000	12.31 상품	1,182
12.31 매입	12,000	12.31 감모손실	591

상품

차변		대변
12.31 매출원가	1,182	

재고감모손실

차변		대변
12.31 매출원가	591	

감모손실인식후 매출원가 장부금액(잔액)은 11,227원이고, 이 속에는 일상적 감모손실이 포함되어 있다. 이월상품(재고자산)은 1,182원이다.

② 가격평가

결산조정을 통해 정상품원가는 상품계정으로 이동되어 있다. 따라서 가격평가는 상품계정에서 이루어진다.

평가손실 = 10개 × (118.18 − 110) = 82

(차) 매출원가 82 (대) 재고자산평가충당금 82 → 재고자산 가치하락을 매출원가에 포함

매출원가

차변		대변	
12.31 상품	1,000	12.31 상품	1,182
12.31 매입	12,000	12.31 감모손실	591
12.31 평가충당금	82		

상품

차변		대변
12.31 매출원가	1,182	

재고평가충당금

차변	대변	
	12.31 매출원가	82

재고감모손실

차변		대변
12.31 매출원가	591	

평가손실인식후 재고자산 장부금액(잔액)은 1,100(= 1,182 − 82)원이고, 매출원가는 11,309원이다. 평가충당금계정은 재고자산의 차감계정이다.

[그림 23] 실지조사-총평균법에서 재무제표 표시

재무상태표 xxxx.12.31

:			
:			
재고자산	1,182		
평가충당금	(82)	1,100	
:			

손익계산서 1.1~12.31

매출액		51,000	
매출원가		(11,309)	← 일상적감모손실(591), 평가손실(82) 포함
매출총이익		39,691	
판매관리비		(−−−)	
:			
:			
영업이익		−−−	
영업외수익		−−−	
영업외비용		(−−−)	
재고감모손실	591		← 비일상적감모손실
법인세차감전이익		−−−	
법인세		(−−−)	
당기순이익		−−−	

제6절 특수매매상품의 기말재고 포함여부

창고에 입고된 상품 중에 출고된 상품은 매출원가를 구성하며, 출고되지 않은 상품은 기말재고원가를 구성한다. 따라서 기본적으로 기말재고자산원가는 기말 현재 창고에 실재하는 상품의 원가를 나타낸다. 그러나 다음의 경우 기말 현재 창고에 실재하지 않더라도 기말재고자산에 포함시켜야 한다.

(1) 입고되지 않았는데도 기말재고에 포함시켜야 하는 재고자산 : 운송중인 매입상품(선적지인도조건).

(2) 출고되었다 하더라도 기말재고에 포함시켜야 하는 재고자산 : 위탁상품, 시송품, 환매조건부판매상품 등 운송중인 판매상품(도착지 인도조건)

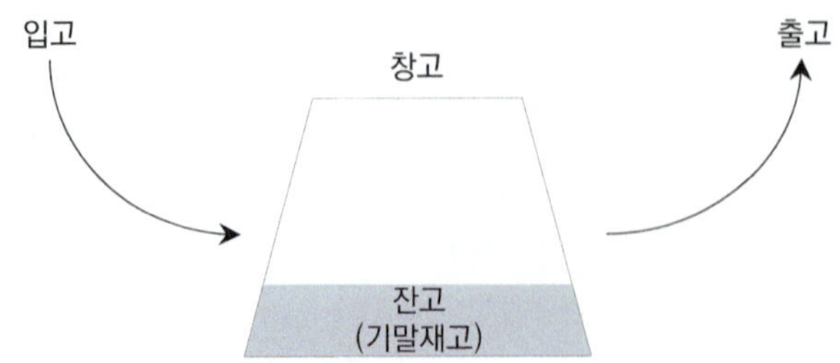

특수매매

유 형	기말재고 포함여부
미착상품 (운송중인 상품) → 입고되지 않은 상품	• 인수도조건에 따라 다르다. ① 선적지인도조건 : 매입자의 기말재고에 포함(매입운임은 원가에 포함) ② 도착지 인도조건 : 판매자의 기말재고에 포함(판매운임은 판매비로처리)
위탁상품(적송품) → 출고된 상품	• 위탁상품이 판매되기 전까지는 위탁자의 기말재고에 포함(적송운임 포함) • 적송할때 분개 : 적송품 ×× , 상품 ××
시송품 → 출고된 상품	• 매입의사표시를 하기 전까지는 판매자의 기말재고에 포함(운임은 판매비)
장기할부판매 → 출고된 상품	• 인도시점에서 수익을 인식하므로 판매자의 기말재고에 포함하지 않는다.
조건부판매	• 조건이 중요한 경우 : 그 조건이 충족될 때 판매된 것으로 본다. • 조건이 중요하지 않은 경우 : 인도시점에 판매된 것으로 본다.
저당/담보로 제공된 상품	• 담보제공자의 기말재고에 포함 : 실질적 소유권이전이 없는 거래

« 예제 11 특수매매

기중 거래자료는 다음과 같다.

1.1 기초재고	: 수량 10개, 단가 @100원		
5.1 구입	: 수량 20개, 단가 @110원	7.1	판매 20개
9.1 구입	: 수량 30개, 단가 @120원		
10.1 구입	: 수량 40개, 단가 @130원	11.1	판매 60개

기말실사결과, 실재재고수량 10개이다. 파손수량은 없다. 추가로 다음과 같은 사실을 발견하였다. 장부수량과 실재수량의 차이는 시송품10개(12.1 출고)에 해당한다. 시송품에 대해서는 아직까지 고객의 구매의사가 없다. 기말 현재 선적지 인도조건으로 운송중인 매입상품이 10개(@140) 있다.

(1) 기말재고원가를 구하시오. 실지조사-선입선출법을 적용한다.

풀 이

실지재고수량	10개 × @130 =	1,300원
시송품	10개 × @130 =	1,300원
선적지인도조건 구매	10개 × @140 =	1,400원
기말재고원가		4,000원

제7절 기말재고자산원가의 추정 : 원가추정법

앞에서도 언급하였듯이, 재고자산회계의 핵심은 매출원가와 기말재고원가를 구하는 것이다. 지금까지 매출원가와 기말재고원가는 취득원가의 '배분'을 통해 결정하였다. 배분방법은 '재고기록법'과 '원가흐름가정'을 동시에 적용한다. 결국 매출원가와 기말재고원가는 '배분된 원가'이다. 원가배분을 하기 위해서는 입고-출고수량과 구매단가에 대한 정보를 정확히 파악해야 한다. 그러나 때로는 수량과 단가에 대한 정보를 일일이 파악하기 번거로울 때가 있다.

추정에 의한 기말재고자산 원가결정방식은 판매가와 원가의 일정한 관계를 이용하여 판매가격정보로부터 매출원가와 기말재고원가를 '추정'하는 방법이다.

원가추정법은 원가배분법에 비해 간편법이라고 할 수 있다. 원가배분법은 매입수량과 매입단가를 정확히 기록해 두어야 가능한 방법인데 비해, 원가추정법은 상품의 매입수량과 매입단가의 흐름을 고려하지 않고 금액만 이용하는 방법이다.

[그림 24] 원가배분법과 원가추정법의 비교

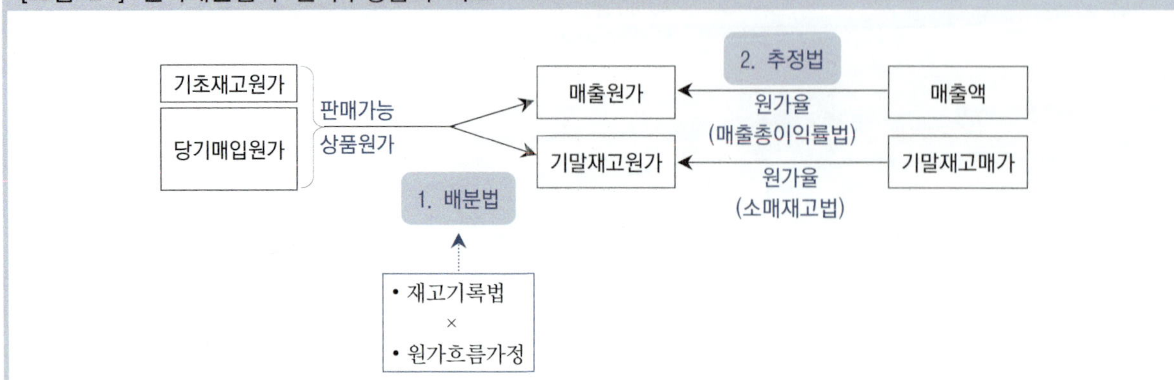

1. 소매재고법(매출가격환원법)

앞에서도 말했듯이, 재고자산 회계처리의 핵심은 취득원가를 매출원가와 기말재고원가로 배분하는 데 있다. 그 배분은 원칙적으로 개별 상품에 대해서 실행한다. 그런데 백화점이나 대형할인점과 같이 수많은 종류의 상품을 대량으로 빈번하게 구매하거나 판매하는 유통업종의 경우 원가배분을 하기 위해서는 모든 종류의 상품에 대해 일일이 입출고 수량과 단가에 대한 기록을 유지하고 관리하여야 한다. 그것은 상당한 관리비용과 시간을 요한다. 이런 업종의 경우 이익률(or 원가율)이 유사한 상품을 동종 집단으로 묶어서 간편하게 매출원가와 기말재고원가를 추정하는 방법을 이용할 수 있다.

이 방법에서는 재고자산의 구매금액(원가)과 판매금액(매가)에 대한 정보만 필요하다. 수량과 단가에 대한 정보를 엄격하게 적용하는 것을 요구하지 않는다. 재고실사의 경우에도 파손상품의 원가와 매가를 파악하는 수준으로 한다.

소매재고법에서 기말재고원가를 구하는 절차는 다음과 같다.

- 기말재고원가 = 기말재고매가 × 원가율(= 판매가능상품의 '원가 ÷ 매가')
- 매출원가 = 판매가능상품원가 − 기말재고원가

첫째, 기말재고매가를 구한다. 기말재고매가를 구하는 과정에서 수량평가와 가격평가를 반영한다. 수량평가의 경우, 파손상품원가를 기말재고원가에 포함시키지 않는 것이다. 그러기 위해서 정상적이든 비정상적이든 파손상품매가를 기말재고매가에서 제외하여야 한다. 가격평가의 경우, 판매가능상품의 매가인상과 매가인하를 반영하기 위해 판매가격의 순인상액을 더하고 순인하액을 차감한다.

- 기말재고매가 = 기초상품매가 + 당기매입상품매가 + 매가순인상액 − 매가순인하액 − 출고상품매가(매출액) − 파손상품매가

기말재고매가를 구하는 것은 '판매가능상품매가'를 '출고상품매가'와 '기말재고매가'로 배분하는 문제와 같다. 따라서 판매가능상품매가에서 출고상품매가(매출액)를 차감하면 기말재고매가가 산출된다. 기말재고매가를 구하는 과정을 표현하면 아래 그림과 같다.

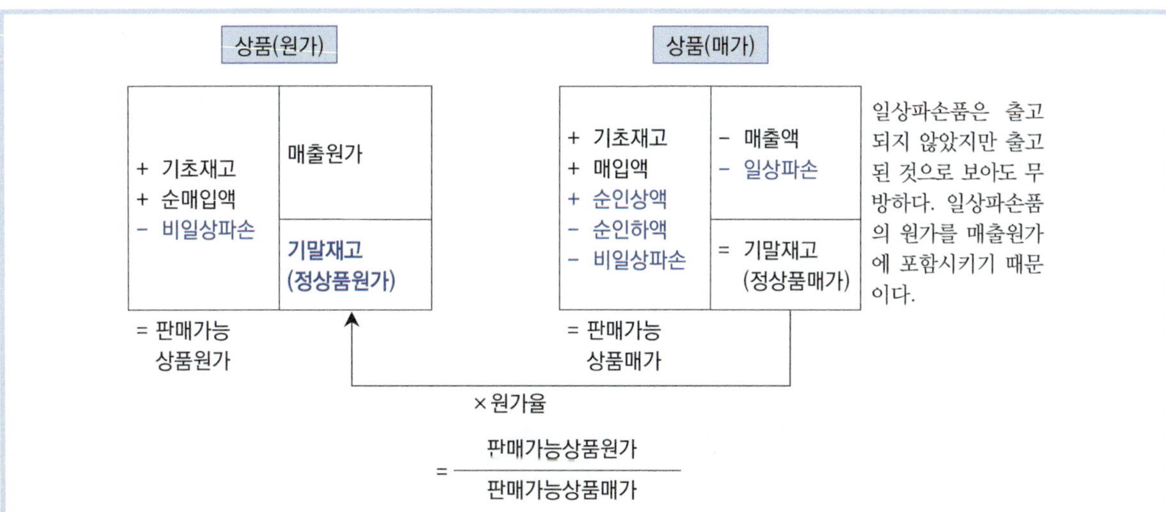

- 비일상적파손품은 판매가능상품의 원가와 매가에서 제외함으로써 원가율에 반영하지 않고, 일상적파손품은 판매가능상품의 원가와 매가에 포함함으로써 원가율에 반영한다.
- 각 항목의 부호는 기말재고매가를 구하는 과정에서 가산(+), 차감(−)항목을 의미한다.

둘째, 원가율을 구한다. 원가율을 구하는 과정에서도 수량평가와 가격평가가 반영된다. 수량평가의 경우, 비일상적인 파손상품이 원가율에 미치는 영향을 제거하기 위해 판매가능상품원가와 매가에서 각각 제거한다. 가격평가를 위해, 매가의 순인상액과 순인하액을 분모에 반영한다. 분모의 순인상액은 원가율을 낮추고 순인하액은 원가율을 높인다. 또한 원가율 계산 시 원가흐름가정이 반영된다. 평균원가율이나 선입선출원가율을 계산하여 적용할 수 있다.

원가율

구 분	원가율
평균원가율	$\dfrac{\text{(원가)기초} + \text{당기순매입}}{\text{(매가)기초} + \text{당기매입} + \text{순인상액} - \text{순인하액}}$
저가기준원가율	$\dfrac{\text{(원가)기초} + \text{당기순매입}}{\text{(매가)기초} + \text{당기매입} + \text{순인상액}}$
선입선출원가율	$\dfrac{\text{(원가)당기순매입}}{\text{(매가)당기매입} + \text{순인상액} - \text{순인하액}}$

- 비일상적 파손상품이 있을 경우 그 원가와 매가를 분자-분모에서 각각 차감한다.
  일상적 파손상품은 원가율에 반영하기 위해 차감하지 않는다.

예제 12 기말재고자산의 평가 : 소매재고법

1.1	기초재고	: 매입원가 1,000원, 매가 5,000원
5.1	구입	: 매입원가 4,400원, 매가 14,000원, 매가인상액 5,000원
9.1	구입	: 매입원가 7,600원, 매가 20,000원, 매가인하액 2,000원
11.1	판매	: 매출액 20,000원

재고조사결과, 파손수량을 발견하였다. 일상적인 파손품의 원가는 500원, 매가는 1,000원이다.
비일상적인 파손품의 원가는 700원, 매가는 1,400원이다.
원가율계산시 소수점 셋째 자리에서 반올림하시오.

(1) 평균원가율을 적용할 경우 기말재고원가와 매출원가를 구하시오.
(2) 선입선출원가율을 적용할 경우 기말재고원가와 매출원가를 구하시오.

풀이

(1) 기말재고매가 = 5,000 + 14,000 + 20,000 + 5,000 − 2,000 − 1,000 − 1,400 − 20,000 = 19,600

기초재고상품매가 + 당기매입상품매가 + 매가순인상액 − 파손품의 매가 − 매출액

평균원가율 = (1,000 + 4,400 + 7,600 − 700) / (5,000 + 14,000 + 20,000 + 5,000 − 2,000 − 1,400) = 30%

(기초재고원가 + 당기매입원가 − 비일상파손품원가) /

(기초재고매가 + 당기매입상품매가 + 순인상액 − 순인하액 − 비일상파손품매가)

∴ 기말재고원가 = 19,600 × 0.30 = 5,880원

매출원가 = 판매가능상품원가 − 기말재고원가

= (13,000 − 700) − 5,880 = 6,420원(일상적 파손품원가는 매출원가에 포함됨)

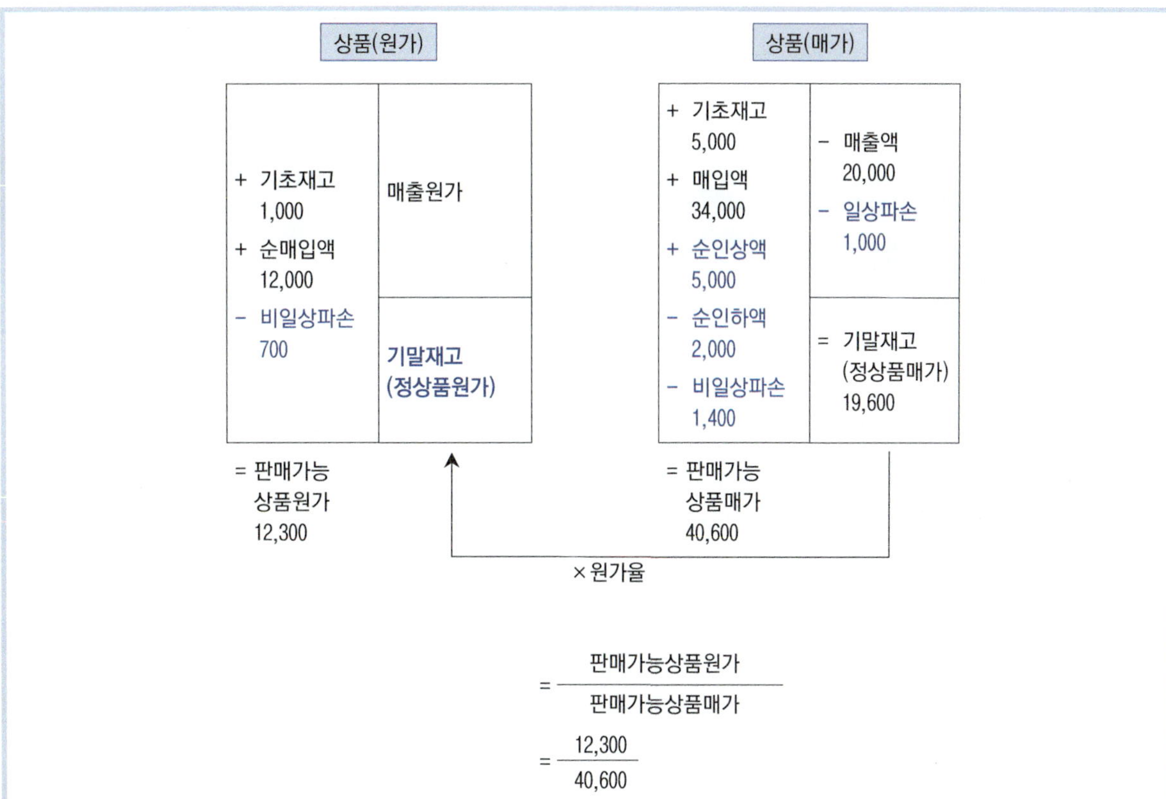

(2) 기말재고매가 = 19,600

기말재고매가는 원가흐름과정과 무관하게 항상 동일함.

선입선출원가율 = (4,400 + 7,600 − 700) / (14,000 + 20,000 + 5,000 − 2,000 − 1,400) = 32%

∴ 기말재고원가 = 19,600 × 0.32 = 6,272원

매출원가 = 판매가능상품원가 − 기말재고원가

= (13,000 − 700) − 6,272 = 6,028원

2. 매출총이익률법

매출총이익률법에서 매출원가와 기말재고원가를 구하는 과정을 표시하면 아래 그림과 같다. 매출총이익률법에서는 매출원가를 먼저 구하고 기말재고원가를 구한다. 원가율이 유사한 상품에 대해 일괄적으로 적용할 수 있으며, 소매재고법보다 더 단순한 형태의 원가추정법이다. 수량평가와 가격평가를 반영하지 않으며 원가흐름가정도 이용하지 않는다.

- 매출원가 = 매출액 × 원가율(= 1 − 매출총이익률)
  (매출총이익률은 매출액에서 매출총이익이 차지하는 비중을 말한다)
- 기말재고원가 = 판매가능상품원가 − 매출원가

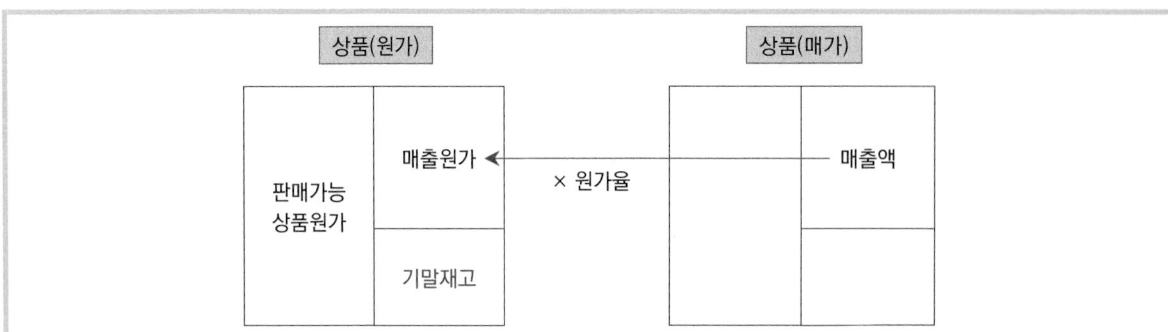

예제 13 기말재고자산의 평가 : 매출총이익률법

1.1 기초재고	:	매입원가 1,000원
5.1 구입	:	매입원가 4,400원
10.1 구입	:	매입원가 7,600원
11.1 판매	:	매출액 15,000원

(1) 매출총이익률이 35%이다. 기말재고원가와 매출원가를 구하시오.

(2) 창고에 화재가 발생한 것으로 가정하자. 화재를 진압한 후 판매가능한 정상품 2,000원이 발견되었다. 화재손실액은 얼마인가?

(3) 원가에 대한 이익률이 30%이다. 매출원가와 기말재고원가를 구하시오.

풀 이

(1) 원가율 = 1 − 0.35 = 0.65

∴ 매출원가 = 15,000 × 0.65 = 9,750원

기말재고원가 = 13,000 − 9,750 = 3,250원

(2) 화재손실액 = 3,250 − 2,000 = 1,250원

(3) 원가율 = 100/130 = 0.77

매출원가 = 15,000 × 0.77 = 11,550원

기말재고원가 = 13,000 − 11,550 = 1,450원

연습문제

1 재고자산의 원가배분

기중 상품매매자료는 다음과 같다.

날 짜	적 요	수 량	구매단가	판매단가
1. 1	기초재고	1,000개	200	
6.10	매 입	1,000개	300	
9.15	매 출	1,500개		1,000
11.20	매 입	1,000개	400	
12.20	매 출	1,000개		2,000

1 계속기록법하에서 평균법의 원가흐름가정을 적용한다.

(1) 9.15 외상으로 판매하였다. 분개하시오.

(차) (대)

(2) 12.30 실지재고조사결과 파손수량과 가격하락이 없을 경우 매출원가와 기말재고원가를 계산하시오.

① 매출원가 ___________

② 기말재고자산 ___________

(3) 12.30 실지재고조사결과, 정상품재고수량이 300개로 파악되었다. 파손수량 중 1/2은 일상적인 것이며, 1/2은 비일상적인 것으로 판명되었다. 분개하시오.

(차) (대)

(4) 위 (3)번에서 기말 현재 정상품의 순실현가능가치는 개당 300원이다. 재고평가손실은 매출원가에 포함시킨다. 분개하시오.

(차) (대)

(5) 파손과 가격하락을 반영한 후 손익계산서에 표시될 매출원가는 얼마인가

(6) 파손과 가격하락을 반영한 후 재무상태표에 표시될 재고자산은 얼마인가

2 실지재고조사법 하에서 선입선출의 원가흐름가정을 적용한다.

(1) 12.20 외상으로 판매하였다. 분개하시오.

(차) (대)

(2) 12.30 기말재고조사결과 파손수량이 없고,가격하락도 없을 경우 결산조정분개를 하시오.

① (차) (대)
② (차) (대)
③ (차) (대)

(3) 파손과 가격하락이 없을 경우 매출원가와 기말재고자산을 구하시오

① 매출원가 ___________
② 기말재고자산 ___________

(4) 12.30 실지재고조사결과, 정상품재고수량이 300개로 파악되었다. 결산조정분개를 하시오.

① (차) (대)
② (차) (대)
③ (차) (대)

(5) 위 (4)에서 실지재고조사를 하는 과정에서 파손수량 중 100개는 비일상적인 것이다. 분개하시오

④ (차) (대)

(6) 위 (4)에서 기말 현재 정상품의 순실현가능가치는 개당 300원이다. 재고평가손실은 매출원가에 포함시킨다. 분개하시오

(차) (대)

(7) 파손과 가격하락을 반영한 후 손익계산서에 표시될 매출원가는 얼마인가

(8) 파손과 가격하락을 반영한 후 재무상태표에 표시될 재고자산은 얼마인가

2 매출총이익률법

매출액	2,500,000	매출총이익률	20%
기초상품원가	1,000,000		
당기매입원가	3,000,000		

1 위의 자료를 이용하여 매출원가와 기말재고원가를 추정하시오.

① 매출원가

② 기말재고원가

2 창고에 화재가 발생하여 대부분의 재고자산이 소실되었다. 소실되지 않은 재고자산은 300,000원이다. 창고에 대한 화재보험금을 500,000원 받다.

화재손실액은 얼마인가?

3 소매재고법

원가 정보 :	기초상품	1,500,000	당기매입	2,500,000		
매가 정보 :	기초상품	2,000,000	당기매입	3,500,000		
	순인상액	100,000	순인하액	50,000	매출액	4,000,000

1 기말재고매가를 구하시오.

2 기말재고원가를 구하시오. 원가율은 소수점 이하 셋째 자리에서 반올림하여 둘째 자리까지 구한다(예: 0.77).

① 평균원가율을 적용할 경우 기말재고원가

② 선입선출원가율을 적용할 경우 기말재고원가.

위의 자료에서 파손이 발생하였다고 가정한다.

비일상적인 파손품 : 매가 50,000(원가 10,000), 일상적인 파손품 : 매가 100,000

3 기말재고매가를 구하시오.

4 기말재고원가를 구하시오. 원가율은 소수점 이하 셋째 자리에서 반올림하여 둘째 자리까지 구한다(예: 0.77).

① 평균원가율을 적용할 경우 기말재고원가

② 선입선출원가율을 적용할 경우 기말재고원가

4 재고자산 기말평가

상품의 구매와 판매는 모두 외상으로 한다.

1. 1	기초재고	: 수량 10개, 단가 @100원	
5. 1	매입	: 수량 30개, 단가 @110원	7. 1 판매 30개(매가 @500원)
9. 1	매입	: 수량 40개, 단가 @120원	
10. 1	매입	: 수량 30개, 단가 @130원	11.1 판매 60개(매가 @600원)

기말재고조사결과 창고에는 10개의 정상품이 남아있다. 파손품 중 5개는 일상적인 것이고 나머지는 비일상적인 것이다. 정상품의 순실현가능가치는 개당 110원이다. 일상적인 재고감모손실과 재고평가손실은 매출원가에 포함시킨다. 원가계산시 원단위 이하는 반올림하시오.

1 계속기록-이동평균법을 적용할 경우 ① 재고감모손실총액과 재고평가손실을 구하시오. 그리고 재무제표에 표시될 ② 매출원가와 기말재고자산을 산출하시오.

2 실지조사-선입선출법을 적용할 경우 ① 재고감모손실총액과 재고평가손실을 구하시오. 그리고 재무제표에 표시될 ② 매출원가와 기말재고자산을 산출하시오.

연습문제 해답

1 재고자산의 원가배분

1 (1) 9.15

	차변	금액		대변	금액
(차)	매출채권	1,500,000	(대)	매출	1,500,000
	매출원가	375,000		상품	375,000

- 이동평균단가 = (1,000개 × 200 + 1,000개 × 300)/2,000개 = 250/개
- 매출원가 = 1,500개 × 250 = 375,000
- 매출액 = 1,500개 × 1,000 = 1,500,000

(2) 12.30

- 이동평균단가 = (500개 × 250 + 1,000개 × 400)/1,500개 = 350/개

① 매출원가 1,500개 × 250 + 1,000개 × 350 = 725,000
② 기말재고자산 500개 × 350 = 175,000

(3) 12.30

	차변	금액		대변	금액
(차)	매출원가	35,000	(대)	상품	70,000
	재고감모손실	35,000			

- 파손품원가 = 200개 × 350 = 70,000

(4) 12.30

	차변	금액		대변	금액
(차)	매출원가	15,000	(대)	재고평가충당금	15,000

- 정상품평가손실 = 300개 × (350 − 300) = 15,000

(5) 매출원가 725,000 + 35,000 + 15,000 = 775,000

(6) 재고자산 175,000 − 70,000 − 15,000 = 90,000

2 (1) 12.20

	차변	금액		대변	금액
(차)	매출채권	2,000,000	(대)	매출	2,000,000

(2) 12.30 파손과 가격하락이 없을 경우 결산조정분개

		차변	금액		대변	금액
①	(차)	매출원가	200,000	(대)	상품	200,000
②	(차)	매출원가	700,000	(대)	매입	700,000
③	(차)	상품	200,000	(대)	매출원가	200,000

- 정상품원가 = 500개 × 400 = 200,000

(3) ① 매출원가 200,000 + 700,000 − 200,000 = 700,000
② 기말재고자산 500개 × 400 = 200,000

(4) 12.30 파손이 있을 경우 결산조정분개

①	(차) 매출원가	200,000	(대) 상품	200,000
②	(차) 매출원가	700,000	(대) 매입	700,000
③	(차) 상품	120,000	(대) 매출원가	120,000

• 정상품원가 = 300개 × 400 = 120,000

(5)

④	(차) 재고감모손실	40,000	(대) 매출원가	40,000

• 비일상적 파손원가 = 100개 × 400 = 40,000

(6)

(차) 매출원가	30,000	(대) 재고평가충당금	30,000

• 정상품평가손실 = 300개 × (400 − 300) = 30,000

(7) 매출원가 900,000 − 120,000 − 40,000 + 30,000 = 770,000

(8) 재고자산 120,000 − 30,000 = 90,000

2 매출총이익률법

1 ① 매출원가 2,500,000 × (1 − 0.2) = 2,000,000
② 기말재고원가 1,000,000 + 3,000,000 − 2,000,000 = 2,000,000

2 화재손실액 = 재고소실액 1,700,000 − 화재보험금 500,000 = 1,200,000

3 소매재고법

1 기말재고매가 = 2,000,000 + 3,500,000 + 100,000 − 50,000 − 4,000,000 = 1,550,000

2 ① 평균원가율을 적용할 경우 기말재고원가 = 1,550,000 × 0.72 = 1,116,000
• 평균원가율 = (1,500,000 + 2,500,000) / (2,000,000 + 3,500,000 + 100,000 − 50,000) = 0.72

② 선입선출원가율을 적용할 경우 기말재고원가 = 1,550,000 × 0.70 = 1,085,000
• 선입선출원가율 = 2,500,000 / (3,500,000 + 100,000 − 50,000) = 0.70

3 기말재고매가 = 2,000,000 + 3,500,000 + 100,000 − 50,000 − 50,000 − 100,000 − 4,000,000
= 1,400,000

4 ① 평균원가율을 적용할 경우 기말재고원가 = 1,400,000 × 0.73 = 1,022,000

- 평균원가율
  = (1,500,000 + 2,500,000 − 10,000) / (2,000,000 + 3,500,000 + 100,000 − 50,000 − 50,000)
  = 0.73

② 선입선출원가율을 적용할 경우 기말재고원가 = 1,400,000 × 0.71 = 994,000

- 선입선출원가율
  = (2,500,000 − 10,000) / (3,500,000 + 100,000 − 50,000 − 50,000)
  = 0.71

4 재고자산 기말평가

1 장부상 기말재고수량 = 판매가능수량 110개 − 출고 90개 = 20개

5. 1 1차 이동평균 = (1,000 + 3,300) / 40개 = 108/개

10. 1 2차 이동평균 = (1,080 + 4,800 + 3,900) / 80개 = 122/개

- 재고감모손실 = 파손수량 10개 × 122 =1,220
  (일상적 감모손실 = 610, 비일상적 감모손실 610)
- 재고평가손실 = 정상품 10개 × (122 − 110) = 120
- 매출원가 = 30개 × 108 + 60개 × 122 + 610 + 120 = 11,290
- 재고자산 = 10개 × 110 = 1,100

2
- 재고감모손실총액 = 파손품 10개 × 130 = 1,300
  (일상적 감모손실 650, 비일상적 감모손실 650)
- 재고평가손실 = 정상품 10개 × (130 − 110) = 200
- 매출원가 = 10개 × 100 + 30개 × 110 + 40개 × 120 + 10개 × 130 + 650 + 200
  = 11,250

  또는
  = 총구매원가 − 재고자산원가 − 비일상적 감모손실
  = 13,000 − 1,100 − 650 = 11,250
- 재고자산 = 10개 × 110 = 1,100

Chapter 03

수취채권

제1절 수취채권이란
제2절 수취채권의 인식과 제거
제3절 수취채권회계
제4절 매출채권
제5절 매출채권의 회수촉진: 매출할인
제6절 매출채권의 양도(팩터링)

제1절 수취채권이란

기업이 돈을 버는 방법은 창출한 재화나 용역을 제공하고 그 대가로 현금을 수취하는 것이다. 이때, 즉시 현금을 수취하는 것이 원칙이지만 고객에게 신용을 제공함으로써 나중에 현금을 수취할 수도 있다. 그럴 경우, 기업은 '나중에 현금을 수취할 권리'를 갖게 된다. 그것이 '수취채권(receivables)'이다. 반대로 거래상대방은 '나중에 현금을 지급할 의무'를 갖게 된다. 그것이 '지급채무(payables)'이다. 이 장에서는 수취채권을 위주로 설명하지만 지급채무도 함께 다룬다.

수취채권을 금융자산으로 분류하는 이유

수취채권은 금융자산(financial assets)으로 분류한다. 수취채권은 본질적으로 금융(financing)의 성격을 띠고 있기 때문이다. 금융이란 돈을 빌리거나 빌려주는 것을 말하는데, 재화나 용역을 외상으로 제공하는 것은 판매자가 구매자에게 돈을 빌려준 것과 같다. 만약 판매자가 구매자에게 현금판매정책을 고수한다면, 구매자는 은행으로부터 돈을 빌려서 현금을 지급하고 구매해야 할 것이다. 판매자가 구매자에게 신용을 제공했기 때문에 구매자는 은행으로부터 돈을 빌리지 않고도 상품을 구매할 수 있다. 그것은 사실상 판매자가 구매자에게 돈을 빌려준 것과 같다. 만약 판매자가 구매자에게 장기적으로 신용을 제공할 경우 이자를 받을 수 있다.

본 장에서는 '유의적인 금융요소가 없는' 단기적인 수취채권의 회계처리에 대해서 설명한다. 유의적인 금융요소가 없다는 것은 쉽게 말해 '이자'를 받지 않는다는 뜻이다. 보통 실무적으로 신용기한 30일 이내의 순수신용으로 이루어진 채권-채무관계에 해당한다.

유의적인 금융요소가 있는 수취채권과 지급채무에 대한 회계처리는 금융자산, 금융부채에서 다룬다.

수취채권의 종류

수취채권의 명칭은 거래대상자산에 따라 다르다. 거래대상자산이 현금, 재고자산, 유형자산, 그리고 기타 용역일 경우 수취채권의 명칭을 다르게 사용한다. 그림에서 제시하는 명칭을 정확히 기억하자.

[그림 1] 수취채권-지급채무의 종류

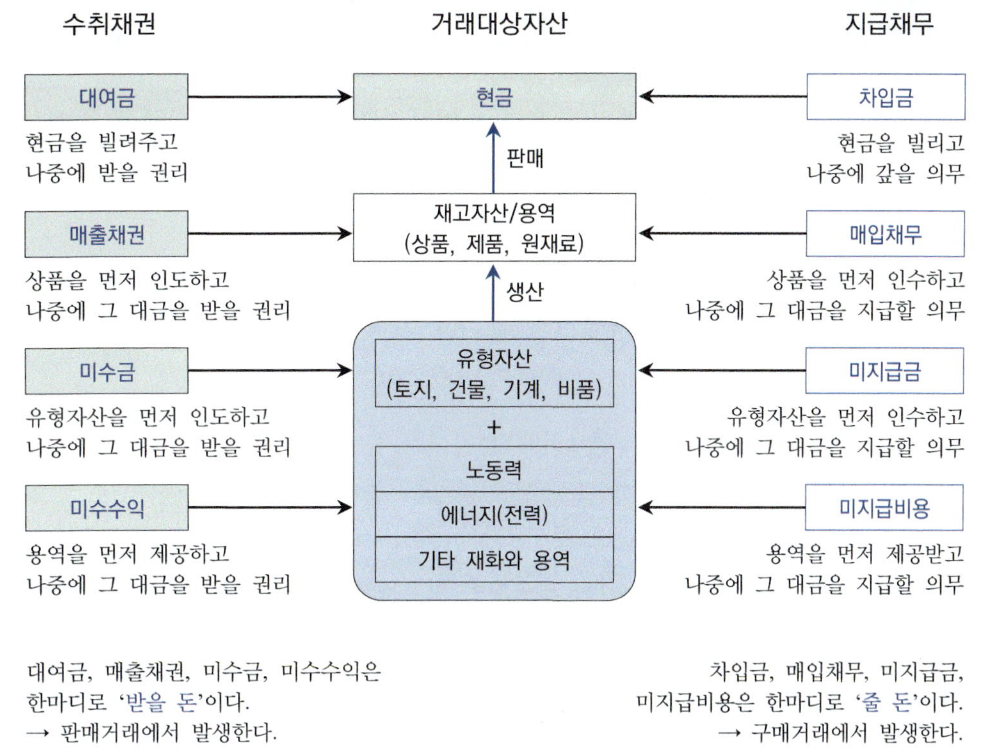

제2절 수취채권의 인식과 제거

외상(신용)판매는 계약을 체결한 후 재화나 용역을 먼저 인도하고 대금은 나중에 수취하는 거래이다. 이 경우 판매자는 현금을 수취할 권리(수취채권)를, 구매자는 현금을 지급할 의무(지급채무)를 갖는다. 나중에 약속한 금액을 회수한 경우 수취채권은 소멸된다.

'유의적인 금융요소(이자)가 없는' 수취채권의 인식 : 명목수취금액.

원칙적으로 금융자산의 취득원가(최초장부금액)는 '공정가치'이다. 그것은 미래현금흐름(명목수취금액)의 '현재가치'이며, 시장이 합리적이라면 '현재의 거래가격'이 될 것이다. 그러나 유의적인 금융요소가 없는 수취채권의 최초장부금액은 '나중에 받기로 약속한 금액(명목수취금액)'으로 할 수 있다. 이는 유의적인 금융요소를 조정하지 않는 방법으로서 만기가 1년 이내인 단기수취채권의 경우에 적용한다. 즉 실무적인 간편법을 허용하는 것이다(유의적인 금융요소가 있을 경우, 금융자산의 최초장부금액은 명목수취금액의 현재가치로 인식한다).

유의적인 금융요소(이자)를 조정하지 않고 수취채권 장부금액을 인식하더라도 이자를 받을 수 있다. 이때 발생하는 이자수익은 별도의 금융자산(미수이자)으로 인식한다.

예제 1 재고자산 신용판매

4.1 '상품'을 외상으로 판매하고 그 대금은 5월 1일에 받기로 하다(매가 100,000 원가 50,000).

풀이

〈판매자〉

4.1	(차) 매출채권	100,000	(대) 매출	100,000	← 명목수취금액을 수취채권으로 인식
	매출원가	50,000	상품	50,000	
5.1	(차) 현금	100,000	(대) 매출채권	100,000	

〈구매자〉

4.1	(차) 상품	100,000	(대) 매입채무	100,000	← 명목지급액을 지급채무로 인식
5.1	(차) 매입채무	100,000	(대) 현금	100,000	

예제 2 유형자산 신용매각

4.1 '비품'을 외상으로 매각하고, 그 대금 100,000(장부금액 40,000)은 5월 1일에 받기로 하다.

풀이

〈판매자〉

4.1	(차)	미 수 금	100,000	(대)	비 품	40,000
					비품처분이익	60,000
5.1	(차)	현 금	100,000	(대)	미 수 금	100,000

〈구매자〉

4.1	(차)	비 품	100,000	(대)	미 지 급 금	100,000
5.1	(차)	미 지 급 금	100,000	(대)	현 금	100,000

예제 3 용역제공

4. 1 유통회사를 운영하는 A는 사용하지 않는 점포를 B에게 임대하고, 월임대료 50,000원을 매월 말에 받기로 약정하다. 4.30 임차인의 사정으로 이번 달 임대료를 다음 달 임대료와 함께 받기로 하다. 5.30 두 달분 임대료를 수취하다.

풀이

〈임대인〉

4.30	(차)	미 수 임 대 료	50,000	(대)	임 대 료 수 익	50,000
5.30	(차)	현 금	50,000	(대)	미 수 임 대 료	50,000
		현 금	50,000		임 대 료 수 익	50,000

〈임차인〉

4.30	(차)	임 차 료 비 용	50,000	(대)	미지급임차료	50,000
5.30	(차)	미지급임차료	50,000	(대)	현 금	50,000
		임 차 료 비 용	50,000		현 금	50,000

제3절 수취채권회계

수취채권은 '현금회수를 목적으로 하는 자산'이다. 거래처로부터 받아야 할 돈이기 때문에 회수가 주목적이다. 수취채권이 100%회수되면 바람직하겠지만 현실적으로 그렇지 못하다. 회수되지 못한 만큼 수취채권자산에 대한 손상(impairment)이 발생한다. 기말에 수취채권의 회수가능성을 평가하는 것이 수취채권회계의 관건이다.

수취채권회계를 이해하기 위한 틀은 아래와 같다.

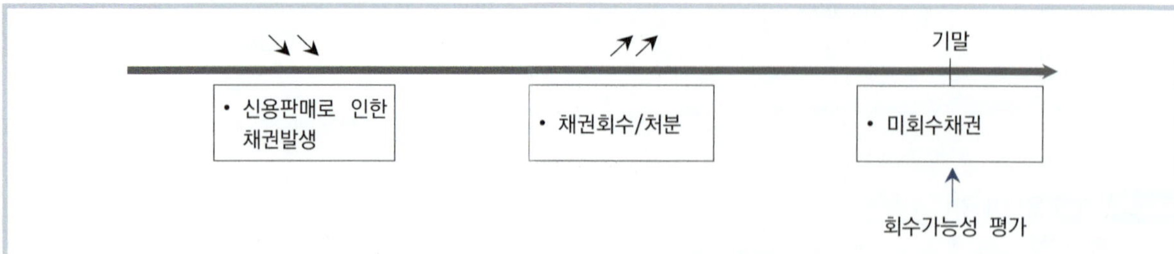

수취채권과 수익-비용 대응

수취채권을 보유함으로써 발생하는 손익은 [그림 2]와 같다.

[그림 2] 수취채권과 수익-비용 대응, 그리고 손익계산서

수취채권자산에 대한 기록	수익/비용의 측정-기록
① 수취채권의 발생을 기록	
② 수취채권의 회수를 기록	
③ 수취채권의 처분(매각)을 기록	→ 처분손익을 측정-기록
④ 미회수채권의 회수가능성 평가	→ 평가손익을 측정-기록 - 수취채권손상차손(환입)

손익계산서 1.1 ~ 12.31

매출수익	+++
매출원가	---
매출총이익	±±±
영업비용	---
영업이익	±±±
영업외손익	
처분손익	±±±
평가손익	±±±
법인세차감전손익	±±±
법인세	---
당기순이익	±±±
기타포괄손익	±±±
총포괄손익	±±±

제4절 매출채권

매출채권은 '주된 영업활동으로(본업으로)' 재화나 용역을 제공하고 나중에 그 대금을 받기로 약속한 경우 그 대금을 받을 권리를 말한다. 기업의 대표적인 수취채권이다.

매출채권 회계처리의 틀. 매출채권에 대한 회계처리과정은 다음과 같이 요약된다.

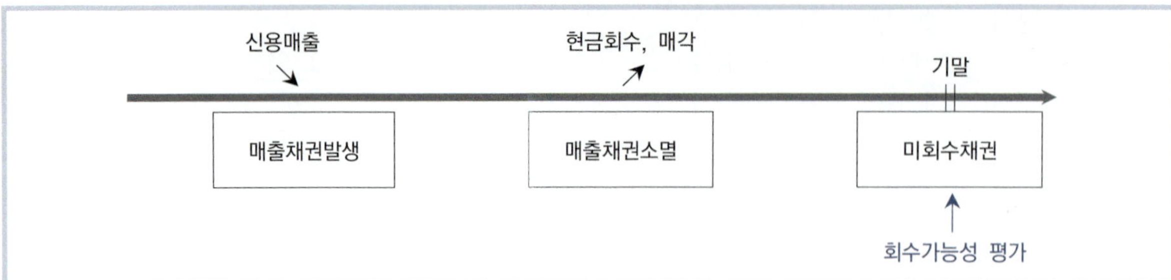

매출채권은 상품인 재화나 용역을 신용으로 판매하였을 때 발생하고, 현금을 회수함으로써 소멸된다. 거래처로부터 현금을 직접 회수하지 않더라도 만기이전에 타인에게 매출채권을 처분(매각)함으로써 현금을 회수할 수 있다. 매출채권은 현금회수를 목적으로 하는 자산이므로 기말시점에 미회수채권에 대한 회수가능성을 평가하는 것이 핵심이다. 매출채권의 '회수가능성'을 평가하여 회수가능성이 없는 채권에 대해서는 손상(impairment)을 인식한다.

예제 4 미회수채권에 대한 회수가능성 평가

12.1 외상으로 상품을 판매하였다(매가 100원, 원가 50원). 결산시점까지 채권을 회수하지 못하였다.

풀이

(차) 매출채권 100
  (대) 매 출 100

(차) 매출원가 50
  (대) 상 품 50

매출채권

12.1 매출 100	

⇨

매출채권

12.1 매출 100	

기말의 미회수채권 금액은 모두 회수가능한가?

100원 중 10원이 회수불가능 할 것으로 예상된다면?
→ 손상액 10원을 차감하여 회수가능액 90원으로 표시 하여야 한다.

회수가능액 →

재무상태표

현 금	××	매입채무	××
매출채권	90	차 입 금	××
재고자산	××	자 본 금	××
건 물	××		
총 자 산	××	부채 · 자본	××

손익계산서

매 출 액	×××
매출원가	(×××)
매출총이익	×××
손상차손	(10)
당기순이익	×××

매출채권 손상기록법

매출채권의 손상을 기록하는 방법은 두 가지 방법이 있다. 예를 들어 매출채권 잔액이 100원이고, 손상예상액이 10원이라고 하자.

(1) 간접차감법

손상이 '예상'될 때 매출채권 계정에서 손상액을 간접적으로 차감한다.

(차) 손 상 차 손 10 (대) 손실충당금 10

매출채권			
매 출	100		

손실충당금 (← 매출채권의 차감계정)			
		손상차손	10

(2) 직접차감법

손상이 '확정'되었을 때 매출채권 계정에서 손상액을 직접 차감한다.

매출채권			
매 출	100	손실충당금	10

① 손실충당금이 있을 경우

(차) 손실충당금 10 (대) 매 출 채 권 10

② 손실충당금이 없을 경우

(차) 손 상 차 손 10 (대) 매 출 채 권 10

매출채권의 기말평가

매출채권은 미래에 확정된 화폐금액을 받을 권리를 나타낸다. 매출채권계정의 장부금액은 향후 현금으로 '회수하여야'하는 금액이다. 매출채권을 100% 회수하는 것이 바람직하겠지만 현실은 그렇지 못하다. 따라서 기업은 '회수하지 못할 것으로 예상되는 금액(기대신용손실액)'을 추정하여 매출채권에서 간접적으로 감액한다. 이는 자산가치의 '손상'이 발생할 것을 예상하고 조기에 반영하는 것이다.

> 장부금액(회수가능액) = 총장부금액(미회수채권액) - 기대신용손실액

기대신용손실액 측정

기준서는 기대신용손실액의 측정에서 '실무적 간편법'을 사용할 수 있도록 규정하고 있다. 예를 들어, '충당금 설정률표'를 사용하여 매출채권의 기대신용손실을 계산할 수 있다. 일반적으로 영업활동으로 인한 단기매출채권의 경우 과거 신용손실경험을 이용하여 기대신용손실을 측정하는 것이 간편하다.

매출채권 손상회계의 틀

매출채권의 손상에 관해서는 다음과 같은 사건이 순서대로 발생할 수 있으며, 각 사건이 발생할 때 회계처리는 다음과 같다.

[그림 3] 매출채권 손상회계의 틀

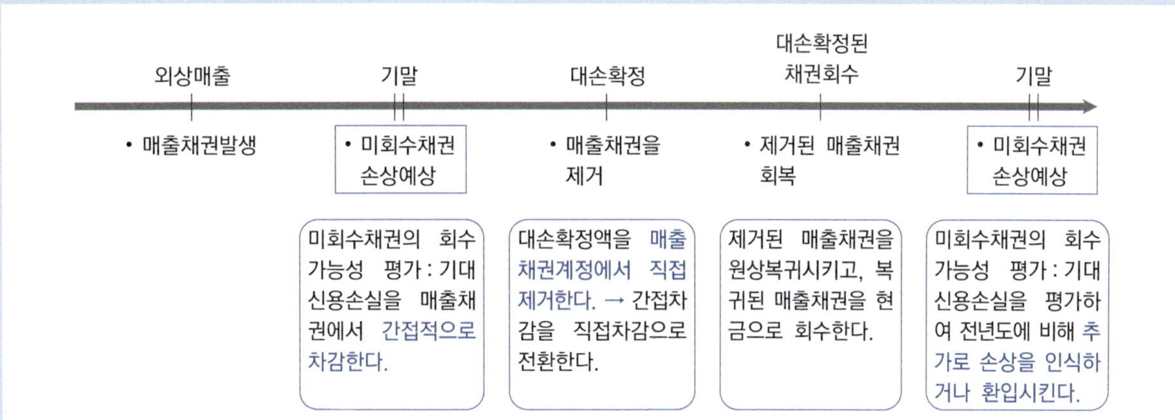

예제 5 매출채권 손상예상

2015. 9. 1	상품을 외상으로 300,000원 판매하다(원가 100,000)
2015.12.31	매출채권 잔액 중 30,000원의 신용손실이 예상되다.

풀이

① 2015. 9. 1	(차)	매 출 채 권	300,000	(대)	매 출	300,000
		매 출 원 가	100,000		상 품	100,000

② 2015.12.31 2015년 말 기대신용손실액을 손상차손으로인식한다.

(차)	매출채권손상차손	30,000	(대)	손 실 충 당 금	30,000 → 간접차감

[그림 4] 매출채권 손상(예제 5)

9.1 상품인도/인수	2015.12.31 기말
〈판매자〉 (차) 매출채권 300,000 / (대) 매 출 300,000 (차) 매출원가 100,000 / (대) 상 품 100,000	(차) 손상차손 30,000 / (대) 손실충당금 30,000

매출채권

차변	대변
9.1 매출 300.000	

⇨

매출채권

차변	대변
9.1 매출 300,000	

손실충당금

차변	대변
	12.30 손상차손 30,000

손상차손

차변	대변
12.30 손실충당금 30,000	

→ 기말 현재 매출채권은 회수가능액 270,000원으로 평가된다.

[그림 5] 매출채권 손상 후 재무제표 표시(예제 5)

재무상태표 2015.12.31

현 금		×××	매입채무	×××
:			:	×××
매출채권	300,000		**장기차입금**	×××
손실충당금	(30,000)	270,000	:	×××
:			자본금	×××
건 물		×××	자본잉여금	×××
자 산		×××	부채와 자본	×××

손익계산서 1.1 ~ 12.31

매출수익	300,000
매출원가	(100,000)
매출총이익	200,000
영업비용	---
영업이익	±±±
영업외손익	
처분손익	±±±
손상차손	30,000
법인세차감전손익	±±±
법인세	---
당기순이익	±±±
기타포괄손익	±±±
총포괄손익	±±±

예제 6 매출채권 손상확정

2016.2.1 거래처의 파산으로 10,000원의 대손이 확정되다.

풀이

③ 2016.2.1 대손확정액을 간접차감에서 직접차감으로 전환한다. 이미 설정되어 있는 손실충당금을 감소시키고 매출채권을 감소시키는 것이다.

(차) 손 실 충 당 금 10,000 (대) 매 출 채 권 10,000 → 직접차감

[그림 6] 매출채권 손상확정(예제 6)

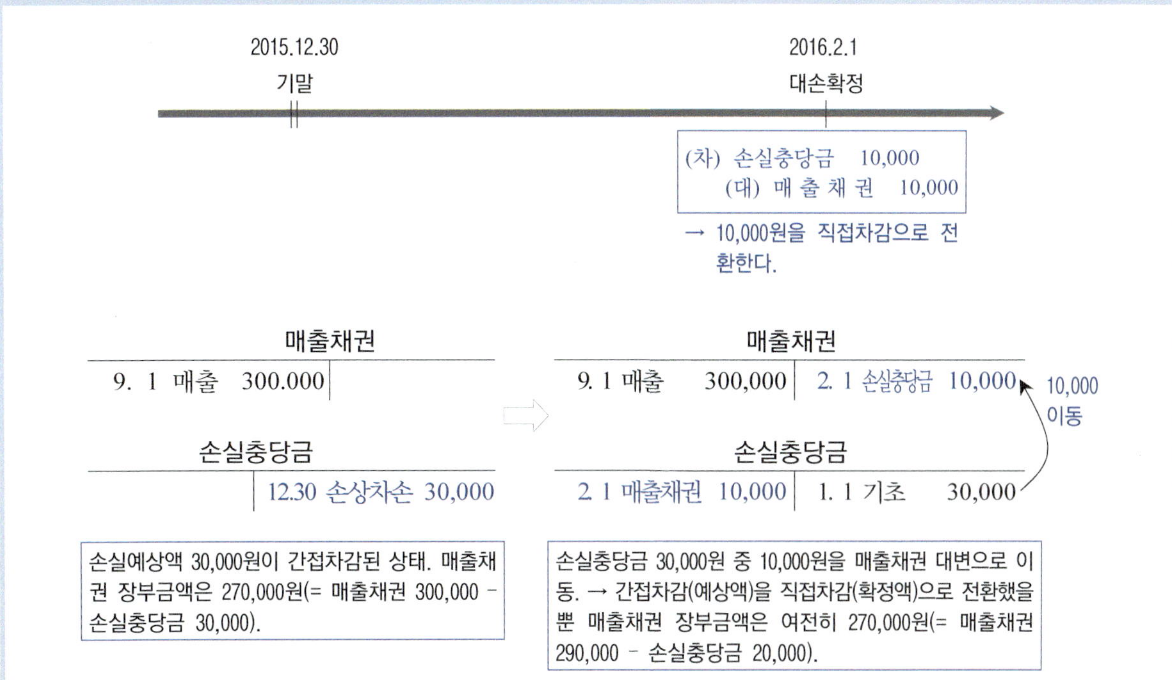

예제 7 손실충당금의 보충적 설정

2016.12.30 기말 현재 매출채권의 기대신용손실이 40,000원으로 예상되다.

손상에 대한 회계처리를 하시오.

풀이

2016년 말 기대신용손실액 40,000원이 손실충당금 장부금액이 되어야 한다.
그런데, 평가직전 손실충당금 잔액이 20,000원 존재하므로 추가적으로 20,000원의 손실충당금을 인식한다.

(차) 매출채권손상차손 20,000 (대) 손 실 충 당 금 20,000

[그림 7] 손실충당금의 보충적 설정(예제 7)

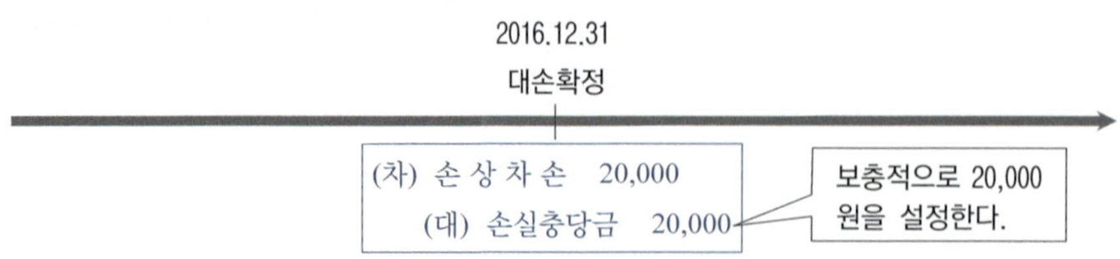

매출채권 (평가 전)

1.1 기초 300,000	2.1 손실충당금 10,000

손실충당금 (평가 전)

2.1 매출채권 10,000	1.1 기초 30,000

→

매출채권 (평가 후)

1.1 기초 300,000	2.1 손실충당금 10,000

손실충당금 (평가 후)

2.1 매출채권 10,000	1.1 기초 30,000
	12.31 손상차손 20,000

손상차손

12.31 손실충당금 20,000	

→ 2016년 기말 평가직전	
총장부금액(미회수채권)	290,000
손실충당금 잔액	(20,000)
장부금액	270,000

→ 평가 후 총장부금액	290,000
손실충당금	(40,000)
장부금액	250,000

➲ 해설 : 2016년 기말 미회수채권 290,000원 중 기대신용손실은 40,000원이다(회수가능액은 250,000원). 따라서 40,000원에 해당하는 금액이 손실충당금 장부금액이 되어야 한다. 그런데 손실충당금 잔액이 20,000원이 기록되어 있으므로 보충적으로 20,000원을 추가로 설정해 준다.

[그림 8] 손실충당금의 보충적 설정 후 재무제표 표시(예제 7)

재무상태표 2016.12.31

현 금		×××	매입채무	×××
:			:	×××
매출채권	290,000		장기차입금	×××
손실충당금	(40,000)	250,000	:	×××
:			자본금	×××
건 물		×××	자본잉여금	×××
자 산		×××	부채와 자본	×××

손익계산서 1.1 ~ 12.31

매 출 수 익	+++
매 출 원 가	−−−
매 출 총 이 익	±±±
영 업 비 용	−−−
영 업 이 익	±±±
영 업 외 손 익	
처 분 손 익	±±±
손 상 차 손	20,000
법인세차감전손익	±±±
법 인 세	−−−
당 기 순 이 익	±±±
기타포괄손익	±±±
총 포 괄 손 익	±±±

예제 8 손상확정된 채권의 회수

2017.5.1 과거에 손상 확정된 채권 10,000원이 회수되다.

풀이

- 과거 손상확정시점에서 다음과 같이 분개하였다. 매출채권계정에서 손상확정액을 직접 차감한 것이다.
  (차) 손 실 충 당 금 10,000 (대) 매 출 채 권 10,000

2017.5.1.

- 손실로 확정된 금액이 회수된 것이므로 과거의 손실확정을 취소함으로써 매출채권을 되살린다(역분개).
  (차) 매 출 채 권 10,000 (대) 손 실 충 당 금 10,000
- 되살아난 매출채권을 현금으로 회수하는 분개를 한다.
  (차) 현 금 10,000 (대) 매 출 채 권 10,000

• 앞의 두 분개를 결합하면 다음과 같다.

(차) 현 금 10,000 (대) 손 실 충 당 금 10,000

예제 9 실무적 간편법 : 충당금설정율

2019.12.30 기말 현재 매출채권잔액은 220,000원이다. 금액에 대한 손상률은 다음과 같다.

금 액	연체일수	손상예상확률
100,000	120일	50%
50,000	90	40
50,000	60	30
20,000	30	5
220,000		

1. 기대예상손실액을 산출하고 회계처리하시오. 매출채권의 기말평가 직전의 손실충당금 잔액은 50,000원이다.
2. 만약 기말평가직전의 손실충당금잔액이 90,000원일 경우, 회계처리하시오.

풀 이

금 액	연체일수	손상예상확률	기대예상손실액
100,000	120일	50%	50,000
50,000	90	40	20,000
50,000	60	30	15,000
20,000	30	5	1,000
220,000			86,000

1. (차) 매출채권손상차손 36,000 (대) 손 실 충 당 금 36,000
2. (차) 손 실 충 당 금 4,000 (대) 매출채권손상차손환입 4,000

제5절 매출채권의 회수촉진 : 매출할인

기업은 매출을 촉진하기 위하여 일반적으로 신용판매정책을 유지한다. 신용판매정책은 상품을 고객에게 인도하고 현금을 나중에 회수하는 정책이다. 외상매출기간이 길어질수록 현금부족에 직면하게 되므로 기업은 외상매출기간을 줄이고자 노력한다. 이때 판매기업은 구매자가 매입채무를 조기에 상환하도록 인센티브(할인조건)를 제공할 수 있다.

할인조건

예를 들어 1/10, net/30과 같은 할인조건을 제시한다. 10일 내에 상환하면 1%를 할인해 주고, 신용기간인 30일 내에 상환하면 송장가격(매입가격)으로 지급해야 한다는 것을 의미한다.

예제 10 매출할인

> 4.1 상품 1,000원을 외상으로 판매하다(원가 500). 10/15, net/30의 할인조건이 있다.

풀이

① 총액법

4.1

(차) 매출채권 1,000
  (대) 매출 1,000

(차) 매출원가 500
  (대) 상품 500

현금지급일

(차) 현금 900
  매출 100
  (or 매출할인)
  (대) 매출채권 1,000
← 구매자가 할인기간 내에 상환하는 경우

(차) 현금 1,000
  (대) 매출채권 1,000
← 구매자가 할인기간 지나서 상환하는 경우

② 순액법

4.1

(차) 매출채권 900
　(대) 매　　출 900
(차) 매출원가 500
　(대) 상　　품 500

현금지급일

(차) 현　　금 900 ← 구매자가 할인기간 내에 상환하는 경우
　(대) 매출채권 900

(차) 현　　금 1,000 ← 구매자가 할인기간 지나서 상환하는 경우
　(대) 매출채권 900
　　　이자수익 100

제6절 매출채권의 양도(팩터링)

현금이 부족할 경우, 기업이 맨 먼저 하는 일은 자산을 담보로 돈(현금)을 빌리거나, 소유자산을 매각하여 돈을 마련하는 것이다. 이때 토지나 건물과 같은 유형자산을 담보로 잡히거나 처분하여 돈을 마련할 수도 있지만, 단기자금을 마련하기 위해서는 종종 재고자산이나 매출채권과 같은 유동자산을 담보로 잡히거나 처분할 수도 있다.

수취채권은 현금회수를 목적으로 하는 자산이다. 수취채권이 장기간 회수되지 않을 경우, 회사는 현금부족상태에 빠진다(유동성부족). 그럴 경우 회사는 부득이 채권자산을 타인(주로 금융기관이나 채권회수 전문회사)에게 매각함으로써 현금을 회수할 수 있다. 회사는 종종 일정기간 동안 팩터(factor)와 계약을 맺고 매출채권을 팩터에게 양도한다(팩터링). 팩터는 채권회수의 위험을 부담하는 대신 수수료를 받는다.

팩터링회계

매출채권을 양도할 때 실질적인 권리이전여부에 따라 회계기록을 달리한다. 실질적 이전이면 매출채권을 장부에서 제거하고, 실질적 이전이 아니면 매출채권을 제거하지 않는다. 실질적 이전이란 자산의 소유에 따른 보상(rewards)과 위험(risk)을 완전히 이전한 경우를 말한다. 보통 팩터링의 경우 실질적 이전에 해당하므로, 회사는 양도 후 현금회수위험에서 벗어난다.

매출채권처분에 관한 회계처리

유 형	내 용	회계처리
담보설정	매출채권을 담보로 자금차입	자금차입으로 본다 → 매출채권 유지
팩 터 링	실질적 권리 이전 (상환청구불능)	매각으로 본다 → 매출채권 제거
	실질적 권리 이전 아닌 경우 (상환청구가능)	차입으로 본다 → 팩터가 회수할 때까지 매출채권의 제거를 유보한다.

예제 11 매출채권의 양도

A사는 만기가 30일 남은 매출채권 100,000원을 팩토링회사에 양도하다. 양도시점의 시장이자율은 3%(할인율)이다. 이자계산시 1년을 360일로 간주하시오.

1. 매출채권을 실질적으로 이전한 경우(상환청구불능)
2. 매출채권을 실질적으로 이전하지 않은 경우(상환청구가능)

풀이

어떠한 종류의 자산이든, 자산을 양도할 때는 양도시점의 '최종장부금액'을 확정하고 '양도가격'과 비교를 통해 양도손익을 측정한다. 여기서 금융자산인 매출채권은 순수신용으로 발생한 것이므로 이자수익이 발생하지 않는 것으로 본다. 따라서 양도시점의 최종장부금액은 100,000원 그대로이다.

남은 문제는 매출채권의 양도가격 결정이다. 금융자산의 양도가격(시장가격)은 미래현금흐름의 현재가치이다. 미래현금흐름인 만기금액에서 30일간의 이자(할인료)를 차감하면 양도시점의 양도가격이 된다.

양도가격 = 만기금액 − 할인료
　　　　= 100,000 − 100,000 × 0.03 × 30/360 = 99,750

양도손익 = 양도가격 − 최종장부금액
　　　　= 99,750 − 100,000 = − 250(→ 할인료)

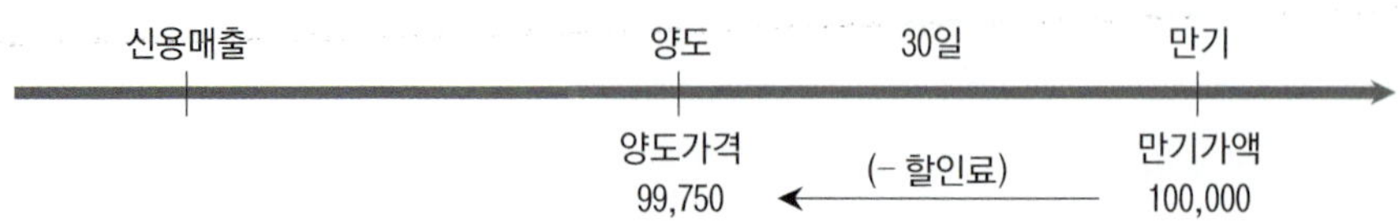

(차) 매 출 채 권 100,000
　(대) 매　　　출 100,000

① 실질적 이전

(차) 현　　　금 99,750
　　매출채권처분손실 250
　(대) 매 출 채 권 100,000

→ 매출채권을 제거함

② 실질적 이전이 아닌 경우

(차) 현　　　금 99,750
　(대) 단기차입금 99,750

→ 매출채권의 제거를 유보함

③ 팩토링회사가 매출채권을 회수한 경우

(차) 단기차입금 99,750
　　이 자 비 용 250
　(대) 매 출 채 권 100,000

→ 매출채권을 제거함

받을어음의 할인

재고자산을 판매할 때 신용으로 판매할 수도 있지만 약속어음을 받고 판매하기도 한다. 그럴 경우 판매자는 약속어음의 만기일에 가서야 현금을 회수할 수 있다. 그러나 현금이 필요할 경우 만기 이전이라도 판매자는 어음을 매각하여 현금을 확보할 수 있다. 받을어음도 매출채권이므로 권리의 실질적 이전여부에 따라 장부에서 제거여부를 결정한다. 여기서는 단기신용거래만 학습하고 유의적인 금융요소가 있는 장기신용거래는 금융자산에서 학습한다.

어음(Notes)이란

어음은 돈을 조달하기 위해 발행하는 증권이다. 어음에는 융통어음과 진성어음이 있다.

① 융통어음이란 기업이 돈(현금)을 빌리고 나중에 상환할 것을 약속하는 증권이다. 기업이 돈을 빌리기 위해 회사채(bonds)보다 어음발행이 실무적으로 간편하므로 많이 이용된다(어음의 발행 = 차입, 어음의 취득 = 대출). 융통어음의 발행자는 '차입금계정(부채)'으로 처리한다.

발행자 :	(차) 현 금	××	(대) 차 입 금	××
취득자 :	(차) 대 여 금	××	(대) 현 금	××

② 상업(진성)어음(Commercial Paper: CP)이란 기업이 주된 영업활동으로 재화나 용역을 구매하고 나중에 현금을 지급할 것을 약속하는 증권이다. 상업어음은 상품매매의 결제를 위해 발행되므로, 진성어음의 발행자는 '지급어음 또는 매입채무계정(부채)'으로 처리한다. 진성어음의 취득자는 '받을어음 또는 매출채권계정'으로 처리한다. 상품매매를 할 때 신용이 부족하거나 업종의 관행에 따라 이용된다. 보통 91일물이 일반적이다.

발행자 :	(차) 상 품	××	(대) 매 입 채 무 (or 지급어음)	××
취득자 :	(차) 매 출 채 권 (or 받을어음)	××	(대) 매 출	××

어음도 돈(현금)을 빌리거나 빌려주기 위해 발행하는 것이므로 이자(interest)를 주고 받는다. 이자율이 어음증서에 표시되어 있는 어음은 '이자부어음'이라고 하며, 표시되지 않은 어음은 '무이자부어음'이라고 한다. 무이자부어음이라고해서 이자가 없는 것으로 생각하면 안된다. 어음의 실질이자는 만기금액과 현재가치의 차이로 결정된다.

[그림] 약속어음

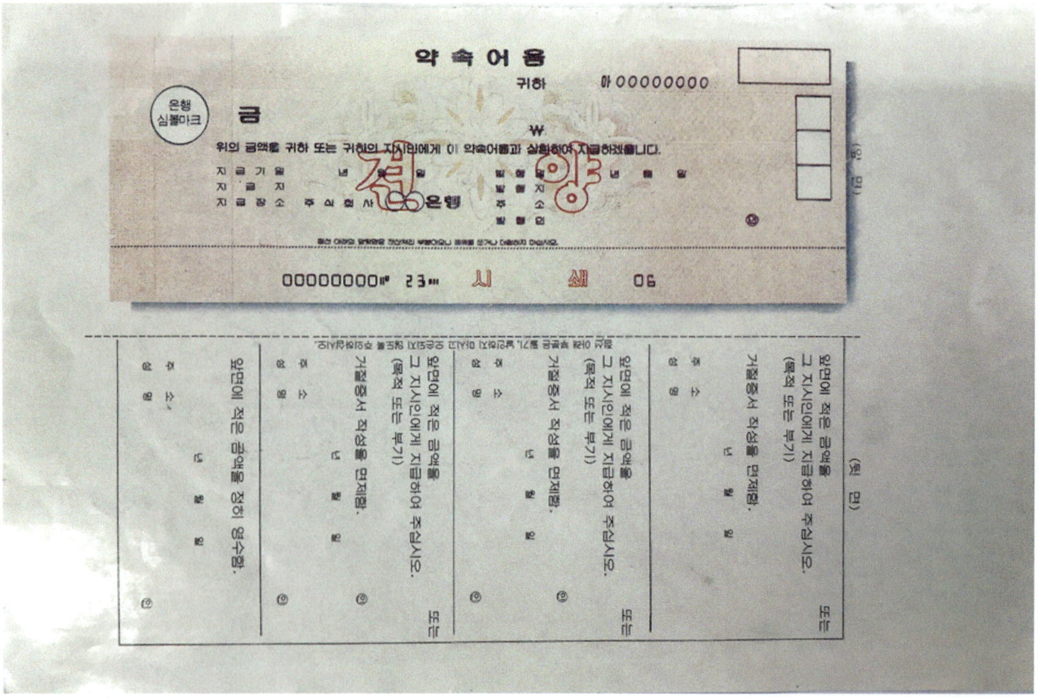

[어음거래]

중소기업중앙회는 지난 달 하도급 거래를 하는 전국 중소기업 500개사를 대상으로 '2017 중소기업 하도급 거래 실태조사'를 벌인 결과보고서를 26일 발표했다. 보고서에 따르면, 500개사 중 291개사(58.2%)는 표준하도급계약서를 사용하지 않았다. 표준하도급계약서를 사용하지 않고 발주서, 메일, 구두계약 등으로 하도급계약이 이루어지면 불공정행위가 발생해도 피해구제가 쉽지 않다.

중소기업이 하도급 거래 시 납품대금을 어음으로 받으면 현금보다 결제기간이 3.3배 긴 것으로 조사됐다. 해당 보고서에 따르면, 중소기업이 받는 하도급 대금의 비중은 현금(현금성자산포함)이 77.9%, 어음이 21.8%인데, 어음의 결제기간이 현금보다 긴 것으로 나타났다. 납품대금의 평균수취기일이 현금은 33.2일이었다. 어음은 수취기간과 어음만기를 합한 총수취기일이 109.7일로 현금결제보다 3.3배나 길었다. 중소기업계는 중소기업의 자금난 원인 중의 하나로 약속어음제도를 지목하고, 이 제도를 폐지해 달라고 정부에 요청해왔다. 정부는 2020년까지 단계적으로 약속어음을 폐지해 현금지급관행이 정착되도록 할 계획이다.

국제신문 2017.11.27.(월)

➲ 납품대금의 평균수취기일이 33.2일이라는 것은 외상매출금의 평균회수기간이 33.2일이라는 의미이다. 그러나 상품을 판매하고 어음을 받을 경우 평균회수기간이 109.7일이므로 현금이 부족한 중소기업들이 자금난에서 벗어나고자 어음할인을 이용한다.

1. 만기까지 어음을 보유할 경우

보유자가 원금과 이자를 만기시점에 모두 회수한다. 단기어음이라 하더라도 이자지급을 약속할 경우 만기에 이자를 계산한다.

예제 12 만기까지 어음 보유

약속어음을 받고 용역을 100,000원 제공하다(어음의 만기일은 90일 후). 어음의 액면이자율은 12%이다. 이자계산시 1년을 360일로 간주하시오.

풀이

어음의 액면이자율이 12%이므로 이 받을어음은 이자가 발생하는 금융자산이다. 만기까지 보유했으므로 만기까지의 이자비용은 100,000 × 0.12 × 90/360 = 3,000원이다. 만기에 원금과 이자를 받는다.

	어음매출	만기일
〈판매자〉	(차) 받을어음 100,000 (대) 매출 100,000	(차) 현금 103,000 (대) 받을어음 100,000 이자수익 3,000
〈구매자〉	(차) 상품 100,000 (대) 지급어음 100,000	(차) 지급어음 100,000 이자비용 3,000 (대) 현금 103,000

2. 만기이전에 어음을 할인(or 매각)할 경우

어음의 할인은 만기이전에 약속어음을 금융기관에게 양도함으로써 현금을 회수하는 것이다.

예제 13 무이자부어음

외상매출 후 결제대금으로 액면금액 100,000원인 약속어음을 받다(90일 만기).
30일이 지난 후 금융기관에서 할인하다. 할인시점의 시장이자율(할인율)은 15%이다.
어음할인은 실질적인 이전으로 본다. 이자계산시 1년을 360일로 간주하시오.

풀 이

무이자부어음은 어음증서에 액면이자율(표시이자율)이 명기되지 않은 어음을 말한다. 만기까지 보유할 경우 액면금액 외에 이자를 별도로 수령하지 않는다. 그러나 만기이전에 무이자부어음을 할인(양도)할 때는 매수자에게 보상을 해 주어야 하므로 할인기간 동안의 이자를 공제하고 현금을 수령한다.

양도가격(현금수령액) = 만기금액 − 할인료(= 만기금액 × 할인율 × 할인기간)
= 100,000 − 100,000 × 0.15 × 60/360
= 97,500

양도손익 = 양도가격 − 최종장부금액
= 97,500 − 100,000
= − 2,500(→ 할인료)

〈판매자〉 (차) 받 을 어 음 100,000		(차) 현 금 97,500
(대) 매 출 100,000		매출채권처분손실 2,500
		(대) 받 을 어 음 100,000

« 예제 14 이자부어음

> 외상매출 후 결제대금으로 액면 100,000원인 약속어음을 받다(90일 만기, 액면이자율 12%).
> 30일이 지난 후 금융기관에서 할인하다. 할인시점의 시장이자율(할인율)이 15%이다.
>
> 이자계산시 1년을 360일로 간주하시오.

1. 받을어음과 관계된 위험과 보상을 대부분 이전하였을 경우 분개하시오.
2. 받을어음과 관계된 위험과 보상을 대부분 이전하지 못한 경우 분개하시오.

풀 이

받을어음은 금융자산이다. 자산을 양도할 때는 양도시점에서 해당 자산의 '최종장부금액'을 결정하고, '양도금액(시장가격)'과 비교를 통해 양도손익을 계산한다. 이 받을어음은 액면이자율이 12%인 이자부어음이다. 받을어음을 수취한 이후 시간이 경과함에 따라 연12%로 증식한다. 따라서 30일이 지난 후 받아야 할 금액(최종장부금액)이 얼마인지 측정하여 장부에 기록해야 한다.

받을어음의 할인은 받을어음을 양도하는 것이므로 양도금액(시장가격)을 구해야 한다. 금융자산의 양도금액은 미래 현금흐름의 현재가치이므로, 받을어음의 양도금액은 만기금액에서 60일간의 이자(할인료)를 차감한 금액이다.

1. 실질적인 이전인 경우

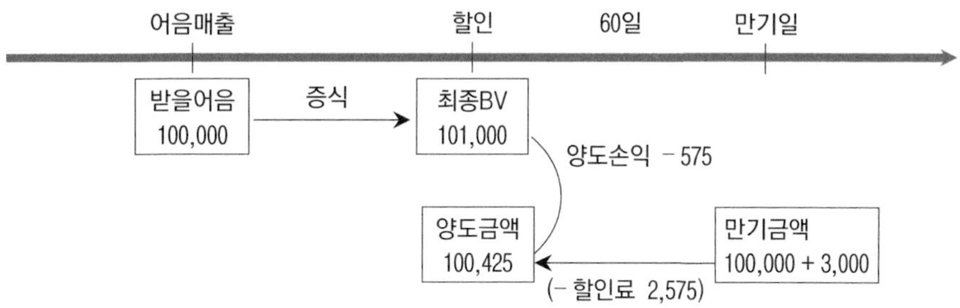

- 30일 액면이자 = 100,000 × 0.12 × 30/360 = 1,000
- 금융자산 최종장부금액(BV) = 받을어음 100,000 + 미수이자 1,000
  = 101,000
- 90일 액면이자 = 100,000 × 0.12 × 90/360 = 3,000
- 만기금액(만기에 받는 금액) = 100,000 + 3,000 = 103,000
- 할인료 = 만기금액 × 할인율 × 할인기간
  = 103,000 × 0.15 × 60/360 = 2,575
- 양도금액(현금회수액) = 103,000 - 2,575 = 100,425
- 금융자산 양도손익 = 양도금액 - 금융자산의 최종장부금액
  = 100,425 - 101,000
  = - 575

판매시점 : (차) 받을어음 100,000 (대) 매 출 100,000 → 단기신용판매이므로 명목금액으로 매출채권을 인식한다.

할인시점 : ① 보유기간 30일 동안 이자수익을 인식

(차) 미수이자 1,000 (대) 이자수익 1,000 → 판매자는 30일 동안 어음을 보유하였으므로 발생이자는 '벌어들인 것'이다. 이 벌어들인 이자는 '금융자산(미수이자)'으로 인식함과 동시에 이자수익으로 인식한다.

② 어음양도를 인식

(차)		(대)		
현 금	100,425	받을어음	100,000	→ 판매자의 금융자산(받을어음 100,000원과 미수이자 1,000원)을 100,425원에 처분하므로 575원의 처분손실이 발생한다.
처분손실	575	미수이자	1,000	

2. 실질적인 이전이 아닌 경우

할인시점 : ① 보유기간 30일 동안 이자수익을 인식

(차) 미수이자	1,000	(대) 이자수익	1,000		

② 어음할인을 인식

(차) 현　　금	100,425	(대) 단기차입금	100,425	→ 어음할인을 차입행위로 본다. 어음을 양도했지만 어음대금을 회수할 때까지 제거를 연기한다.

금융기관의 어음대금 회수시점 : ③ 금융기관이 받을어음 대금을 회수한 경우

(차) 단기차입금	100,425	(대) 받을어음	100,000	→ 금융부채와 금융자산을 제거한다.
이자비용	575	미수이자	1,000	

만약 금융기관이 어음대금을 회수하지 못할 경우 차입금을 상환하여야 할 것이다.

(차) 단기차입금	100,425	(대) 현　　금	100,425

연습문제

1 손실충당금

2001년	기말매출채권 잔액 300,000 손실충당금 30,000
2002년	외상매출액 1,200,000 회수액 900,000 대손확정액 20,000
	기말매출채권에 대한 회수가능액 550,000
2003년	외상매출액 2,200,000 회수액 2,400,000
	2002년 대손확정액중 회수액 10,000
	대손확정액 20,000
	기말매출채권에 대한 회수가능액 350,000

❶ 2002년 말 손상차손에 대한 분개를 하시오.

❷ 2003년 말 손상차손에 대한 분개를 하시오.

2 충당금설정율

2001.12.30. 기말현재 매출채권잔액은 350,000원이다. 기말의 매출채권에 대한 연체일수를 조사해 보니 다음과 같다.

금 액	연체일수	손상예상확률
150,000	120일	50%
100,000	90	40
50,000	60	30
50,000	30	5
350,000		

❶ 기대신용손실액을 산출하고 회계처리 하시오. 매출채권의 기말 손실충당금 설정전 잔액은 80,000원이다.

❷ 만약 손실충당금 설정전 잔액이 150,000원이라면 회계처리하시오.

3 어음할인

- 외상매출 후 결제대금으로 액면 100,000원인 약속어음을 받다(90일 만기, 액면이자율은 3%).
- 외상매출대금을 조기에 회수하기 위해 60일이 지난 후 금융기관에 양도하다. 양도시점의 시장이자율이 5%이다.
- 이자계산시 1년을 360일로 간주하시오. 금액계산시 원이하는 반올림하시오.

❶ 받을어음과 관계된 위험과 보상을 대부분 이전하였을 경우 분개하시오.

❷ 받을어음과 관계된 위험과 보상을 대부분 이전하지 못한 경우 분개하시오.

연습문제 해답

1 손실충당금

1 2002년

(차) 매출채권	1,200,000	(대) 매출	1,200,000
(차) 현금	900,000	(대) 매출채권	900,000
(차) 손실충당금	20,000	(대) 매출채권	20,000

• 손실예상액 = 기말매출채권 총 장부금액(미회수채권) 580,000
　　－회수가능액 550,000 = 30,000

• 기말현재 손실충당금 설정전 잔액 = 30,000 − 20,000 = 10,000

보충적으로 20,000을 손상차손으로 계상한다.

(차) 손상차손	20,000	(대) 손실충당금	20,000

2 2003년

(차) 매출채권	2,200,000	(대) 매출	2,200,000
(차) 현금	2,400,000	(대) 매출채권	2,400,000

2002년 대손확정액 중 회수액

(차) 현금	10,000	(대) 손실충당금	10,000

2003년 대손확정액

(차) 손실충당금	20,000	(대) 매출채권	20,000

• 손실예상액 = 기말 매출채권 총 장부금액(미회수채권) 360,000
　　－회수가능액 350,000 = 10,000

• 기말 현재 손실충당금 설정전 잔액 = 30,000 + 10,000 − 20,000 = 20,000

손실예상액보다 설정전 손실충당금 잔액이 더 크므로 10,000을 환입한다.

(차) 손실충당금	10,000	(대) 손상차손환입	10,000

결과적으로 매출채권은 재무상태표에 다음과 같이 표시된다.

재무상태표				2003.12.31
⋮				
매 출 채 권	360,000			
손실충당금	(10,000)	350,000		
⋮				

2 충당금설정율

금 액	연체일수	손상예상확률	기대예상손실액
150,000	120일	50%	75,000
100,000	90	40	40,000
50,000	60	30	15,000
50,000	30	5	2,500
350,000			**132,500**

❶ (차) 매출채권손상차손 52,500 (대) 손 실 충 당 금 52,500

❷ (차) 손 실 충 당 금 17,500 (대) 매출채권손상환입 17,500

3 어음할인

- 60일 액면이자 = 100,000 × 0.03 × 60/360 = 500
- 금융자산 최종장부금액(BV) = 받을어음 100,000 + 액면이자 500 = 100,500
- 90일 액면이자 = 100,000 × 0.03 × 90/360 = 750
- 만기금액(만기에 받는 금액) = 100,000 + 750 = 100,750
- 할인료 = 만기금액 × 할인율 × 할인기간 = 100,750 × 0.05 × 30/360 = 420
- 양도금액(현금회수액) = 100,750 − 420 = 100,330
- 금융자산 양도손익 = 100,330 − 100,500 = − 170

1 실질적인 이전인 경우

- 판매시점 :

	차변	금액		대변	금액
(차)	받을어음	100,000	(대)	매출	100,000

- 할인시점 : ① 보유기간 60일 동안 이자수익을 인식

	차변	금액		대변	금액
(차)	미수이자	500	(대)	이자수익	500

② 어음양도를 인식

	차변	금액		대변	금액
(차)	현금	100,330	(대)	받을어음	100,000
	처분손실	170		미수이자	500

2 실질적인 이전이 아닌 경우

- 할인시점 : ① 보유기간 60일 동안 이자수익을 인식

	차변	금액		대변	금액
(차)	미수이자	500	(대)	이자수익	500

② 어음양도를 인식

	차변	금액		대변	금액
(차)	현금	100,330	(대)	단기차입금	100,330

- 금융기관의 어음대금 회수시점 : ③ 금융기관이 받을 어음대금을 회수한 경우

	차변	금액		대변	금액
(차)	단기차입금	100,330	(대)	받을어음	100,000
	이자비용	170		미수이자	500

Chapter 04

현금 및 현금성자산

제1절 현금(Cash)의 의의

제2절 현금회계

제3절 현금의 개념 및 분류

제4절 현금에 대한 관리 및 통제

제1절 현금(Cash)의 의의

사업을 하는데 있어서 현금은 인체의 피(blood)에 비유된다. 인체에 피가 돌지 않으면 사람이 살 수 없는 것처럼, 기업 내에서 현금이 흐르지 않으면 기업은 계속될 수 없다. 현금계정은 우리 몸의 심장에 비유할 수 있다. 심장은 피를 내보내고, 피는 온 몸을 돌아 다시 심장으로 돌아온다. 마찬가지로 투자활동을 위해 현금이 유출되고, 영업활동을 통해 다시 현금이 유입된다. 때로 기업 내에 현금이 부족할 경우 외부로부터 수혈하기도 한다. 즉 채권자나 주주로부터 부족한 현금을 조달한다.

기업은 필요한 곳에 투자하고 남은 현금을 어떻게 관리할까? 기업의 모든 자산은 수익창출에 기여해야 하지만, 현금보유는 수익을 창출하지 않는다. 따라서 기업은 현금을 유용하게 활용할 수 있어야 한다.

① 사업운영에 필요한 적절한 수준의 현금(시재금)은 보유한다.
② 보유하지 않는 현금은 은행에 예치한다.
③ 현금화가 용이한 단기금융자산(MMF, CP, CD, RP, 채권)의 형태로 보유한다.

현금의 유-출입 경로

기업활동과정에서 현금이 어디서부터 들어오고 어디로 나가는지 살펴보자. 채권자나 주주로부터 현금을 빌리는 경우 현금이 유입되고, 빌린 돈을 상환할 경우 현금이 유출된다(재무활동). 기업이 필요한 자산(재화나 용역)을 구입할 경우 현금이 유출되고, 보유자산을 처분할 경우 현금이 유입된다(투자활동). 기업이 창출한 재화나 용역을 판매함으로써 현금이 유입된다(영업활동).

기업은 상품이나 제품을 팔아서 현금을 벌어들이는 것이 가장 바람직하다. 그것은 사업이 잘 되는 것이기 때문이다. 그러나 영업난조로 현금을 벌어들일 수 없어서 현금이 부족할 경우 대책을 마련해야 한다. 일반적인 대책은 현금을 빌리는 것이다. 주거래은행으로부터 차입하거나 주식이나 회사채를 발행하여 돈을 조달한다(재무활동). 이때 소유자산(토지, 건물 등)을 담보로 할 수도 있다. 마지막 대책은 비영업용자산(투자부동산)을 처분함으로써 현금을 마련하거나, 급할 경우 심지어 영업용 자산을 처분하기도 한다(투자활동). 이러한 현금확보 노력이 미래의 성장을 위한 투자라면 바람직하지만, 단지 운전자금을 확보하기 위한 것이라면 기업이 상당한 어려움에 처한 것으로 볼 수 있다.

[그림 1] 현금의 유-출입 경로와 기업활동

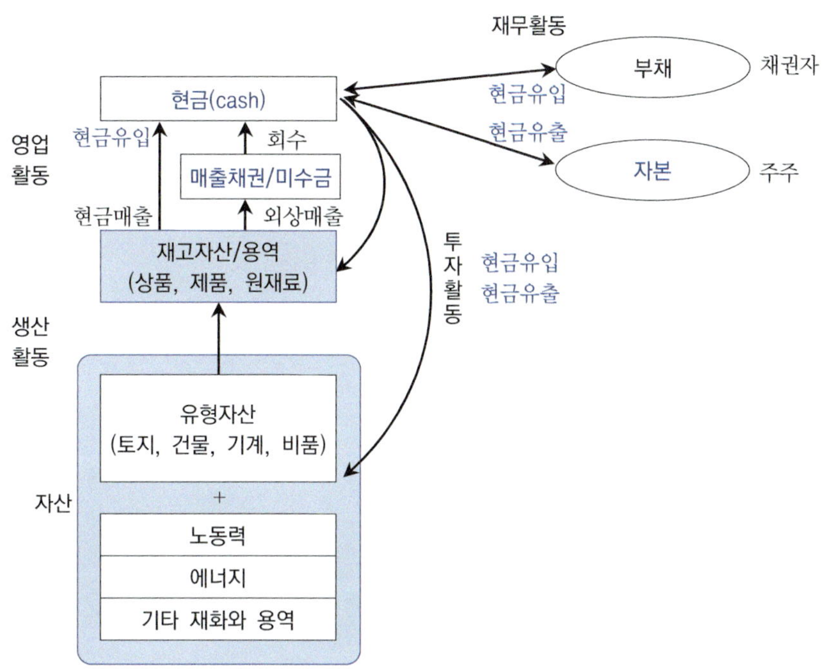

현금에 대한 기록장소 : '현금'계정

현금의 유입과 유출을 기록하는 장소는 '현금계정'이다. 입금은 차변에, 출금은 대변에 기록한다. 현금계정은 기록장소이며, 현금의 실물은 금고에 보관하거나 은행에 예치해 둔다. 계정기록과 실물은 일치되어야 할 것이다.

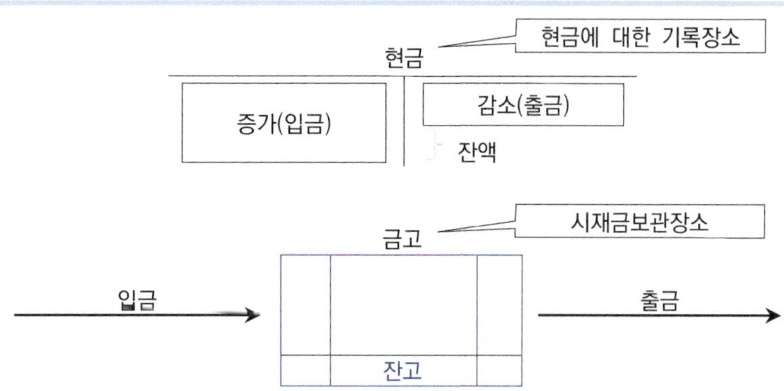

제2절 현금회계

기중 현금이 유입되면 현금계정 차변에 기록하고, 유출되면 현금계정 대변에 기록한다. 입금액과 출금액의 차이는 잔액이다. 회계기록의 정확성을 위해서는 장부잔액만큼 실물현금이 존재하여야 한다. 그것을 확인하기 위해 현금실사나 조회를 한다.

1. 입금거래

현금이 유입되는 거래는 다음과 같다. 그림1에서 현금이 유출입되는 경로와 함께 공부하자.

① 외부에서 자금을 조달했을 때(재무활동)

(차)	현 금	××	(대)	차 입 금	××
	현 금	××		사 채	××
	현 금	××		자 본 금	××

② 자산을 매각했을 때(투자활동)

(차)	현 금	××	(대)	유 형 자 산	××

③ 상품을 판매하거나 수취채권을 회수하였을 때(영업활동)

(차)	현 금	××	(대)	매 출	××
	현 금	××		매 출 채 권	××
	현 금	××		미 수 금	××

④ 상품/용역을 제공하기 전에 현금을 미리 받았을 때(영업활동)

(차)	현 금	××	(대)	선 수 금	××
	현 금	××		선 수 수 익	××

현금

매 출	××	
유형자산	××	
차 입 금	××	
매출채권	××	

2.출금거래

현금이 유출되는 거래는 다음과 같다. 그림1에서 현금이 유출입되는 경로와 함께 공부하자.

① 재화를 구매하였을 때(투자활동)

(차) 재고자산	××	(대) 현금	××
유형자산	××	현금	××
소모품	××	현금	××
선급금	××	현금	××

② 용역을 구매하였을 때(투자활동)

(차) 급여	××	(대) 현금	××
임차료	××	현금	××
선급비용	××	현금	××

③ 부채를 상환할 때(재무활동)

(차) 미지급금	××	(대) 현금	××
미지급급여	××	현금	××
차입금	××	현금	××

④ 영업부채를 상환할 때(영업활동)

(차) 매입채무	××	(대) 현금	××

현금

매출	××	재고자산	××
유형자산	××	유형자산	××
차입금	××	선급금	××
매출채권	××	임차료	××
		차입금	××
		미지급급여	××

3. 기말의 현금계정에 대한 평가

기말시점에 '현금계정'의 잔액은 기업이 보유하고 있는 현금을 나타낸다. 따라서 그 금액만큼 실제로 현금이 존재하는지 조사가 필요하다. 종종 종업원의 유용이나 횡령으로 장부상으로는 현금이 존재하는 것으로 되어 있지만 실제 현금은 존재하지 않는 경우가 있기 때문이다.

① 기업이 직접 보유하고 있는 현금(시재금)은 실사를 한다. 현금계측기를 통해 세어볼 수 있다.
② 금융기관에 예치하고 있는 현금은 '조회'를 한다. 조회란 금융기관에 우리 회사의 돈(예금)이 얼마나 있는지 조사해 달라고 문서로 요청하는 것이다.

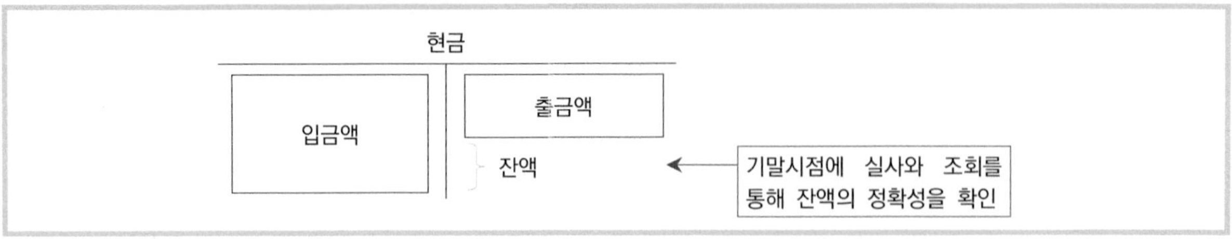

제3절 현금의 개념 및 분류

기업은 현금이 유입되었을 때 필요한 만큼 실물현금(통화)을 보유하지만, 대부분 장단기금융자산의 형태로 보유한다. 금융자산이 현금화되는 속도에 따라 현금성자산, 단기금융자산, 그리고 장기금융자산으로 분류한다. 그 기준은 다음과 같다.

- 취득당시 3개월 이내에 만기 도래 → 현금성자산
- 대차대조표일로부터 1년 이내 만기 도래 → 유동자산(단기금융자산)
- 대차대조표일로부터 1년 이후 만기 도래 → 비유동자산(장기금융자산)

1. 현금

일반적으로 현금은 통화(화폐)를 의미하지만, 회계상 현금은 반드시 통화만을 의미하지는 않는다. 회계상의 현금은 다음과 같다.

① 통화 : 지폐와 동전

② 통화대용증권 : 자기앞수표, 타인발행 당좌수표, 송금환, 송금수표, 우편환, 지급기일이 도래한 국-공-사채 이자표, 배당금지급통지표(배당권)

③ 요구불예금 : 보통예금, 당좌예금

2. 현금성자산

현금성자산이란 '현금화가 매우 용이한 단기금융자산'을 말한다. 즉 단기간 내에 현금화될 수 있는 금융자산이다. 유동성이 매우 높은 단기금융상품 중에서, ① 큰 거래비용 없이 확정된 현금으로 전환이 용이하고, ② 이자율변동에 따른 가치변동위험이 낮고, ③ 취득 당시 만기일(상환일)이 3개월 이내에 도래하는 것에 해당한다.

예 취득 당시, 만기가 3개월 이내에 도래하는 채권
취득 당시, 만기가 3개월 이내의 환매조건인 환매채(RP)
취득 당시, 상환일이 3개월 이내에 도래하는 상환우선주
초단기수익증권(MMF) – 투신사, 종금사, 증권사에서 판매하는 수시입출금식 금융상품

3. 장단기금융자산

금융자산은 일반적으로 금융상품을 구매할 때 생성된다. 이들은 만기에 따라 장단기 금융자산으로 분류된다.

- **정기예금** : 보통 1년 만기로 뭉 돈(보통 1천만원 이상)을 예금하는 상품이다. 만기에 원리금을 상환한다. 만기를 1년 이상으로 할 수도 있다.
- **정기적금** : 보통 1년 이상 장기로 월 또는 연단위로 일정금액을 정기적, 비정기적으로 불입하는 형태의 금융상품이다. 만기에 원리금을 상환한다.
- **금전신탁** : 금융기관에 자산의 운용을 위탁하는 상품. 위탁자산이 금전인 경우 금전신탁이라 한다. 신탁업무를 취급하는 금융기관이 고객으로부터 금전을 맡아 일정기간 운용한 후 원금과 수익을 위탁자에게 지급하는 방식이다. 이때 고객이 신탁운영방식을 지정할 수 있다(예를 들어, 우량채권에만 투자하라든가, 저축은행의 원금보장상품에만 투자하라든가 등. 그것을 특정금전신탁이라 한다).
- **표지어음** : 금융기관이 보유하고 있는 타인발행어음을 기초로 별도의 자체어음을 발행하여 일반투자자에게 판매하는데, 그 자체어음을 표지어음이라 한다. 표지어음은 금융기관으로 하여금 어음할인자금을 신속하게 회수할 수 있는 수단이다.
- **신종기업어음** : 기업이 단기자금조달을 위해 발행하는 융통어음. 일반기업어음이 90일 이내인 것과는 달리 91일 이상 180일까지 장기로 발행한다.
- **양도성예금증서(CD)** : 은행의 신용으로 발행하는 저축상품. 정기예금에 비해 이자율이 조금 높지만 원금보장이 안된다.
- **어음관리계좌(CMA)** : 증권사의 저축상품. 입출금이 자유롭고 정기예금에 비해 이자율이 다소 높다.
- **환매채(RP)** : 금융기관이 보유하고 있는 채권(bonds)을 확정일자, 확정된 가격으로 재매입할 것을 조건으로 투자자들에게 판매하는 채권이다. 이는 금융기관이 보유채권을 실질적으로는 팔지 않으면서 단기간 필요자금을 구할 수 있는 좋은 방편이다. 채권의 만기보유에 따른 이익을 포기하지 않으면서 단기자금을 마련하고 싶을 때 유용한 수단이다. 투자자들은 단기간동안 확정수익을 얻는다.
- **사용제한된 예금** : 감채기금, 설비확장기금, 양건예금(=구속성예금), 공탁금
- **당좌개설보증금** : 기업이 주거래은행과 당좌거래를 개설할 때 보증금으로 예치하는 금액. 보통

당좌거래는 장기간 동안 이루어지므로 당좌개설보증금은 장기금융자산이라 할 수 있다.

- **단체퇴직보험예치금** : 종업원이 퇴직할 때 퇴직금을 지급하기 위해 저축하는 금액. 장기이다.
- **선일자수표**(anticipated check) : 발행일을 미래의 날짜로 명기한 수표. 원래 수표는 발행인이 은행에 예치해 둔 금액을 한도로 소지인이 즉시 현금화 할 수 있는 통화대용증권이다(일람출급). 즉 소지하고 있는 수표를 은행에 제시하면 은행은 즉시 현금을 지급하여야 한다(현실적으로 타인발행수표를 내 계좌에 예금할 경우, 현금화하는데 하루가 걸린다). 그런데 발행일을 미래의 날짜로 표시해 놓으면 그 표시일부터 현금화할 수 있다는 것을 의미한다. 상품을 팔고 대금으로 선일자(당좌)수표를 받은 경우 명기된 발행일 이후 현금화할 수 있으므로 '외상매출'이나 마찬가지이다.

기타 다른 계정으로 분류하는 항목은 다음과 같다.

- 직원가불금 및 직원에게 대여하고 받은 차용증서(IOU)는 '단기대여금(단기금융자산)'으로 분류한다.
- 우표, 엽서, 수입인지를 구매했을 경우 '소모품'으로 분류한다.
- 거래처가 발행한 선일자수표를 받았을 경우 '매출채권 또는 미수금'으로 분류한다.
- 당좌차월이 발생한 경우 '단기차입금(금융부채)'으로 분류한다.

예제 1 현금 및 현금성자산

다음의 항목에 대해 분류하시오. 현금 및 현금성자산에 속하면 '현금', 단기금융자산에속하면 '단기', 장기금융자산에 속하면 '장기', 다른 계정과목이면 해당 계정과목을 표기하시오.

① 1년 만기 정기예금에 가입하다
② 10년 만기 정기적금에 가입하다.
③ 만기 6개월 남은 채권을 취득하다.
④ 당좌차월잔액이 존재한다.
⑤ 5개월 전에 취득하고 만기 1개월이 남은 환매채
⑥ 보관중인 우표, 수입인지
⑦ 상품을 판매하고 대금으로 받은 선일자수표
⑧ 직원에게 가불해 주다
⑨ 감채기금을 5년간 적립하다.
⑩ 1년 만기 양도성예금증서에 가입하다.
⑪ 시중에 유통되고 있는 양도성예금증서를 취득하다. 만기는 2개월 남아있다.
⑫ 거래처로부터 당좌수표를 받다.

풀이

① 단기 ② 장기 ③ 단기 ④ 단기차입금 ⑤ 단기 ⑥ 소모품 ⑦ 매출채권 ⑧ 단기대여금 ⑨ 장기
⑩ 단기 ⑪⑫ 현금

제4절 현금에 대한 관리 및 통제

현금은 도난, 분실, 유용, 또는 횡령에 노출되어 있는 자산이므로 관리와 통제가 매우 중요하다. 현금관리의 핵심은 직원이 직접 현금을 만지지 않고 입-출금이 가능하도록 현금에 대한 내부통제를 설계하는 것이다. 현금에 대한 내부통제설계의 기본은 업무분장이다. 현금에 대한 기록업무는 회계부서에서, 보관업무는 보관담당자가, 집행업무는 자금부서에서 담당하도록 설계한다.

[T I P S]

과거에는 회사가 재화나 용역을 제공하고 고객으로부터 대금을 수취할 때 고객으로부터 현금을 직접 회수하였다. 예를 들어, 1980년대에 대학생들은 등록금을 학교 경리과에 직접 납부하고 영수증을 받았으며, 전기료, 수도료 등 공과금납부의 경우 검침원이 고객으로부터 현금을 수취하기 위해 직접 가가호호 방문하였다. 보험료납부의 경우에도 보험모집인이 고객으로부터 직접 보험료를 수금하고, 수금한 보험료를 대리점을 통해 매일 입금하도록 하였다. 이 과정에서 현금의 유용이나 횡령이 종종 일어나기도 한다.

현금의 입-출금에 대한 통제 : 당좌거래.

오늘날 거래를 하고 결제를 할 때 소액은 현금으로 지급하고 다소 큰 금액은 계좌로 송금한다. 가장 편리한 송금방법은 현대 IT기술의 총아라고 할 수 있는 스마트폰앱을 이용하는 것이다. 그런데 그것은 스마트폰이 출시되기 전에는 상상도 할 수 없는 방법이었다. 스마트폰이 나오기 전에는 PC에서 인터넷뱅킹을 이용하는 것이 최선이었다. 둘 다 송금즉시 입-출금여부를 확인할 수 있다. 그러나 스마트폰이 없던 시절, 인터넷뱅킹이 불가능 했던 시절에 돈을 송금하기 위해서는 개인이 은행창구에 가서 송금수수료를 지불하고 어느 은행, 누구 계좌로 돈을 송금해 달라고 요청하는 것이 최선이었다.

기업이 현금의 입-출금을 관리하기 위한 한 가지 수단이 당좌거래를 이용하는 것이다. 회사가 주거래은행에 당좌예금계좌를 개설하고 당좌수표용지를 받는다. 사전에 돈을 예금해 두었다가 예금한 돈을 한도로 당좌수표를 발행하여 인출한다. 거래대금을 지급할 때 회사가 당좌수표를 발행하여 거래처에 인도함으로써 결제하는 시스템이다. 거래대금을 수취할 때는 거래처발행 당좌수표를 받아서 당좌예금계좌에 입금하거나, 거래처가 직접 우리 회사 당좌예금계좌로 송금하도록 한다. 당좌시스템하에서는 회사직원이 현금을 만질 수 없으므로 현금에 대한 부정(횡령, 유용)이 줄어든다. 오늘날 계좌송금이 가장 빠른 방법임에도 당좌수표를 발행하는 이유는 뭘까? 당좌수표를 현금화하는데 걸리는 시간만큼 현금지급을 지연시킬 수 있기 때문이다.

오늘날 종업원들이 직접 현금에 손댈 수 없는 입출금수단은 다양하다.

- 입금수단 : On-line banking, 지로시스템(공과금납부), 타인발행당좌수표수취
- 출금수단 : On-line banking, 신용카드결제(법인카드), 당좌수표발행

[그림] 수표

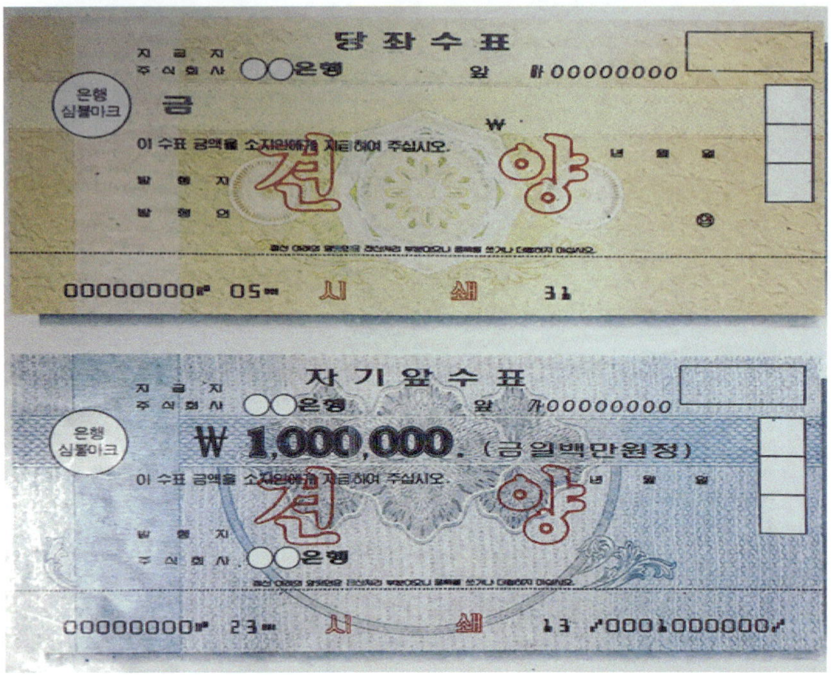

은행계정조정표작성

은행계정조정표란 은행의 '당좌예금계좌'의 잔액(은행잔고라 함)과 회사의 '당좌예금계정'잔액(장부잔액이라 함)의 일치를 확인하고 조정하는 표이다. 회사는 내부통제목적으로 정기적으로(보통 매월말) 은행계정조정표를 작성한다. 보통 특정일을 기준으로 그 날의 은행잔고와 장부잔액은 일치하지 않는 편이다. 그것을 지체(float)라고 하며, 그 원인은 은행의 수표결제시스템 때문이다.

은행을 통해 수표를 현금화하는데 지체가 존재한다. 지체에는 입금지체와 출금지체가 있다. 예를 들어 A사가 B사 발행 (당좌)수표를 받아서 거래은행인 A은행에 입금하면 통장에 입금으로 표시되지만 그 날 바로 현금을 인출할 수 없다. 보통 창구직원이 다음날 현금을 인출할 수 있다고 말한다(입금지체). 그것은 수표를 받은 A은행이 수표를 발행한 B사의 거래은행(B은행)에 수표를 제시하고 현금화하는데 시간이 걸리기 때문이다. 우리나라 은행들은 보통 그 다음날 정오에 상호정산(clearing)을 한다. 금융시스템이 발달할수록 이 정산이 빨라질 것이다. 반대로 A사가 물품을 구매하고 그 대금으로 당좌수표를 발행하여 거래처 B사에게 인도하면, B사는 그 날 바로 거래은행으로부터 현금을 찾아가지 않는다(출금지체). B사가 받은 수표를 현금화하기 위해서는 거래은행인 B은행에 입금을 시켜야 하고 B은행이 A은행에 제시하는 절차를 밟아야 한다. 요약하면, 수표의 입-출금에는 지체가 일어난다.

회사는 두 장부가 일치되지 않는 원인을 밝혀야 한다. 지체현상 외에도 부정이나 오류로 인해 두 장부가 일치하지 않을 수도 있다. 회계담당자는 은행으로부터 '당좌거래명세서'를 받아서 회사장부와 비교를 통해 불일치의 원인을 파악하고 양자가 일치되도록 조정하는 표를 작성한다.

여기서는 부정을 제외하고 오류나 지체로 인한 차이조정을 학습한다.

[그림 2] 은행계좌와 회사계정

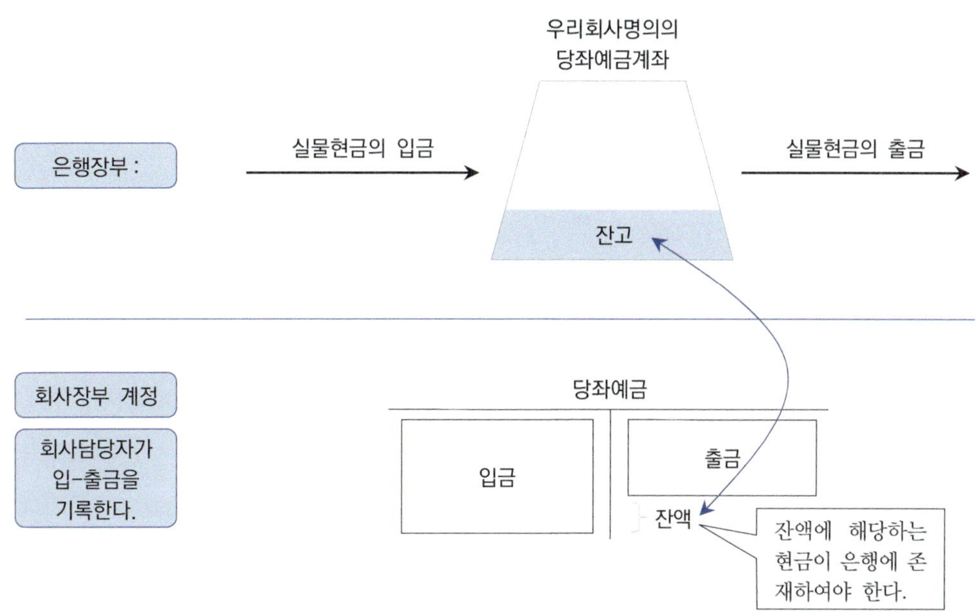

은행계정조정표 작성원리

기록이 이루어지지 않은 측에 가산 또는 차감해 준다.

① 은행에서는 입-출금 되었으나 회사장부(당좌예금계정)에 입-출금기록이 이루어지지 않은 경우
: 은행계정조정표상 회사측에 입-출금으로 가감하고, 회사장부에 수정분개를 한다.
(회사장부에 기록되지 않은 이유는 은행의 입-출금이 회사에 통지되지 않았기 때문이다).

② 회사장부에는 입-출금기록이 이루어졌으나 은행에서 입-출금처리가 되지 않은 경우
: 은행계정조정표상 은행측에 입-출금으로 가감한다.
(은행에서 입-출금처리가 되지 않은 이유는 주로 당좌수표의 입-출금처리 지체(float) 때문이다)

은행측 조정사항

회사가 타인발행수표를 받아서 은행에 입금하면 그 날짜로 회사 장부(당좌예금계정)에 입금기록을 하고, 회사가 당좌수표를 발행하면 그 날짜로 회사 장부에 출금기록을 한다. 그에 반해 은행에서는 입-출금처리가 지연될 수 있기 때문에, 회사장부보다 입-출금처리가 늦어질 수 있다. 그것은 은행결제시스템상 당좌수표의 입-출금처리에 지체(float)가 일어나기 때문이다.

지체가 일어나는 이유는 다음과 같다. 첫째, 배달지연이다. 수표를 거래상대방에게 전달하는 시간이 길어질 수 있다. 특히 원거리거래일 경우에 해당한다. 둘째, 처리지연이다. 수표소지인이 거래은행에 입금하는데 걸리는 시간이다. 셋째, 사용지연이다. 은행들간의 결제시스템을 통해 수표가 현금화하는데 걸리는 시간이다.

미기입예금(deposit-in-transit) : 입금지체

회사가 거래대금으로 타인발행수표를 수취하여 거래은행에 입금했을 때 은행의 입금처리가 지연되는 경우에 나타난다. 은행 측에 가산(+)한다.

미인출수표(outstanding checks) : 출금지체

회사가 거래대금으로 당좌수표를 발행하여 거래처에 인도하였을 때 수표소지인이 수표를 거래은행에 입금하는데 지연이 발생하기 때문에 일어나는 현상이다(처리지연). 즉 은행의 출금이 늦어지는 경우이다. 은행 측에서 차감(−)한다.

기장오류

은행의 실수로 타회사 계좌에서 입-출금할 것을 우리 회사 계좌에서 입-출금한 경우 은행의 우리회사계좌를 수정해야 한다. 은행 측에 가감해준다.

회사측 조정사항

특정일에 은행에서 입-출금되었는데 회사장부에 입-출금기록이 이루어지지 않은 것은 은행의 입-출금내역이 회사에 통지되지 않았기 때문이다.

미통지입금

은행의 입금처리가 회사에 통지되지 않은 경우이다. 회사측에 가산(+)해 준다.

거래처가 거래대금을 우리 회사 당좌계좌로 송금하고 그 사실을 통지하지 않은 경우(거래처송금), 은행이 회사를 대신하여 받을어음을 추심한 돈을 입금처리하고 그 사실을 통지하지 않은 경우(받을어음추심), 또는 은행이 회사에 지급해야 할 이자를 회사계좌에 입금시키고 이를 통지하지 않은 경우에 해당한다(이자수익).

미통지인출

은행의 출금처리가 회사에 통지되지 않은 경우이다. 회사측에서 차감(−)한다.

회사가 입금한 타인발행수표가 부도수표로 판명되어 은행이 입금처리를 취소했는데도 회사에 통지하지 않은 경우(부도수표), 어음추심료, 당좌차월에 대한 이자비용 등을 은행이 회사계좌에서 인출하고 회사에 통지하지 않은 경우에 해당한다(은행수수료, 이자비용 등).

기장오류

수표발행금액을 잘못 표기하여 발행한 경우 차액만큼 가감한다.

[그림 3] 은행계정조정표

은행계정조정표

2021.4.30

회사측		은행측	
수정전잔액	×××	수정전잔액	×××
미통지입금	+++	미기입예금	+++
(거래처송금, 이자수익, 받을어음추심)			
미통지인출	---	미인출수표	---
(부도수표, 이자비용, 은행수수료)			
기장오류	±±±	기장오류	±±±

> 은행에서는 입-출금 되었으나, 회사장부에서 입-출금 처리가 되지 않은 경우 → 회사측에 가감하고, 회사장부에 수정분개를 한다.

> 회사에서는 입-출금 기록을 하였으나, 은행에서 입-출금처리가 늦어지는 경우 → 은행측에 가감한다.

• 기장오류는 올바른 방향으로 가감한다.

« 예제 2 은행계정조정표 작성

A사는 매월 말 은행계정조정표를 작성함으로써 현금에 대한 내부통제를 운영하고 있다. 2001년 6월 30일 현재 회사의 당좌예금 장부금액은 1,250,000원이고, 은행의 당좌예금 장부금액은 1,500,000원이다. 은행의 입출금내역서를 구하여 조사해 본 결과 불일치의 원인은 다음과 같다. 은행계정조정표를 작성하시오.

- 거래처가 우리회사 당좌계좌에 1,000,000원을 송금하면서 우리 회사에 통지하지 않았다. 그 돈은 외상대금이었다.
- 당좌예금으로 입금한 타인발행수표 500,000원이 부도로 판명되다. 당좌수표는 상품판매대금으로 받은 것이다. 은행은 부도 즉시 우리회사계좌에서 차감하였다.
- 회사가 6월 30일에 타인발행수표 1,000,000원을 당좌예금하였으나 은행은 수표처리시스템상 다음날 입금처리된다.
- 추심의뢰한 타인발행어음을 은행이 추심하여 700,000원을 입금하였다. 어음은 상품판매대금으로 받은 것이다. 동시에 은행은 추심수수료 10,000원을 출금하였다. 입출금당시 우리회사에 별도로 알리지 않았다.
- 은행은 우리회사의 차입금에 대한 이자 20,000원을 출금하고, 우리 회사의 예금에 대한 이자 15,000원을 입금하였다.
- 은행은 실수로 타인계좌에서 출금해야 할 200,000원을 우리계좌에서 출금하였다.
- 회사는 상품매입대금 지급을 위해 거래처에 335,000원의 당좌수표를 발행-교부하였는데, 착오로 100,000원을 발행-교부한 것으로 기장하였다.
- 회사는 상품매매대금지급을 위해 이 달에 당좌수표를 발행하여 지급하였으나 다음의 수표들이 아직 은행에 제시되지 않았다. 수표번호 #11011: 250,000원, #11013: 250,000원

풀이

은행계정조정표 2001.6.30.

회사측		은행측	
수정전잔액	1,250,000	수정전잔액	1,500,000
거래처송금	1,000,000	미기입예금	1,000,000
부도수표	(500,000)	미인출수표	(500,000)
받을어음추심	700,000		
이자비용	(20,000)		
은행수수료	(10,000)		
이자수익	15,000		
기장오류	(235,000)	기장오류	200,000
올바른잔액	2,200,000	올바른잔액	2,200,000

〈회사측 수정분개〉

	차변	금액	대변	금액
•	(차) 당좌예금	1,000,000	(대) 매출채권	1,000,000
•	(차) 매출채권	500,000	(대) 당좌예금	500,000
•	(차) 당좌예금	700,000	(대) 매출채권	700,000
	수수료비용	10,000	당좌예금	10,000
•	(차) 당좌예금	15,000	(대) 이자수익	15,000
	이자비용	20,000	당좌예금	20,000
•	(차) 상품	235,000	(대) 당좌예금	235,000

예제 3 은행계정조정표 작성

A사의 2001년 6월 30일 현재 은행의 당좌예금 장부금액은 2,500,000원이다. 은행의 입출금내역서를 구하여 조사해 본 결과 불일치의 원인은 다음과 같다. 회사의 당좌예금계정이 소실되었다. 회사측 수정 전 장부금액을 구하시오.

- 거래처에서 외상대금으로 우리회사 당좌구좌에 1,500,000원을 송금하였으나 우리 회사는 그 사실을 모르고 있었다.
- 회사는 6월 30일에 타인발행수표 1,200,000원을 당좌예금하였으나 은행은 수표처리시스템상 다음날 입금처리된다.
- 회사는 상품매매대금 지급을 위해 이 달에 당좌수표를 발행하여 지급하였으나 700,000원이 아직 은행에서 인출되지 않았다.
- 당좌예금으로 입금한 타인발행수표 600,000원이 부도로 판명되다. 당좌수표는 상품판매대금으로 받은 것이다. 은행은 부도 즉시 차감하였다.
- 추심의뢰한 타인발행어음을 은행이 추심하여 1,000,000원을 입금하였다.

풀이

은행계정조정표 2001.6.30.

회사측		은행측	
수정전잔액	?	수정전잔액	2,500,000
미통지입금	1,500,000	미기입예금	1,200,000
부도수표	(600,000)	미인출수표	(700,000)
받을어음추심	1,000,000		
올바른잔액	3,000,000	올바른잔액	3,000,000

수정전 회사측 장부금액 = 3,000,000 − 1,000,000 + 600,000 − 1,500,000
= 1,100,000

연습문제

1 다음의 금융자산에대해 분류하시오. 현금 및 현금성자산에 속하면 '현금', 단기금융자산에속하면 '단기', 장기금융자산에 속하면 '장기', 다른 자산에 해당되면 '기타'로 표기하시오.

① 배당금지급통지표를 받다.
② 상환우선주를 취득하다. 상환일은 2개월 남아 있다.
③ 당좌거래를 개설하고 당좌개설보증금을 예치하다.
④ 입출금이 자유로운 CMA에 가입하다.
⑤ 은행으로부터 3년 만기로 차입하다. 이때 차입금의 10%를 예치하기로 하다.
⑥ 5개월 전에 취득하고 재무상태표일 현재 만기가 60일 남은 신종기업어음
⑦ 지급기일이 1개월 남은 사채이자표(coupon)
⑧ 신용등급이 높은 채권에 1년 투자하도록 선택한 신탁예금
⑨ 종업원들의 퇴직시 지급을 위하여 가입한 단체퇴직보험

2 다음의 자료를 이용하여 은행계정조정표를 작성하시오.
2001년 7월 31일 현재 당좌예금의 회사측 장부금액은 2,000,000원이고, 은행측 잔고는 2,500,000원이다. 은행의 입출금내역서를 구하여 조사해 본 결과 불일치의 원인은 다음과 같다.

- 회사가 7월 31일 현재 거래처 발행 당좌수표 1,000,000원을 받아서 즉시 당좌예금하였으나 은행은 다음날 입금 처리하다.
- 7월 중 회사는 상품구입대금으로 당좌수표를 발행하여 지급하였으나 다음의 수표들(#: 수표번호)이 아직 은행에 제시되지 않았다. #11000 : 250,000원, #11001 : 500,000원
- 은행은 실수로 타인계좌에서 출금해야 할 430,000원을 우리계좌에서 출금하였다.
- 7월 중 거래처가 우리회사 당좌계좌로 1,200,000원을 송금하였으나 회사는 통지 받지 못하였다. 그 돈은 7월 초에 우리회사가 거래처로부터 상품을 외상으로 판매한 대금이다.
- 당좌예금으로 입금한 타인발행수표 500,000원이 부도로 판명되어 은행은 부도 즉시 차감처리 하였으나 회사는 통지 받지 못하였다. 당좌수표는 상품판매대금으로 받은 것이다.
- 추심의뢰한 타인발행어음을 은행이 추심하여 500,000원을 입금하였다. 어음은 상품판매대금으로 받은 것이다. 그리고 은행은 추심수수료 10,000원을 출금하였다.
- 은행은 우리 회사의 차입금에 대한 이자 30,000원을 출금하였다. 우리 회사의 예금에 대한 이자 20,000원을 입금하였다.

연습문제 해답

1 ① 현금 ② 현금 ③ 장기 ④ 현금 ⑤ 장기(구속성예금) ⑥ 단기 ⑦ 현금 ⑧ 단기 ⑨ 장기

2

은행계정조정표 2001.7.31

회사측		은행측	
수정전잔액	2,000,000	수정전잔액	2,500,000
거래처송금	1,200,000	미기입예금	1,000,000
부도수표	(500,000)	미인출수표	(750,000)
받을어음추심	500,000		
이자비용	(30,000)		
은행수수료	(10,000)		
이자수익	20,000	기장오류	430,000
올바른잔액	3,180,000	올바른잔액	3,180,000

<회사측 수정분개>

	차변	금액	대변	금액
•	(차) 당좌예금	1,200,000	(대) 매출채권	1,200,000
•	(차) 매출채권	500,000	(대) 당좌예금	500,000
•	(차) 당좌예금	500,000	(대) 매출채권	500,000
	수수료비용	10,000	당좌예금	10,000
•	(차) 당좌예금	20,000	(대) 이자수익	20,000
	이자비용	30,000	당좌예금	30,000

Chapter 05

현재가치와 금융거래

제1절 현재가치와 미래가치

회계는 자산의 가치를 화폐금액으로 측정한다. 그런데 화폐의 가치는 시간의 흐름에 따라 변한다. 오늘의 10,000원은 1년 후의 10,000원과 다르다. 오늘의 10,000원과 1년 후의 10,000원을 올바르게 비교하기 위해서는 동일시점의 화폐가치로 환산하여 비교해야 한다. 오늘의 10000원을 1년 후의 가치로 환산하여 비교하든가, 1년 후의 10,000원을 오늘의 가치로 환산하여 비교해야 한다. 오늘의 가치를 '현재가치', 1년 후의 가치를 '미래가치'라 하고 현재가치와 미래가치의 관계를 살펴보자.

현재가치 10,000원은 이자율로 증식하여 미래가치가 된다. 이자율은 화폐의 시간가치를 담고 있다. 현재 10,000원이 10%로 증식하면 1년 후 11,000원이 되고, 그 11,000원이 다시 10%로 증식하면 2년 후 12,100원이 된다. 역으로 2년 후의 12,100원을 1년 후의 가치로 환산하면 11,000원이 되고, 현재가치로 환산하면 10,000원이 된다.

아래 그림에서 현재가치와 미래가치의 관계를 확인하자.

[그림 1] 미래가치(이자율 10%로 가정)

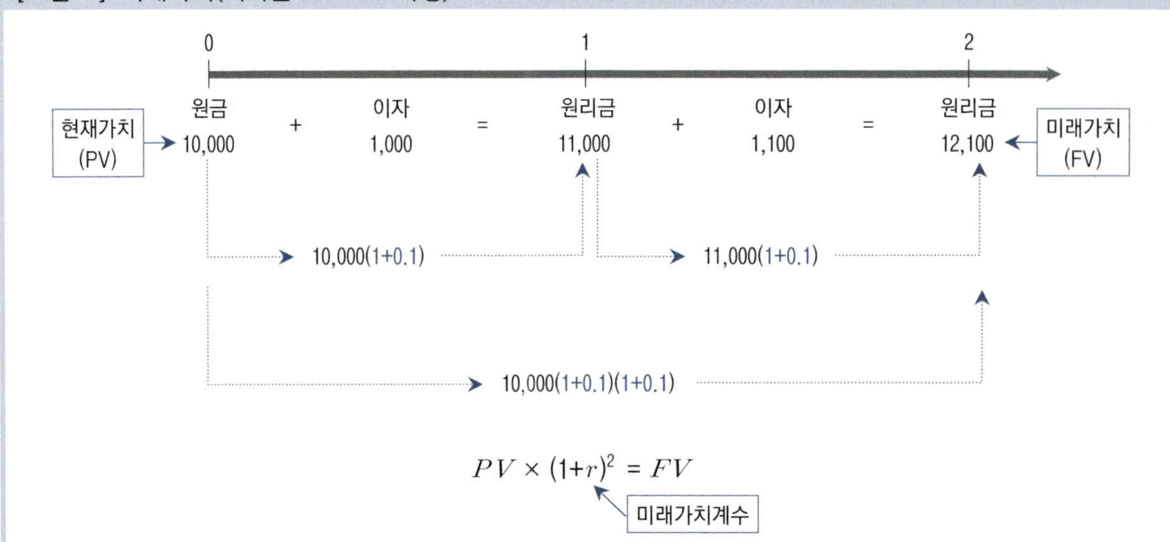

[그림 2] 현재가치(이자율 10%로 가정)

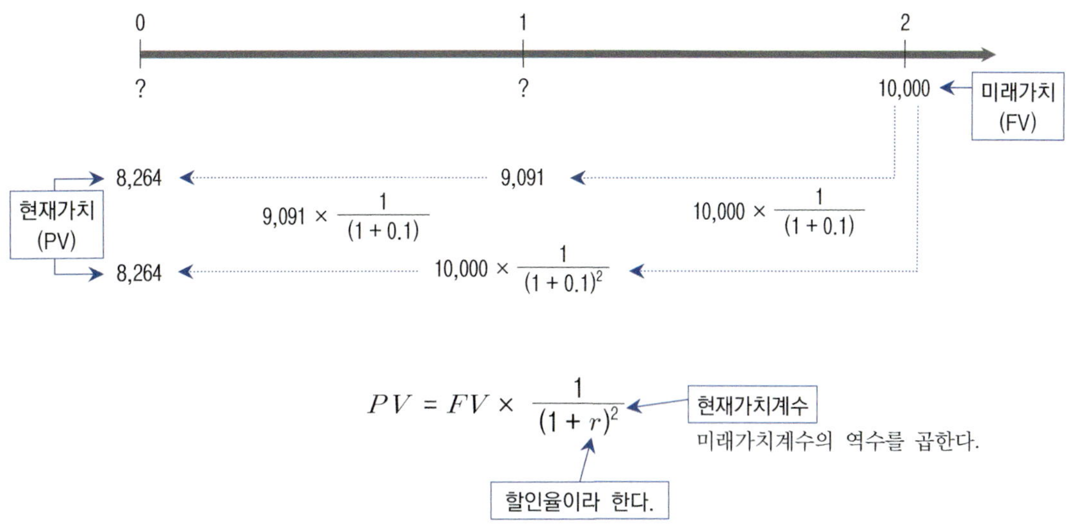

제2절 연금의 현재가치

연금(annuity)이란 미래에 동일한 현금흐름이 계속 발생하는 것을 말한다. 아래의 그림에서 1년 후부터 3년 후까지 10,000원의 현금이 계속 발생하는 것으로 가정하자. 각각 다른 시점에서 발생하는 이 현금흐름의 현재가치를 구해 보자. 각각의 10,000원을 개별적으로 '현재가치계수'를 곱하여 현재가치를 구한 다음, 그 현재가치들의 합을 구하면 될 것이다. 그러나 더 편리한 방법은 동일한 금액 10,000원에 '연금현재가치계수'를 곱하면 바로 현재가치가 도출된다. 연금현재가치계수는 현재가치계수를 더한 값이다.

[그림 3] 현재가치계수와 연금현재가치계수의 관계

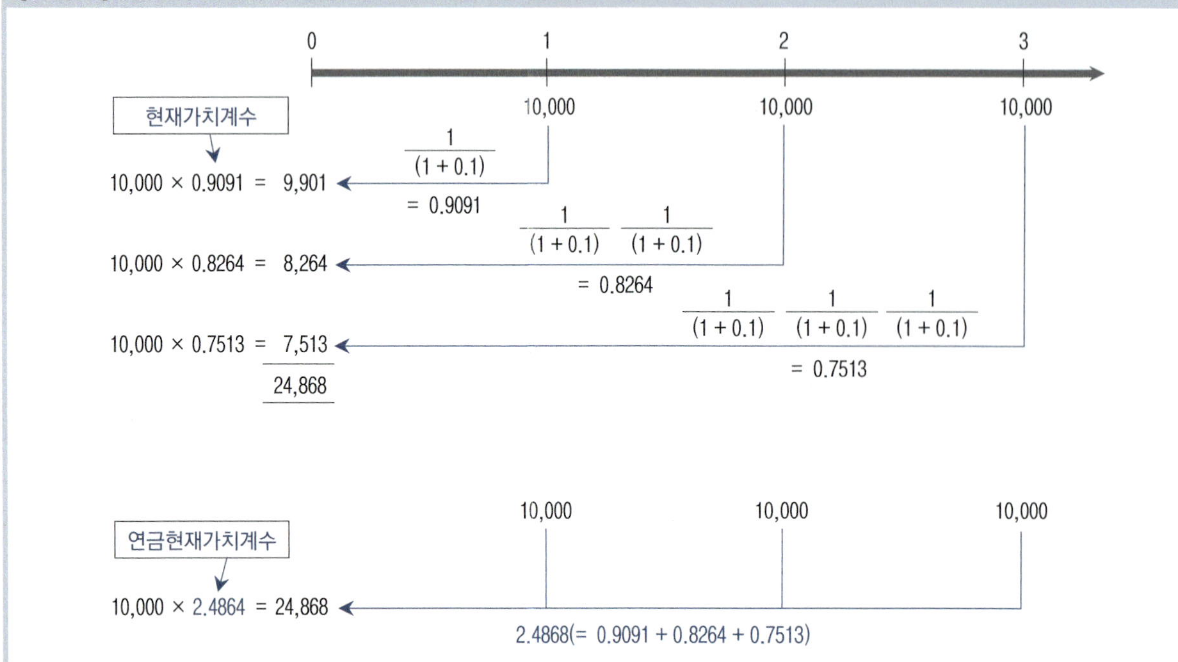

예제 1 연금복권의 현재가치

로또에 당첨되면 갑자기 큰 돈이 생긴다. 그러나 로또의 저주라고 해야 할까? 로또에 당첨된 사람들의 생활을 추적해 보니 큰 불행을 겪거나 패가망신하는 사람들이 많았다. 10억이 넘는 돈을 일시불로 받게 되니 그 돈을 어찌해야 할지 모르는 사람들이 그 돈으로 인해 오히려 불행해지는 것이다. 그리하여 연금복권이 등장하였다. 연금복권에 당첨되면 20년 동안 매월 500만원을 받는다. 연금복권의 취지는 갑자기 큰 돈을 일시불로 지급하기보다는 매월 일정 금액을 생활비로 지급하겠다는 것이다.

만약 A가 연금복권에 당첨되었고, 불행히도 그는 1년 시한부 인생을 선고 받았다고 가정해 보자. 그는 연금을 다 받기도 전에 죽는다. 그는 매월 받는 대신 현재 일시불로 받아서 1년 내에 그 돈을 마음대로 쓰길 원할 것이다. 그래서 그는 당첨복권을 제 3자에게 매각하기로 결정했다. 얼마를 받아야 제 값을 받는 것인가? 시장이자율은 연 4.8%라고 하자.

풀이

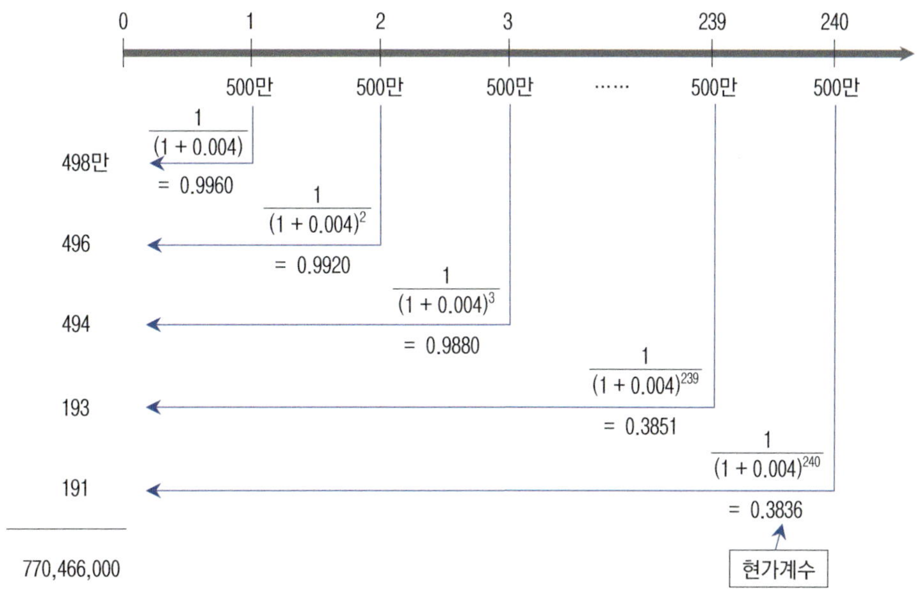

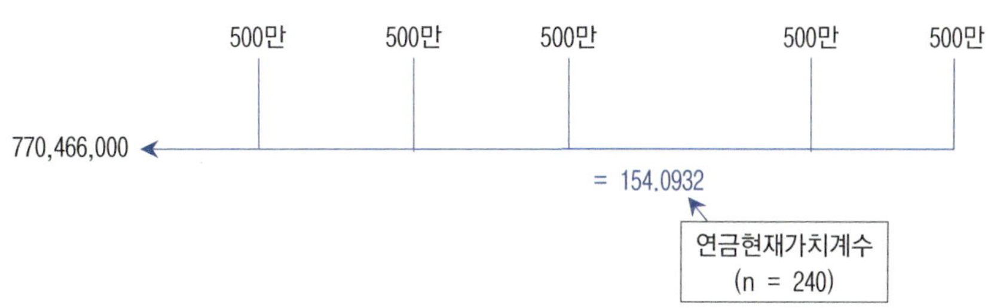

오늘날 시장금리는 1%수준으로 초저금리상태이다. 할인율을 1%로 했을 경우 현재가치를 구해보자. 할인계산의 편의상 연 6천만원을 20년 동안 할인하는 것으로 가정한다.

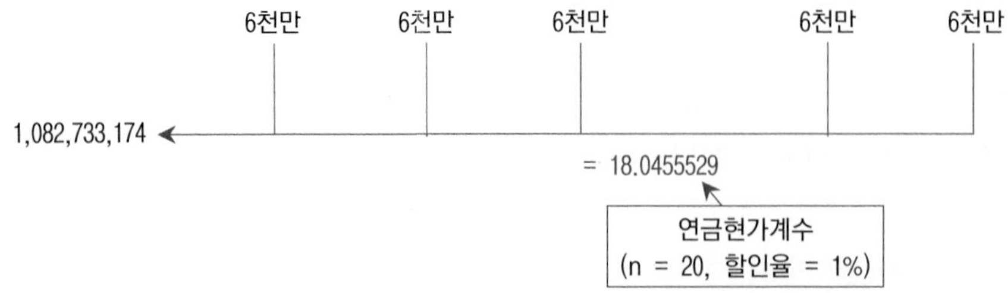

이자율(=할인율)이 낮을 경우 현재가치는 상승한다. 이자율과 복권의 가치는 역의 관계이다.

제3절 금융거래의 형태

기업은 돈을 벌기 위해 재고자산, 유형자산 등과 같은 실물자산에 투자하지만, 금융상품도 좋은 돈벌이 수단이 된다. 회계기준서(1032호)의 '금융상품'에 관한 정의를 보면 다음과 같다.

> "거래당사자 일방에게는 금융자산을 발생시키고, 다른 일방에게는 금융부채나 지분상품을 발생시키는 모든 계약"

위의 정의를 이해하기 위해서는, 먼저 '금융(financing)'이 무엇인지 정확히 이해하여야 한다. 금융이란 돈(현금)을 빌리거나 빌려주는 것을 말한다. 다시 말해, 금융거래는 임대차 거래이며 임대차의 대상이 '돈(현금)'이라는 점이다(그래서 금전대차라고 함). 돈을 빌리는 사람(채무자)은 미래에 돈(현금)을 상환할 의무를 부담하므로 금융부채를 갖게 되며, 돈을 빌려주는 사람(채권자)은 미래에 돈(현금)을 받을 권리가 있으므로 금융자산을 갖게 된다. 예를 들어 우리가 은행에 저축을 하는 것은 은행에게 돈을 빌려주는 것이다. 따라서 우리는 금융자산을 갖게 되며, 은행은 우리에게 금융부채를 지게 된다. 금융거래에서 중요한 것은 차입자가 대출자에게 돈에 대한 사용료(이자, interest)를 지급해야 한다는 것이다. 금융거래는 당사자 간에 구체적인 거래조건을 합의하고 확정하기 위해 계약(contract)을 필요로 한다.

금융거래는 차입자가 대출자에게 원금과 이자를 언제 지급하느냐에 따라 여러 가지 형태로 분류될 수 있다. 대부분의 금융거래에서 이자지급일과 원금상환일(만기)은 거래시점에서 확정된다. 이자를 만기이전에 정기적으로 지급하거나 만기에 전부 지급할 수도 있다. 또한 원금을 만기이전부터 조금씩 상환하거나 만기에 전부 상환할 수도 있다. 어떤 형태를 띨 것인지는 양자의 합의에 달려 있겠지만 금융거래의 위험(채무불이행위험)을 누가 얼마나 부담할 것인지에 달려 있다.

1. 원금과 이자의 만기지급

차입자가 원금과 이자를 만기에 일시불로 지급하는 형태이다. 그럴 경우 대출자는 채무불이행위험에 완전히 노출된다. 따라서 이러한 거래형태는 차입자의 신용이 매우 높을 때만 가능할 것이다. 예를 들어 우리가 은행의 정기예금이나 정기적금에 가입하면 원리금을 만기에 수령한다(이때 우리는 대출자, 은행은 차입자이다). 그것은 우리가 은행을 매우 신뢰하기 때문에 가능하다(은행의 예,적금에 대해 예금보험공사가 보장하는 한도는 각 은행별로 5천만원이다). 원리금을 만기에 지급할 경우 올해의 이자는 다음 연도 초에 원금에 가산된다. 즉 이자가 원금이 되므로 원금이 점점 증가한다. 이 경우 이자가 이자를 낳는다. 이자가 복리로 증식되는 형태이다.

2. 원금은 만기, 이자는 정기지급

차입자가 원금은 만기에 전부 상환하고, 이자는 만기이전에 정기적으로 지급하는 형태이다. 예를 들어, 우리가 은행으로부터 돈을 차입할 경우 은행은 매달 이자를 받아간다. 은행은 개인을 전적으로 신뢰하지 않기 때문에 이자를 빨리 가져간다. 실제로 신용도가 낮은 개인들의 이자연체율은 높은 편이다. 이자를 정기적으로 지급할 경우 올해의 이자는 다음 연도 초에 원금에 가산되지 않는다. 이 경우 이자가 이자를 낳지는 않는다.

3. 원금과 이자의 분할상환

차입자가 원금과 이자를 만기이전에 정기적으로 상환하는 형태이다. 이러한 거래는 차입자의 신용이 매우 낮거나 대출자가 원리금을 가능한 빨리 상환하기 원하는 경우에 발생한다. 예를 들어, 은행으로부터 대출을 받을 경우, 원금과 이자를 매월 분할 상환하는 계약을 체결할 수 있다. 원리금을 분할상환 할 경우 원금이 점점 감소하므로 이자도 감소한다.

주택을 구입할 때 돈이 부족할 경우 보통은행으로부터 '주택담보대출'을 받는다. 3억을 차입했다고 가정하자. 이때 원리금상환방식을 결정해야 한다. 보통 10년(또는 20년)거치 분할상환계약을 맺는다. 이는 10년(또는 20년)동안 이자만 납부하다가, 10년(또는 20년) 후 부터 원금을 분할상환하는 방식이다. 중도에 상환할 경우 중도상환수수료를 지불해야 한다.

우리가 스마트폰을 구매할 때 이동통신사로부터 2-3년 약정으로 할부로 구매한다. 이러한 할부금융거래는 사실상 이동통신사가 우리에게 기계값을 빌려주는 것과 같다. 이동통신사는 기계를 판매함으로써 이익을 얻고, 금융을 통해서도 이자수익을 얻는 것이다. 꿩먹고 알먹는다. 우리는 매달 기계값과 할부이자를 분할상환한다. 통신요금청구서를 보면 잘 나타나 있다.

제4절 금융거래의 수단

금전대차계약

금전대차계약은 돈을 빌리는(빌려주는) 계약을 하는 것이다. 일반적인 금전대차의 형태는 일정금액(원금)을 빌리고, 그 일정금액에 확정금리 또는 변동금리를 적용하는 형태이다. 이자는 정기적으로 또는 만기에 지급할 수 있다. 보통 금융기관으로부터 돈을 빌리는 경우에 해당한다. 예를 들어, 은행으로부터 10,000,000원을 빌리는 경우를 생각해보자. 일반적으로 은행은 확정 또는 변동금리를 적용하여 매월 이자를 가져간다. 그럴 경우 만기에는 원금만 갚는다. 반대로 우리가 은행에 1년 만기 정기예금상품에 가입할 경우 확정금리를 적용하여 만기에 원리금을 회수한다.

증권의 발행과 유통

증권의 발행과 유통을 통하여 금융거래를 할 수 있다. 증권은 미래현금흐름에 대한 권리를 나타내는 문서이다. 기업은 주식(stock), 채권(bonds)또는 어음(notes)의 발행을 통해 자금을 조달한다. 주식은 지분증권이고, 채권이나 어음은 채무증권이다. 여기서는 채무증권을 위주로 설명한다. 채무증권의 발행자는 차입자이고, 매수자는 대출자에 해당한다. 증권을 통해 금융거래를 하는 이유는 증권의 매매를 통해 대출자금의 회수를 원활하게 하기 위해서이다. 증권보유자가 자금을 필요로 할 때 언제든지 증권을 매도함으로써 자금을 회수할 수 있다.

① **할인채** : 할인채는 만기에 액면금액(증권에 기록된 금액)을 지급할 것을 약속하는 증권이다. 예를 들어, 3년 만기, 액면금액 10,000원의 할인채를 발행한 경우, 기업은 3년 후 액면금액 10,000원만 지급할 것을 약속한다. 그 외 어떠한 보상도 없다. 그렇다면 이 채권을 매수하는 사람(대출자)은 얼마에 매수해야 할까? 매수시점에서 확실한 것은 3년 뒤 확정금액 10,000원만 받는다는 사실이다. 10,000원보다 비싸게 매수해야 할까? 싸게 매수해야 할까? 10,000원보다 비싸게 매수하고 3년 뒤 10,000원을 받는다면 수익률은 마이너스(−)가 된다. 따라서 10,000원보다 싼 가격으로 매수해야 할 것이다(매수금액이 곧 기업에게 빌려주는 대출금액이다). 그렇다면 얼마나 싼 가격으로 매수할 수 있을까? 그것은 매수시점에서 발행기업의 신용위험을 반영한 시장이자율에 달려 있다. 그 시장이자율이 5%라면, 5%로 할인된 가격(현재가치)으로 매수할 수 있으며, 그 시장이자율이 8%라면 8%로 할인된 가격으로

매수할 수 있다. 예를 들어 A기업이 발행한 채권(액면 10,000원, 1년 만기)을 5%로 할인된 가격으로 매수한다면 9,524원에 매수하게 되며, 1년 후 10,000원을 받게 된다. 그럴 경우 매수자의 수익은 얼마인가? 476원이다. 할인율이 곧 매수자의 수익률(476 ÷ 9,524 = 5%)이 된다.

할인채의 경우 중간에 이자를 한 푼도 받지 못하기 때문에 장기적인 투자대상으로서 매력이 떨어진다. 할인채는 보통 단기적인(보통 1년 내)결제를 위해 발행된다.

② **이표채** : 장기적으로는 이표채(coupon bonds)가 좋은 투자대상이다. 이표채는 만기이전에 정기적으로(3개월 또는 6개월) 확정이자(액면이자)를 지급하고 만기에는 액면금액을 지급하기로 약속하는 증권이다. 투자자들은 이표채를 얼마에 구매해야 할까? 미래에 약속한 액면금액과 액면이자를 발행기업의 신용위험을 반영한 시장이자율로 할인한 가격(현재가치)으로 구매할 수 있다.

제5절 금융거래와 회계

금융거래는 결국 차입과 상환, 그리고 이자지급으로 구성된다. 차입과 상환에 대한 회계처리는 상대적으로 간단하다. 금융거래에서 회계처리의 핵심은 이자비용에 대한 인식이다. 이자에 관한 회계처리의 기본원리는 다음과 같다.

- 이자를 언제 지급하든 회계에서 이자비용의 인식(= 장부기록)은 발생주의에 의해 시간의 경과에 따라 인식한다. 따라서 이자를 현금으로 지급(수취)하지 않아도 발생한 이자비용(이자수익)을 인식한다. 발행자의 입장에서 이자는 지급해야 할 의무이므로 부채이고, 매수자의 입장에서 이자는 수취해야 할 자산이다. 따라서 발생한 이자에 대해서도 각각 금융자산과 금융부채를 인식해야 한다.
- 이자는 유효이자율로 계산한다. 유효이자의 계산은 다음과 같다.

  유효이자 = 금융자산 또는 금융부채의 기초장부금액(이자기간 초에 빌려준 또는 빌린 돈)
  × 유효이자율
- 발생한 이자를 장부에 어떻게 반영할 것인지가 핵심이다.

발생이자에 대한 회계기록

이자의 정기지급

- 이자지급일 : 이자기간 초일부터 말일까지의 이자를 현금으로 지급한다.

차입자 : (차) 이 자 비 용 ×× (대) 현 금 ××
or
미 지 급 이 자 ××

대출자 : (차) 현 금 ×× (대) 이 자 수 익 ××
or
미 수 이 자 ××

• 이자지급일이 도래하지 않은 시점 : 이자기간 초일부터 기말까지의 이자를 단기금융부채 또는 단기금융자산으로 기록한다.

차입자 : (차) 이 자 비 용 ×× (대) 미 지 급 이 자 ××

대출자 : (차) 미 수 이 자 ×× (대) 이 자 수 익 ××

이자의 만기지급

• 만기가 도래하기 전에는 발생한 이자를 금융자산 또는 금융부채의 원금에 가산한다.

차입자 : (차) 이 자 비 용 ×× (대) 금 융 부 채 ××
(사채, 장기차입금, 장기미지급금 등)

대출자 : (차) 금 융 자 산 ×× (대) 이 자 수 익 ××
(장기대여금, 장기미수금 등)

예제 2 정기적인 이자지급(금전대차)

2021. 1. 1	A사는 은행으로부터 100,000원을 차입하다. 이자율은 6%이고, 이자는 매월 말 회사계좌로부터 은행계좌로 인출된다.
2023.12.31	차입금을 상환하다.

풀이

날짜		차변	금액		대변	금액
2021. 1. 1	(차)	현 금	100,000	(대)	장 기 차 입 금	100,000
		이자비용 = 100,000 × 0.06 × 1/12 = 500				
2021. 1.31	(차)	이 자 비 용	500	(대)	현 금	500
2021. 2.28	(차)	이 자 비 용	500	(대)	현 금	500
:		:				
2021.12.31	(차)	이 자 비 용	500	(대)	현 금	500
:		:				
2023.12.31	(차)	이 자 비 용	500	(대)	현 금	500
		장 기 차 입 금	100,000		현 금	100,000

이자를 매달 지급해 왔으므로 만기에는 원금만 상환한다.

예제 3 원금과 이자의 만기지급(금전대차)

> 2021. 1. 1 A는 은행에 3년 만기 정기예금에 가입하다. 예금액 100,000원, 이자율은 6%이다.
> 2023.12.31 정기예금 만기일이 되어 정기예금을 해지하다.

1. 은행(차입자)입장에서 분개하시오.

풀이

2021. 1. 1 (차) 현 금 100,000 (대) 장 기 차 입 금 100,000

2021.12.31 (차) 이 자 비 용 6,000 (대) 장 기 차 입 금 6,000 ← 정기예금이자는 만기에 지급하므로 금융부채원금에 가산함

이자비용 = 기초부채장부금액 × 이자율
= 100,000 × 0.06 = 6,000

2022.12.31 (차) 이 자 비 용 6,360 (대) 장 기 차 입 금 6,360

:

이자비용 = (100,000 + 6,000) × 0.06 = 6,360

2023.12.31 (차) 이 자 비 용 6,742 (대) 장 기 차 입 금 6,742

이자비용 = (100,000 + 6,000 + 6,360) × 0.06 = 6,742

이자가 금융부채원금에 가산되어 만기시점에 금융부채의 장부금액은 119,102가 된다.
이 금액을 상환해야 한다.

(차) 장 기 차 입 금 119,102 (대) 현 금 119,102

[그림 4] 금융부채의 장부금액 변화

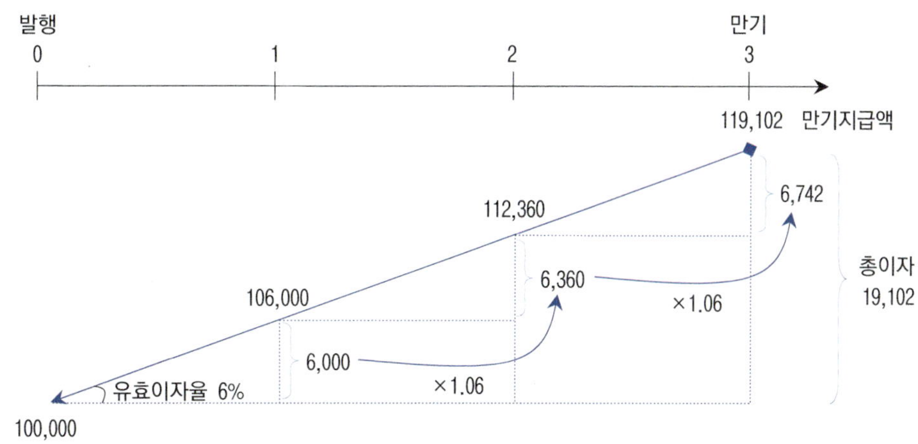

➲ 원리금을 만기에 지급할 경우 매년의 이자가 부채원금에 가산되어 부채(장기차입금)가 점점 증가한다. 이자가 복리로 증식한다.

예제 4 원금과 이자의 만기지급(금전대차)

2. 앞의 정기예금에 대해 대출자입장에서 분개하시오

풀이

2021. 1. 1 (차) 장 기 대 여 금 100,000 (대) 현 금 100,000

2021.12.31 (차) 장 기 대 여 금 6,000 (대) 이 자 수 익 6,000 ← 이자를 만기에 받으므로 금융자산원금에 가산함

이자비용 = 기초 장기대여금 장부금액 × 이자율
= 100,000 × 0.06 = 6,000

2022.12.31 (차) 장 기 대 여 금 6,360 (대) 이 자 수 익 6,360

이자비용 = (100,000 + 6,000) × 0.06 = 6,360

:

2023.12.31 (차) 장 기 대 여 금 6,742 (대) 이 자 수 익 6,742

이자비용 = (100,000 + 6,000 + 6,360) × 0.06 = 6,742

만기에 금융자산의 장부금액은 119,102가 된다. 이 금액을 상환 받는다.

(차) 현 금 119,102 (대) 장 기 대 여 금 119,102

* 예금자의 입장에서 장기대여금계정 대신에 정기적금계정을 이용해도 무방하다.

예제 5 어음발행(할인채)

> 2021.1.1 A사는 외상매입대금으로 1년 만기 어음을 거래처 B사에게 발행해 주다(액면금액 100,000원). A사의 위험을 반영한 시장이자율은 8%이다.
> 2021.12.31. 어음금액을 지급하다.

1. A사가 상품을 매입하기 위해 거래처로부터 빌린 돈은 얼마인가? 상품의 구매가격은 얼마인가?
2. A사가 1년 동안 지불하는 총이자는 얼마인가?
3. A사의 회계처리를 하시오.
4. B사의 회계처리를 하시오. 상품원가는 50,000원이다.

풀이

이 거래는 실물거래와 금융거래가 혼합되어 있는 거래이다. A사가 B사로부터 상품을 외상으로 구매하는 것은 A사가 B사에게 상품대금에 해당하는 금액을 빌린 것과 같다. 그러므로 A사는 거래처에게 상품대금과는 별도로 이자를 지급해야 한다.

1. 거래처로부터 빌린 돈 = 상품대금 = 어음 액면금액의 현재가치

현재가치 = 100,000 × 0.92593(할인율 8%, 1년 현재가치계수)
= 92,593

2. 총이자 = 100,000 − 92,593 = 7,407(할인액)
= 기초에 빌린 돈 92,593 × 0.08 = 7,407

3. 2021. 1. 1 (차) 상 품 92,593 (대) 지 급 어 음 92,593

여기서 지급어음은 금융부채이다.

2021.12.31 ① 이자비용을 인식한다. 이자는 금융부채에 가산한다.

(차) 이 자 비 용 7,407 (대) 지 급 어 음 7,407

② 금융부채를 상환한다.

(차) 지 급 어 음 100,000 (대) 현 금 100,000

4. 2021. 1. 1 (차) 받 을 어 음 92,593 (대) 매 출 92,593
매 출 원 가 50,000 상 품 50,000

여기서 받을어음은 금융자산이다.

2021.12.31 ① 이자수익을 인식한다. 이자는 금융자산에 가산한다.

(차) 받 을 어 음 7,407 (대) 이 자 수 익 7,407

② 금융자산을 회수한다.

(차) 현 금 100,000 (대) 받 을 어 음 100,000

예제 6 원금과 이자의 만기지급(할인채)

2021. 1. 1	A사는 3년 만기 할인채를 발행하다(액면금액 100,000원). A사의 위험을 반영한 시장이자율(투자자의 요구수익률)은 8%. 사채발행비용은 없다고 가정한다.
2023.12.31	만기금액을 지급하다.

1. A사가 회사채를 발행하여 빌린 돈은 얼마인가?
2. A사가 3년 동안 지불하는 총이자는 얼마인가?
3. 이 회사채에 투자함으로써 투자자가 받는 이자수익은 얼마인가?
4. 매년 초 A사의 부채장부금액은 얼마인가?

풀이

회사채를 발행하는 것은 회사가 증권을 투자자들에게 발행해주고 돈을 빌리는 것이다. 증권시장에서 증권을 판매하는 형식으로 돈을 받는다(증권은 '표준화된 차용증서'와 같다). 그렇다면 A사는 할인채를 얼마에 팔 수 있을까? 시장에서 거래되는 가격에 판매할 수 있을 것이다. 그 판매금액을 발행금액이라 하며 그 금액만큼 회사에 돈이 들어온다. A사의 할인채는 A사의 위험을 반영한 시장이자율(투자자의 요구수익률)로 할인된 가격에 거래된다. A사는 그 가격으로 팔고(돈을 빌리고), 투자자는 그 가격을 지불한다(돈을 빌려준다).

1. 발행금액 = 시장가격 = 미래현금흐름의 현재가치 = 빌린 돈

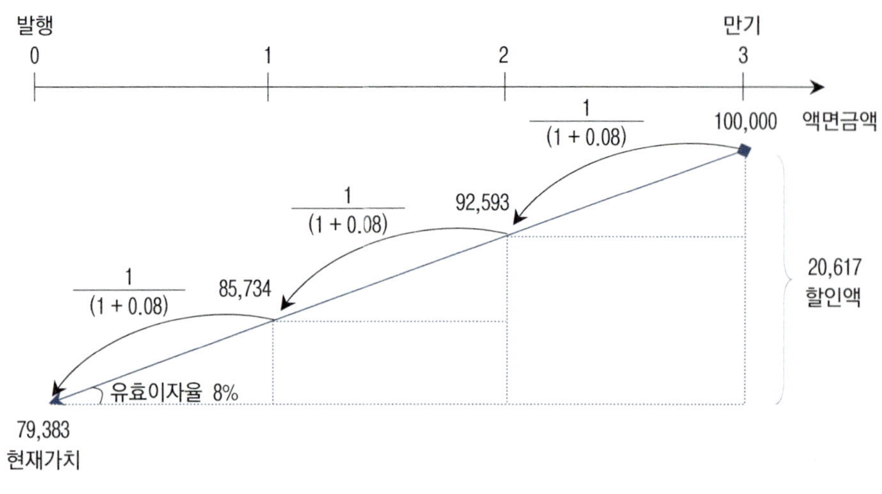

$$\text{발행금액(빌린 돈)} = \frac{100{,}000}{(1+0.08)^3} = 100{,}000 \times \frac{1}{(1+0.08)^3}$$

$$= 100{,}000 \times 0.79383$$

$$= 79{,}383$$

2. 지불하는 총이자비용(= 할인액) = 100,000 − 79,383 = 20,617

3. 투자자가 이 회사채에 투자함으로써 받는 이자수익은 3년 동안의 할인액과 동일하다. 투자자는 79,383원을 투자해서 3년 후 100,000원을 받으므로 할인액이 그의 이자수익이 되는 것이다. 투자자의 수익률은 할인률과 동일하다.

할인액의 본질과 회계처리

할인액은 3년 동안의 이자에 해당한다. 발행자는 79,383원을 빌리고 만기에 100,000원을 상환하므로 차액 20,617원은 발행자가 3년 동안 부담하는 이자비용에 해당한다. 투자자는 79,383원을 빌려주고 만기에 100,000원을 받으므로 그 차액은 투자자가 3년 동안 벌어들이는 이자수익에 해당한다.

할인액은 이자비용 회계처리의 핵심이다. 할인액의 본질은 이자(interest)에 해당하며 만기에 지급한다. 할인액을 만기에 지급한다고 해서 만기에 전액 이자비용으로 인식하는 것은 아니다. 이자는 빌린 돈에 대한 '사용료'이므로, 차입시점부터 상환시점까지(사용기간 동안) 이자는 계속 발생하고 있는 것이다. 따라서 이자지급과 무관하게 시간의 경과에 따라 이자비용을 인식해야 한다.
보통 정기적인 이자지급일이나 회계기간 말에 이자를 계산하여 이자비용을 인식한다.

이자도 부채(debt)다. 원금은 상환의무가 있으므로 부채인 것은 당연한 것으로 받아들이는데, 이자도 부채라는 사실을 간과하기 쉽다. 원금뿐만 아니라 이자도 반드시 지급해야 하므로 발생한 이자는 지급하기 전까지 부채로 기록해야 한다.

할인채에 대한 이자비용의 인식을 잘 관찰하자. 재무회계 전반에서 이 회계처리는 매우 빈번하고 중요하다.

4. 발행시점부터 만기까지 할인채 형태의 사채장부금액의 증가를 그림으로 보여주면 아래와 같다.

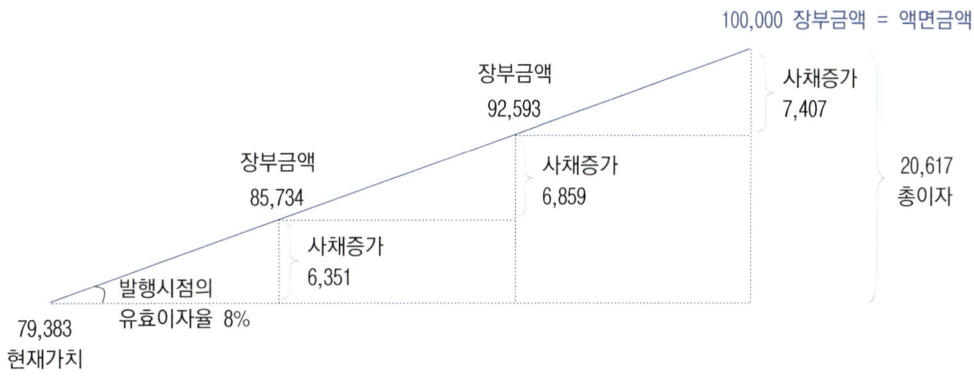

1년 후 사채장부금액 = 사채기초장부금액 × (1 + 연이자율) = 79,383 × 1.08 = 85,734

2년 후 사채장부금액 = 85,734 × 1.08 = 92,593

3년 후 사채장부금액 = 92,593 × 1.08 = 100,000

매년의 이자가 부채원금에 가산되어 부채는 점점 증가하다가 만기에는 지급하기로 약속한 액면금액이 된다.

2021. 1. 1 (차) 현 금 79,383 (대) 사 채 79,383

2021.12.30 이자비용 = 기초 부채장부금액(기초에 빌린 돈) × 유효이자율
= 79,383 × 0.08
= 6,351
(차) 이 자 비 용 6,351 (대) 사 채 6,351 ← 발생한 이자를 부채원금에 가산함

2022.12.30 이자비용 = (79,383 + 6,351) × 0.08
= 6,859
(차) 이 자 비 용 6,859 (대) 사 채 6,859

2023.12.30 이자비용 = (79,383 + 6,351 + 6,859) × 0.08
= 7,407
(차) 이 자 비 용 7,407 (대) 사 채 7,407

<부채상환>
(차) 사 채 100,000 (대) 현 금 100,000

[그림 5] 금융부채회계(장부금액의 기록)

	발행 0	1	2	만기 3
차변	현금 79,383	이자비용 6,351	이자비용 6,859	이자비용 7,407
대변	사채 79,383	사채 6,351	사채 6,859	사채 7,407

사채

	현금 79,383

사채

	현금 79,383
	이자비용 6,351

사채

	기초 85,734
	이자비용 6,859

사채

	기초 92,593
	이자비용 7,407

매년 발생한 이자가 부채원금에 가산된다. → 부채가 증식하여 만기에 액면금액 100,000원이 된다.

액면금액을 상환한다.

사채 100,000	
	현금 100,000

사채

현금 100,000	기초 92,593
	이자비용 7,407

사채상환 후 장부금액 0

예제 7 원금과 이자의 만기지급(할인채)

앞의 할인채에 대해 투자자의 입장에서 분개하시오.

풀이

2021. 1. 1 (차) 금 융 자 산 79,383 (대) 현 금 79,383

2021.12.30 이자비용 = 금융자산 기초장부금액 × 유효이자율
= 79,383 × 0.08
= 6,351
(차) 금 융 자 산 6,351 (대) 이 자 수 익 6,351 ← 발생한 이자를 금융자산원금에 가산함

2022.12.30 이자비용 = (79,383 + 6,351) × 0.08
= 6,859
(차) 금 융 자 산 6,859 (대) 이 자 수 익 6,859

2023.12.30 이자비용 = (79,383 + 6,351 + 6,859) × 0.08
= 7,407
(차) 금 융 자 산 7,407 (대) 이 자 수 익 7,407
(차) 현 금 100,000 (대) 금 융 자 산 100,000

Chapter 06

유형자산

제1절 유형자산의 의의

유형자산은 다음과 같은 특징을 갖는 자산이다.

- 영업활동에 '사용(use)'할 목적으로 보유한다.
- 물리적 형체가 있는 자산이다.
- 장기간 사용할 것으로 예상되는 자산이다.

이 세가지는 유형자산을 다른 자산과 구별하는 특징이다. 그림1에서 보듯이, 노동력이나 에너지 등도 영업활동에 사용할 목적으로 구매하지만 물리적 형체가 없고 대체로 1년 내에 사용된다. 소모품은 사용목적으로 구매하고 물리적 형체가 있지만 단기간 내에 사용된다. 특허권과 같은 무형자산은 장기적으로 사용가능하지만 물리적 형체가 없다. 토지, 건물, 기계, 비품 등이 대표적인 유형자산이다.

유형자산의 확보 : 구매 혹은 임차

유형자산은 구매 또는 임차를 통해 확보한다. 구매는 유형자산의 소유권을 획득하는 것이며, 임차는 사용권을 획득하는 것이다. 유형자산은 구매하는 데 큰 돈이 들고, 소유에 따른 위험이 수반될 수 있으므로 임차가 유리할 수도 있다. 임차할 경우 사용료를 지불하여야 한다.

유형자산의 수익창출방식 : 사용.

기업은 유형자산을 왜 구매할까? 사용하기 위해서이다. 유형자산은 '사용(use)'을 통해 수익을 창출한다. 유형자산은 장기간에 걸쳐 사용을 통해 매출에 기여하므로, 취득시점에서 '자산(asset)'으로 분류하고 사용함에 따라 '비용(expense)'으로 전환한다(상각).

[그림 1] 기업활동과 유형자산의 위치

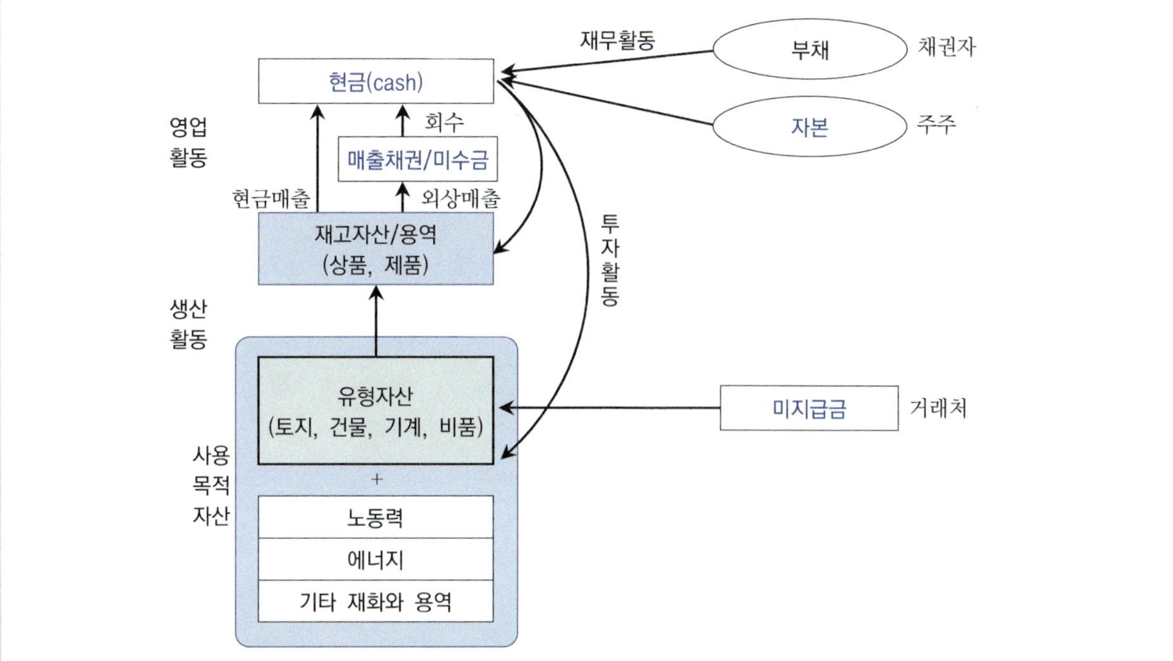

[그림 2] 유형자산의 확보 : 구매 또는 임차(2016.4.25 매일경제)

한진해운과 현대상선의 용선비율이 사선비율보다 높다. 이는 선박의 구매원가가 매우 높기 때문에 구매대신 임차(업계에서는 '용선'이라 한다)를 택하는 좋은 예이다. 용선의 경우 '용선료(=선박임차료)'를 지불하여야 한다. 이 용선료가 너무 높아서 경영에 매우 큰 부담이 되고 있었다. 이들은 경영부실에 이르자 선주와 용선료협상에 들어갔다.

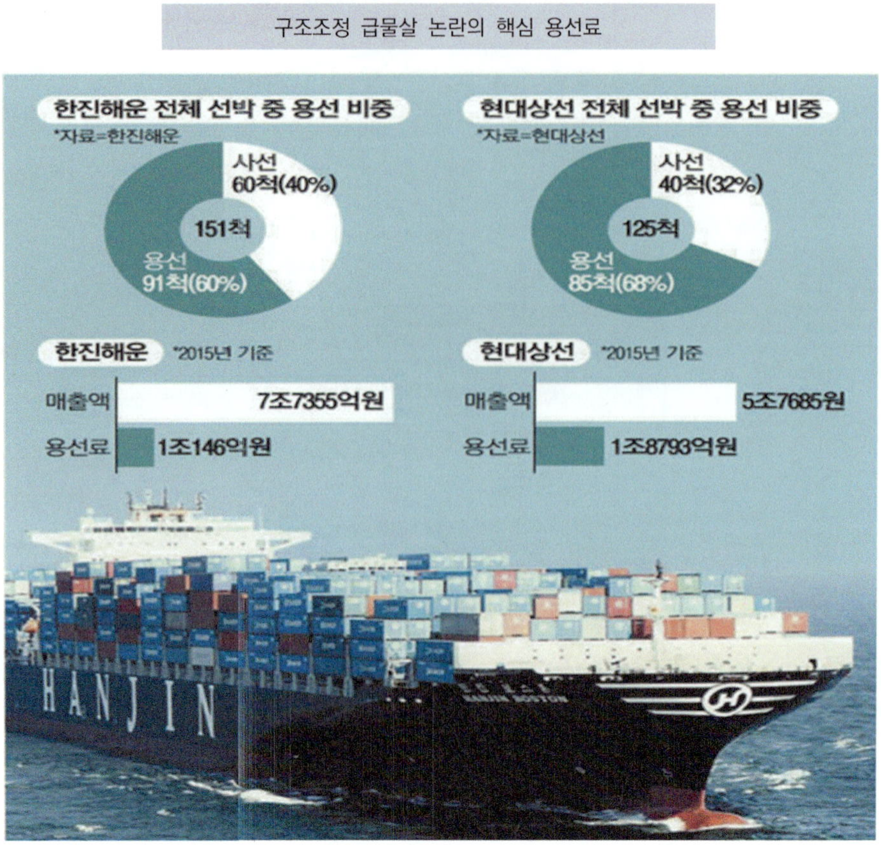

유형자산과 수익-비용 대응

그림3은 유형자산을 보유할 경우 손익이 어디서 발생하는지 보여준다. 유형자산은 사용을 목적으로 하는 자산이라는 점을 기억하자. 유형자산은 사용을 통해 매출수익에 기여하면서 그 사용가치는 점점 감소한다. 따라서 취득 이후 사용금액을 계산하여 '비용(감가상각비)'으로 인식한다. 유형자산을 기중에 처분할 경우 처분손익을 인식한다. 기말에 사용되지 않고 남아 있는 자산(장부금액)에 대해서는 평가를 하고 평가손익을 인식한다. 유형자산의 순실현가능가치나 시장가치에 비추어 평가를 하고 평가손익을 인식한다.

감가상각비, 처분손익, 그리고 평가손익이 손익계산서의 어디에 표시되는지 확인하자. 감가상각비는 영업비용에 속하고, 처분손익과 평가손익은 영업외손익에 속한다.

[그림 3] 유형자산과 수익-비용의 측정-기록, 그리고 손익계산서

유형자산에 대한 기록	수익/비용의 측정-기록
① 유형자산의 취득을 기록	
② 유형자산의 사용을 기록(자산감소)	→ 감가상각비를 측정-기록
③ 유형자산의 처분을 기록(자산감소)	→ 처분손익을 측정-기록
④ 유형자산의 가치변동을 기록(자산증감)	→ 평가손익을 측정-기록 - 유형자산재평가손익 - 유형자산손상차손

손익계산서 1.1 ~ 12.31	
매 출 수 익	+++
매 출 원 가	---
매 출 총 이 익	±±±
영 업 비 용	---
영 업 이 익	±±±
영 업 외 손 익	
처 분 손 익	±±±
평 가 손 익	±±±
법인세차감전손익	±±±
법 인 세	---
당 기 순 이 익	±±±
기타포괄손익	±±±
총 포 괄 손 익	±±±

유형자산의 분류

유형자산은 여러 종류가 있지만 일반적으로 공통된 항목은 다음의 것들이다. 아래의 자산들이 '사용'목적일 때 유형자산으로 분류된다. 만약 아래의 자산들을 '판매'목적으로 보유한다면 재고자산으로 분류될 것이고, '투자'목적으로 보유한다면 투자자산이 될 것이다. 자산은 취득목적에 따라 그 분류를 달리 한다.

이는 결국 해당 자산의 수익창출방식을 어떻게 결정할 것인지에 관한 문제이며, 사업목적과 경영자의 의도에 달려 있다. 해당 자산을 '판매'를 통해 수익을 창출할 것인지, '사용'을 통해 수익을 창출할 것인지, '보유-처분'을 통해 수익을 창출할 것인지, '임대'를 통해수익을 창출할 것인지, 그것은 경영자가 결정할 문제이다.

1. 토　　　지
2. 건　　　물 : 건물, 냉난방, 전기, 통신, 기타의 건물부속설비
3. 기 계 장 치 : 각종 기계, 설비, 기타 기계장치부속설비
4. 사무용비품
5. 차량운반구

6. 집　　기
7. 선　　박 : 해상운송회사의 경우에 해당한다. 조선회사의 경우 선박은 재고자산이다.
8. 항 공 기 : 항공운송회사의 경우에 해당한다. 항공기제조회사의 경우 항공기는 재고자산이다.

자산분류의 회계적인 중요성

자산에 대한 분류는 회계에서 매우 중요한 문제이다. 이는 경영자가 해당 자산을 어떤 방식으로 활용하여 수익을 창출할 것인지를 선언하는 것이며, 그것은 해당 자산의 수익-비용 대응방식과 자산의 가치평가에 영향을 미치고, 결과적으로 당기순이익에 영향을 준다.

예를 들어, 건물을 취득하여 유형자산으로 분류한다면 '사용'을 통해 감가상각비를 매출수익에 대응시켜야 하지만, 투자자산으로 분류한다면 사용하지 않으므로 감가상각을 하지 않는다. 기말시점에서 유형자산은 원가 또는 공정가치로 재평가할 수 있지만, 투자자산은 공정가치로 재평가한다. 재평가손익을 당기순이익에 포함시킬 것인지, 기타포괄손익에 포함시킬 것인지도 자산분류에 달려 있다.

제2절 유형자산 회계의 틀

소유권을 취득한 유형자산의 수명주기는 취득-사용-처분의 과정이다. 따라서 유형자산회계도 취득-사용-처분에 대한 기록이라 할 수 있다. 취득은 소유권을 획득함으로써 유형자산을 최초로 인식하는 사건이다. 처분은 소유권을 매각함으로써 유형자산을 제거하는 사건이다. 취득시점부터 처분시점까지의 기간이 유형자산의 보유기간이며, 이 보유기간 동안 유형자산의 사용에 대한 기록을 해야 한다. 유형자산을 사용할 때마다 기록할 수는 없으므로 보통 기말시점이나 처분시점에서 기중 사용액을 측정하여 인식한다. 그리고 기말시점에서 이루어지는 유형자산에 대한 가치평가는 유형자산회계의 가장 중요한 관심사 중의 하나이다. 유형자산에 대한 회계기록의 흐름은 대체로 아래의 번호 순서와 같다. 유형자산에 대한 설명도 이 순서를 따를 것이다.

[그림 4] 유형자산회계의 틀

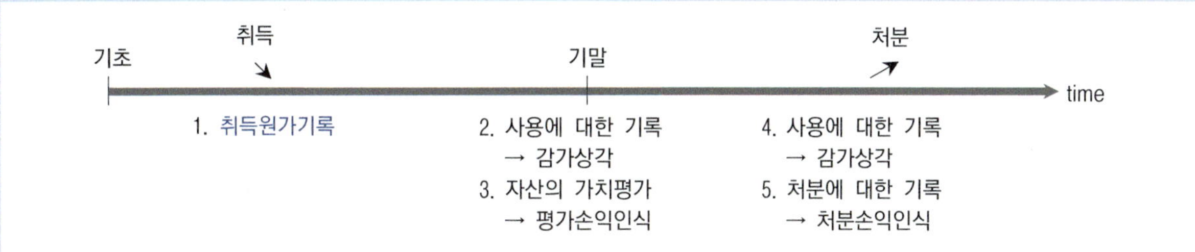

취득시점

취득시점은 유형자산이 최초로 기업의 소유자산이 되는 시점이다. 취득시점에서는 유형자산의 취득원가를 결정하여 '유형자산계정'에 최초로 인식한다. 취득시점에서는 '취득원가(최초장부금액)'의 결정이 관건이다. 취득원가는 유형자산에 대한 '투자원가'로서, 사용 또는 처분을 통해 회수하여야 하는 금액이다.

기말시점

기말에는 유형자산의 감가상각과 가치평가에 대한 기록이 핵심이다. 감가상각은 유형자산의 기중 사용액을 측정하여 자산을 비용(감가상각비)으로 전환하는 것이다. 이는 취득원가를 감가상각비(사용액)와 상각후원가(미사용액)로 배분하는 것과 같다. 감가상각비는 기중 사용을 통해 회수된 원가로 간주하므로 매출수익에서 차감한다(수익-비용 대응). 상각후원가는 아직 회수되지 못한 원가로 간주하며 차기에 사용될 원가이므로 재무상태표에 표시한다. 이때 재무상태표에 표시되는 금액이 기말시점의 자산가치를 적정하게 표시하고 있는지 평가한다.

처분시점

처분시점은 유형자산이 매각 또는 폐기되는 시점이다. 처분할 경우 그 유형자산은 더 이상 회사의 소유가 아니므로 장부에서 제거한다. 제거는 해당 유형자산의 장부금액(계정잔액)을 0으로 만드는 것이다. 그러기 위해서는 다음의 순서로 회계처리 한다.

① 기초부터 처분시점까지 유형자산을 사용하였으므로 먼저 감가상각을 한다.

② 감가상각 후 잔존원가에 해당하는 자산을 처분하였으므로 잔존원가를 장부에서 제거한다. 잔존원가는 매각을 통해 최종적으로 회수하여야 하는 원가이다. 잔존원가보다 높은 가격으로 매각하면 처분이익이, 낮은 가격으로 매각하면 처분손실이 발생한다. 유형자산을 폐기할 경우, 잔존원가를 회수하지 못하므로 전액 폐기손실이 된다.

유형자산회계의 핵심

유형자산은 '영업활동에 사용하는 것을 목적으로 하는 자산'이다. 그러므로 취득 이후 영업활동을 위해 얼마만큼 사용되고 얼마만큼 사용되지 않았는지 측정하여 기록하는 것이 회계의 핵심적인 문제이다. 이는 결국 취득원가를 사용된 원가(감가상각비)와 사용되지 않은 원가(상각후원가)로 배분하는 문제와 같다. 그래서 감가상각을 '원가배분과정'이라고도 한다. 유형자산의 기초장부금액 중 얼마를 상각액으로 볼 것인지는 감가상각방법에 달려 있다. 그러므로 감가상각방법이 원가배분방법이 된다.

[그림 5] 유형자산회계의 핵심

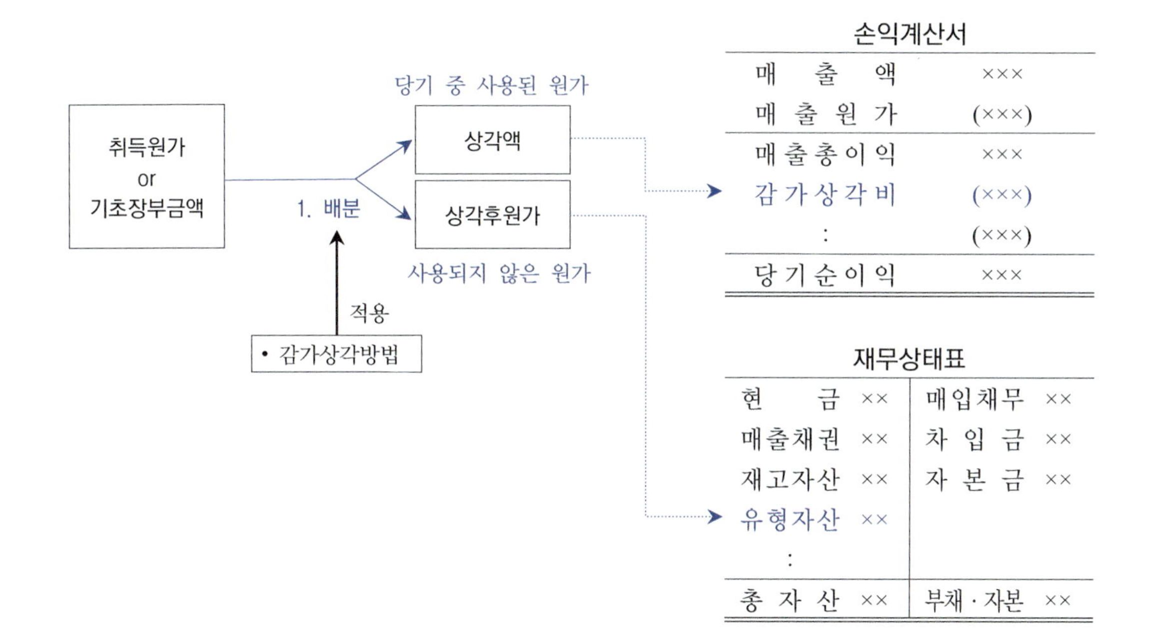

감가상각원가배분의 회계처리

유형자산에 대한 원가배분은 계정기록을 통해서 이루어진다. 아래의 분개를 통해 상각액을 유형자산 계정에서 감가상각비 계정으로 이동시킨다. 미상각액은 유형자산 계정에 그대로 남아 있다.

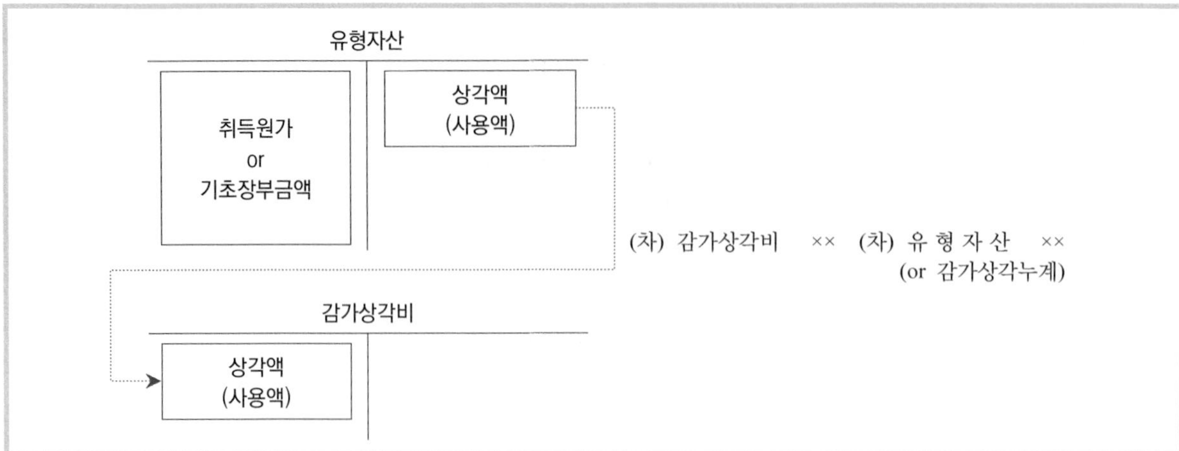

예제 1 유형자산의 일생 : 건물의 취득-사용(직접상각법)-처분

2015. 4.1	건물을 100억원에 취득하다. 취득이후 기말까지 사용액은 10억원인 것으로 추정하다.
2016.10.1	150억원에 매각하다. 기초부터 10.1일까지의 상각액은 9억원인 것으로 추정하다.

풀이

일자	차변	금액	대변	금액
2015. 4. 1	(차) 건물	100	(대) 현금	100
2015.12.31	(차) 감가상각비	10	(대) 건물	10
2016.10. 1	(차) 감가상각비	9	(대) 건물	9

처분일까지 상각을 완료한 후 건물 장부금액은 81억이며, 이 81억짜리 건물을 150억에 처분하므로 69억의 처분이익이 생긴다.

차변	금액	대변	금액
(차) 현금	150	(대) 건물	81
		건물처분이익	69

[그림 6] 유형자산의 상각 및 처분(예제 1)

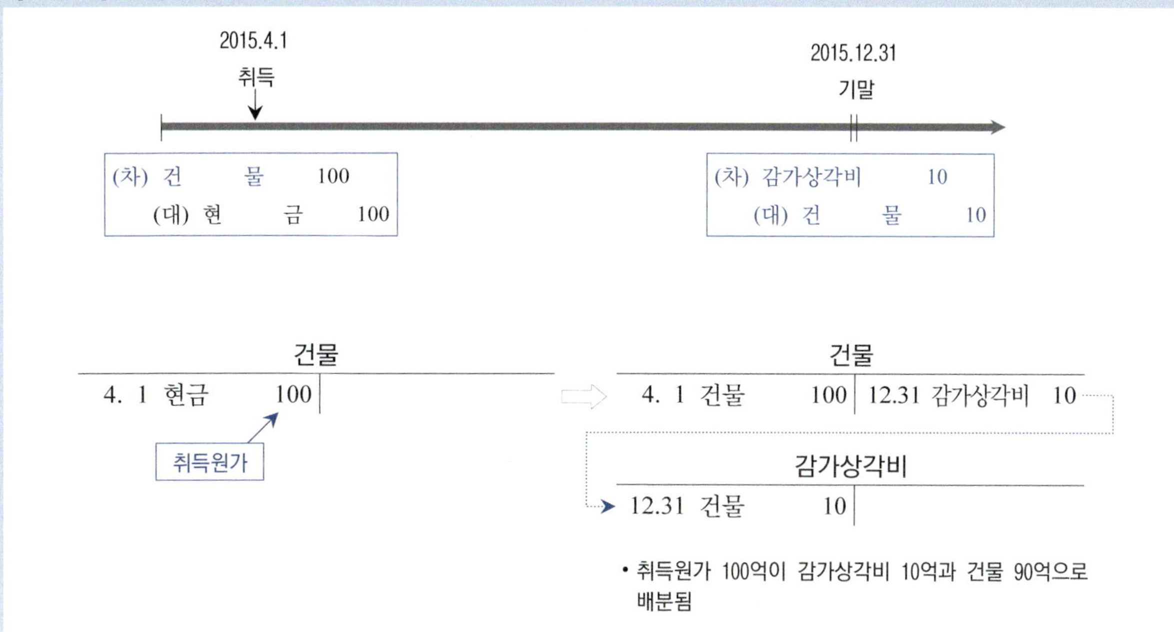

① 상각

(차) 감가상각비 9

(대) 건 물 9

건물

차변		대변	
4. 1 현금	100	12.31 감가상각비	10
		12.31 차기이월	**90**
	100		**100**

건물

차변		대변	
1. 1 전기이월	90	10. 1 감가상각비	9

• 최종장부금액 81억

감가상각비

차변		대변	
10. 1 건물	9		

② 처분

(차) 현 금 150

(대) 건 물 81

건물처분이익 69

건물

차변		대변	
1. 1 전기이월	90	10. 1 감가상각비	9
		10. 1 현금	81

• 장부금액 0

➲ 해설 : 처분연도의 상각액 9억은 처분연도의 매출을 통해 회수한 것으로 간주하며, 상각후원가 81억은 매각을 통해 회수하여야 한다. 처분시점까지 회수하지 못한 원가 81억의 건물을 150억에 매각하였으므로 69억의 처분이익이 생긴다.

제3절 유형자산의 취득

1. 취득원가

취득원가는 유형자산을 취득하기 위해 지불하는 금액을 말한다. 좀 더 구체적으로 정의하면, 유형자산은 '영업활동에 사용을 목적으로 하는 자산'이므로, 취득원가는 유형자산을 그 목적에 사용하기 위해 필요한 장소와 상태로 이르게 하는데 직접 관련된 지출액을 말한다. 취득원가는 자산에 대한 '투자원가'를 의미하므로, 향후 매출과 매각을 통해 회수하여야 하는 금액을 나타낸다.

유형자산취득원가 = 유형자산 순구입가격 + 취득관련지출
+ 복구원가
+ 차입원가

- 순구입가격 = 유형자산 구입가격 + 관세 및 환급불가능한 취득관련세금 − 매입할인, 리베이트
  (예 취득세, 등록세, 인지세)
  * 취득 후 보유기간 중에 부과되는 '재산세'는 발생기간의 비용으로 처리한다.
- 취득관련지출 : 경영진이 의도하는 방식으로 유형자산을 가동하는데 필요한 장소와 상태에 이르게 하는데 직접 관련된 지출액.

① 유형자산의 매입 또는 건설에 직접적으로 관련되어 있는 종업원의 급여
→ 일반관리비로 처리하지 않고 유형자산 원가에 포함시킨다.

② 전문가에게 지급하는 수수료 : 중개수수료, 법률자문 수수료, 설계용역수수료 등

③ 유형자산 취득과정에서 파손이나 화재에 대비하기 위해 가입한 보험료
(취득 후 보유기간 중에 부담하는 보험료는 발생기간의 비용으로 처리한다).

④ 설치장소 준비원가, 최초의 운송 및 취급관련원가(운반비, 하역비등), 설치원가 및 조립원가

⑤ 정상작동여부를 시험하는 원가(시운전원가)

⑥ 토지정지비용, 구획정리비용, 배수비용.
유형자산의 개발 또는 건설과 관련하여 부수적인 영업활동으로 인한 수익과 비용은 당기손익으로 인식한다(예: 건설시작 전에 건설용지를 주차장 용도로 사용함에 따른 수익).

⑦ 하수도 설치비용, 배선비용

- 취득 후 유형자산을 사용하거나 이전하는 과정에서 발생하는 원가 → 유형자산원가에 포함하지 않는다.
  ① 경영진이 의도하는 방식으로 가동될 수 있으나 아직 실제로 사용되지 않고 있는 경우, 또는 가동수준이 완전조업도 수준에 미치지 못하는 경우에 발생하는 원가
  ② 산출물에 대한 수요가 형성되는 과정에서 발생하는 초기가동손실
  ③ 영업 전부 또는 일부를 재배치하거나 재편성하는 과정에서 발생하는 원가
- 복구원가 = 시설물을 해체, 제거하거나 부지를 복구하는 데 소요될 것으로 최초에 추정하는 원가
- 차입원가 = 유형자산의 취득, 건설 또는 제조를 위해 직접 자금을 조달할 경우 관련된 이자

« 예제 2 기계취득

> 기계를 취득하다. 구입가격은 10,000,000원, 운송비 500,000원, 취득세 100,000원, 설치비 130,000원, 시운전비 200,000원, 법률자문수수료 70,000원.

취득원가를 계산하고 분개하시오

풀 이

취득원가 = 10,000,000 + 500,000 + 100,000 + 130,000 + 200,000 + 70,000
= 11,000,000

(차) 기 계 11,000,000 (대) 현 금 11,000,000

예제 3 토지취득

토지를 취득하다. 구입가격은 100,000,000원, 취득세 100,000원, 등기비용 200,000, 중개수수료 230,000원, 배수비용 70,000원, 토지정지비용 150,000원, 과수나무 처분가격 300,000원.

취득원가를 계산하고 분개하시오

풀이

취득원가 = 100,000,000 + 100,000 + 200,000 + 230,000 + 70,000 + 150,000 − 300,000
= 100,450,000

(차) 토 지 100,450,000 (대) 현 금 100,450,000

토지와 건물의 일괄구입

- 토지와 건물을 계속 사용하는 경우 : 일괄구입원가를 토지와 건물의 공정가치비율로 배분한다. 이때 토지나 건물에 개별적으로 발생하는 원가는 개별자산원가에 포함시킨다.
- 건물신축목적으로 토지와 건물을 일괄 구입하고 구 건물을 철거하는 경우 : 일괄구입원가를 토지원가에 포함시킨다. 구 건물 철거비용의 경우, K-IFRS에서는 규정이 없으며 K-GAAP에서는 토지원가에 포함시키도록 규정하고 있다. 건물신축목적으로 구 건물이 딸린 토지를 구입한 것이므로 일괄구입원가와 구건물 철거비용을 모두 토지원가로 보는 것이다. 구건물 철거비용도 토지를 목적하는 상태로 만들기 위해 지출하는 것으로 본다.
  새 건물의 원가는 새 건물을 신축하는 데 지출하는 원가로 구성된다.

  참고 일괄구입이 아니라 건물신축을 위해 지금까지 사용해 온 기존건물을 철거하는 경우
  철거비용과 함께 (미상각)장부금액을 처분손실로 인식한다. 철거비용을 새 건물의 설치장소 준비원가로 볼 경우 신축원가에 가산할 수도 있다.

토지와 건물의 일괄구입시 토지원가와 건물원가의 구분

토지원가	건물원가
건물기초공사를 위한 굴착이전단계까지 발생하는 원가	굴착단계부터 건물신축을 위한 원가
+ 일괄구입가격 + 취득관련지출 (취득세, 등록세, 인지세, 중개수수료 등) + 구건물철거비용 (- 철거과정에서 발생한 수입) + 대납한 체납재산세, 양도소득세 (취득 이후 토지보유세인 재산세는 기간비용으로 처리) + 국공채를 공정가치 이상으로 지급한 금액 + 산업공단입주시 하수종말처리장 분담금 + 공단조성을 위한 부담금, 개발부담금 + 구획정리비용, 토지정지비용, 잡목제거비용 등 + 영구적인 배수/조경 공사비용* + 국가/지자체가 유지/관리하는 진입도로 포장/상하수도/가로등설치 공사비* * 내용연수가 영구적이고 유지보수책임이 회사측에 없는 경우 → 감가상각대상이 아니므로 토지원가에 포함 * 내용연수가 영구적이지 않거나, 기업이 유지-관리하는 경우 → 별개의 상각대상자산(예 : 구축물)으로 인식하여 감가상각한다.	+ 건물기초공사를 위한 토지굴착비용 + 건축허가비용, 설계비용, 감리비용, 취득세 + 도급금액 + 건물신축에만 전적으로 종사하는 종업원들의 급여 + 건설기간 중 보험료, 차입원가 (이는 '건설기간 중 발생한 원가'에 해당하며, 건설완료 이후에 발생한 금액은 당기비용으로 처리한다) + 조기준공 장려금지급액(- 지체상금) (지연으로 인해 받는 지체상금은 원가에서 차감)

예제 4 일괄구매

> A사는 토지와 건물을 250,000,000원에 일괄구매하다.
> 토지의 시장가치는 200,000,000원이고, 건물의 시장가치는 70,000,000원이다.

1. 일괄구매 후 토지와 건물을 계속 사용할 경우 분개하시오. 토지의 취득세와 등기료 2,000,000원이고 건물의 취득세와 등기료는 1,000,000원이다.
2. 일괄구매 후 건물을 철거하고 새 건물을 신축할 경우 분개하시오. 이때 건물철거비용은 20,000,000원이고, 구 건물철거과정에서 철골을 5,000,000원에 판매하다. 취득세와 등기료는 3,000,000원이다.

풀이

(1) 토지의 취득원가 $= 250{,}000{,}000 \times \dfrac{200{,}000{,}000}{270{,}000{,}000} + 2{,}000{,}000$

$= 185{,}185{,}185 + 2{,}000{,}000 = 187{,}185{,}185$

건물의 취득원가 $= 250{,}000{,}000 \times \dfrac{70{,}000{,}000}{270{,}000{,}000} + 1{,}000{,}000$

$= 64{,}814{,}815 + 1{,}000{,}000 = 65{,}814{,}815$

(차) 토 지	187,185,185	(대) 현 금	253,000,000
건 물	65,814,815		

(2) 토지의 취득원가 $= 250{,}000{,}000 + 20{,}000{,}000 - 5{,}000{,}000 + 3{,}000{,}000$

(차) 토 지	268,000,000	(대) 현 금	268,000,000

2. 유형자산 취득 후 지출(후속지출).

유형자산은 취득 후에도 사용하는 과정에서 수선, 교체, 증설을 위해 후속지출이 따른다. 후속지출이 유형자산 인식기준을 충족하면(미래 경제적 효익의 유입가능성이 높을 경우) 유형자산으로 인식한다. 후속지출에 대한 회계처리를 요약하면 다음과 같다.

- 일상적인 수리활동(예 건물의 깨진 유리창 보수, 건물의 외벽 페인트칠)
  미래의 경제적 효익이 불확실하므로 당기 손익(수선유지비)으로 처리한다.
- 교체, 증설, 정기적인 종합검사
  미래의 경제적 효익의 유입가능성이 높을 경우 유형자산으로 인식한다.
  이는 지출액이 유형자산의 감가상각을 통해 비용화되는 것이다.

예제 5 취득후 지출에 대한 회계처리

1.1 기계를 100,000원에 취득하다. 4.1 수선을 위해 10,000원을 지출하다.

1. 수선비를 수익적 지출로 처리할 경우 4.1 회계처리를 하시오.
2. 수선비를 자본적 지출루 처리할 경우 4.1 회계처리를 하시오.

풀이

(1) 수익적 지출 : 당기의 비용으로 기록한다.

(차) 수선유지비 10,000 (대) 현 금 10,000

수선유지비

4.1 현금	10,000	

(2) 자본적 지출 : 자산의 원가에 산입한다.

(차) 기 계 10,000 (대) 현 금 10,000

기계

1.1 현금	100,000	
4.1 현금	10,000	

기계의 장부금액은 110,000원으로 이 금액을 새로운 취득원가로 간주하여 잔여기간 동안 상각한다.

유형자산으로 인식하는 후속지출의 형태

유형자산의 일부 교체나 대체

유형자산 인식기준을 충족할 경우, 대체원가를 유형자산 장부금액에 포함시킨다. 이 때 대체되는 부분의 장부금액은 제거한다.

① 주요 부품이나 구성요소의 정기적인 교체가 필요한 경우(용광로의 내화벽돌, 항공기의 좌석이나 취사실 등의 내부설비를 항공기 동체의 내용연수 동안 여러 번 교체할 수 있다)

② 반복적이지만 비교적 적은 빈도로 대체되거나, 비반복적으로 대체되는 경우(건물 인테리어 벽 대체)

유형자산의 결함에 대한 정기적인 종합검사

유형자산 인식기준을 충족할 경우, 유형자산의 일부 대체로 보고 검사원가를 유형자산 장부금액에 포함시킨다. 이 때 직전종합검사원가잔액은 제거한다. 관련원가를 유형자산과 분리하여 인식하였는지는 무관하다.

※ 미래에 발생할 종합검사원가의 충당부채 인식여부

현재 발생한 정기적인 종합검사원가는 유형자산원가에 포함시키지만, 미래에 발생할 종합검사원가는 유형자산원가에 포함하지도 않고 충당부채로도 인식하지 않는다. 미래의 종합검사는 부담하고 있는 현재의 의무가 아니다. 유형자산매각을 통해 종합검사의무를 회피할 수 있기 때문이다.

회계처리

교체원가와 검사원가를 유형자산원가에 포함하지만 유형자산과 구분하여 상각한다. 주요부품이나 자산의 구성요소 또는 종합검사는 사실상 하나의 독립된 유형자산으로 간주하여 상각하고 제거하는 것과 마찬가지이다. 제거시 처분손익도 인식한다.

① 일부 교체/대체, 직전종합검사원가의 제거

(차) 감가상각누계	××	(대) 유형자산	××
유형자산처분손실	××		

② 교체/대체, 종합검사원가의 발생

(차) 유형자산	××	(대) 현금 등	××

제4절 유형자산의 사용 : 감가상각

1. 감가상각의 본질

유형자산은 '사용(use)'을 목적으로 하는 자산이며, 사용을 통해 매출수익에 기여한다. 감가상각은 당기 중 유형자산의 사용-소모액을 측정하여 '비용(감가상각비)'으로 전환하는 것을 말한다. 자산의 사용-소모원가를 측정하여 비용으로 전환하는 것은 수익-비용 대응을 위해 절대적으로 필요한 절차이다. 감가상각비는 매출수익에서 차감되는데, 이는 감가상각비만큼 취득원가를 회수한 것으로 본다.

감가상각비 측정방법

소모품과 같은 자산은 기중 사용-소모를 육안으로 확인할 수 있는데 비해, 유형자산은 얼마나 사용-소모되었는지 육안으로 확인할 수 없기 때문에 사용-소모액을 추정(estimate)한다. 추정방법은 자산의 추정 사용기간동안 취득원가를 '체계적이고 합리적인 방법으로 배분하는 방식'이다. 회계에서는 감가상각을 '원가배분과정'으로 본다. 체계적이고 합리적인 방식이란 유형자산의 '사용정도'를 반영하는 방식이다.

감가상각비와 상각후원가의 의미

취득원가 중에서 감가상각비는 당기에 사용된 부분으로, 상각후원가는 아직 사용되지 않은 부분으로 배분된 금액이다(상각후원가 = 취득원가 − 감가상각누계). 감가상각비는 당기 매출수익을 통해 회수된 원가로 간주하며, 상각후원가는 미래의 매출수익을 통해 회수하여야 하는 원가(미회수원가)로 간주한다.

상각대상자산

상각대상자산은 사용목적으로 취득하고 현재 사용 중에 있는 자산이다. 사용목적이 아닌 자산은 상각하지 않는다. 예를 들어, 투자목적으로 취득한 자산은 상각하지 않는다. 재고자산은 판매목적이므로 상각하지 않는다. 사용목적으로 취득하더라도 사용 가능한 상태에 도달하지 않거나 목적을 변경한 경우 상각하지 않는다. 예를 들어 '건설중인 자산'은 아직 매출을 위해 사용가능한 상태에 도달하지 못한 자산이므로 상각하지 않는다. 사용하다가 매각하기로 결정한 경우, 그 매각예정 유형자산은 더 이상 매출을 위해 사용하지 않는 자산이므로 상각하지 않는다. 단, 운휴 중인 자산은 상각을 계속한다. 운휴 중이란 일시적으로 사용을 멈춘 상태를 의미한다.

2. 감가상각 회계처리

감가상각을 기록하는 방법은 직접법과 간접법이 있다. 일반적으로 간접법을 사용한다. 간접법이 직접법에 비해 유형자산의 감가상각에 관한 상황을 더 잘 전달하기 때문이다. 지금까지 이 책에서 직접법을 사용한 것은 감가상각의 의미를 알려주기 위해서였다. 지금부터 간접법으로 처리한다.

예제 6 감가상각 회계처리

1. 1	유형자산을 취득하다. 취득원가 4억.
12.31	당기 감가상각비는 1억으로 추정된다.

감가상각에 대해
1. 직접법으로 회계처리 하시오.
2. 간접법으로 회계처리 하시오.

풀이

(1) 직접법 : 사용액을 유형자산 계정에서 직접 차감한다.

(차) 감가상각비 1억 (대) 유 형 자 산 1억

> 직접법의 경우 유형자산계정의 기말잔액(장부금액)이 이월된다. 취득 이후 기말장부금액만 재무상태표에 표시되므로, 취득원가가 얼마인지, 취득 이후 얼마나 상각 되었는지 알 수 없다.

유형자산

차변		대변	
1. 1 현금	4억	12.31 감가상각비	1억

감가상각비

차변		대변	
12.31 유형자산	1억		

➲ 상각후 유형자산의 장부금액 3억

(2) 간접법 : 사용액을 유형자산 계정에서 간접적으로 차감한다.

(차) 감가상각비 1억 (대) 감가상각누계 1억

> 간접법의 경우 유형자산계정과 감가상각누계계정의 기말잔액이 함께 이월된다. 취득 이후 재무상태표에 취득원가정보와 감가상각누계정보가 동시에 표시된다. 취득 이후에도 취득원가와 상각누계액을 알 수 있다.

유형자산

차변		대변	
1. 1 현금	4억		

감가상각누계 ← 유형자산의 차감계정

차변		대변	
		12.31 감가상각비	1억

감가상각비

차변		대변	
12.31 유형자산	1억		

➲ 상각후 유형자산의 장부금액 3억

예제 7 감가상각 : 직접법과 간접법

> 2020.1.1 건물을 4억원에 취득하고 매년 1억씩 3년 동안 상각한다. 잔존가치는 1억원이다.

직접법과 간접법으로 상각하고 비교하시오.

풀 이

① 직접법

취득	2020년 말	2021년 말	2022년 말
건물 4억 / 현금 4억	감가상각비 1억 / 건물 1억	감가상각비 1억 / 건물 1억	감가상각비 1억 / 건물 1억

건물 (차변)	건물 (대변)
1.1 현금 4억	

장부금액 4억

건물 (차변)	건물 (대변)
1.1 현금 4억	12.31 감가상각비 1억

장부금액 3억

건물 (차변)	건물 (대변)
1.1 기초 3억	12.31 감가상각비 1억

장부금액 2억

건물 (차변)	건물 (대변)
1.1 기초 2억	12.31 감가상각비 1억

장부금액 1억

➲ 직접법의 경우, 장부가 마감된 후 상각후원가(장부금액)가 이월된다. 2년차 이후부터는 건물계정에서 취득원가를 알 수 없고, 취득 이후 지금까지 얼마가 상각되었는지도 알 수 없다. 상각후 장부금액만 이월되기 때문이다.

[그림 7] 직접상각법의 경우 재무제표 표시

재무상태표 2021.12.31 단위 : 천원

자산	금액	부채·자본	금액
현금	×××	매입채무	×××
:		:	
매출채권	×××	**장기차입금**	×××
건물	200,000	:	
:		자본금	×××
		자본잉여금	×××
총자산	×××	부채 · 자본	×××

손익계산서

매출액	×××
매출원가	(×××)
매출총이익	×××
영업비용	×××
감가상각비	(100,000)
영업외손익	×××
:	(×××)
당기순이익	×××

② 간접법

취득	2020년 말	2021년 말	2022년 말
건물 4억 / 현금 4억	감가상각비 1억 / 감가상각누계 1억	감가상각비 1억 / 감가상각누계 1억	감가상각비 1억 / 감가상각누계 1억

건물

취득	2020년 말	2021년 말	2022년 말
1.1 현금 4억	1.1 현금 4억	1.1 기초 4억	1.1 기초 4억

감가상각누계 (대변)

취득	2020년 말	2021년 말	2022년 말
	12.31 감가상각비 1억	1. 1 기초 1억 12.31 감가상각비 1억	1. 1 기초 2억 12.31 감가상각비 1억
장부금액 4억	장부금액 3억	장부금액 2억	장부금액 1억 (상각후원가 = 잔존가치)

➲ 간접법의 경우 취득원가와 감가상각누계가 모두 이월된다. 2년차 이후에도 건물계정에서 취득원가정보를 알 수 있다. 감가상각누계 계정을 통해 취득 이후 지금까지 얼마가 상각되었는지도 알 수 있다. 내용연수가 끝난 뒤에는 상각하지 않는다.

[그림 8] 간접상각법의 경우 재무제표 표시

재무상태표 2021.12.31 단위 : 천원

현 금		×××	매 입 채 무	×××
:			:	
매 출 채 권		×××	**장 기 차 입 금**	×××
건 물	400,000		:	
감가상각누계	(200,000)	200,000	자 본 금	×××
:			자 본 잉 여 금	×××
총 자 산		×××	부 채 · 자 본	×××

손익계산서

매 출 액	×××
매 출 원 가	(×××)
매출총이익	×××
영 업 비 용	×××
감가상각비	(100,000)
영업외손익	×××
:	(×××)
당기순이익	×××

3. 감가상각비 측정

감가상각비 측정요소

감가상각비를 계산하기 위해서는 취득원가, 내용연수, 그리고 잔존원가, 이 세 요소가 필요하다. 세 요소 중 현재시점에서 확실한 것은 취득원가뿐이며, 잔존원가와 내용연수는 추정하여야 한다. 추정을 달리하면 감가상각비는 달라질 수 있으며, 때로는 추정을 변경하기도 한다.

취득원가	유형자산을 취득하기 위해 지불하는 금액(최초취득원가와 자본화된 후속원가도 포함된다). 취득원가(투자금)는 향후 매출과 매각을 통해 회수하여야 하는 금액이다.
잔존원가	사용기간이 끝난 후 자산을 '매각'함으로써 회수할 것으로 예상되는 원가
상각대상원가 (=취득원가 - 잔존원가)	사용기간 중 상각해야하는 원가. 잔존원가는 사용기간이 끝난 후 매각을 통해 회수할 것으로 예상되므로 잔존원가를 제외한 원가를 사용기간 동안 상각한다. 상각대상원가는 사용기간 동안 '매출'에 기여함으로써 '매출수익'을 통해 회수될 것으로 간주하기 때문이다.
내용연수	자산의 추정사용기간, 자산이 매출수익에 기여할 것으로 예상되는 기간

주요 감가상각방법

감가상각비는 기중 유형자산의 사용-소모액이며, 합리적이고 체계적인 방법으로 추정한다. 따라서 유형자산이 사용-소모되는 정도에 따라 감가상각비가 계산되어야 할 것이다.

- 정액법 : 사용기간동안 유형자산이 균등하게 사용되는 것으로 간주하는 방법
- 가속상각법 : 사용기간 초기에 많이 사용되고, 후기에 적게 사용되는 것으로 간주하는 방법, 이중체감법, 정률법, 연수합계법이 있다.
- 생산량비례법 : 생산량에 비례하여 사용되는 것으로 간주하는 방법

상각방법		감가상각금액
정액법		상각대상액(일정) × 연상각률(일정)
가속상각법	이중체감법*	기초장부금액(감소) × 연상각률(일정)
	정률법*	* 기초장부금액 = 취득원가 - 감가상각누계액 취득연도에는 기초장부금액 = 취득원가
	연수합계법	상각대상액(일정) × 연상각률(감소)
생산량비례법		상각대상액(일정) × 연상각률(변동)

연상각률

상각방법	연상각률
정액법	$\frac{1}{\text{내용연수}}$
이중체감법(1)	$\frac{2}{\text{내용연수}}$
정률법(2)	$1-\sqrt[n]{\frac{\text{잔존원가}}{\text{취득원가}}}$ $n=\text{내용연수}$
년수합계법(3)	$\frac{\text{기초의 잔여내용연수}}{\text{내용연수의 합계}}$ $\text{내용연수의 합계}=\frac{n(n+1)}{2}$
생산량비례법	$\frac{\text{당기생산량(사용량)}}{\text{총추정생산량(사용량)}}$

(1) 연상각률에 잔존가치를 반영하지 않음.
상각종료연도의 감가상각비 = 기초미상각잔액 - 잔존가액.
즉, 상각종료연도에는 잔존가액을 남겨두고 나머지 미상각잔액을 상각한다.

(2) 연상각률에 잔존가치가 반영됨. 상각종료연도 기말에 예상잔존가액이 남도록 상각률을 결정한다.

(3) 12개월 단위로 동일한 연상각률을 계속 적용한다. 취득 이후 12개월 동안 최초 연상각률을 적용하고, 그 다음 12개월 단위로 새로운 연상각률을 적용한다.

유형자산 기중 취득/처분시 감가상각비 계산

유형자산은 기중에 취득하거나 처분하는 것이 일반적이다. 기중 취득의 경우 취득시점부터 기말까지, 기중 처분의 경우 기초부터 처분시점까지 감가상각을 한다. 예를 들어 올해 4월 1일에 취득하고 다음해 11월 1일에 처분한 것으로 가정하면 취득연도와 처분연도의 감가상각비는 다음과 같이 계산된다.

• 기중 취득시 취득연도 감가상각비

상각방법	감가상각비
정액법	1차년도 상각비 = 상각대상액 × 연상각률 × 9/12 2차년도 상각비 = 상각대상액 × 연상각률
이중체감법 정률법	1차년도 상각비 = 취득원가 × 연상각률 × 9/12 2차년도 상각비 = 기초장부금액(=취득원가 − 감가상각누계) × 연상각률
연수합계법	1차년도 상각비= 상각대상액 × 1차 연상각률 × 9/12 2차년도 상각비= 상각대상액 × 1차 연상각률 × 3/12 + 상각대상액 × 2차 연상각률 × 9/12

• 기중 처분시 처분연도 감가상각비

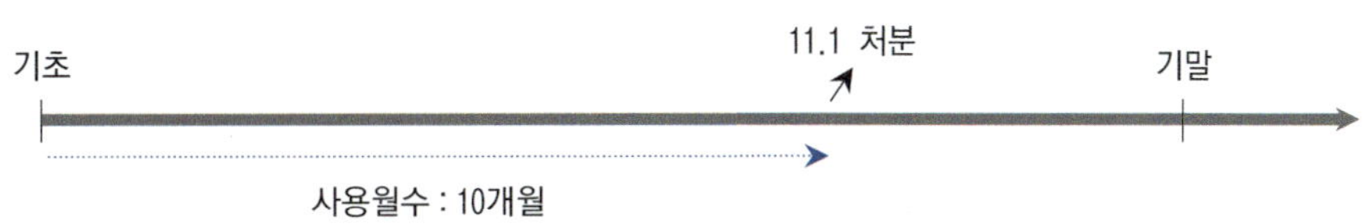

상각방법	감가상각비
정액법	처분연도 상각비 = 상각대상액 × 연상각률 × 10/12
이중체감법 정률법	처분연도 상각비 = 기초장부금액 × 연상각률 × 10/12
연수합계법	처분연도 상각비 = 상각대상액 × n차 연상각률 × 3/12 + 상각대상액 × n-1차 연상각률 × 7/12

예제 8 감가상각비 계산

2021.4.1 기계를 취득하였다. 취득원가 4억, 내용연수 5년, 잔존가치 4천 만원으로 추정하다.

① 정액법, ② 이중체감법, ③ 정률법(상각률은 24%로 간주함), ④ 연수합계법, ⑤ 생산량비례법으로 2021년과 2022년의 감가상각비를 계산하시오. 이 기계를 이용한 추정생산량은 총100,000개이고, 2021년의 경우 10,000개를, 2022년의 경우 15,000개를 생산할 예정이다.

풀이

상각대상액 = 400,000,000 − 40,000,000 = 360,000,000

① 정액법	2021년 상각비 = 360,000,000 × 1/5 × 9/12 = 54,000,000
	2022년 상각비 = 360,000,000 × 1/5 = 72,000,000
② 이중체감법	2021년 상각비 = 400,000,000 × 2/5 × 9/12 = 120,000,000
	2022년 상각비 = (400,000,000-120,000,000) × 2/5 = 112,000,000
③ 정률법	2021년 상각비 = 400,000,000 × 0.24 × 9/12 = 72,000,000
	2022년 상각비 = (400,000,000-72,000,000) × 0.24 = 78,720,000
④ 연수합계법	2021년 상각비 = 360,000,000 × 5/15 × 9/12 = 90,000,000
	2022년 상각비 = 360,000,000 × 5/15 × 3/12 + 360,000,000 × 4/15 × 9/12 = 102,000,000
⑤ 생산량비례법	2021년 상각비 = 360,000,000 × 10,000/100,000 = 36,000,000
	2022년 상각비 = 360,000,000 × 15,000/100,000 = 54,000,000

제5절 취득형태별 취득원가 결정과 감가상각

유형자산은 다양한 형태로 취득될 수 있다. 각 형태별 취득원가는 다음과 같다.

취득형태	유형자산의 취득원가
장기할부구입	• 현금가격상당액을 취득원가로 한다. 할부금총액과 현금가격의 차이(할인액)는 만기에 걸쳐 이자비용으로 인식한다.
현물출자	• 유형자산의 공정가치를 취득원가로 한다. 단, 공정가치를 신뢰성 있게 측정할 수 없는 경우 발행주식의 공정가치를 취득원가로 인식한다.
증여/무상취득	• KIFRS : 규정 없음, KGAAP :공정가치
일괄구입	• 일괄구입원가를 각 자산의 상대적 공정가치에 비례하여 배분한다.
유형자산 취득시 국공채강제취득	국공채 매입시 일반적으로 매수시점의 시장가격(현재가치)에 매입하지만, 유형자산을 취득하면서 국공채를 강제적으로 매입할 경우 시장가격을 초과하여 지급한다. • 그 초과지급액을 유형자산 취득원가에 산입한다. • 취득한 국공채 금융자산은 시장가격(현재가치)으로 취득원가를 인식한다.
정부보조금으로 유형자산 취득	정부보조금은 유형자산의 취득원가를 줄여주므로 유형자산의 차감계정으로 인식하고, 감가상각비를 정부보조금과 상계함으로써 감가상각비를 적게 인식한다.
자산교환으로 취득	• 상업적 실질이 결여되거나 자산가치를 신뢰성 있게 측정할 수 없는 경우 처분손익을 인식하지 않는다. 신자산의 취득원가 = 제공자산의 장부금액 • 상업적 실질이 존재하는 경우 처분손익을 인식한다. ① 제공자산의 공정가치가 더 명백한 경우 : 신자산의 취득원가 = 제공자산의 공정가치+현금지급액 – 현금수취액 ② 취득자산의 공정가치가 더 명백한 경우 : 신자산의 취득원가 = 취득자산의 공정가치

예제 9 현물출자

A로부터 토지를 출자 받고 주식 100주를 발행하여 교부하다. 주식의 액면금액은 5,000원이다. 토지의 감정가액은 1,500,000원이다.

풀이

<분개>	(차) 토　지	1,500,000	(대) 자　본　금	500,000
			주식발행초과금	1,000,000

예제 10 증여, 무상취득

A로부터 토지를 무상으로 증여 받다. 토지의 감정가액은 2,500,000원이다.

풀이

<분개>	(차) 토　지	2,500,000	(대) 자산수증이익	2,500,000

예제 11 할부구매

2020.1.1 A사는 영업용으로 최신 5G 스마트폰 기계 1대를 4년 할부로 구입하였다. 할부금은 매년 말에 대당 500,000원씩 지급하기로 하다. 취득일 현재 통신사가 약관에서 정한 이자율은 7%에 해당한다. 현재가치는 원이하에서 반올림하시오. 기계는 4년에 걸쳐 정액법으로 상각한다. 4년 뒤 잔존가치는 없다.

1. 2020년도 회계처리를 하시오.
2. 2021년도 회계처리를 하시오

풀이

할부구매 회계처리의 포인트는 실물거래와 금융거래가 혼합되어 있다는 점이다.

첫째, 유형자산의 인식문제이다. 할부로 구매한 유형자산 취득원가결정과 감가상각을 통해 장부금액을 결정하는 문제이다. 취득원가는 할부금의 현재가치(현금가)로 결정된다.

둘째, 금융부채의 인식문제이다. 할부구매는 신용구매이므로 판매자가 구매자에게 돈을 빌려준 것과 같다. 그러므로 구매자는 금융부채를 인식하고 시간의 경과에 따라 금융부채의 장부금액을 결정해야 한다. 유효이자의 인식을 통해 금융부채 장부금액을 수정한다. 또한 매년 할부금 지급을 처리해야 한다. 이 장은 유형자산에 초점을 두므로 금융부채의 인식문제는 금융부채부분에서 상세히 공부할 것이다.

기계의 현금가격 = 할부금의 현재가치
= 500,000 × 3.38721(연금현가계수)
= 1,693,605

총이자 = 총할부금 − 현금가격
= 2,000,000 − 1,693,605
= 306,395

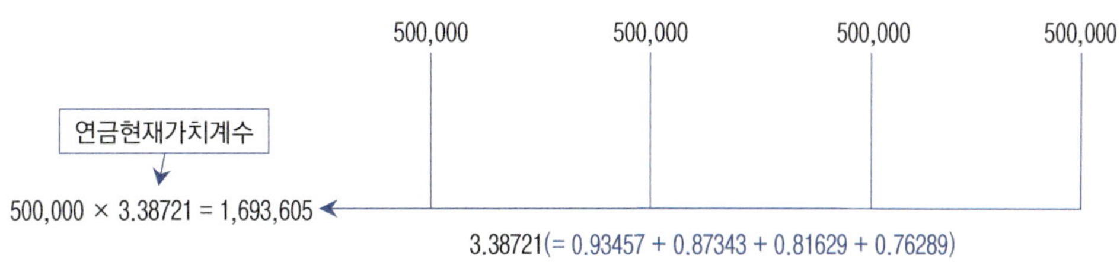

(1) 2020.1.1. 회계처리

(차) 기 계	1,693,605	(대) 장 기 미 지 급 금	1,693,605
	↑ 취득원가		↑ 금융부채

- 기계의 취득원가는 할부금의 현재가치(현금가)로 인식한다.
- 구매자는 판매자로부터 그 돈을 빌린 것과 같으므로 금융부채를 인식한다.

'현재가치할인차금'계정을 이용할 경우 위 분개대신 다음과 같이 분개한다. 이때 '현재가치할인차금'은 '장기미지급금'의 차감계정이다.

(차) 기 계	1,693,605	(대) 장 기 미 지 급 금	2,000,000
현재가치할인차금	306,395		

2020.12.31 회계처리

2020년도 유효이자 = 장기미지급금 기초장부금액(= 장기미지급금 − 할인차금) × 유효이자율
= 1,693,605 × 0.07
= 118,552

2020년 감가상각비 = 1,693,605 ÷ 4
= 423,401

① 2020년도 기계의 감가상각을 인식한다. 기계의 취득원가를 4년 동안 상각한다.

(차) 감 가 상 각 비	423,401	(대) 감 가 상 각 누 계	423,401

② 2020년도 금융부채의 변화를 인식한다.

- 2020년도 유효이자 118,552를 장부에 반영한다. 기초에 빌린 돈에 대한 이자를 이자비용으로 인식하고, 동시에 장기미지급금을 증가시킨다. 유효이자를 현금으로 지급하지 않으므로 금융부채에 가산한다.

(차) 이 자 비 용	118,552	(대) 장 기 미 지 급 금	118,552

현재가치할인차금을 이용할 경우 위 분개대신 다음과 같이 분개한다.

(차) 이 자 비 용	118,552	(대) 현재가치할인차금	118,552

- 2020년도 할부금지급을 인식한다.

(차) 장 기 미 지 급 금	500,000	(대) 현 금	500,000

이자비용과 할부금지급을 인식한 후 장기미지급금 기말장부금액은 다음과 같다.

기말장기미지급금 = 기초장기미지급금 + 유효이자 − 할부금지급액
= 1,693,605 + 118,552 − 500,000
= 1,312,157

(2) 2021.12.31 회계처리

2021년의 이자비용 = 장기미지급금의 기초장부금액(기초에 빌린 돈) × 유효이자율
= 1,312,157 × 0.07
= 91,851

2021년 감가상각비 = 1,693,605 ÷ 4
= 423,401

① 감가상각비 인식

(차) 감 가 상 각 비 423,401 (대) 감 가 상 각 누 계 423,401

② 금융부채와 이자비용을 인식

(차) 이 자 비 용 91,851 (대) 장 기 미 지 급 금 91,851

현재가치할인차금을 이용할 경우 위 분개대신 다음과 같이 분개한다.

(차) 이 자 비 용 91,851 (대) 현재가치할인차금 91,851

할부금지급을 인식

(차) 장 기 미 지 급 금 500,000 (대) 현 금 500,000

기말장기미지급금 = 1,312,157 + 91,851 − 500,000
= 904,008

예제 12 국공채 강제취득

2020.1.1. A사는 정부로부터 건물 800,000원을 취득하면서 액면금액 100,000원의 국채를 부수적으로 액면취득하였다. A사는 이 채권을 만기까지 보유할 목적이다. 건물의 내용연수는 10년, 잔존가치는 없다.

정액법으로 상각한다. 채권의 만기는 5년 후이고, 액면이자율은 2%, 취득 당시 시장이자율은 5%이다. 기간 5, 이자율 5%에 해당하는 현가계수와 연금현가계수는 각각 0.78353, 4.3295이다.

1. 건물의 취득원가를 결정하고 취득분개를 하시오.
2. 2020.12.31 건물에 대한 분개를 하시오.

풀이

채권의 시장가치 = 미래현금흐름의 현재가치
= 100,000 × 0.78353 + 2,000 × 4.3295
= 87,012

건물의 취득원가 = 건물의 구입가격 + 채권의 시장가치 초과지급액
= 800,000 + (100,000 − 87,012)
= 812,988

(1) 2020. 1. 1	(차) 건 물	812,988	(대) 현 금	900,000
	A C 금 융 자 산	87,012		

(2) 2020.12.31 감가상각비 = 812,988 × 1/10 = 81,299

(차) 감 가 상 각 비	81,299	(대) 감 가 상 각 누 계	81,299

예제 13 교환으로 인한 취득

2020.1.1 A사는 B사와 기계장치를 서로 교환하다.

• A사 기계 :	취득원가 10,000,000	감가상각누계 8,000,000	공정가치 3,000,000
• B사 기계 :	취득원가 9,000,000	감가상각누계 7,000,000	공정가치 3,500,000

1. A사의 입장에서 교환으로 인한 취득분개를 하시오. 양 회사의 기계에 대한 공정가치는 신뢰성 있게 측정가능하다. A사는 B사에게 추가로 700,000원을 지급하였다. 이 교환은 상업적 실질이 있는 것으로 판단된다.
2. 제공자산의 공정가치보다 취득자산의 공정가치가 더 명백한 경우 A사의 입장에서 분개하시오. 상업적 실질은 있고, 현금수수는 없다.
3. 교환거래가 상업적 실질이 결여된 경우 A사 입장에서 분개하시오. 현금수수는 없다.

풀이

(1) 기계의 취득원가 = 제공자산(A사 기계)의 공정가치 + 현금지급액 − 현금수취액
= 3,000,000 + 700,000
= 3,700,000

(차)	기 계(신)	3,700,000	(대)	기 계(구)	10,000,000
	감가상각누계	8,000,000		현 금	700,000
				기계처분이익	1,000,000

(2) 기계의 취득원가 = 취득자산(B사 기계)의 공정가치
= 3,500,000

(차)	기 계(신)	3,500,000	(대)	기 계(구)	10,000,000
	감가상각누계	8,000,000		기계처분이익	1,500,000

(3) 기계의 취득원가 = 제공자산(A사 기계)의 장부금액
= 2,000,000

(차)	기 계(신)	2,000,000	(대)	기 계(구)	10,000,000
	감가상각누계	8,000,000			

예제 14 복구원가

> 2021.1.1 A사는 쓰레기매립장으로 사용할 토지를 구매하다. 토지가격은 1억원이고, 5년 후 쓰레기매립장을 원상복구하는데 드는 비용은 5,000,000원으로 추정된다.
>
> 토지구매시점의 시장이자율은 5%이다. (기간 5, 이자율 5%일 때 현가계수 0.783526)

1. 2021년 분개하시오.
2. 2025년말 실제복구비용이 6,000,000원이 소요되었다. 복구비용의 집행에 대해 분개하시오.

풀이

(1) 유형자산원가에 포함하는 복구원가 = 추정복구비용의 현재가치
= 5,000,000 × 0.783526(현재가치계수)
= 3,917,630

〈분개〉

2021. 1. 1	(차) 토지	103,917,630	(대) 현금	100,000,000
			복구충당부채	3,917,630

현재가치 3,917,630원을 토지의 취득원가에 포함시킴과 동시에 복구충당부채로 인식한다. 5년 동안의 화폐의 시간가치를 반영하여 자산과 부채의 인식금액을 결정한다. 5년 동안의 화폐의 시간가치는 시간이 흐름에 따라 이자비용으로 인식한다.

충당부채란 지급시기와 지급금액이 확정되지는 않았지만, 미래에 지급할 확률이 높고(50% 이상), 그 지급금액을 신뢰성 있게 추정가능한 경우 인식하는 부채를 말한다. 복구충당부채는 금융부채의 회계처리를 준용한다.

2021년도 이자비용(=복구충당부채 증가액) = 복구충당부채 기초장부금액 × 유효이자율
= 3,917,630 × 0.05
= 195,882

2021.12.31	(차) 이자비용	195,882	(대) 복구충당부채	195,882

(2)

연도	기초장부금액	유효이자(= 복구충당부채 증가액)
2021	3,917,630	195,882
2022	4,113,512	205,676
2023	4,319,188	215,959
2024	4,535,147	226,757
2025	4,761,904	238,096
총할인액		1,082,370(= 5,000,000 − 3,917,630)

〈분개〉

2025.12.31	(차) 이 자 비 용	238,096	(대) 복 구 충 당 부 채	238,096

5년 동안 복구충당부채가 증가되면 2025년말 복구충당부채 장부금액은 정확히 5,000,000원이 된다. 복구공사를 집행하게 되면 이 충당부채를 제거하고 나머지는 복구비용으로 처리한다.

(차) 복 구 충 당 부 채	5,000,000	(대) 현 금	6,000,000
복 구 공 사 손 실	1,000,000		

예제 15 종합검사원가(후속지출)

> 2020.7.1. 기계에 대한 정기적인 종합검사를 실시하다. 종합검사원가는 10,000,000원이다. 종합검사는 매 5년마다 같은 날에 실시하는데 올해에는 직전 종합검사로부터 4년째 되는 해에 실시하였다.
>
> 종합검사원가는 잔존가치가 없는 것으로 간주하고 정액법으로 상각한다. 기계는 2015년 7월 1일에 취득하였고, 취득 후 2016년 7월 1일에 종합검사를 실시하였으며 이번이 두 번째 종합검사에 해당한다. 기계 취득원가는 500,000,000원이었고 내용연수는 20년이며 잔존가치는 없으며 정액법으로 상각한다.

1. 2020년 회계처리를 하시오.

풀이

종합검사원가를 기계 장부금액에 포함시키지만 종합검사원가에 대해서는 기계와 구분하여 상각한다.

직전종합검사원가에 대한 매년 감가상각비 = 10,000,000 ÷ 5 = 2,000,000

2020.7.1. 2020년 첫 번째 종합검사원가에 대한 6개월 감가상각

(차) 감 가 상 각 비	1,000,000	(대) 감 가 상 각 누 계	1,000,000

첫 번째 종합검사원가의 제거

(차) 감 가 상 각 누 계	8,000,000	(대) 기 계	10,000,000
기 계 처 분 손 실	2,000,000		

두 번째 종합검사원가를 유형자산으로 인식

(차) 기 계	10,000,000	(대) 현 금	10,000,000

2020.12.31 기계 본체에 대한 감가상각비 = (500,000,000 − 0) ÷ 20

= 25,000,000

종합검사원가에 대한 감가상각비 = 10,000,000 ÷ 5 × 6/12

= 1,000,000

(차) 감 가 상 각 비 26,000,000 (대) 감 가 상 각 누 계 26,000,000

제6절 유형자산의 평가

기말에 감가상각을 하고 나면, 유형자산의 취득원가는 감가상각비와 상각후원가로 배분된다. 감가상각비는 당기에 사용-소모된 부분으로 배분된 원가이고, 상각후원가는 아직 사용-소모되지 않은 부분으로 배분된 원가이다. 감가상각비는 당기의 매출수익을 통해 회수된 원가로 간주하여 당기의 매출수익에 대응되며, 상각후원가는 기말까지 매출수익을 통해 회수되지 못한 원가로 미래의 매출수익을 통해 회수하여야 하는 원가로 간주한다.

기말시점에서 상각후원가는 추정에 의해 '배분된 원가'일뿐, 유형자산의 가치를 적정하게 표시하고 있는 금액으로 보기는 어렵다. 이는 회계에서 감가상각을 '자산의 평가과정'이 아니라, 추정에 의한 '원가배분과정'으로 보기 때문이다. 그런데 회계에서는 재무상태표의 목적적합성(relevance)을 높이기 위해 상각후원가를 공정가치로 재평가할 수 있다. 이는 '상각후원가'에 대해서 다시 '자산의 평가과정'을 거치는 것이다.

[그림 9] 유형자산 평가

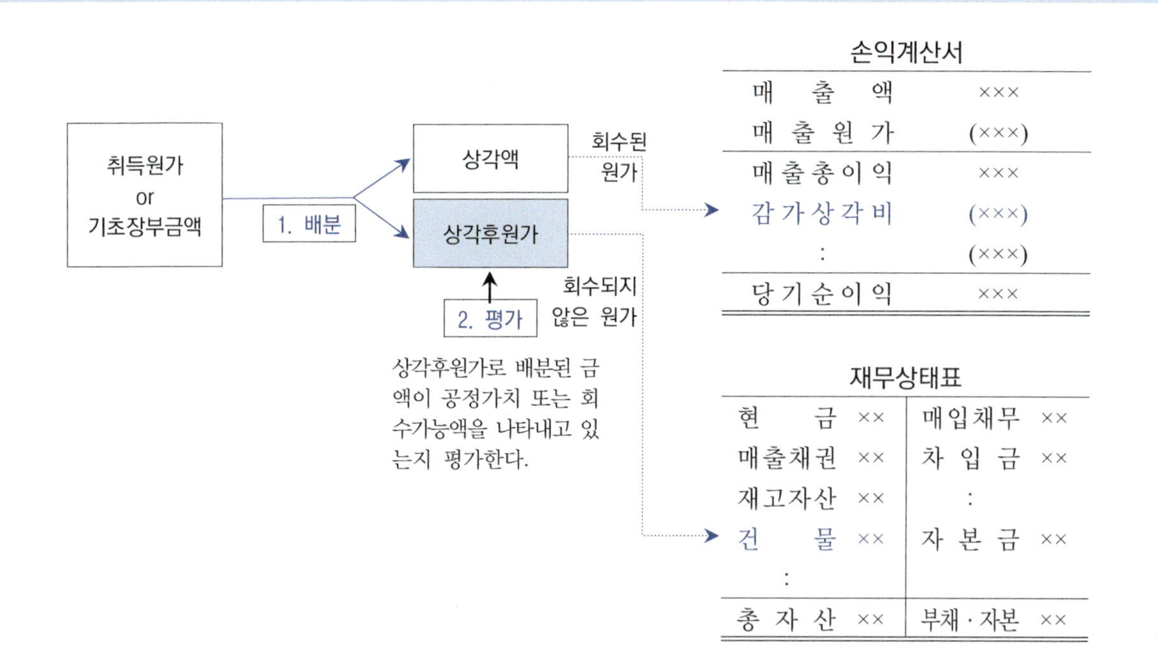

국제회계기준에서는 유형자산에 대한 평가를 '원가모형' 또는 '재평가모형' 중 선택할 수 있도록 하고 있다. 이때 동일분류에 속하는 자산은 동일모형을 적용하고, 동시(동일보고일)에 재평가하여야 한다. 평가모형의 최초선택 이후 '원가모형과 재평가모형' 상호간의 변경은 '회계정책변경'이다. 그러므로 비교 표시되는 과거 재무제표를 소급해서 재작성해야 한다. 단, 재평가모형의 최초 적용시에는 재작성하지 않는다.

원가모형

유형자산을 취득한 후 공정가치의 변동을 인식하지 않는 회계처리방법이다. 공정가치의 변동을 인식하지는 않지만 회수가능액이 상각후원가에 미달할 경우 자산가치의 '손상(impairment)'을 인식한다. 이는 보수주의에 입각하여 재무상태표에 표시되는 유형자산금액이 과대평가되지 않도록 하기 위해서이다.

재평가모형

유형자산을 취득한 후 공정가치의 변동을 인식하는 회계처리방법이다. 유형자산의 공정가치가 상각후원가 이상(이하)로 상승(하락)할 때, 그 상승(하락)을 모두 인식하는 모형이다.

원가모형에 의하든 재평가모형에 의하든, 자산에 대한 평가손익(손상차손 또는 재평가손익)은 '수익-비용 대응'의 결과가 아니다. 자산의 평가손익은 유형자산이 매출수익에 기여함이 없이 시장상황의 변동으로 인해 자산가치가 변동한 것을 장부에 반영하는 것이다. 따라서 이러한 자산가치변동을 당기손익으로 처리할지, 기타포괄손익으로 처리할지 관건이다.

1. 원가모형.

원가모형은 기말에 유형자산을 공정가치로 평가하지 않는 방법이다. 그러나 유형자산의 '손상(impairment)'은 인식한다. 감가상각을 하고 난 후 '회수가능액'이 '상각후원가' 이하로 떨어진 경우, 유형자산을 회수가능액으로 감액하고 손상차손을 인식한다.

손상의 의미

손상이란 자산을 통해 미래에 회수할 수 있는 현금흐름이 현저하게 감소하는 것을 말한다. 그것은 바로 자산의 가치감소를 의미한다. 유형자산 '취득원가'의 의미를 되새겨보자. '취득원가'는 기업의 유형자산에 대한 '투자원가'를 의미하며, '매출'과 '매각'을 통해서 '미래에 회수하여야 하는 금액'을 의미한다. '매출'을 통한 회수는 감가상각을 통해 이루어진다. 그러므로 감가상각누계는 기말까지 매출을 통해 회수한 취득원가를 나타내며, 상각후원가(= 취득원가 − 감가상각누계)는 기말까지 매출을 통해 회수하지 못한 원가로서 '향후 회수하여야 하는 원가'를 의미한다. 통상적인 기업환경에서 상각후원가는 차기 이후의 매출이나 매각을 통해 회수할 수 있을 것으로 기대되지만, 기말 현재 유형자산의 처분을 통해 실제로 회수가능한 금액이 상각후원가 이하일 경우 상각후원가를 회수가능액으로 수정한다.

회수가능액 = max(순공정가치, 사용가치)
순공정가치 = 공정가치 − 처분원가
사 용 가 치 = 미래현금흐름의 현가

손상의 회계처리방법

① '회수가능액'이 '상각후원가'이하로 떨어진 경우(상각후원가 > 회수가능액) → 손상차손을 인식한다.

(차) 유 형 자 산 손 상 차 손 ×× (대) 유형자산손상차손누계 ××

② '회수가능액'이 '상각후원가'이상으로 회복된 경우(상각후원가 < 회수가능액) → 회복된 금액을 환입시킨다.

단, 환입액은 손상이 없었을 경우의 기말상각후원가를 한도로 한다.

(차) 유형자산손상차손누계 ×× (대) 유형자산손상차손환입 ××

손상평가후 감가상각

손상후 장부금액(= 취득원가 − 감가상각누계 − 손상차손누계)을 잔여내용연수에 걸쳐 상각한다.

예제 16 원가모형 : 손상

2019. 1. 1	취득원가 1,200,000원의 기계를 구입하다. 내용연수 4년, 잔존가치는 없다. 정액법으로 상각한다.
2019.12.31	기말시점에서 회수가능액은 600,000원으로 추정되다.

2019연도 회계처리를 하시오.

풀 이

2019 감가상각비 = (1,200,000 − 0) / 4
= 300,000

2019.12.31 상각후원가 = 1,200,000 − 300,000
= 900,000

2019.12.31 회수가능액 = 600,000

2019.12.31 손 상 차 손 = 회수가능액 − 상각후원가
= 600,000 − 900,000
= − 300,000

〈회계처리〉

2019. 1. 1	(차) 기 계	1,200,000	(대) 현 금	1,200,000
2019.12.31	(차) 감 가 상 각 비	300,000	(대) 감 가 상 각 누 계	300,000
	(차) 기 계 손 상 차 손	300,000	(대) 기계손상차손누계	300,000

[그림 10] 원가모형에서 손상(예제 16)

기초 취득 — 12.31 기말 — time

(차) 기　　계 1,200,000
　(대) 현　　금 1,200,000

① (차) 감가상각비 300,000
　(대) 감가상각누계 300,000

기계

1.1 현금 1,200,000	

기계

1.1 현금 1,200,000	

감가상각누계

	12.31 감가상각비 300,000

→ **상각후원가 900,000**

② (차) 손상차손 300,000
　(대) 손상차손누계 300,000

손상차손누계

	12.31 손상차손 300,000

→ **손상후 장부금액 600,000**

기계의 장부금액은 600,000(= 취득원가 - 감가상각누계 - 손상차손누계)원으로서, 이후 600,000원을 잔존내용연수에 걸쳐 감가상각한다.

[그림 11] 손상 후 재무제표 표시(예제 16)

재무상태표 2019.12.31

현 금		×××	매 입 채 무	×××
:			:	
매 출 채 권		×××	**장 기 차 입 금**	×××
기 계	1,200,000		:	
감가상각누계	(300,000)		자 본 금	×××
손상차손누계	(300,000)	600,000	자 본 잉 여 금	×××
:				
총 자 산		×××	부 채 · 자 본	×××

손익계산서

매 출 액	×××
매 출 원 가	(×××)
매출총이익	×××
영 업 비 용	×××
감가상각비	(300,000)
영업외손익	×××
손 상 차 손	(300,000)
:	(×××)
당기순이익	×××

예제 17 원가모형 : 손상차손 환입

2020.12.31 기말시점에서 기계의 회수가능액은 700,000원으로 추정되다.

2020년 회계처리를 하시오.

풀 이

2020 감가상각비 = 전기말장부금액 ÷ 잔여내용연수
= 600,000 ÷ 3
= 200,000

2020.12.31 상각후원가 = 600,000 − 200,000
= 400,000

2020.12.31. 회수가능액 = 700,000

2020.12.31. 환 입 한 도 = 손상이 없었을 경우 상각후원가
= 1,200,000 − 300,000(2019년 상각액) − 300,000(2020년 상각액)
= 600,000

2020.12.31. 환 입 액 = 600,000 − 400,000
= 200,000

[환입액결정]

상각후원가 400,000에서 300,000원을 증액시켜야 회수가능액 700,000원이 되지만, 손상이 없었을 경우의 상각후원가 600,000원(= 1,200,000 − 300,000 − 300,000)을 한도로 환입할 수 있다. 그러므로 200,000원을 환입한다.

〈회계처리〉

2020.12.31 (차) 감 가 상 각 비 200,000 (대) 감 가 상 각 누 계 200,000
상각후원가는 400,000원이다.

(차) 기계손상차손누계 200,000 (대) 기계손상차손환입 200,000
200,000원을 환입함으로써 기계의 장부금액은 600,000원이 된다.

[그림 12] 원가모형에서 손상차손환입(예제 17)

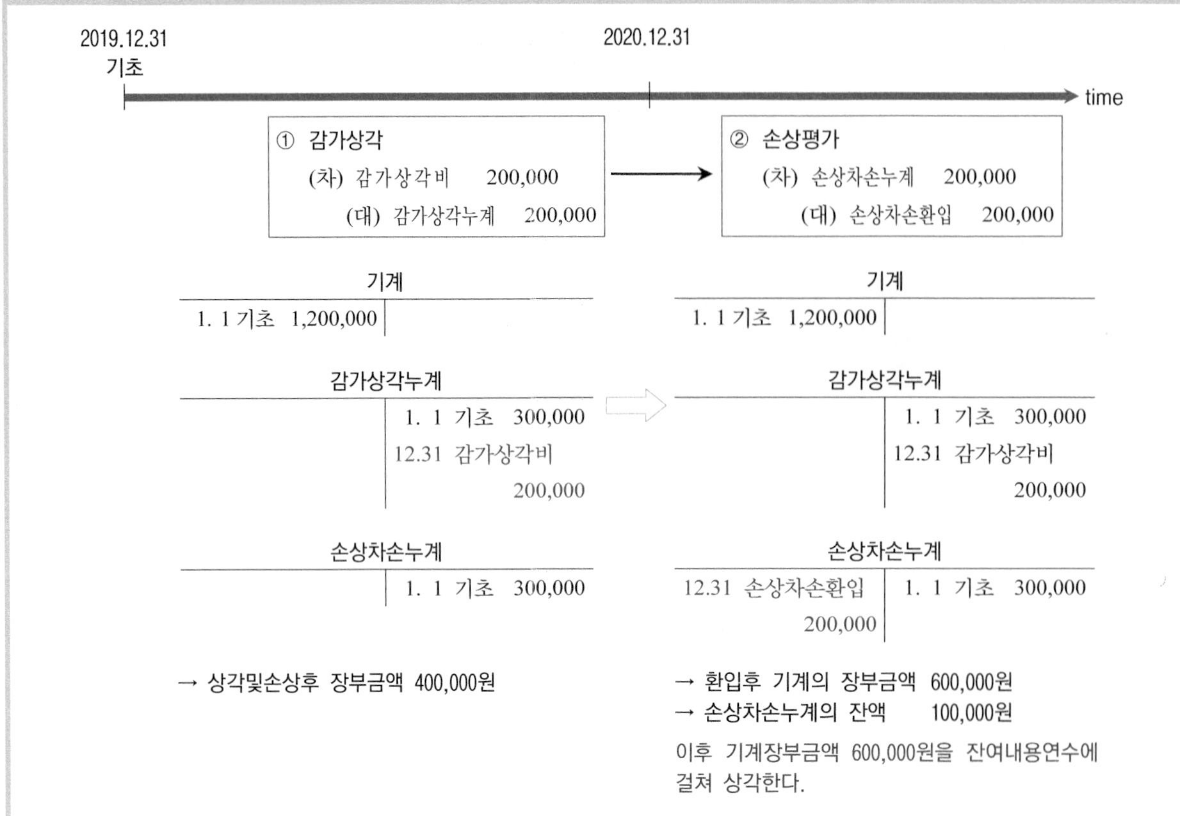

[그림 13] 손상 및 환입의 분석틀(예제 16-17)

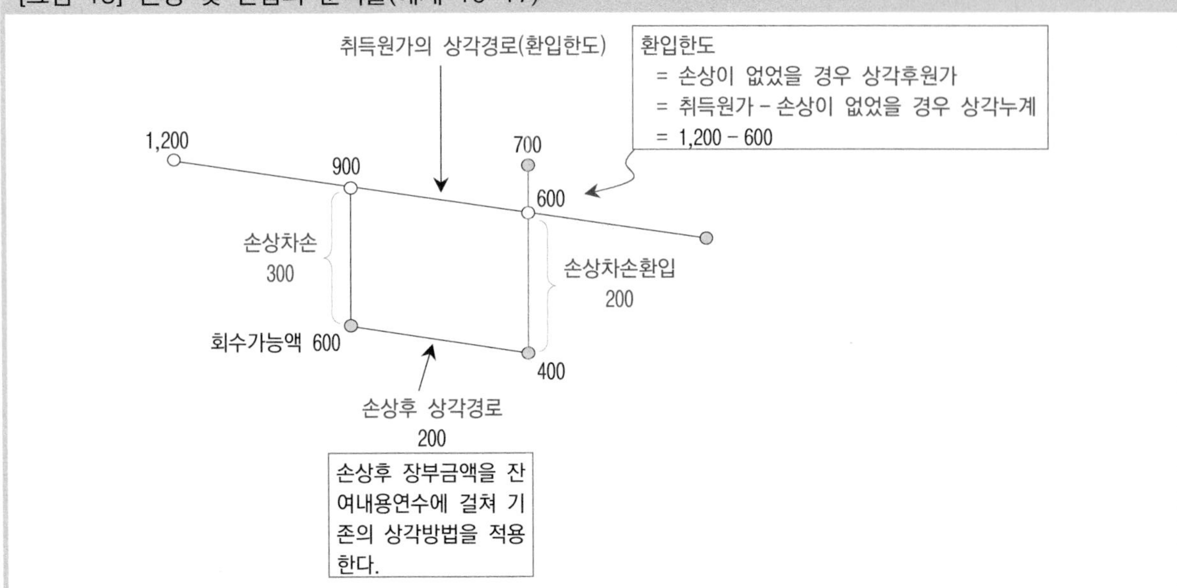

[그림 14] 원가모형에서 손상차손환입 시 재무제표 표시(예제 17)

재무상태표 2020.12.31

차변			대변	
현 금		×××	매 입 채 무	×××
:			:	
매 출 채 권		×××	**장 기 차 입 금**	×××
기 계	1,200,000		:	
감가상각누계	(500,000)		자 본 금	×××
손상차손누계	(100,000)	600,000	자 본 잉 여 금	×××
:				
총 자 산		×××	부 채 · 자 본	×××

손익계산서

매 출 액	×××
매 출 원 가	(×××)
매 출 총 이 익	×××
영 업 비 용	×××
감 가 상 각 비	(200,000)
영 업 외 손 익	×××
손상차손환입	200,000
:	(×××)
당 기 순 이 익	×××

2. 재평가모형

재평가모형은 기말에 유형자산을 공정가치로 평가하는 방법이다.

재평가시기

자산가치의 변동성에 따라 매년 재평가할 수도, 3년이나 5년마다 주기적으로 재평가할 수도 있다.

재평가손익의 처리

재평가손익은 당기손익(PL) 또는 기타포괄손익(OCI)으로 처리한다. 공정가치가 상각후원가보다 상승한 경우에는 재평가이익을, 하락한 경우에는 재평가손실을 인식한다.

최초 재평가	후속 재평가(손상이 없는 경우)
평가증 : 재평가이익 (OCI)	평가증 : 재평가이익(OCI)을 추가 인식한다.
	평가감 : 과거의 재평가잉여금범위 내에서 재평가손실(OCI)을 인식한 후, 초과손실에 대해서 재평가손실(PL)을 인식한다.
평가감 : 재평가손실(PL)	평가증 : 과거의 재평가손실(PL)을 먼저 재평가이익(PL)으로 환입한 후, 초과이익에 대해서 재평가이익(OCI)을 인식한다
	평가감 : 재평가손실(PL)을 추가 인식한다.

재평가 회계처리

재평가는 유형자산의 '평가전 장부금액(상각후원가)이 재평가금액(공정가치)'이 되도록 수정한다. 이때 장부금액의 수정은 '유형자산(총장부금액)'과 '감가상각누계'를 함께 수정한다. 이는 새로운 취득원가를 결정하는 것과 같다.

재평가에 대한 회계처리방법은 비례조정법과 상각누계제거법이 있다. 두 방법 하에서 재평가손익은 동일하다.

비례조정법

재평가 전 장부금액(상각후원가)이 공정가치로 증감하는 비율에 따라 유형자산계정의 총장부금액(상각누계를 차감하기 전의 장부금액)과 상각누계를 동시에 비례적으로 조정하는 방법.

조정율 = (재평가금액 − 평가전 장부금액) / 평가전 장부금액

① 조정율 > 0 : 총장부금액과 상각누계를 비례적으로 증가시킨다. 총장부금액의 증액이 상각누계증액 보다 크므로 그 차이를 재평가이익(OCI)으로 인식한다. 이때 전기에 인식한 재평가손실(PL)이 존재할 경우 재평가이익(PL)을 인식하여 먼저 상계한 후 재평가이익(OCI)을 인식한다.

(차) 유형자산	××	(대)	감가상각누계	××
			재평가이익(PL)*	××
			재평가이익(OCI)	××

② 조정율 < 0 : 총장부금액과 상각누계를 비례적으로 감소시킨다. 총장부금액의 감액이 상각누계감액 보다 크므로 그 차이를 재평가손실(PL)로 인식한다. 이때 전기에 인식한 재평가이익(OCI)이 존재할 경우 재평가손실(OCI)을 인식하여 먼저 상계한 후 재평가손실(PL)을 인식한다.

(차) 감가상각누계	××	(대)	유형자산	××
재평가손실(OCI)*	××			
재평가손실(PL)	××			

상각누계제거법

평가전 장부금액(상각후원가)을 공정가치로 수정할 때, 먼저 상각누계를 유형자산과 상계하여 제거하고 난 후, 유형자산계정의 총장부금액을 재평가금액으로 수정하는 방법이다.

① 재평가 직전의 상각누계를 유형자산과 직접 상계하여 제거한다(→ 간접차감을 직접차감으로 전환).

(차)	감 가 상 각 누 계	××	(대) 유 형 자 산	××

② 상각누계를 제거한 후, 유형자산 총장부금액이 재평가금액이 되도록 증감시킨다(→ 재평가직후 상각누계는 소멸).

• 재평가금액 > 평가전 총장부금액

(차)	유 형 자 산	××	(대) 재평가이익(P L)*	××
			재평가이익(OCI)	××

• 재평가금액 < 평가전 총장부금액

(차)	재평가손실(OCI)*	××	(대) 유 형 자 산	××
	재평가손실(P L)	××		

* 이때 전기에 인식한 재평가손익에 대한 조정은 비례조정법과 같다.

재평가잉여금에 대한 처리(→ 이익잉여금으로대체)

재평가잉여금은 공정가치 상승분을 인식한 미실현이익의 누적액이다. 재평가잉여금은 유형자산의 '사용시점'이나 '제거시점'에서 이익잉여금으로 대체할 수 있다(선택사항). 재평가잉여금을 '당기손익(예: 처분손익)'으로 재분류하지 않고 바로 이익잉여금으로 대체한다(이는 포괄손익계산서를 거치지 않고 재무상태표의 자본 내에서 이동하는 것이다). 대체하지 않을 경우 재평가잉여금이 존속하게 된다.

대체시기에 따라 두 가지 방법이 있다.

① 유형자산 제거시점에서 대체할 경우 : 재평가잉여금 전액을 대체한다.

② 유형자산 사용시점에서 대체할 경우 : 다음과 같이 대체금액을 결정한다.

> 대체금액 = 최초원가에 기초한 감가상각비 − 재평가금액에 기초한 감가상각비

이때, 감가상각비 차이조정을 먼저 하거나 재평가를 먼저 함에 따라 인식하는 기타포괄손익과 당기손익이 달라진다. 대체는 선택사항이므로 재평가를 먼저 하는 것이 바람직 할 것이다.

예제 18 재평가모형

2019. 1. 1	취득원가 1,200,000원의 기계를 구입하다. 내용연수 5년, 잔존가치는 200,000원이다. 정액법으로 상각한다. 회사는 유형자산에 대해 재평가모형을 선택한다.
2019.12.31	기계의 공정가치는 900,000원이다.
2020.12.31	기계의 공정가치는 870,000원이다.

1. 상각누계제거법으로 회계처리하시오.
2. 비례조정법으로 회계처리하시오

풀이

1. 상각누계제거법

2019 감가상각비 = (1,200,000 − 200,000) / 5 = 200,000

상각후원가 = 1,200,000 − 200,000 = 1,000,000

공 정 가 치 = 900,000

재평가손실 = 900,000 − 1,000,000 = − 100,000

〈분개〉 2019.12.31.

① 감가상각비 인식	(차)	감가상각비	200,000	(대)	감가상각누계	200,000
② 감가상각누계 제거	(차)	감가상각누계	200,000	(대)	기계	200,000
③ 재평가	(차)	재평가손실(PL)	100,000	(대)	기계	100,000

[그림 15] 재평가 모형 : 상각누계제거법(예제 18)

(차) 기　　계 1,200,000
　(대) 현　　금 1,200,000

기계

1. 1 현금	1,200		

① (차) 감가상각비 200,000
　(대) 감가상각누계 200,000

기계

1. 1 현금	1,200		

상각누계

		12.31 상각비	200

② (차) 감가상각누계 200,000
　(대) 기　　계 200,000

기계

1. 1 현금	1,200	12.31 상각누계	200

→ 기계총장부금액은 1,000,000

상각누계

12.31 기계	200	12.31 상각비	200

→ 상각누계계정이 소멸된다.

③ (차) 재평가손실(PL) 100,000
　(대) 기　　계 100,000

→ 총장부금액 1,000,000을 공정가치 900,000으로 재평가한다.

기계

1. 1 현금	1,200	12.31 상각누계	200
		12.31 재평가손실	100

→ 기계장부금액은 공정가치 900,000이 된다.

재평가손실(PL)

12.31 기계	100		

2020 감가상각비 = (전기말 재평가금액 − 잔존원가) / 잔여내용연수
= (900,000 − 200,000) / 4
= 175,000

상각후원가 = 900,000 − 175,000
= 725,000

공 정 가 치 = 870,000

재평가이익 = 870,000 − 725,000 = 145,000

〈분개〉 2020.12.31.

① 감가상각비 인식

(차) 감가상각비	175,000	(대) 감가상각누계	175,000	

② 감가상각누계 제거

(차) 감가상각누계	175,000	(대) 기계	175,000	

③ 재평가

(차) 기계	145,000	(대) 재평가이익(P L)	100,000	← 전기의 재평가손실(PL)을 환입
		재평가이익(OCI)	45,000	← 초과상승분을 재평가이익(OCI)으로 인식

[그림 16] 재평가 모형 : 상각누계제거법(예제 18)

기초 → 기말 (2000.12.31) → time

① (차) 감가상각비 175,000
(대) 감가상각누계 175,000

기계

1. 1 기초 900	

⇨

기계

1. 1 기초 900	

상각누계

	12.31 상각비 175

② (차) 감가상각누계 175,000
(대) 기 계 175,000

기계

1. 1 기초 900	12.31 상각누계 175

→ 기계총장부금액은 725,000

상각누계

12.31 기계 175	12.31 상각비 175

→ 상각누계계정이 소멸된다.

③ (차) 기 계 145,000
(대) 재평가이익(PL) 100,000
재평가이익(OCI) 45,000

→ 총장부금액 725,000을 공정가치 870,000으로 재평가한다.

기계

1. 1 기초 900	12.31 상각누계 175
12.31 재평가이익 145	

→ 기계장부금액은 공정가치 870,000이 된다.

재평가이익(PL)

	12.31 기계 100

재평가이익(OCI)

	12.31 기계 45

2. 비례조정법

2019 감가상각비 = (1,200,000 − 200,000) / 5 = 200,000

상각후원가 = 1,200,000 − 200,000 = 1,000,000

공 정 가 치 = 900,000

조 정 율 = (900,000 − 1,000,000) / 1,000,000 = − 0.1

조정전		조정액	조정후
총장부금액	1,200,000 × −0.1 =	(120,000)	1,080,000
상각누계	(200,000) × −0.1 =	20,000	(180,000)
장부금액	1,000,000	(100,000)	900,000

〈분개〉 2019.12.31.

① 감가상각비 인식

(차) 감 가 상 각 비 200,000 (대) 감 가 상 각 누 계 200,000

② 기계와 상각누계를 비례적으로 감소시키고, 그 차액을 재평가손실로 인식

(차) 감 가 상 각 누 계 20,000 (대) 기 계 120,000
재평가손실(PL) 100,000

[그림 17] 재평가 모형 : 비례조정법(예제 18)

기초

(차) 기　　계 1,200,000
　　(대) 현　　금 1,200,000

기계

차변	대변
1. 1 현금 1,200	

기말

① (차) 감가상각비 200,000
　　(대) 감가상각누계 200,000

기계

차변	대변
1. 1 현금 1,200	

상각누계

차변	대변
	12.31 감가상각비 200

→ 상각후원가 1,000,000

② (차) 감가상각누계 20,000
　　　재평가손실(PL) 100,000
　　(대) 기　　계 120,000

→ 기계와 상각누계를 비례적으로 감소시킨다.

기계

차변	대변
1. 1 현금 1,200	12.31 제좌 120

상각누계

차변	대변
12.31 기계 20	12.31 감가상각비 200

→ 기계 총장부금액은 1,080,000으로, 상각누계는 180,000으로 수정됨. 결과적으로 기계장부금액은 900,000이다.

재평가손실(PL)

차변	대변
12.31 기계 100	

2020 감가상각비 = (900,000 − 200,000) / 4 = 175,000

상각후원가 = 900,000 − 175,000 = 725,000

공 정 가 치 = 870,000

조 정 율 = (870,000 − 725,000) / 725,000 = 0.2

조정전		조정액	조정후
총장부금액	1,080,000 × 0.2 =	216,000	1,296,000
상각누계	(355,000) × 0.2 =	(71,000)	(426,000)
장부금액	725,000	145,000	870,000

* 상각누계 355,000 = 기초상각누계 180,000 + 당기상각액 175,000

〈분개〉 2020.12.31.

① 감가상각비 인식

(차) 감 가 상 각 비 175,000 (대) 감 가 상 각 누 계 175,000

② 기계와 상각누계를 비례적으로 증가시키고, 그 차액을 재평가이익으로 인식

(차)		(대)		
기 계	216,000	감 가 상 각 누 계	71,000	← 총장부금액과 상각누계를 비례적으로 증가
		재평가이익(P L)	100,000	← 전기 재평가손실(PL)을 상계하는 재평가이익(PL)을 인식
		재평가이익(OCI)	45,000	← 초과상승분은 재평가이익(OCI)으로 인식

[그림 18] 재평가 모형 : 비례조정법(예제 18)

기초 —— 2000.12.31 기말 → time

① (차) 감가상각비 175,000
(대) 감가상각누계 175,000

기계

1. 1 기초 1,080	

⇨

기계

1. 1 기초 1,080	

→ 상각후원가는 725,000

상각누계

	1. 1 기초 180

상각누계

	1. 1 기초 180
	12.31 감가상각비 175

② (차) 기 계 216,000
(대) 감가상각누계 71,000
재평가이익(PL) 100,000
재평가이익(OCI) 45,000

기계와 상각누계를 비례적으로 증가시킨다. 그 차액을 재평가이익으로 인식한다.

기계

1. 1 기초 1,080	
12.31 제좌 216	

상각누계

	1. 1 기초 180
	12.31 감가상각비 175
	12.31 기계 71

→ 기계총장부금액은 1,296,000으로 상각누계는 426,000으로 수정됨. 그 결과 기계의 장부금액은 공정가치 870,000으로 수정된다.

재평가이익(PL)

	12.31 기계 100

재평가이익(OCI)

	12.31 기계 45

제7절 유형자산의 제거 : 처분(매각 또는 폐기)

유형자산의 처분은 유형자산을 매각 또는 폐기함으로써 유형자산을 장부에서 제거하는 것을 말한다. 제거란 회계적으로 유형자산 관련계정의 잔액(장부금액)을 전부 0으로 만드는 것이다. 유형자산의 처분은 매출을 통해 회수하지 못한 잔존원가를 회수할 수 있는 마지막 기회이다. 잔존원가 이상으로 매각하면 처분이익이, 이하로 매각하면 처분손실이 발생한다.

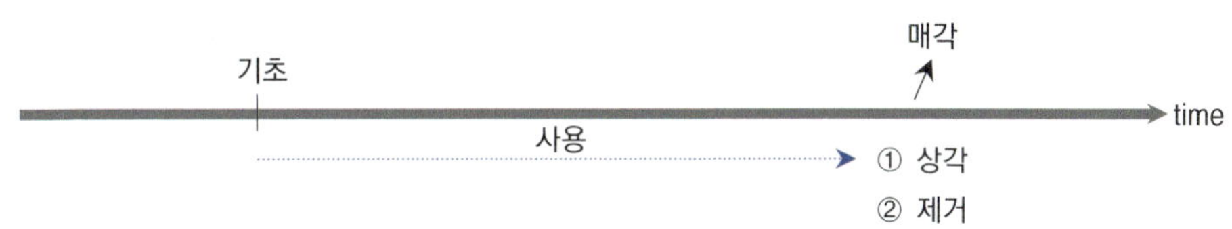

➲ 상각액은 처분연도의 매출을 통해서, 상각후원가(미상각원가)는 매각을 통해서 원가를 회수한다.

① 상각 : 처분연도에도 처분직전까지 유형자산을 사용하였으므로 기초부터 처분시점까지 유형자산의 사용액을 먼저 감가상각함으로써 최종장부금액(미상각원가 = 미회수원가 = 잔존원가)을 구한다.

② 제거 : 처분시점의 잔존원가는 그 때까지 매출을 통해 회수하지 못한 원가이므로 매각을 통해서 회수하여야 한다. 순처분금액(= 처분금액 − 처분비용)이 잔존원가를 초과하면 처분이익이 발생하고(취득원가를 전부 회수함), 순처분금액이 잔존원가에 미달하면 처분손실이 발생한다(취득원가를 전부 회수하지 못함).

예제 19 유형자산의 처분 : 손상이 없는 경우

2001.4.1	기계를 취득하다. 취득원가 20,000,000원, 내용연수 9년, 잔존가치 2,000,000원으로 추정한다. 정액법으로 상각하다.
2004.7.1	15,000,000원에 매각하다.

2004년 처분분개를 하시오.

풀이

① 상각 : 처분시점의 최종장부금액(상각후원가)결정

2001년 감가상각비 = (20,000,000 − 2,000,000) ÷ 9 × 9/12
= 1,500,000

2002-2003 감가상각비 = 18,000,000 × 1/9 × 2년
= 4,000,000

2004년 감가상각비 = 18,000,000 × 1/9 × 6/12
= 1,000,000

〈분개〉

2004.7.1. (차) 감 가 상 각 비 1,000,000 (대) 감 가 상 각 누 계 1,000,000

감가상각후 최종장부금액은 13,500,000(= 20,000,000 − 6,500,000)

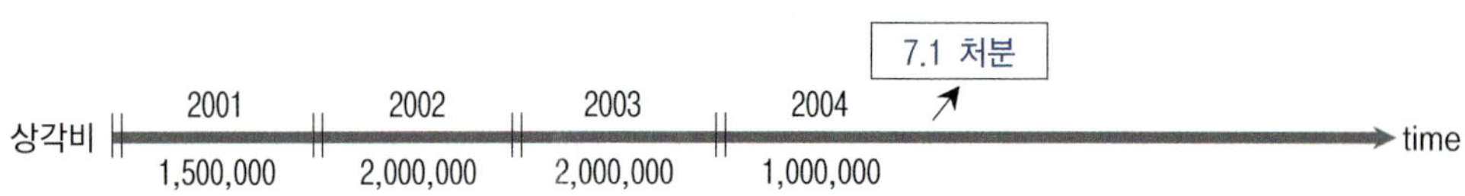

기계

1. 1 기초 20,000,000	

감가상각누계

	1. 1 기초 5,500,000
	7. 1 감가상각비 1,000,000

→ 최종상각후원가 13,500,000

② **제거** : 최종장부금액 13,500,000원의 가치를 지닌 기계를 15,000,000원에 매각한다. 최종장부금액이상으로 매각하므로 처분이익이 발생한다. 만약 13,500,000원 이하로 매각한다면 처분손실이 발생할 것이다.

〈분개〉

(차)			(대)		
	현 금	15,000,000		기 계	20,000,000
	감가상각누계	6,500,000		기계처분이익	1,500,000

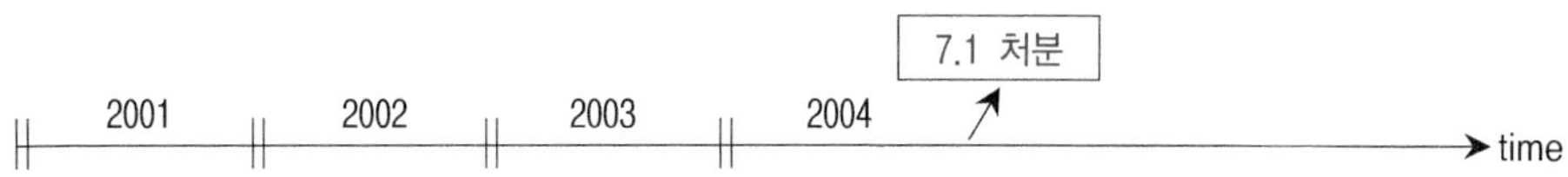

기계

1. 1 기초	20,000,000	7. 1 현금 등	20,000,000

감가상각누계

7. 1 기계 등	6,500,000	1. 1 기초	5,500,000
		7. 1 감가상각비	1,000,000

→ 장부금액 0, 기계관련계정은 모두 소멸한다.

《 예제 20 유형자산의 처분 : 손상이 있는 경우

예제 19의 자료를 그대로 사용한다. 단 2003년 말에 다음과 같은 손상이 발생하다.

2003.12.31. 기계의 순공정가치가 8,000,000원이고, 사용가치가 9,000,000원으로 추정되다. 손상처리를 하시오. 손상후 내용연수 말의 잔존가치는 없는 것으로 추정하다.

2004. 7.1. 처분분개를 하시오.

풀 이

① 2003.12.31. 감가상각 및 손상

(차) 감 가 상 각 비 2,000,000 (대) 감 가 상 각 누 계 2,000,000

2003년말 상각후원가 = 20,000,000(취득원가) − 5,500,000(상각누계) = 14,500,000

회수가능액 = Max(8,000,000, 9,000,000) = 9,000,000

손 상 차 손 = 9,000,000 − 14,500,000 = − 5,500,000

(차) 기 계 손 상 차 손 5,500,000 (대) 기계손상차손누계 5,500,000

손상후 기계 장부금액은 회수가능액 9,000,000원이다.

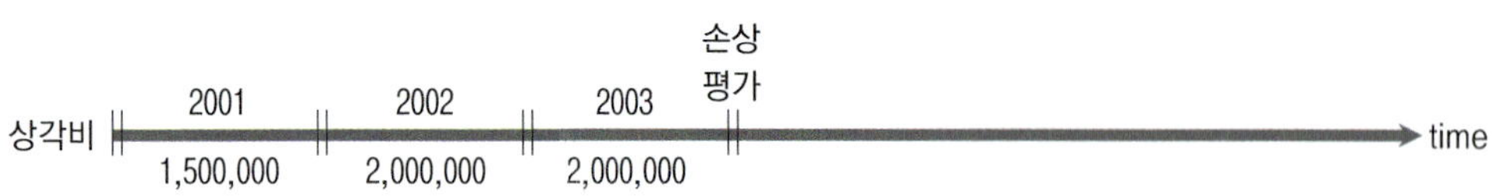

기계

차변		대변	
1. 1 기초	20,000,000		

감가상각누계

차변		대변	
		1. 1 기초	3,500,000
		12.31 감가상각비	2,000,000

손상차손누계

차변		대변	
		12.31 손상차손	5,500,000

→ 손상후 장부금액 9,000,000

② 2004.7.1. 상각

(차) 감 가 상 각 비　720,000　(대) 감 가 상 각 누 계　720,000

$$감가상각비 = (\underbrace{20{,}000{,}000}_{취득원가} - \underbrace{5{,}500{,}000}_{상각누계} - \underbrace{5{,}500{,}000}_{손상누계}) \times \frac{6}{75} = 720{,}000$$

$$감가상각후\ 최종장부금액 = \underbrace{20{,}000{,}000}_{취득원가} - \underbrace{6{,}220{,}000}_{상각누계} - \underbrace{5{,}500{,}000}_{손상누계} = 8{,}280{,}000$$

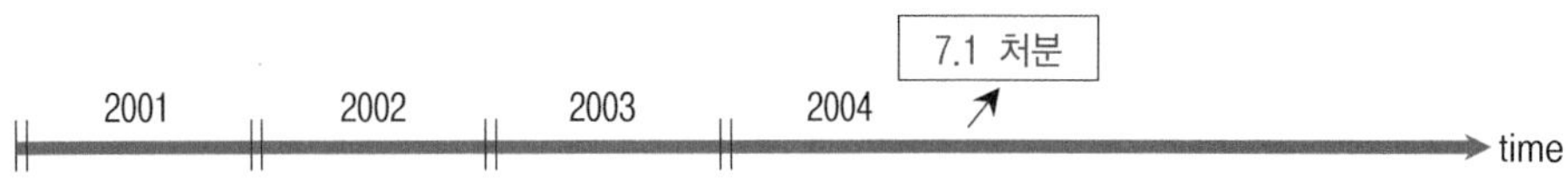

기계

차변		대변	
1. 1 기초	20,000,000		

감가상각누계

차변		대변	
		1. 1 기초	5,500,000
		7. 1 감가상각비	720,000

손상차손누계

차변		대변	
		1. 1 기초	5,500,000

→ 상각후 장부금액 8,280,000

③ 2004.7.1. 처분

8,280,000원의 잔존가치를 지닌 기계를 15,000,000원에 매각하므로 처분이익이 발생한다.

(차)	현 금	15,000,000	(대)	기 계	20,000,000
	감가상각누계	6,220,000		기계처분이익	6,720,000
	손상차손누계	5,500,000			

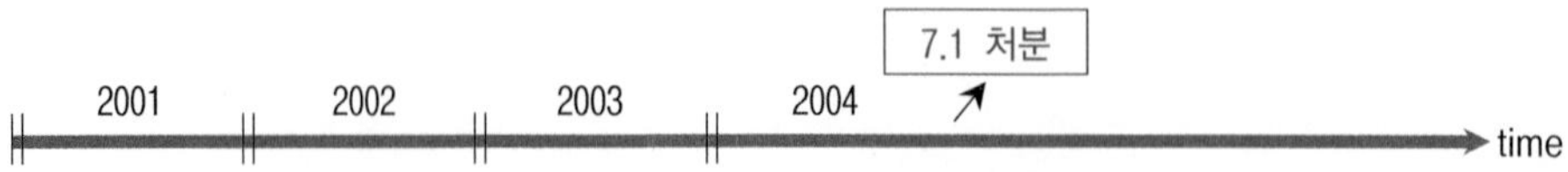

기계

1. 1 기초	20,000,000	7. 1 현금 등	20,000,000

감가상각누계

7. 1 기계 등	6,220,000	1. 1 기초	5,500,000
		7. 1 감가상각비	720,000

손상차손누계

7. 1 기계 등	5,500,000	1. 1 기초	5,500,000

→ 장부금액 0, 기계관련계정들의 잔액이 0이 되어 소멸한다.

연습문제

1 감가상각

갑사는 2018년 7월 1일에 설비를 193,600원에 취득하였다. 내용연수는 5년, 잔존가치는 43,600원으로 추정되며, 이 설비를 이용한 제품의 총생산량은 600개로 추정된다. 금액 계산시 소수점 이하는 반올림하시오.
주어진 감가상각방법을 적용했을 때 해당 연도의 감가상각비를 구하시오.

❶ 정액법 – 2018년도

❷ 연수합계법 – 2019년도

❸ 정률법 – 2019년도(정률은 24%이다).

❹ 생산량비례법 – 2019년도. 2019년도 생산량은 200개 이다.

2 유형자산의 평가와 처분

갑사는 2018년 7월 1일에 설비를 193,600원에 취득하였다. 내용연수는 5년, 잔존가치는 43,600원으로 추정된다. 금액 계산시 소수점 이하는 반올림하시오. 각 문제는 독립적이다.

❶ 정액법으로 상각하고 2019년 말 현재 이 설비자산의 회수가능액이 74,300원이라고 가정한다. 손상에 관한 분개를 하시오. 유형자산 평가모형으로 원가모형을 적용한다.

(차) (대)

❷ 정률법(정률: 24%)으로 상각하고 2020년 4월 1일 설비자산을 100,000원에 처분한다고 가정하면, 처분시점의 분개를 하시오.

(차) (대)

❸ 위 1번에 이어서, 2020년 감가상각비를 계산하시오. 손상 이후 잔존가치는 없는 것으로 가정한다.

3 유형자산의 재평가

갑사는 2018년 7월 1일에 설비를 193,600원에 취득하였다. 내용연수는 5년, 잔존가치는 43,600원으로 추정된다. 감가상각방법으로는 정액법을 적용하고, 유형자산 평가모형으로 재평가모형을 적용하며, 상각누계제거법을 이용한다. 재평가후 잔존가치는 없는 것으로 추정하며, 내용연수는 그대로이다. 금액계산시 소수점 이하는 반올림하시오.

1. 2019년 말 공정가치는 120,000원이다. 2019년 말 재평가 회계처리를 하시오.
2. 2020년 말 공정가치는 130,000원이다. 2020년 말 재평가 회계처리를 하시오.

4 토지원가

토지를 취득하다. 구입가격은 100,000,000원, 취득세 1,000,000원, 등기비용 500,000, 중개수수료 230,000원, 배수비용 170,000원, 토지정지비용 150,000원, 토지 위에 과수나무를 제거하는 비용이 300,000원 소비되다(단 과수나무 처분가격 100,000원).

토지 취득원가는 얼마인가?

5 토지와 건물의 일괄구입 : 구건물철거

건물신축목적으로 구건물이 있는 토지를 취득하였다. 구입가격은 100,000,000원, 취득세 1,000,000원, 등기비용 500,000, 중개수수료 230,000원, 배수공사비용 170,000원, 토지정지비용 150,000원, 구건물철거비용 3,000,000(철거과정에서 폐자재 처분수익 500,000원).

토지 취득원가는 얼마인가?

6 기계장치 취득원가

2001년 1월 1일 기계장치 취득과 관련해서 지출한 금액은 다음과 같다.

- 구입가격 5,000,000
- 설치장소 준비원가 100,000
- 취득 운송 및 하역비 80,000
- 설치원가 및 조립원가 150,000
- 동 기계장치의 도입으로 인해 공장설비를 재배치하는데 지출한 원가 200,000
- 시운전에 소요된 원가 110,000 (시운전에서 생산된 시제품 매각금액 60,000)
- 사용초기 조업도 수준이 완전조업도에 미치지 못해서 발생한 원가 75,000
- 법률전문가 수수료 45,000
- 동 기계장치를 사용하여 생산된 제품을 거래처에 소개하는 데 지출한 원가 70,000

2001년 2월 1일에 기계설치는 완료되었으나 시운전 등으로 인해 4월 1일부터 사용하게 되었다. 회사는 기계장치에 대해 이중체감법을 적용하며 내용연수는 5년, 잔존가치는 400,000원으로 추정한다.

❶ 기계장치의 취득원가는 얼마인가?

❷ 2001년 12월 31일의 감가상각비를 계산하시오. 금액계산시 소수점 이하는 반올림하시오.

7 자산의 교환취득

2020. 1. 1 A사는 B사와 기계장치를 서로 교환하다.

- A사 기계 : 취득원가 10,000,000 감가상각누계 8,000,000 공정가치 3,000,000
- B사 기계 : 취득원가 9,000,000 감가상각누계 7,000,000 공정가치 3,500,000

다음 교환거래에 대해 B사 입장에서 분개하시오.

❶ 양 회사의 기계에 대한 공정가치는 신뢰성 있게 측정가능하다. A사는 B사에게 추가로 700,000원을 지급하였다. 이 교환은 상업적 실질이 있는 것으로 판단된다.

❷ 제공자산의 공정가치보다 취득자산의 공정가치가 더 명백한 경우 분개하시오. 상업적 실질은 있고, 현금수수는 없다.

❸ 교환거래가 상업적 실질이 결여된 경우 분개하시오. 현금수수는 없다.

연습문제 해답

1 감가상각

1 2018년도 감가상각비 = (193,600 − 43,600) × 1/5 × 7/12 = 15,000

2 2019년도 감가상각비 = 150,000 × 5/15 × 6/12 + 150,000 × 4/15 × 6/12 = 45,000

3 2018년도 감가상각비 = 193,600 × 0.24 × 6/12 = 23,232
2019년도 감가상각비 = (193,600 − 23,232) × 0.24 = 40,888

4 2019년도 감가상각비 = 150,000 × 200/600 = 50,000

2 유형자산의 평가와 처분

1 2019년도 감가상각비 = 150,000 × 1/5 = 30,000
2019년 말 상각후원가 = 193,600 − 15,000 − 30,000 = 148,600
2019년 말 회수가능액 = 74,300

손상차손 = 74,300 − 148,600 = − 74,300

(차) 손상차손	74,300	(대) 손상차손누계	74,300

2 2019년 말 상각후원가 = 193,600 − 23,232 − 40,888 = 129,480
2020년 감가상각비 = 129,480 × 0.24 × 3/12 = 7,769

(차) 감가상각비	7,769	(대) 감가상각누계	7,769

처분전 최종장부금액 = 129,480 − 7,769 = 121,711
처분금액 = 100,000
처분손익 = 100,000 − 121,711 = − 21,711

(차) 감가상각누계	71,889	(대) 설비	193,600
현금	100,000		
설비처분손실	21,711		

❸ 2019년 말 손상후 기말장부금액 = 손상전 장부금액 148,600 − 손상누계 74,300 = 74,300

손상후 감가상각은 손상후 장부금액을 잔여내용연수에 걸쳐 상각한다. 2020년부터 잔여내용연수는 3.5년이다.

2020년 감가상각비 = 74,300 × 1/3.5 = 21,229

3 유형자산의 재평가

❶ 2019년 말 감가상각누계 = 45,000 → 2018년 감가상각비 15,000 + 2019년 감가상각비 30,000

2019년 말 상각후원가 = 193,600 − 45,000 = 148,600

2019년 말 공정가치 = 120,000

2019년 재평가손익 = 120,000 − 148,600 = −28,600

• 감가상각누계제거

(차) 감 가 상 각 누 계	45,000	(대) 설 비	45,000

• 재평가

(차) 재평가손실(P L)	28,600	(대) 설 비	28,600

❷ 2020년 감가상각비 = 120,000 × 1/3.5 = 34,286

(차) 감 가 상 각 비	34,286	(대) 감 가 상 각 누 계	34,286

2020년 말 상각후원가 = 120,000 − 34,286 = 85,714
2020년 말 공정가치 = 130,000
2020년 재평가손익 = 130,000 − 85,714 = 44,286

• 감가상각누계제거

(차) 감 가 상 각 누 계	34,286	(대) 설 비	34,286

• 재평가

(차) 설 비	44,286	(대) 재평가이익(P L)	28,600
		재평가이익(OCI)	15,686

2019년도의 재평가손실(PL) 내에서 재평가이익(PL)을 인식하고 초과액을 재평가이익(OCI)으로 인식한다.

4 토지원가

구입가격	100,000,000
취득세	1,000,000
등기비용	500,000
중개수수료	230,000
배수비용	170,000
토지정지비용	150,000
과수나무 철거비용	300,000
과수나무 처분가격	(100,000)
취득원가	102,250,000

5 토지와 건물의 일괄구입 : 구건물철거

구입가격	100,000,000
취득세	1,000,000
등기비용	500,000
중개수수료	230,000
배수공사비용	170,000
토지정지비용	150,000
구건물 철거비용	3,000,000
폐자재 처분가격	(500,000)
취득원가	104,550,000

6 기계 취득원가

1 취득원가

기계장치 구입가격	5,000,000
설치장소 준비원가	100,000
취득 운송 및 하역비	80,000
설치원가 및 조립원가	150,000
시운전에 소요된 원가	110,000
법률전문가 수수료	45,000
취득원가	5,485,000

2 2001년 12월 31일의 감가상각비

이중체감법 감가상각비 = 기초장부금액 × 연상각률
= 5,485,000 × 2/5 × 9/12 = 1,645,500

7 자산의 교환취득

1 기계의 취득원가 = 제공자산(B사 기계)의 공정가치 + 현금지급액 − 현금수취액
= 3,500,000 − 700,000
= 2,800,000

(차)	기계(신)	2,800,000	(대)	기계(구)	9,000,000
	감가상각누계	7,000,000		기계처분이익	1,500,000
	현금	700,000			

2 기계의 취득원가 = 취득자산(A사 기계)의 공정가치
= 3,000,000

(차)	기계(신)	3,000,000	(대)	기계(구)	9,000,000
	감가상각누계	7,000,000		기계처분이익	1,000,000

3 기계의 취득원가 = 제공자산(B사 기계)의 장부금액
= 2,000,000

(차)	기계(신)	2,000,000	(대)	기계(구)	9,000,000
	감가상각누계	7,000,000			

Chapter 07

금융자산(지분증권)

제1절 금융자산(지분증권)의 의의

지분이란 자본(순자산)을 의미한다. 그러므로 지분증권이란 자본에 대한 소유권을 나타내는 유가증권이다. 대표적인 지분증권은 주식(stock)이다. 타 기업이 발행한 주식을 투자목적으로 보유하면 금융자산으로 분류한다.

주식을 사고파는 것은 '주식'을 매개로 돈 거래를 하는 것이므로 금융거래에 속한다. 기업이 주식을 발행하는 것은 '자금을 조달하는 것'이고, 투자자가 주식을 매수하는 것은 '자금을 제공하는 것'이며, 주식을 매도하는 것은 '자금을 회수하는 것'이다. 자금을 회수할 때는 주가의 변동성으로 인해 투자자금을 회수하지 못할 위험이 존재한다.

지분증권의 수익창출방식

보유기간 중 배당수익을 얻거나, 주가가 상승할 때 매도함으로써 차익을 얻는 것을 목적으로 한다. 지분증권에 대한 투자는 수취할 미래현금흐름이 확정되어 있지 않다. 미래에 배당을 얼마나 받을 지, 주가가 얼마나 상승할지 모르고 투자하기 때문이다.

기업활동과 금융자산의 위치

금융자산은 영업용 자산이 아니다. 여유자금을 활용하여 수익을 얻기 위해 보유하는 투자자산이다. 그림1은 기업의 여러 자산 가운데 금융자산이 차지하는 위치와 다른 자산과의 관계를 나타내준다.

[그림 1] 기업활동과 금융자산의 위치

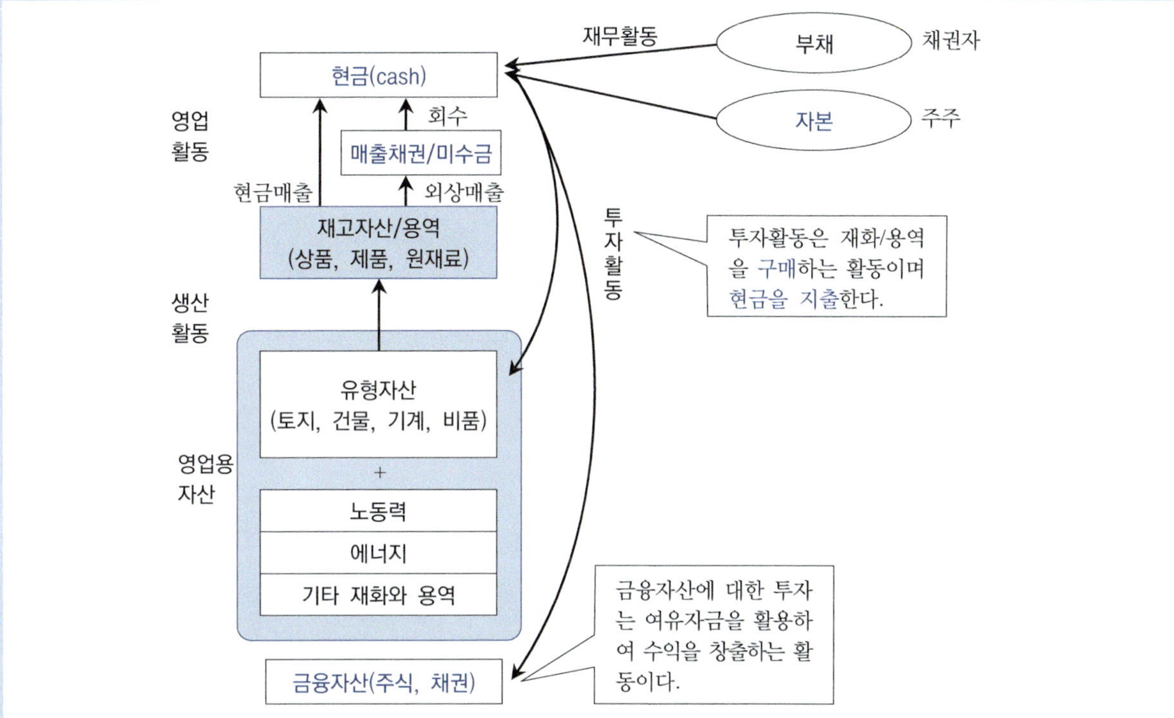

제2절 지분증권의 분류

지분증권은 취득 이후 후속측정의 관점에서 두 가지 모형으로 분류한다. 하나는 '공정가치-당기손익모형(Fair Value through Profit or Loss)', 다른 하나는 '공정가치-기타포괄손익모형(Fair Value through Other Comprehensive Income)'이다. 전자의 모형을 적용할 경우 'FVPL금융자산'으로 처리하고, 후자의 모형을 적용할 경우 'FVOCI금융자산'으로 처리한다. 이 둘의 차이는 후속적으로 지분증권을 공정가치로 평가한 후, 그 평가손익을 당기손익(PL)으로 처리하느냐, 기타포괄손익(OCI)으로 처리하느냐에 놓여 있다.

지분증권을 매수한 경우

- 단기매매목적인 경우 'FVPL금융자산'으로 처리한다.
- 단기매매목적이 아닌 경우 'FVOCI금융자산'으로 처리하도록 선택할 수 있다. 그 선택은 최초인식시점에서만 가능하며 선택 후 취소할 수 없다. FVOCI금융자산으로 선택하지 않으면 FVPL금융자산으로 처리한다.

제3절 금융자산(지분증권) 회계

지분증권 회계기록의 틀

지분증권의 수명주기는 '매수-보유-매도'이다. 지분증권의 회계처리는 매수시점부터 매도시점까지 장부금액(BV)을 인식하는 문제로 귀결된다. 국제회계기준(K-IFRS)은 금융자산(지분증권)을 '공정가치(FV)'로 평가하여 장부에 반영하도록 규정하고 있다. 지분증권의 공정가치에 대한 최선의 측정치는 거래가격(주가)이다. 매수-매도시점에서 발생하는 거래원가(수수료, 거래세 등)는 금융자산(지분증권) 장부금액에 포함하거나, 비용으로 처리할 수 있다.

[그림 2] 지분증권 회계기록의 틀

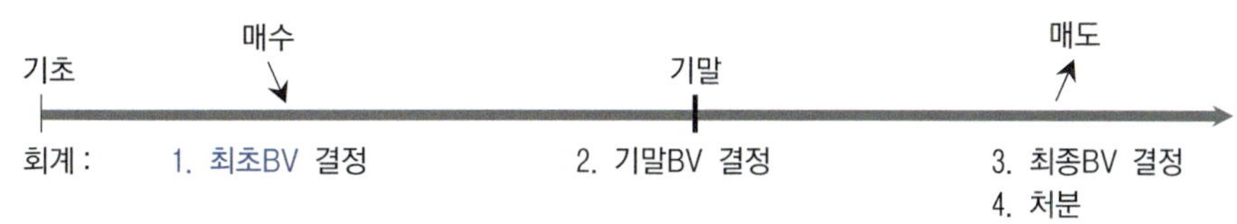

금융자산(지분증권)과 수익-비용의 발생

금융자산(지분증권)을 보유함으로써 발생하는 손익은 그림3과 같다. 지분증권에서 발생하는 실현손익(→ 처분손익)은 당기손익에 포함시키며, 미실현손익(→ 평가손익)은 당기손익(PL)에 포함시킬 수도, 기타포괄손익(OCI)에 포함시킬 수도 있다.

[그림 3] 금융자산(지분증권)과 수익-비용의 측정, 손익계산서에서 당기손익(PL)과 기타포괄손익(OCI)의 위치

자산의 측정-기록	수익/비용의 측정-기록
① 자산의 취득을 기록	
② 자산의 보유	→ 배당수익의 측정-기록
③ 자산의 처분-제거를 기록	→ 처분손익을 측정-기록
④ 자산의 가치변동을 기록	→ 평가손익을 측정-기록

손익계산서 1.1 ~ 12.31	
매 출 수 익	+++
매 출 원 가	---
매 출 총 이 익	±±±
영 업 비 용	---
영 업 이 익	±±±
영 업 외 손 익	
배 당 수 익	+++
처 분 손 익	±±±
평가손익(PL)	±±±
법인세차감전손익	±±±
법 인 세	---
당 기 순 이 익	±±±
기타포괄손익(OCI)	±±±
총 포 괄 손 익	±±±

평가손익은 금융자산의 취득-보유목적에 따라 당기손익(PL)으로 분류하거나 기타포괄손익(OCI)으로 분류한다. 장부마감시 당기순이익은 이익잉여금으로, 기타포괄손익은 '기타포괄손익누계'로 귀속된다.

1. FVPL금융자산

FVPL금융자산은 매수시점부터 매도시점까지 '공정가치(FV)'를 장부금액으로 인식한다. 공정가치는 상장주식의 경우 '시장가격'을 의미한다. 공정가치의 상승과 하락을 '금융자산평가손익(PL → 당기손익)'으로 인식한다. 만약 공정가치를 신뢰성 있게 측정할 수 없다면 원가를 공정가치의 대용치로 사용한다.

[그림 4] FVPL금융자산의 평가

BV : 장부금액, FV : 공정가치, TC : 거래원가

매수시점

매수시점의 공정가치를 최초장부금액으로 인식한다. 공정가치는 주식의 매수가격이다. 이때 거래원가(거래수수료, 거래세 등)는 금융자산의 원가에 포함시키지 않고 당기비용으로 처리한다.

기말시점

기말시점의 공정가치를 기말장부금액으로 인식한다. 공정가치의 변동을 '금융자산평가손익(PL)'으로 인식한다.

매도시점

매도시점의 공정가치를 최종장부금액으로 인식한다. 공정가치의 변동을 '금융자산평가손익(PL)'으로 인식한다. 그 결과 최종장부금액은 공정가치(매도가격)와 일치하므로 차손이나 차익이 발생하지 않는다. 대신, 처분시점의 거래원가를 '금융자산처분손실(PL)'로 인식한다.

예제 1 FVPL금융자산(지분증권)

2015. 8. 1	A사는 단기자금 운용목적으로 상장회사인 B사 주식 10주를 매입하였다. (시장가격 1주당 10,000원, 거래수수료 1,000원)
2015.12.31	B사 주식을 계속 보유하다. B사 주가가 주당 15,000원이 되다.
2016.12.31	B사 주식을 계속 보유하다. B사 주가는 주당 9,000원으로 하락하다.
2017. 6.30	B사 주식 10주를 주당 13,000원에 처분하다. 거래수수료 1,000원

각 일자의 회계처리를 하시오.

풀이

일자		차변	금액		대변	금액
2015. 8. 1	(차)	FVPL금융자산	100,000	(대)	현금	101,000
		수수료비용	1,000			
		취득시 거래원가를 FVPL금융자산의 장부금액에 포함하지 않는다.				
2015.12.31	(차)	FVPL금융자산	50,000	(대)	금융자산평가이익(PL)	50,000
2016.12.31	(차)	금융자산평가손실(PL)	60,000	(대)	FVPL금융자산	60,000

2017. 6.30 지분증권의 경우 처분일에 공정가치로 평가하고 평가손익을 인식한다.

(차) FVPL금융자산	40,000	(대) 금융자산평가이익(PL)	40,000

평가 후 FVPL금융자산 장부금액은 130,000원으로서 시장가격과 일치한다.
최종장부금액과 매도가격의 차이가 없으므로 처분손익이 발생하지 않는다.

대신, 거래원가를 처분손실로 인식한다.

(차) 현금	129,000	(대) FVPL금융자산	130,000
금융자산처분손실	1,000		

순처분가격 = 처분가격 − 거래원가
= 130,000 − 1,000
= 129,000

[그림 5] FVPL금융자산의 평가(예제 1)

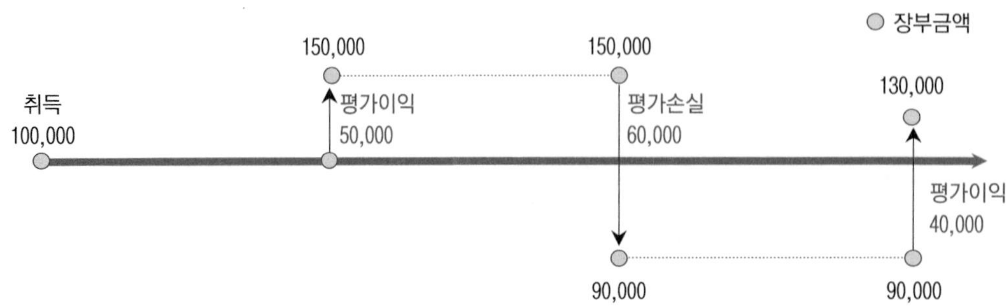

(차) F V P L 100,000
(대) 현 금 100,000

(차) F V P L 50,000
(대) 평가이익 50,000

(차) 평가손실 60,000
(대) F V P L 60,000

(차) F V P L 40,000
(대) 평가이익 40,000

(차) 현 금 129,000
처분손실 1,000
(대) F V P L 130,000

FVPL금융자산

차변	대변
8.1 100,000	

FVPL금융자산

차변	대변
8.1 100,000	
12.31 50,000	

금융자산평가이익(PL)

차변	대변
	12.31 50,000

FVPL금융자산

차변	대변
1.1 150,000	12.31 60,000

금융자산평가손실(PL)

차변	대변
12.31 60,000	

FVPL금융자산

차변	대변
1.1 90,000	6.30 130,000
6.30 40,000	

금융자산평가이익(PL)

차변	대변
	6.30 40,000

금융자산처분손실(PL)

차변	대변
6.30 1,000	

[그림 6] FVPL금융자산의 재무제표 표시(2016년)(예제 1)

재무상태표 2016.12.31

현　금	×××	매 입 채 무	×××
:		:	
매 출 채 권	×××	**장 기 차 입 금**	×××
건　물	×××	:	
:		자　본　금	×××
FVPL금융자산	90,000	자 본 잉 여 금	×××
자　산	×××	부 채 · 자 본	×××

손익계산서

매　출　액	×××
매 출 원 가	(×××)
매 출 총 이 익	×××
영 업 비 용	×××
감 가 상 각 비	(×××)
영 업 외 손 익	×××
금융자산평가손실	(60,000)
:	(×××)
당 기 순 이 익	×××
기타포괄손익(OCI)	×××
총 포 괄 손 익	×××

2. FVOCI금융자산

FVOCI금융자산은 매수시점부터 매도시점까지 공정가치를 기초로 장부금액을 인식한다. 공정가치의 상승과 하락을 '금융자산평가손익(OCI→기타포괄손익)'으로 인식한다.

[그림 7] FVOCI금융자산의 평가

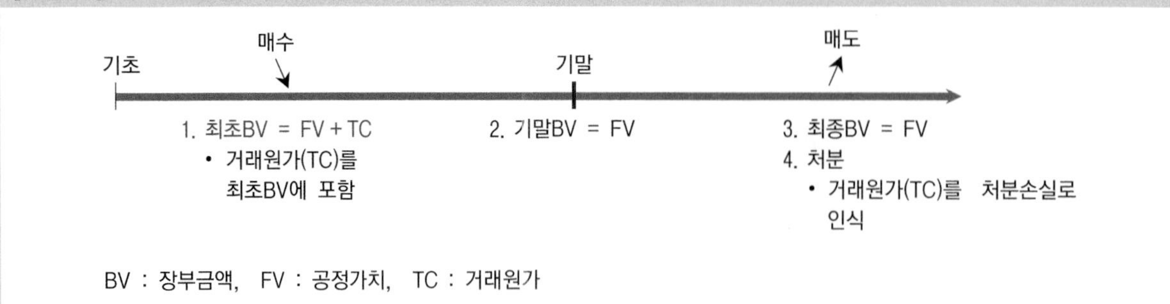

매수시점

매수시점의 공정가치와 거래원가를 최초장부금액으로 인식한다.

최초BV = FV(공정가치) + TC(거래원가)

기말시점

기말시점의 공정가치를 기말장부금액으로 인식한다. 공정가치의 변동을 '금융자산평가손익(OCI)'으로 인식한다.

매도시점

매도시점의 공정가치를 최종장부금액으로 인식한다. 공정가치의 변동을 '금융자산평가손익(OCI)'으로 인식한다. 그 결과 최종장부금액과 공정가치(매도가격)가 일치하므로 차손이나 차익이 발생하지 않는다. 대신 처분시점의 거래원가를 처분손실로 인식한다. 이때 FVOCI금융자산의 '기타포괄손익누계'를 당기손익(PL)으로 재순환(recycling)할 수 없으며 이익잉여금으로 대체할 수 있다.

예제 2 FVOCI금융자산(지분증권)

2015. 8. 1	A사는 장기보유목적으로 상장회사인 B사 주식 10주를 매입하였다. A사는 이 주식에 대해 FVOCI 금융자산으로 회계처리하기로 선택하였다.(시장가격 1주당 10,000원, 매입수수료 1,000원)
2015.12.31	B사 주식을 계속 보유하다. B사 주가가 주당 15,000원이 되다.
2016.12.31	B사 주식을 계속 보유하다. B사 주가는 주당 9,000원으로 하락하다.
2017. 6.30	B사 주식 10주를 주당 13,000원에 처분하다. 거래수수료 1,000원

각 일자의 회계처리를 하시오.

풀이

2015. 8. 1 (차) FVOCI금융자산 101,000 (대) 현금 101,000

취득시 거래원가를 금융자산 최초BV에 포함한다.

2015.12.31 (차) FVOCI금융자산 49,000 (대) 금융자산평가이익(OCI) 49,000

금융자산평가이익(OCI)은 손익계산서에 기타포괄손익(OCI)으로 표시된다.
기말에 장부마감을 통해 기타포괄손익누계로 집계된다.

(차) 금융자산평가이익(OCI) 49,000 (대) 금융자산평가손익(OCI누계) 49,000

2016.12.31 (차) 금융자산평가손실(OCI) 60,000 (대) FVOCI금융자산 60,000

금융자산평가손실(OCI)은 손익계산서에 기타포괄손익(OCI)으로 표시된다.
기말에 장부마감을 통해 기타포괄손익누계로 집계된다

(차) 금융자산평가손익(OCI누계) 60,000 (대) 금융자산평가손실(OCI) 60,000

2017. 6.30 지분증권의 경우 처분일에 먼저 공정가치로 평가한 후 제거분개를 한다.
처분시 처분비용을 처분손실로 인식한다.

(차) FVOCI금융자산 40,000 (대) 금융자산평가이익(OCI) 40,000
(차) 현금 129,000 (대) FVOCI금융자산 130,000
금융자산처분손실 1,000

2017.12.31 기말에 다음과 같은 마감분개를 한다.

(차) 금융자산평가이익(OCI) 40,000 (대) 금융자산평가손익(OCI누계) 40,000

지금까지 OCI누계 잔액 29,000원은 이익잉여금으로 대체할 수 있다. 금융자산이 매각되어 평가손익이 모두 실현되었는데도 OIC누계가 재무상태표에 남아 있는 것은 바람직하지 않으므로 이익잉여금으로 대체하는 것이 좋을 것이다.

(차) 금융자산평가손익(OCI누계) 29,000 (대) 미처분이익잉여금 29,000

[그림 8] FVOCI금융자산(지분증권)의 기말평가(예제 2)

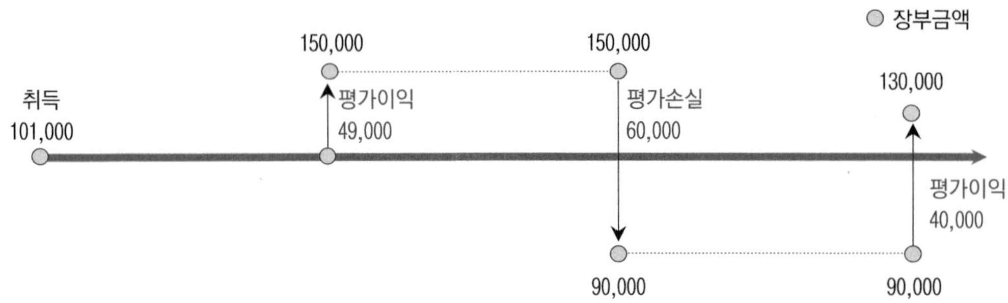

(차) FVOCI 101,000 (대) 현 금 101,000	(차) FVOCI 49,000 (대) 평가이익 49,000	(차) 평가손실 60,000 (대) FVOCI 60,000	(차) FVOCI 40,000 (대) 평가이익 40,000
			(차) 현 금 129,000 처분손실 1,000 (대) FVOCI 130,000

FVOCI금융자산

차변	대변
8.1 101,000	

FVOCI금융자산

차변	대변
8.1 101,000	
12.31 49,000	

금융자산평가이익(OCI)

차변	대변
	12.31 49,000

FVOCI금융자산

차변	대변
1.1 150,000	12.31 60,000

금융자산평가손실(OCI)

차변	대변
12.31 60,000	

FVOCI금융자산

차변	대변
1.1 90,000	6.30 130,000
6.30 40,000	

금융자산평가이익(OCI)

차변	대변
	6.30 40,000

금융자산처분손실

차변	대변
6.30 1,000	

[그림 9] FVOCI금융자산의 재무제표 표시(2016년)(예제 2)

재무상태표 2016.12.31

현 금	×××	매 입 채 무	×××
:		:	
매 출 채 권	×××	**장 기 차 입 금**	×××
건 물	×××	:	
:		자 본 금	×××
FVOCI금융자산	90,000	자 본 잉 여 금	×××
자 산	×××	부 채 · 자 본	×××

손익계산서

매 출 액	×××
매 출 원 가	(×××)
매 출 총 이 익	×××
영 업 비 용	×××
감 가 상 각 비	(×××)
영 업 외 손 익	×××
:	(×××)
당 기 순 이 익	×××
금융자산평가손실	(60,000)
총 포 괄 손 익	×××

예제 3 FVPL금융자산의 매도

갑사는 을사의 주식을 단기매매목적으로 매매하다.

5. 1	100주 구매, 단가 500원, 수수료 1,000
7. 1	100주 구매, 단가 400원, 수수료 1,000
11. 1	150주 판매, 단가 600원, 수수료 1,000
12.31	단가 400원

1. 11. 1 매도거래를 분개하시오.
2. 12.31 기말평가를 하시오.
3. FVPL금융자산이 당기순이익에 미치는 영향을 계산하시오(예: +10,000 또는 −10,000).

풀이

1. 7.1 이동평균단가 = (100주 × 500원 + 100주 × 400원) ÷ 200주 = 450/주

   11.1 150주 판매금액 = 150주 × 600원 = 90,000원

   150주 장부금액 = 150주 × 450원 = 67,500원

   150주 평가이익 = 90,000원 − 67,500원 = 22,500원

〈분개〉

① 공정가치로 평가	: (차) FVPL금융자산	22,500	(대) 금융자산평가이익(PL)	22,500
② 처분	: (차) 현금	89,000	(대) FVPL금융자산	90,000
	금융자산처분손실	1,000		

순처분가격 = 처분금액 − 거래원가

= 90,000 − 1,000

= 89,000

2. 12.31 잔여수량은 50주, 기말 주당가격은 400원

   50주 공정가치 = 50주 × 400원 = 20,000원

   50주 장부금액 = 50주 × 450원 = 22,500원

   50주 평가손실 = 20,000원 − 22,500원 = − 2,500원

〈분개〉

공정가치로 평가	: (차) 금융자산평가손실(PL)	2,500	(대) FVPL금융자산	2,500

3. 당기순이익에 미치는 영향 = + 19,000

금융자산평가이익	22,500
금융자산평가손실	(2,500)
금융자산처분손실	(1,000)
	19,000

예제 4 FVOCI금융자산의 매도

갑사는 을사의 주식을 매매하다. 갑사는 을사의 주식을 FVOCI금융자산으로 처리하도록 선택하다.

5. 1	100주 구매, 단가 500원, 수수료 1,000
7. 1	100주 구매, 단가 400원, 수수료 1,000
11. 1	150주 판매, 단가 600원, 수수료 1,000
12.31	단가 400원

1. 11. 1 매도거래를 분개하시오.
2. 12.31 기말평가를 하시오.
3. FVOCI금융자산이 당기순이익에 미치는 영향을 계산하시오(예: +10,000 또는 −10,000).

풀이

1. 7.1 이동평균단가 = (100주 × 500원 + 1,000 + 100주 × 400원 + 1,000) ÷ 200주 = 460원/주

11.1 150주 판매금액 = 150주 × 600원 = 90,000원

150주 장부금액 = 150주 × 460원 = 69,000원

150주 평가이익 = 90,000원 − 69,000원 = 21,000원

〈분개〉

① 공정가치로 평가	: (차)	FVOCI금융자산	21,000	(대)	금융자산평가이익(OCI)	21,000
② 처분	: (차)	현금	89,000	(대)	FVOCI금융자산	90,000
		금융자산처분손실	1,000			

순처분가격 = 처분금액 − 거래원가
= 90,000 − 1,000
= 89,000

2. 12.31 잔여수량은 50주, 기말 주당가격은 400원
50주 공정가치 = 50주 × 400원 = 20,000원
50주 장부금액 = 50주 × 460원 = 23,000원
50주 평가손실 = 20,000원 − 23,000원 = − 3,000원

〈분개〉

① 공정가치로 평가 :	(차) 금융자산평가손실(OCI)	3,000	(대) FVOCI금융자산	3,000
② 마감분개 :	(차) 금융자산평가이익(OCI)	21,000	(대) 금융자산평가손익(OCI누계)	21,000
	(차) 금융자산평가손익(OCI누계)	3,000	(대) 금융자산평가손실(OCI)	3,000

결과적으로 기말에 금융자산평가손익(OCI누계)는 대변잔액 18,000원이 된다.

만약, 처분된 수량에서 발생한 금융자산평가손익(OCI누계)을 이익잉여금으로 대체한다면 다음과 같은 분개를 해야 한다.

(차) 금융자산평가손익(OCI누계) 21,000 (대) 미처분이익잉여금 21,000

그럴 경우, 금융자산평가손익(OCI누계)은 차변잔액 3,000원이 될 것이다.

3. 당기순이익에 미치는 영향 = − 1,000(금융자산처분손실)

금융자산(지분증권)의 평가요약

분류	최초BV	기말BV	기말평가손익	처분일의 최종BV	처분시 OCI누계 → PL재순환
FVPL 금융자산	FV (TC→비용)	FV	당기손익(PL)	FV (→처분일에'평가손익'인식 & TC를 '처분손실'로 인식)	
FVOCI선택 금융자산	FV+TC	FV	기타포괄손익(OCI)		재순환불가 (OCI누계→이익잉여금으로 대체가능)

BV : 장부금액, FV : 공정가치, TC : 거래원가

연습문제

1 주식의 매수와 매도 1

❶ 2018. 8. 1 A사는 단기매매목적으로 B사 주식 100주를 매수하였다. A사는 매수한 주식을 FVPL금융자산으로 분류한다. B사 주식의 시장가격은 15,000원이고, 매입수수료는 5,000원이다.

(차) (대)

❷ 2018.12. 1 B사의 주식 50주를 20,000원에 처분하다. 처분수수료는 5,000원이다.

(차) (대)

❸ 2018.12.30 B사의 주가는 13,000원이 되다.

(차) (대)

❹ 2018년 A사의 금융자산으로 인한 당기손익에 미치는 영향은 얼마인가

2 주식의 매수와 매도 2

A사는 B사가 발행한 주식을 매수 및 매도하다. 양사의 결산일은 12월 31일이다.

2020. 2. 1.	매수	2,000주,	단가 3,000원,	수수료 2,400원
2020. 8. 1.	무상증자	400주		
2020.10. 1.	매도	1,500주,	단가 3,500원,	수수료 2,000원
2020.12.31.			단가 2,000원,	

❶ A사는 B사 주식을 FVPL금융자산으로 분류한다. 각 일자별로 분개하고 기말 평가를 하시오.

❷ A사는 B사 주식을 FVOCI금융자산으로 선택한다. 각 일자별로 분개하고 기말 평가를 하시오.

연습문제 해답

1 주식의 매수와 매도 1

❶

(차)	FVPL금융자산	1,500,000	(대)	현금	1,505,000
	수수료비용	5,000			

❷

(차)	FVPL금융자산	250,000	(대)	금융자산평가이익(PL)	250,000
(차)	현금	995,000	(대)	FVPL금융자산	1,000,000
	금융자산처분손실	5,000			

❸

(차)	금융자산평가손실(PL)	100,000	(대)	FVPL금융자산	100,000

❹ 평가이익 250,000 − 평가손실 100,000 − 수수료비용 5,000 − 처분손실 5,000
= 140,000(당기순이익을 증가시킴)

2 주식의 매수와 매도 2

❶

일자						
2020. 2. 1	(차)	FVPL금융자산	6,000,000	(대)	현금	6,002,400
		수수료비용	2,400			
2020.10. 1	(차)	FVPL금융자산	1,500,000	(대)	금융자산평가이익(PL)	1,500,000
	(차)	현금	5,248,000	(대)	FVPL금융자산	5,250,000
		금융자산처분손실	2,000			

매수평균단가 = 6,000,000 ÷ 2,400주 = 2,500/주
매수원가 = 1,500주 × 2,500 = 3,750,000
매도대금 = 1,500주 × 3,500 = 5,250,000
평가손익 = 5,250,000 − 3,750,000 = 1,500,000

일자						
2020.12.31	(차)	금융자산평가손실(PL)	450,000	(대)	FVPL금융자산	450,000

매수원가 = 900주 × 2,500 = 2,250,000
공정가치 = 900주 × 2,000 = 1,800,000
평가손익 = 1,800,000 − 2,250,000 = − 450,000

2

2020. 2. 1	(차) FVOCI금융자산	6,002,400	(대) 현 금	6,002,400
2020.10. 1	(차) FVOCI금융자산	1,498,500	(대) 금융자산평가이익(OCI)	1,498,500
	(차) 현 금	5,248,000	(대) FVOCI금융자산	5,250,000
	금융자산처분손실	2,000		

매수평균단가 = 6,002,400 ÷ 2,400주 = 2,501/주

매 수 원 가 = 1,500주 × 2,501 = 3,751,500

매 도 대 금 = 1,500주 × 3,500 = 5,250,000

평 가 손 익 = 5,250,000 − 3,751,500 = 1,498,500

2020.12.31	(차) 금융자산평가손실(OCI)	450,900	(대) FVOCI금융자산	450,900

매 수 원 가 = 900주 × 2,501 = 2,250,900

공 정 가 치 = 900주 × 2,000 = 1,800,000

평 가 손 익 = 1,800,000 − 2,250,900 = − 450,900

OCI는 마감분개를 통해 OCI누계로 이동한다. 이동 후 실현된 부분에 대한 OCI누계 1,498,500은 이익잉여금으로 대체할 수 있다.

마감분개 :	(차) 금융자산평가이익(OCI)	1,498,500	(대) 금융자산평가손익(OCI누계)	1,498,500
	(차) 금융자산평가손익(OCI누계)	450,900	(대) 금융자산평가손실(OCI)	450,900

이익잉여금으로 대체 :

(차) 금융자산평가손익(OCI누계)	1,498,500	(대) 미처분이익잉여금	1,498,500

Chapter 08

금융자산(채무증권)

제1절 금융자산(채무증권)의 의의

채권(bonds)은 발행기업이 정기적으로 이자를 지급하고 만기에 액면금액을 상환하기로 약속한 증권이다. 타 기업이 발행한 채권이나 국공채를 투자목적으로 보유하면 금융자산으로 분류한다.

기업이 채권을 발행하는 것은 '자금을 빌리는 것(차입)'이고, 투자자가 채권을 매수하는 것은 '자금을 빌려주는 것(대출)'이며, 채권을 매도하는 것은 '자금을 회수하는 것'이다. 자금회수방법은 만기회수와 조기회수가 있다. 만기회수의 경우 액면금액을 회수하고, 조기회수의 경우 매도가격만큼 회수한다.

채무증권의 수익창출방식

채권투자의 목적은 이자수익을 얻는 것이지만, 시장이자율이 하락하여 채권가격이 상승하면 채권을 매도함으로써 차익을 얻을 수 있다. 채권투자는 수취할 미래현금흐름이 확정되어 있다. 정기적으로 받을 이자와 만기에 받을 금액(액면금액)이 미리 확정되어 있기 때문이다. 주식투자와 비교해 볼 때, 주식투자자는 미래에 얼마를 회수할 지 모르는 반면, 채권투자자는 미래에 회수할 금액을 미리 알고 투자한다. 물론 채권을 만기이전에 매도할 경우 액면금액이 아니라 매도금액을 회수하게 된다.

금융투자협회와한국거래소의 발표자료에 의하면, 국내 채권시장에서 가장 많이 거래되는 채권은 국고채 1년물과 국고채 3년물, 그리고 3년 만기 무보증회사채이다(국제신문 2017.11.27.(월)). 국고채금리는 무위험이자율이 될 것이다. 3년 만기 무보증회사채는 신용등급에 따라 금리차이가 난다. 신용등급은 원리금상환능력을 의미하므로 아래의 회사채금리는 각 채권의 신용위험을 반영한 '시장이자율'을 의미한다.

구 분	2017년 11월 1일	2017년 11월 24일	증감률(%P)
국고채1년물	1.765	1.824	0.059
국고채3년물	2.140	2.169	0.029
회사채AA- (무보증 3년)	2.705	2.722	0.017
회사채BB- (무보증 3년)	8.950	8.975	0.025

〈자료 : 금융투자협회 %〉

제2절 금융자산(채무증권)의 분류

채무증권은 취득 이후 후속측정의 관점에서 세 가지 모형으로 분류한다. AC모형, FVOCI모형, 그리고 FVPL모형이다. 이 모형들은 계약상 현금흐름특성과 사업모형의 차이에 기인한다.

계약상 현금흐름특성

채무증권은 기본적으로 계약상 현금흐름특성을 갖는다. 계약상 현금흐름이란 수취하기로 약속한 미래현금흐름(원금, 이자, 매도대금, 수익분배금, 환매대금 등)을 말한다. 채권투자가 금융자산(채무증권)으로 분류되기 위해서는 계약상 현금흐름이 '원금과 이자의 수취'만으로 이루어져야 한다(SPPI요건). 계약상 현금흐름이 이 두 가지 요소 외에 추가적으로 발생할 수 있도록 설계되어서는 안된다(예: 파생상품).

사업모형

① 계약상 현금흐름의 수취만을 목적으로 하는 사업모형 : AC금융자산(Amortized Cost, 상각후원가)으로 분류한다. 원금과 이자를 모두 수취하기 위해서는 채권을 만기까지 보유해야 가능하다. 대표적인 예는 만기까지 보유할 일반사채나 국공채, 장기대여금이나 수취채권이 여기에 속한다.

② 계약상 현금흐름의 수취와 매도(차익), 둘 다를 목적으로 하는 사업모형 : FVOCI금융자산으로 분류한다. 이자를 수취하면서 채권가격이 상승할 경우 만기 전이라도 매도함으로써 차익을 취할 목적이다. 대표적인 예는 매도가능한 일반사채나 국공채이다.

③ AC/FVOCI금융자산으로 분류될 수 없는 채무상품은 FVPL금융자산으로 분류한다(예: SPPI요건을 충족하지 못하는 채무상품). 그리고 AC/FVOCI금융자산으로 분류된다 하더라도 FVPL금융자산으로 선택할 수 있다. 단, 그 선택은 회계불일치를 제거하거나 감소시키는 경우에만 허용되고, 최초인식시점에서만 선택가능하며 선택 후 취소할 수 없다는 조건이 붙는다.

제3절 채무증권 회계

채무증권의 수명주기는 '매수-보유-매도'이다. 금융자산(채무증권) 회계는 매수시점부터 매도시점까지 장부금액을 결정하는 것이 관건이다. 매수시점에서는 최초장부금액을, 기말시점에서는 기말장부금액을, 매도시점에서는 최종장부금액을 측정해서 기록한다. 매수-매도시점에서는 거래원가(TC)가 발생하기 마련인데, 그것을 어떻게 처리할 것인지도 유의해야 한다.

[그림 1] 채무증권 회계의 틀

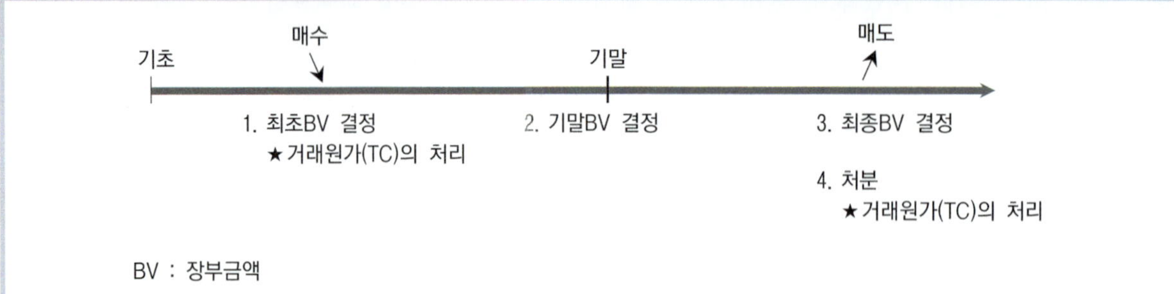

매수시점

매수시점에서는 채무증권의 '최초장부금액(BV)'을 측정하여 기록한다. 최초BV는 '매수시점의 공정가치(FV)'로 결정한다. 매수시점의 공정가치란 수취할 미래현금흐름의 현재가치(PV)이자 매수시점의 '시장가격(매수가격)'이다(공정가치=현재가치=시장가격). 금융자산을 매수할 경우 거래원가(거래세, 거래수수료 등)도 지불해야 한다. 거래원가를 금융자산 최초장부금액에 포함할 것인지, 비용으로 처리할 것인지도 결정해야 한다.

기말시점

기말시점에서는 '기말장부금액'을 측정하여 기록한다. 기말에는 ① 이자수익의 인식과 ② 공정가치 변동의 인식, 그리고 ③ 손상차손(환입)의 인식문제가 중요하다.

매도시점

채무증권을 만기까지 보유할 경우 최종장부금액은 액면금액이다. 만기 이전에 매도할 경우, 매도시점의 '최종장부금액'을 측정하여 기록해야 한다. 최종장부금액에 해당하는 금융자산을 매도하는 것이다. 최종장부금액이 결정되어야 매도차익(=순처분가격 − 최종장부금액)을 계산할 수 있다. 따라서 매도시점에서 최종장부금액을 먼저 인식하고, 그 다음 매도분개를 한다. 거래원가는 매도가격에서 차감한다.

채권의 장부금액에 반영할 요소는 다음 세 가지이며, 후속측정모형에 따라 특정 요인을 장부에 반영하거나 하지 않을 수 있다.

$$P(\text{채권가격}) = \frac{\text{액면이자}}{(1+r)^1} + \frac{\text{액면이자}}{(1+r)^2} + \frac{\text{액면이자} + \text{액면금액}}{(1+r)^3}$$

① 이자수익

채무증권을 매수하는 것은 '돈을 빌려준 것(대출)'에 해당하므로 이자를 받게 된다. 보유기간동안 발생하는 이자도 '벌어들인(earned) 금융자산'이므로 인식해야 한다. 정기적으로 수취하는 이자(→액면이자)는 '미수이자'로 인식하고, 채권의 만기에 수취하는 이자(→할인액상각분)는 '금융자산(채무증권) 장부금액'에 포함시킨다. 채무증권의 투자수익률은 매수시점의 유효이자율로 확정된다. 매수시점의 유효이자율이 보유기간동안 수익률이 된다. 만약 취득 이후 이자율변동과 수취할 현금흐름에 변동이 없다면, 이자수익인식 후 채권의 '기말총장부금액'은 기말의 공정가치(채권가격)와 항상 일치하게 된다.

② 시장이자율변동

현실적으로 이자율은 시시각각 변동한다. 시장이자율이 하락(상승)하면 채권가격이 상승(하락)한다. 이자율변동으로 인해, 취득 시점의 유효수익률에 따라 인식된 채권의 '기말총장부금액'은 공정가치(채권가격)와 차이가 나게 된다. 이 때 기말총장부금액을 공정가치로 수정하는 모형이 FVOCI모형과 FVPL모형이다(공정가치회계).

③ 수취할 미래현금흐름의 변동

채무증권은 미래에 수취할 현금흐름이 계약으로 확정되어 있다. 만약 발행기업의 신용위험이 증가하여 채무불이행이 발생하면 수취할 현금흐름이 감소할 수 있다. 그럴 경우, 받지 못하게 될 현금흐름(기대신용손실)을 예상하여 미리 손실로 처리해야 한다(손상회계).

	AC모형	FVOCI모형	FVPL모형
① 이자수익	유효이자(PL)	유효이자(PL)	표시이자(PL)
② 시장이자율변동 ⇨ 공정가치회계	X	평가손익(OCI)	평가손익(PL)
③ 수취할 미래현금흐름변동 ⇨ 손상회계	손상차손/환입(PL)	손상차손/환입(PL)	X
OCI의 재분류 및 OCI누계의 재순환		OCI를 손상차손/환입으로 재분류하거나 OCI누계를 처분손익으로 재순환할 수 있다. ⇨ 결과적으로, FVOCI 모형에서의 당기손익(PL)은 AC모형에서의 당기손익과 동일하다.	

채권을 취득한 후 시장이자율이 변동하지 않고 수취할 미래현금흐름의 변동이 없다면 채권가격(→공정가치)은 취득시점의 유효이자율에 따른 이자수익만 반영하여 움직인다. 그러나 현실적으로 채권의 시장이자율은 매일의 수급에 따라 변하며, 발행기업의 신용위험이 증가하여 채무이행이 어려운 상황에 처하게 되어 수취할 미래현금흐름이 축소될 수 있다. 시장이 합리적이라면 ②시장이자율변동과, ③수취할 미래현금흐름변동은 모두 채권가격변동으로 나타난다. 취득 이후 각 요인에 따른 채권가격변동을 장부에 어떻게 반영할 것인지가 채무증권회계의 핵심포인트이다.

취득 이후 시장이자율변동으로 인한 채권가격변동을 장부에 반영하는 모형이 FVOCI모형과 FVPL모형이다. 취득 이후 수취할 미래현금흐름의 감소로 인한 채권가격하락을 장부에 반영하는 모형은 AC모형과 FVOCI모형이다.

[그림 2] 금융자산(채무증권)과 수익-비용대응, 손익계산서에서 당기손익(PL)과 기타포괄손익 (OCI)의 위치

자산의 측정-기록	수익/비용의 측정-기록
① 자산의 취득을 기록	
② 자산의 보유	→ 이자수익의 측정-기록
③ 자산의 처분-제거를 기록	→ 처분손익을 측정-기록
④ 자산의 가치변동을 기록	→ 평가손익을 측정-기록

평가손익은 금융자산의 취득-보유목적에 따라 당기손익(PL)으로 분류하거나 기타포괄손익(OCI)으로 분류한다. 장부마감시 당기순이익은 이익잉여금으로, 기타포괄손익은 '기타포괄손익누계'로 귀속된다.

손익계산서 1.1 ~ 12.31	
매 출 수 익	+++
매 출 원 가	---
매출총이익	±±±
영 업 비 용	---
영 업 이 익	±±±
영업외손익	
이 자 수 익	+++
처 분 손 익	±±±
평가손익(PL)	±±±
법인세차감전손익	±±±
법 인 세	---
당기순이익	±±±
기타포괄손익(OCI)	±±±
총포괄손익	±±±

제4절 AC금융자산

채권을 만기까지 보유함으로써 정기적으로 이자수익을 얻고 만기에 액면금액을 회수하는 것이 목적이라면 AC금융자산으로 분류한다. 이 경우 이자율변동으로 인한 채권가격변동을 장부금액에 반영할 필요는 없을 것이다. 발행기업의 신용위험에 유의적인 변화가 없는 상태라면, AC모형에서는, 취득시점에서 결정된 연평균 유효수익률에 따라 벌어들인 이자수익을 금융자산으로 인식하는 분개만 한다.

1. 명목발행일에 이표채를 매수한 경우

명목발행일이란 채무증권에 명기된 발행일이다. 채권에는 발행일과 상환일이 명기되어 있다. 가장 일반적인 3년 만기 회사채의 명목발행일을 기초(1월 1일)로 가정하고 설명한다. 예제1을 통해 채권에 관한 기본개념을 익히도록 하자.

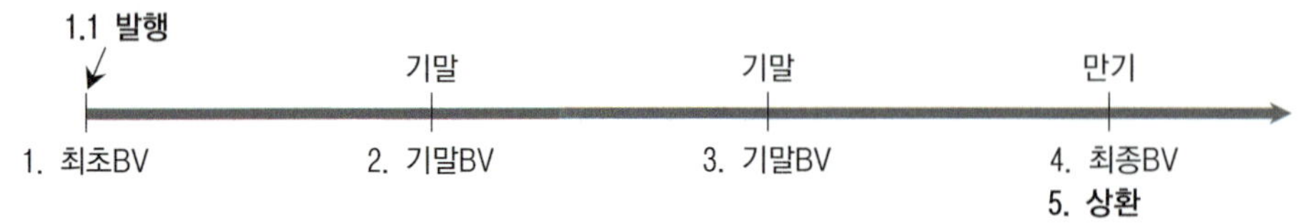

예제 1 채무증권의 기본개념

2001.1.1	3년 만기 회사채를 매수하다. 이날은 명목발행일이다. 액면금액 100,000원, 표시이자율 4%(이자지급일은 매년 말). 이 채권은 현재 시장에서 94,654원에 거래되고 있다. 거래원가 2,623원을 지불하다.

1. 매수시점에서 채권의 공정가치를 구하시오.
2. 매수시점에서 이 채권의 시장이자율을 구하시오.
3. 이 채권을 AC금융자산으로 분류한 경우 최초장부금액을 구하시오.
4. 매수시점에서 AC금융자산의 유효(이자)수익률을 구하시오.
5. 이 채권의 할인액을 구하시오.
6. 이 채권을 AC금융자산으로 분류한 경우, 매년 유효이자와 AC금융자산 기말장부금액을 구하시오. 장부금액에 대한 조정표를 작성함으로써 답하시오.
7. 이 금융자산(채무증권)의 장부금액의 변화를 그림으로 표시하시오.

풀이

1. 채권의 공정가치(FV)는 수취할 미래현금흐름의 현재가치(PV)이다. 채권의 미래현금흐름이 확정되어 있고, 발행기업의 신용위험도 알 수 있으므로 현재가치를 대체로 정확히 계산할 수 있다. 따라서 채권의 거래가격이 곧 현재가치로 간주된다(공정가치=현재가치=시장가격). 시장가격 94,654원이 현재가치이자 공정가치로 보아야 한다.

2. 특정 채권의 시장이자율이란 발행기업과 투자자가 합의한 이자율이다. 시장이자율은 발행기업입장에서는 신용위험을 반영한 자금의 조달비용(자본비용)이 되고, 채권투자자의 입장에서는 요구수익률이 된다. 채권의 시장이자율이 확실하게 결정되면 미래현금흐름을 시장이자율로 할인하여 채권의 현재가치를 결정할 수 있다. 그러나 실무에서 채권의 매수시점에서 확정된 것은 시장가격과 미래현금흐름이다. 확정된 것을 이용하여 확정되지 않은 것(할인율)을 역산한다. 시장이자율은 수취할 미래현금흐름의 현재가치와 시장가격을 일치시키는 할인율로 결정한다.

$$\underbrace{94{,}654}_{\text{시장가격}} = \underbrace{PV = \frac{4{,}000}{(1+r)} + \frac{4{,}000}{(1+r)^2} + \frac{104{,}000}{(1+r)^3}}_{\text{미래현금흐름의 현재가치(공정가치)}}$$

위 식을 만족시키는 할인율(r)은 6%이다. 그러므로 '이 채권의 시장이자율'은 6%이다.

3. AC금융자산의 최초장부금액(BV)은 채권의 매수가격(시장가격)뿐만 아니라 거래원가를 포함한다.

$$\begin{aligned} \text{AC금융자산 최초BV(취득원가)} &= \text{매수시점의 공정가치(매수가격)} + \text{거래원가} \\ &= 94{,}654 + 2{,}623 \\ &= 97{,}277 \end{aligned}$$

4. 유효(이자)수익률이란 채권투자자의 '실질적인 이자수익률'을 말한다. 이 채권을 매수하는 데 소요된 원가는 시장가격 94,654가 아니라 거래원가를 포함한 97,277이다. 따라서 채권투자자의 실질수익률은 시장이자율 6%가 아니다. 투자자의 실질적인 수익률(유효이자율)은 미래현금흐름의 현재가치가 '최초BV(취득원가)와 일치되는 할인율'이다. 유효이자율은 다음과 같이 계산된다.

$$\underbrace{97{,}277}_{\substack{\text{최초BV} \\ \text{(취득원가)}}} = \underbrace{PV = \frac{4{,}000}{(1+r)} + \frac{4{,}000}{(1+r)^2} + \frac{104{,}000}{(1+r)^3}}_{\text{미래현금흐름의 현재가치(공정가치)}}$$

위 식을 만족시키는 할인율(r)은 5%이다. 그러므로 유효이자율은 5%에 해당하며, 이 5%가 투자자의 실질수익률이다. 유효이자율이 시장이자율보다 낮다. 이는 거래원가 때문이다. 시장수익률은 6%인데 매수자가 거래원가를 부담하므로 매수자의 실질수익률은 시장수익률보다 낮아진다. 유효이자수익률은 취득시점에서 결정되며, 만기까지 투자자의 '연평균수익률'이 된다. 따라서 취득 이후 이자수익을 인식하기 위해서는 유효이자수익률을 반드시 알아야 한다.

> 현실에서 유효이자수익률은 주어지지 않는다. 매수시점에서 알 수 있는 것은 시장가격과 거래원가, 그리고 미래현금흐름이다. 따라서 확정된 이 세 항목을 이용하여 위 산식을 충족시키는 방식으로 유효이자수익률을 역산한다. 그러나 교과서에서 역산방식으로 유효이자수익률을 계산하는 것은 시행착오를 거듭해야 하므로 번거롭다. 일반계산기로는 유효이자수익률을 계산할 수 없으며, 공학용 계산기나 엑셀을 이용하여야 가능할 것이다. 따라서 교과서에서는 편의상 유효이자수익률(=할인율)을 제시하고 현재가치(채권가격)를 계산하는 방식으로 최초장부금액(BV)을 결정한다.

5. 할인액이란 만기에 받을 액면금액과 매수자가 채권을 취득하기 위해 지출한 취득원가(최초BV)의 차이를 말한다.

할인액 = 액면금액 − 취득원가(최초BV)
= 100,000 − 97,277
= 2,723

학생들은 이 '할인액의 본질'이 무엇인지 명확히 알아야 한다. 이 예제에서 채권매수자는 97,277원을 들여서 채권을 매수하고 3년 뒤 만기에 100,000원을 받는다. 그 말은 97,277원을 빌려주고 만기에 100,000원을 회수한다는 의미이다. 차액 2,723원은 무엇을 의미하는가? 그 차액은 3년 동안의 이자에 해당한다. 따라서 이 할인액도 매년 이자수익으로 인식해야 한다. 결과적으로 채권투자자가 만기까지 수취하는 실질적인 이자수익(유효이자)은 표시이자와 할인액이 된다.

6. 유효이자 및 장부금액(BV) 조정표

연 도	유효이자	액면이자	BV증액	BV
2001. 1. 1				97,277(최초투자금액)
2001.12.31	4,864	4,000	864	98,141
2002.12.31	4,907	4,000	907	99,048
2003.12.31	4,952	4,000	952	100,000(만기상환금액)
			2,723	

유 효 이 자 = 채권의 기초BV × 유효이자율(5%) → 매년 이자수익으로 인식해야 하는 금액
(기초에 빌려준 돈)

액 면 이 자 = 액면금액 × 표시이자율(4%) → 이자지급일에 현금으로 수취하는 이자수익
이자지급일 이전에는 '미수이자'로 기록한다.

BV증액(상각액) = 유효이자 − 액면이자 → 2001년을 예로 들면, 이자수익은 4,864원인데, 이자지급일에 현금으로 수취하는 이자는 4,000원이다. 차액 864원은 만기에 수취하므로 금융자산BV에 가산한다(원금에 가산한다). 이를 할인액상각이라 한다.

7. 금융자산(채무상품) 장부금액

금융자산(채무상품)에 관한 회계처리를 학습하기 전에 금융자산(채무상품)의 장부금액의 변화를 그림으로 관찰하는 것이 유용하다.

[그림 3] 금융자산(채무증권) 장부금액 경로(예제 1)

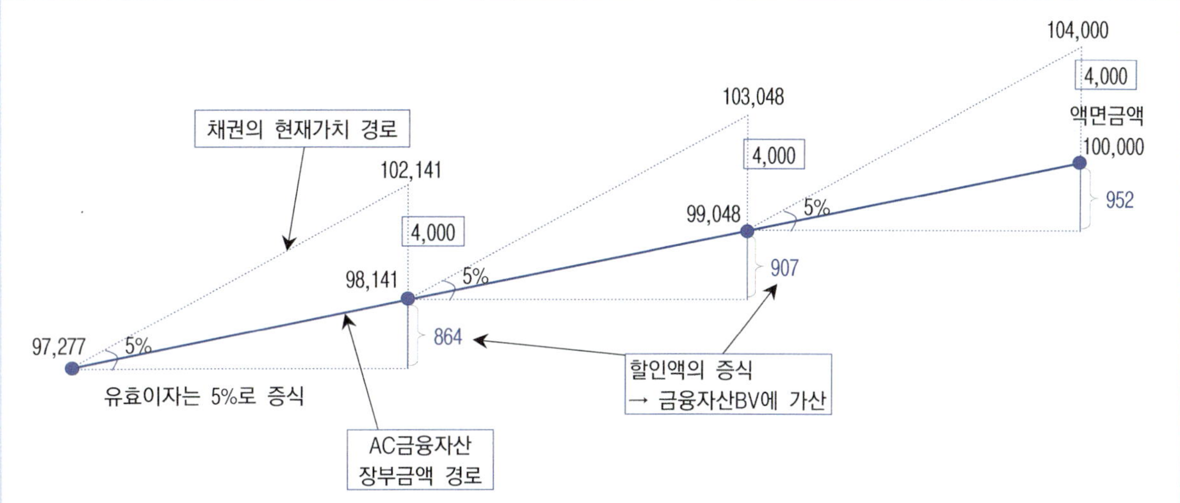

그림 3 해설

투자자는 이 채권을 취득함으로써 이 채권에 97,277원을 투자한 것이다. 취득 이후 첫해 실질이자수익률은 5%이므로 최초투자액 97,277원이 5%로 증식한다(증식액 4,864). 1년 뒤 이 채권의 가치는 102,141원(=97,277+4,864)이 된다. 그 중 4,000원은 이자지급일에 현금으로 받는다(액면이자수익). 나머지 98,141원은 나중에 회수 할 금액이므로 장부금액으로 기록해 두어야 한다. 따라서 첫해 실질이자 4,864 중 현금이자 4,000원을 제외한 나머지금액 864원을 장부금액에 가산하고 이자수익으로 인식한다. 이 과정은 나머지 기간에도 동일하게 적용한다.

첫해의 기록이 완료되고 난 후 2002년 초 금융자산장부금액은 98,141원인데 그 금액은 투자자가 2002년 초에 재투자한 금액이 된다. 2002년의 실질이자수익률도 5%이므로 98.141원은 5%로 증식한다(증식액 4,907). 2002년 말에 금융자산의 가치는 103,048(=98,141+4,907)원이 된다. 그 중 4,000원은 이자지급일에 현금으로 수취하고, 나머지 99,048원은 나중에 회수할 금액이므로 장부금액으로 기록해 두어야 한다. 2002년의 실질이자 4,907원 중 현금으로 받는 액면이자수익 4,000원을 제외한 금액 907원을 장부금액에 가산하고 이자수익으로 인식한다.

마지막 연도인 2003년 초 금융자산장부금액은 99,048원이며, 그 금액은 투자자가 2003년 초에 재투자한 금액이 된다. 2003년의 실질이자수익률도 5%이므로 99,048원은 5%로 증식한다(증식액 4,952). 만기에 금융자산의 가치는 104,000(=99,048+4,952)원이 된다. 그 중 4,000원은 현금이자로 수취하고, 나머지 100,000원은 회수할 액면금액이므로 장부금액이 되어야 한다. 2003년의 실질이자 4,952원 중 현금으로 받는 액면이자수익 4,000원을 제외한 금액 952원을 장부금액에 가산하고 동시에 이자수익으로 인식한다.

만기까지 이자수익에 대한 기록이 완료되고 난 후 금융자산 장부금액은 정확히 만기에 지급하기로 약속한 액면금액 100,000원이 된다. 이 100,000원은 투자자의 최초투자액 97,277원과 할인액 2,723(=864+907+952)원으로 구성된다. 투자자는 97,277원을 빌려주고 만기에 100,000원을 받았으므로 액면이자 외에 2,723원을 더 받은 것이 된다. 결국 할인액 2,723원도 액면이자와 더불어 투자자의 이자수익이 되는 것이다.

« 예제 2 AC금융자산의 회계처리(예제 1 계속)

매수한 금융자산을 AC금융자산으로 분류할 경우 취득시점부터 만기까지 회계처리 하시오.

풀이

2001. 1. 1 (차) AC금융자산 97,277 (대) 현 금 97,277

2001.12.30 유효이자수익 = AC금융자산 기초장부금액(기초에 빌려준 돈) × 유효이자율
= 97,277 × 0.05
= 4,864

(차) 현 금 4,000 (대) 이 자 수 익 4,000 → 액면이자(현금을 받는다)
(차) AC금융자산 864 (대) 이 자 수 익 864 → 할인액 중 2001년에 인식할 이자수익(이 금액은 만기에 받으므로 금융자산BV에 가산한다)

- AC금융자산 기말BV은 그림에서 보여주듯이 97,277 + 864 = 98,141이 된다.

2002.12.30 유효이자수익 = AC금융자산 기초장부금액(기초에 빌려준 돈) × 유효이자율
= (97,277 + 864) × 0.05
= 4,907

(차) 현 금 4,000 (대) 이 자 수 익 4,000 → 액면이자(현금을 받는다)
(차) AC금융자산 907 (대) 이 자 수 익 907 → 할인액 중 2002년에 인식할 이자수익(이 금액은 만기에 받으므로 금융자산BV에 가산한다)

- AC금융자산 기말BV은 98,141 + 907 = 99,048이 된다.

2003.12.30 유효이자수익 = AC금융자산 기초장부금액(기초에 빌려준 돈) × 유효이자율
= (97,277 + 864 + 907) × 0.05
= 4,952

(차) 현 금 4,000 (대) 이 자 수 익 4,000 → 액면이자(현금을 받는다)
(차) AC금융자산 952 (대) 이 자 수 익 952 → 할인액 중 2003년에 인식할 이자수익(이 금액은 만기에 받으므로 금융자산BV에 가산한다)

- AC금융자산 기말BV은 99,048 + 952 = 100,000이 된다.

〈상환〉

(차) 현 금 100,000 (대) AC금융자산 100,000

[그림 4] AC금융자산 회계처리(예제 2)

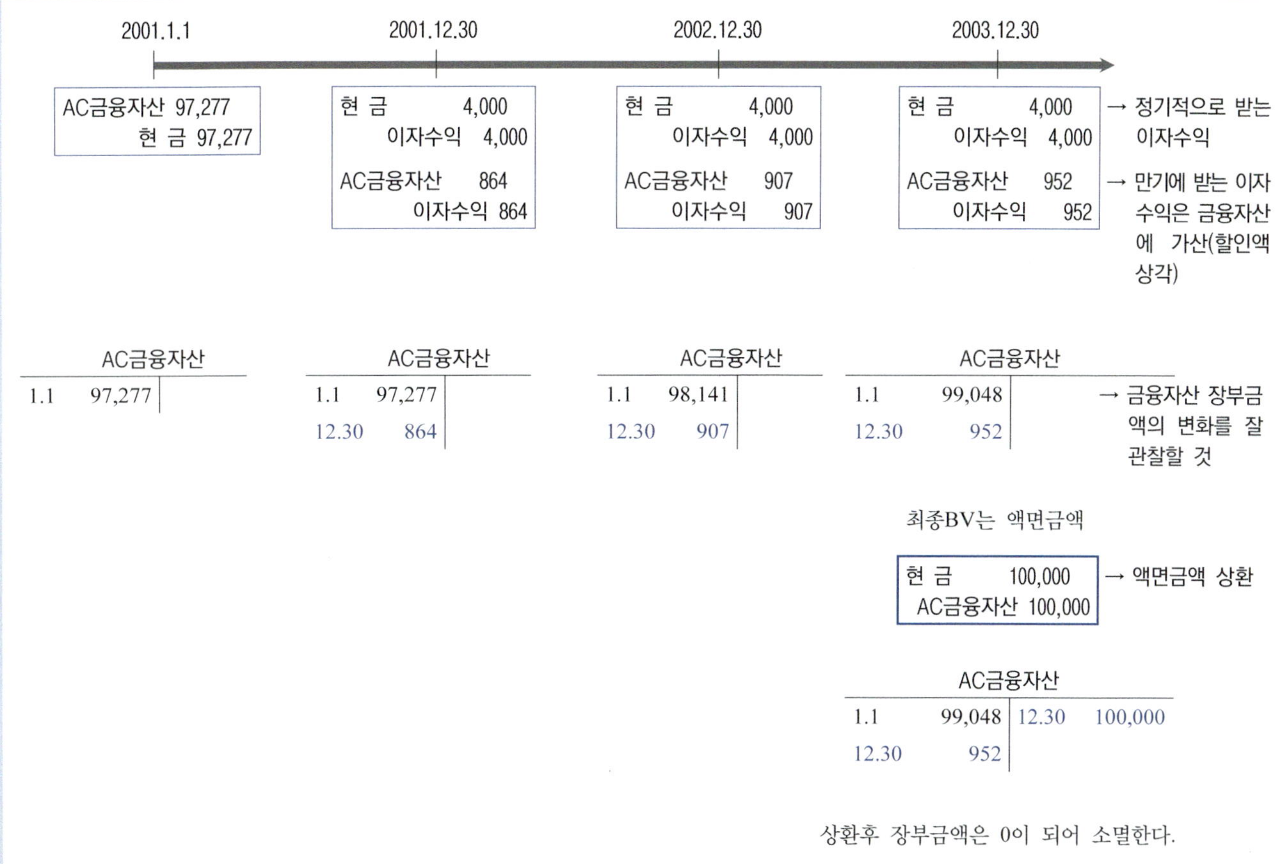

2. 이자지급일 사이에 이표채를 매수한 경우

채권을 항상 명목발행일에 매수하는 것은 아니다. 명목발행일 이후 시장에서 유통되고 있는 채권을 매수할 수도 있다. 명목발행일부터 이자계산이 시작되므로 명목발행일 이후 채권을 매수하는 것은 이자지급일 사이에 채권을 매수하는 것이다.

예를 들어, 명목발행일이 1월 1일이고, 매수일이 4월 1일이라고 하자. 이자는 매년 말에 지급한다. 4월 1일의 회계처리는 어떠한가? 회계처리의 핵심은 매수일(4월 1일)의 금융자산 최초장부금액(BV)을 결정하여 기록하는 것이다.

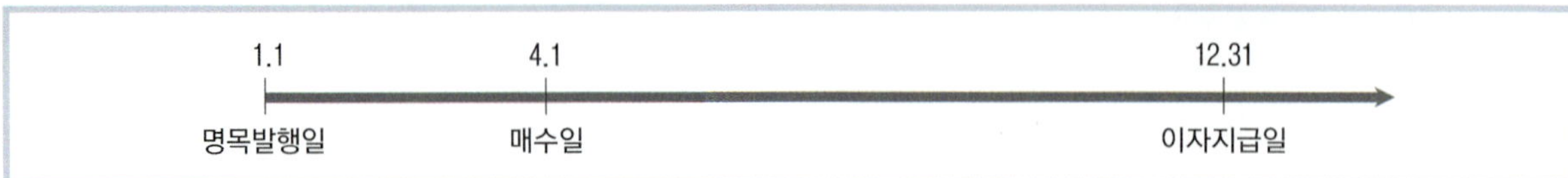

이자지급일 사이에 매수한 경우 최초장부금액

매수일의 최초장부금액(BV) = 매수일의 공정가치(FV=PV=MV) + 거래원가(TC) − 경과이자

경과이자 = 명목발행일부터 매수일까지 액면이자

예제 3 AC금융자산을 이자지급일 사이에 매수한 경우

- 2001년 1월 1일이 발행일로 명기된 3년 만기 채권을 2001년 4월 1일에 매수하다(액면금액 100,000원, 액면이자율 4%).
- 이자는 매년 말일에 지급한다. 4월 1일의 시장이자율은 5%이며 거래원가는 없는 것으로 가정한다. 이 채무상품을 AC금융자산으로 처리한다.

1. 2001년 4월 1일의 회계처리를 하시오.
2. 2001년 12월 31일의 회계처리를 하시오.

해설

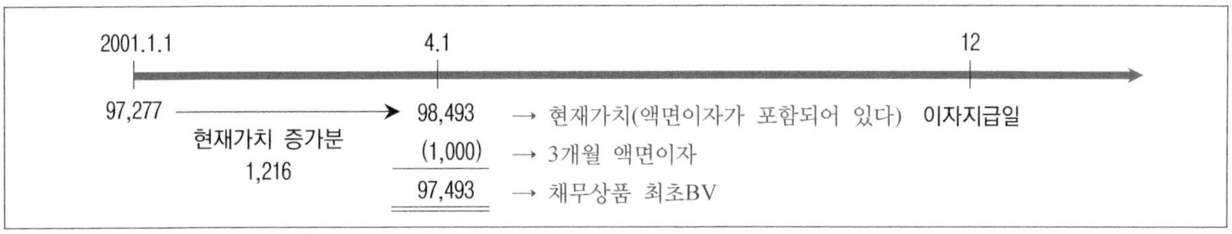

- 2001.1.1 채권의 현재가치 = 97,277(미래현금흐름을 유효이자율 5%로 할인한 현재가치)
- 3개월 동안 현재가치 증가분(=유효이자) = 97,277 × 0.05 × 3/12
  = 1,216(이 속에 3개월 액면이자가 포함되어 있다)

  * 97,277이 4월 1일의 유효이자율 5%로 증식하는 것으로 본다.
- 2001.4.1 채권의 현재가치 = 97,277 + 1,216
  = 98,493
- 3개월 동안 액면이자(경과이자) = 100,000 × 0.04 × 3/12
  = 1,000
- 2001.4.1 금융자산 최초장부금액(BV) = 98,493 − 1,000
  = 97,493

2001년 4월 1일 현재 이 채권의 현재가치는 98,493원이다. 이 금액은 2001년 1월 1일의 현재가치 97,277원이 유효이자율(매수자의 연평균수익률) 5%로 3개월 동안 증식한 금액이다. 이 예제에서는 거래원가가 없는 것으로 가정하였으므로 시장이자율과 유효이자율이 5%로 동일하며, 5%로 할인한 4월 1일의 현재가치 98,493원은 4월 1일의 공정가치이자 시장가치(매수가격)이다. 98,493원에는 3개월 동안의 액면이자(경과이자라 한다)가 포함되어 있다. 3개월의 액면이자를 받을 권리는 3개월 동안 보유하고 있었던 매도자에게 있다. 그러나 12월 31일(이자지급일)에 발행회사는 이자지급일 현재 채권의 보유자인 매수자에게 12개월 이자를 전액 지급한다. 따라서 매도자는 3개월의 액면이자를 매수자에게 팔 수 밖에 없으며, 그러기 위해 매도가격에 액면이자를 포함시킨다.

한편, 매수자는 3개월간의 이자를 매도자에게 선지급하고 난 후 이자지급일에 1년 동안의 이자를 받게 된다. 따라서 매수자는 매도자에게 3개월의 이자를 지급하면서 '미수이자(나중에 받아야 할 이자)'로 처리한다. '미수이자'는 'AC금융자산'과 만기가 다른 자산이므로 AC금융자산과는 별도의 금융자산이다.

[그림 5] AC금융자산의 이자지급일 사이의 매수(예제 3)

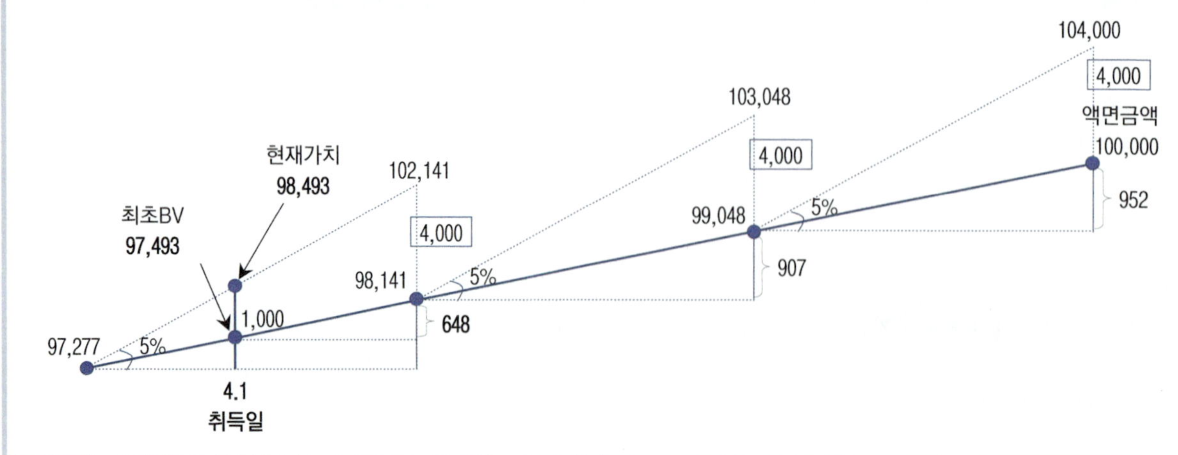

풀이

2001.4.1. 현재가치 = 2001.1.1. 현재가치 + 4.1까지 현재가치증가분

= 97,277 + 97,277 × 0.05 × 3/12

= 98,493(이 속에는 경과이자 1,000원이 포함되어 있다)

2001.4.1 AC금융자산 최초장부금액 = 98,493 − 1,000 = 97,493

2001. 4. 1	(차) A C 금 융 자 산	97,493	(대) 현 금	98,493
	미 수 이 자	1,000		

매수자는 AC금융자산 97,493원과 경과이자 1,000원을 함께 매수한다. 이때 경과이자 지불액 1,000원은 이자지급일에 받을 것이므로 또 하나의 금융자산이다. 그런데 AC금융자산과 만기가 다른 금융자산이므로 '미수이자'라는 금융자산계정으로 처리한다.

2001.12.30 2001년도 채권의 보유기간은 9개월이므로 매수자가 인식해야 할 이자수익은 다음과 같다.

2001년 유효이자수익 = 97,277 × 0.05 × 9/12 = 3,648
2001년 액면이자수익 = 4,000 × 9/12 = 3,000
2001년 할인액상각(장부금액 증액) = 648

(차) 현 금	4,000	(대) 미 수 이 자	1,000
		이 자 수 익	3,000
(차) A C 금 융 자 산	648	(대) 이 자 수 익	648

• 2001년말 AC금융자산 장부금액 = 97,493 + 648 = 98,141

제5절 FVOCI금융자산

이자수익뿐만 아니라 가격변동으로 인한 시세차익을 얻을 목적으로 채권에 투자한 경우 FVOCI금융자산으로 분류한다. 채권이 발행된 이후 채권가격은 상승하거나 하락하지만 만기에는 정확히 액면금액이 된다. 채권투자의 목적이 이자수익과 함께 시세차익을 얻는 것이라면, 채권가격이 오를 때 투자자는 채권을 매도함으로써 차익을 실현할 수 있다. 기업이 이러한 목적으로 채권투자를 한 경우 채권가격의 변동을 장부에 반영하는 것이 재무제표이용자들에게 목적적합한 정보를 제공하는 것이 된다.

채권가격의 변동은 앞서 제시한 세 가지 요인에 의해 결정되는데, 그 요인들을 전부 장부에 반영하는 것이 FVOCI모형이다. 여기서는 손상을 제외하고 설명한다.

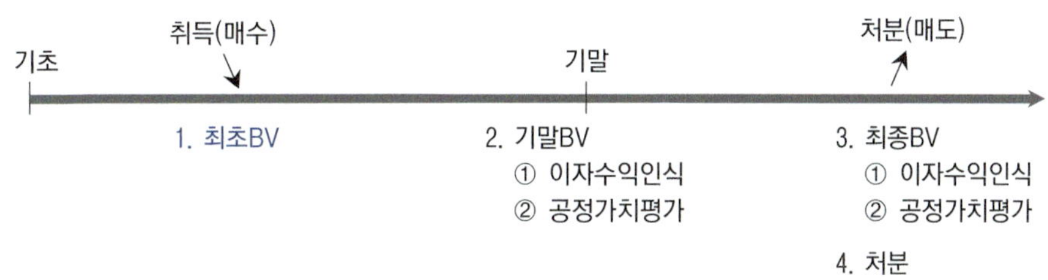

FVOCI금융자산의 경우 기말에 이자수익을 인식하여 '기말총장부금액'을 결정하고 난 후, 이자율변동으로 인한 공정가치변동을 인식한다.

금융자산평가손익(OCI) = 공정가치 − 평가전 장부금액(상각후원가)

« 예제 4 FVOCI금융자산 회계처리

> 2001.1.1. 3년 만기 회사채를 매수하다. 이날은 명목발행일이다. 액면금액 100,000원, 표시이자율 4%(이자지급일은 매년 말). 이 채권은 현재 시장에서 94,654원에 거래되고 있다. 거래원가 2,623원을 지불하다.

채무증권을 FVOCI금융자산으로 분류할 경우 만기까지 회계처리 하시오.
각 연도 말 채권의 공정가치는 다음과 같다.

2001.12.31	98,000
2002.12.31	99,100
2003.12.31	100,000

풀이

〈유효이자 및 장부금액(BV) 조정표〉

연 도	유효이자	액면이자	BV증액	BV	FV
2001. 1. 1				97,277(최초투자금액)	
2001.12.31	4,864	4,000	864	98,141	98,000
2002.12.31	4,907	4,000	907	99,048	99,100
2003.12.31	4,952	4,000	952	100,000(만기상환금액)	100,000
			2,723		

AC금융자산과 FVOCI금융자산의 이자수익 인식액은 동일하다. 구체적으로 유효이자, 액면이자 그리고 할인액상각(BV증액)이 동일하다는 것이다. 따라서 위 조정표에 입각해서 설명한다.

2001. 1. 1 (차) FVOCI금융자산 97,277 (대) 현 금 97,277

2001.12.31 ① 이자수익 인식

유효이자 = 조정표상 기초BV × 유효이자율
= 97,277 × 0.05
= 4,864

(차) 현　　　금 4,000 (대) 이 자 수 익 4,000 → 액면이자
(차) FVOCI금융자산 864 (대) 이 자 수 익 864 → 할인액 중 2001년에 인식할 이자수익(금융자산에 가산한다. → 할인액상각)

- FVOCI금융자산 기말 상각후원가 = 97,277 + 864
  = 98,141

② 공정가치 평가

평가손익 = 기말FV − 상각후원가
= 98,000 − 98,141
= − 141

(차) 금융자산평가손실(OCI) 141 (대) FVOCI금융자산 141

- FVOCI금융자산 기말장부금액(BV) = 98,000(FV)

'금융자산평가손실(OCI)'은 기말에 '마감분개'를 통해 '금융자산평가손익(OCI누계)'으로 귀속된다.

(차) 금융자산평가손익(OCI누계) 141 (대) 금융자산평가손실(OCI) 141

2002.12.31 ① 이자수익 인식

유효이자수익 = 조정표상 기초BV × 유효이자율
= 98,141(= 97,277 + 864) × 0.05
= 4,907

→ FVOCI금융자산이 공정가치(FV)로 평가된 이후에도 조정표상 기초BV를 기초로 이자수익을 계산한다. 그것은 FVOCI금융자산의 수익률이 매수시점의 유효이자율로 확정되어 있기 때문이다. 취득이후 FV변동이 매수자의 이자수익률을 바꾸지 못한다.

(차) 현　　　금 4,000 (대) 이 자 수 익 4,000 → 액면이자
(차) FVOCI금융자산 907 (대) 이 자 수 익 907 → 할인액 중 2002년에 인식할 이자수익(금융자산에 가산한다. → 할인액상각)

- FVOCI금융자산 기말 상각후원가 = 98,000(기초BV) + 907
  = 98,907

② 공정가치 평가

평가손익 = 기말FV − 상각후원가
= 99,100 − 98,907
= 193

(차) FVOCI금융자산 193 (대) 금융자산평가이익(OCI) 193

- FVOCI금융자산 기말BV = 98,907(상각후원가) + 193
  = 99,100(FV)

'금융자산평가이익(OCI)'은 마감분개를 통해 '금융자산평가손익(OCI누계)'으로 귀속된다.

(차) 금융자산평가이익(OCI) 193 (대) 금융자산평가손익(OCI누계) 193

금융자산평가손익(OCI누계) 잔액은 −141 + 193 = 52가 된다.

2003.12.31 ① 이자수익 인식

유효이자 = 조정표상 기초BV × 유효이자율
= 99,048(= 97,277 + 864 + 907) × 0.05
= 4,952

(차) 현 금 4,000 (대) 이 자 수 익 4,000 → 액면이자
(차) FVOCI금융자산 952 (대) 이 자 수 익 952 → 할인액 중 2003년에 인식할 이자수익(금융자산에 가산한다. → 할인액상각)

- FVOCI금융자산 기말 상각후원가 = 99,100(기초BV) + 952
  = 100,052

② 공정가치 평가

평가손익 = 기말FV − 상각후원가
= 100,000 − 100,052
= − 52

(차) 금융자산평가손실(OCI) 52 (대) FVOCI금융자산 52

- FVOCI금융자산 기말 BV = 100,052(상각후원가) − 52
  = 100,000(액면금액)

'금융자산평가손실(OCI)'은 마감분개를 통해 '금융자산평가손익(OCI누계)'으로 귀속된다.

(차) 금융자산평가손익(OCI누계) 52 (대) 금융자산평가손실(OCI) 52

만기에 금융자산평가손익(OCI누계) 잔액은 − 141 + 193 − 52 = 0이 된다.

③ 상환

(차) 현 금 100,000 (대) FVOCI금융자산 100,000

[그림 6] FVOCI금융자산 회계처리(예제 4)

2001.1.1

차변		대변	
FVOCI자산	97,277	현 금	97,277

FVOCI자산			
1.1	97,277		

2001.12.30

차변		대변	
현 금	4,000	이자수익	4,000
FVOCI자산	864	이자수익	864
평가손실(OCI)	141	FVOCI자산	141

FVOCI자산			
1.1	97,277	12.30	141
12.30	864		

기말BV = 98,000(FV)

2002.12.30

차변		대변	
현 금	4,000	이자수익	4,000
FVOCI자산	907	이자수익	907
FVOCI자산	193	평가이익(OCI)	193

FVOCI자산			
1.1	98,000		
12.30	907		
12.30	193		

기말BV = 99,100(FV)

2003.12.30

차변		대변		
현 금	4,000	이자수익	4,000	→ 정기적으로 받는 이자수익
FVOCI자산	952	이자수익	952	→ 만기에 받는 이자수익은 금융자산에 가산(할인액상각)
평가손실(OCI)	52	FVOCI자산	52	→ 공정가치평가

FVOCI자산				
1.1	99,100	12.30	52	→ 장부금액의 변화를 잘 관찰할 것
12.30	952			

최종BV = 100,000(액면)

차변		대변		
현 금	100,000	FVOCI자산	100,000	→ 액면금액 상환

FVOCI자산			
1.1	99,048	12.30	52
12.30	952	12.30	100,000

상환후 장부금액은 0이 되어 소멸한다.

[그림 7] FVOCI금융자산 장부금액경로(예제 4)

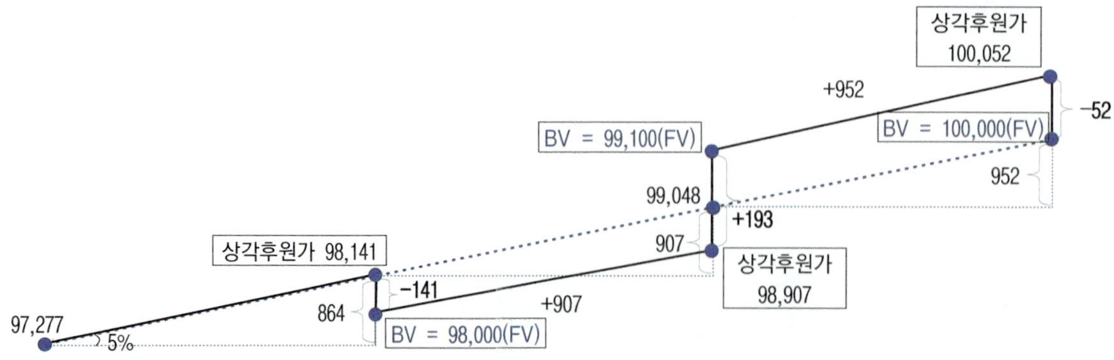

➲ 굵은 실선이 FVOCI금융자산 장부금액경로이다.

« 예제 5 FVOCI금융자산을 이자지급일 사이에 매수한 경우

2001년 1월 1일이 발행일로 명기된 3년 만기 채권을 2001년 4월 1일에 매수하다(액면금액 100,000원, 액면이자율 4%). 이자는 매년 말일에 지급한다. 4월 1일의 시장이자율은 5%이며 거래원가는 없는 것으로 가정한다.

이 채무증권을 FVOCI금융자산으로 처리한다.

1. 2001년 4월 1일 회계처리를 하시오.
2. 2001년 12월 31일 회계처리를 하시오(공정가치 98,000원).

풀이

2001. 4. 1	(차) FVOCI금융자산	97,493	(대) 현 금	98,493
	미 수 이 자	1,000		
2001.12.31	① 이자수익 인식			
	(차) 현 금	4,000	(대) 미 수 이 자	1,000
			이 자 수 익	3,000
	(차) FVOCI금융자산	648	(대) 이 자 수 익	648

유효이자, 액면이자, 할인액상각이 AC금융자산과 동일함.

• FVOCI금융자산 기말 상각후원가 = 97,493 + 648 = 98,141

② 공정가치 평가

평가손익 = 기말FV − 상각후원가

= 98,000 − 98,141(= 97,493 + 648)

= − 141

(차) 금융자산평가손실(OCI) 141 (대) FVOCI금융자산 141

평가손실(OCI) 141원은 마감분개를 통해 'FVOCI금융자산평가손익(OCI누계)'으로 귀속된다.

제6절 금융자산(채무증권)의 손상

채권투자의 경우, 매수시점에서, 수취할 미래현금흐름이 확정된다. 즉 채권투자자는 미래에 얼마를 받을 것인지 알고 투자한다. 그러나 취득이후 발행자의 신용위험이 증가하여 최초의 약속이 지켜지지 못할 가능성이 유의적일 수 있다. 이 때 투자자는 금융자산(채무증권)의 손상(impairments)을 인식해야 한다. 손상이란 '미래현금흐름의 감소'를 장부에 반영하는 것이다.

손상회계는 채무증권(AC 또는 FVOCI금융자산으로 분류되는 채무증권, 대여금, 그리고 수취채권)에만 해당된다. 지분상품(주식)에는 해당되지 않는다. 주식투자의 경우 미래현금흐름이 확정되어 있지 않기 때문에 미래현금흐름의 감소를 측정할 수 없기 때문이다.

« 예제 6 금융자산(채무증권)의 손상의 의미

2001.1.1. 발행된 3년 만기 회사채를 매수하다. 액면금액 100,000원, 액면이자율 4%, 유효이자율은 5%, 이자는 매년 말에 지급한다. 이 채무증권을 AC금융자산으로 분류한다.

1. 취득 이후 계약상 현금흐름회수에 문제가 없는 경우 채무상품의 장부금액경로를 도시하라.
2. 2001년도 이자는 정상적으로 수취하였으나 2001년 말 이후 신용이 손상된 것으로 판단하다. 2001년 말 이후 채무불이행 확률을 고려하여 액면이자는 3,500원, 만기에 수취할 금액은 80,000원으로 추정하다. 2001년 말 이후 채무상품의 장부금액경로를 도시하라.

풀 이

1. 손상이 없는 경우 AC금융자산 총장부금액이 AC금융자산의 장부금액경로에 해당한다.
2. 2001년 말 금융자산의 손상이 발생하였다. 2001년 말 수취예상현금흐름의 현재가치를 새로 계산해야 한다. 잔여기간 2년 동안 수취할 새로운 현금흐름의 현재가치는 79,070원이다. 이 금액을 기점으로 향후 AC금융자산은 유효이자율 5%로 증식한다. 그럴 경우, 아래 그림6에서 장부금액의 경로는 실선에서 점선으로 바뀐다.

   그림6에서 굵은 실선은 AC금융자산이 '손상되지 않았을 경우 장부금액의 경로'를 나타내고, 점선은 '손상이 발생한 경우 장부금액의 경로'를 나타낸다. 손상으로 인해 장부금액의 경로가 바뀌는 것이다. 이는 수취할 미래현금흐름이 바뀌기 때문이다. 총장부금액은 '계약상 현금흐름'에 기초하고, 손상후 장부금액은 '수취 예상 현금흐름'에 기초한다.

[그림 8] 금융자산손상의 의미(예제 6)

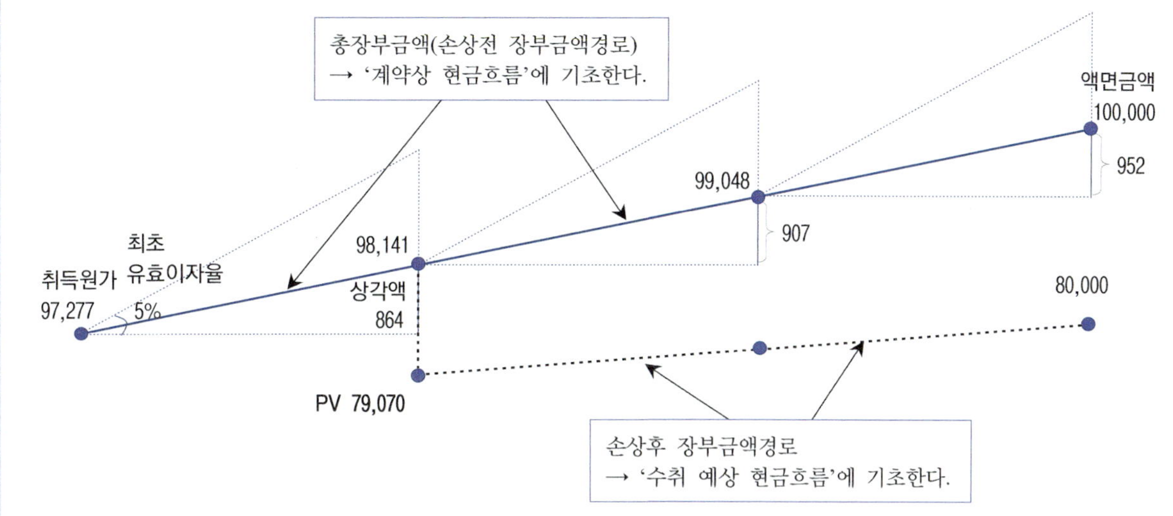

1. 손상액(기대신용손실, ECL) 측정

금융자산의 손상은 기대신용손실모형으로 측정한다.

- 기대신용손실 = Σ(상황별 신용손실 × 상황별 채무불이행 발생확률)
  (채무불이행 발생 상황별 신용손실을 그 발생확률로 가중평균한 금액)

채무증권의 경우 보고기간 말 기대신용손실을 다음과 같이 측정한다.

- 기대신용손실
  = 계약상 현금흐름의 현가 − 수취예상 현금흐름의 현가
  (기말총장부금액) (채무불이행 발생위험을 고려)

  = 현금부족액의 현재가치

  여기서, 두 현금흐름의 할인율은 '취득시점의 유효이자율'이다.
  (취득시 신용이 손상되어 있는 금융자산은 신용조정 유효이자율)

기대신용손실(ECL) 측정치는 '현금부족액의 현재가치'인데, 시장이 합리적이라면 그 현재가치는 미래현금흐름의 감소로 인한 채권가격하락분이다. 이때 할인율은 취득시점의 유효이자율로 고정하는데, 이 것은 ECL측정에서 취득 이후 시장이자율변동으로 인한 채권가격변동을 제외하는 것이다.

ECL측정기간과 이자수익의 인식

금융자산의 취득 이후 신용위험이 유의적으로 증가하더라도 신용이 손상(채무불이행)되기 전에는 '총장부금액(계약상 현금흐름현가)'에 기초하여 유효이자를 인식한다. 미래현금흐름의 감소가 없으므로 최초 약속한 유효이자를 계속 인식한다. 신용이 손상된(채무불이행이 발생된) 후에는 '손상후 장부금액(수취예상 현금흐름현가)'에 기초하여 새로운 유효이자를 인식한다. 이때 유효이자율은 신용이 손상되기 전이나 후에도 최초의 유효이자율을 계속 적용한다.

	1단계	2단계	3단계
취득 이후 신용위험의 변화	유의적으로 증가하지 않음	유의적으로 증가함*	신용이 손상됨** (채무불이행 상태)
ECL 측정기간	12개월	전체기간	
이자수익	총장부금액 × 매수시점의 유효이자율		**상각후원가 × 매수시점의 유효이자율**
	• 총장부금액 = ECL 차감 전 장부금액 상각후원가 = ECL 차감 후 장부금액 (신용이 손상되기 전에는 ECL이 존재하더라도 '상각후원가'가 아니라 '총장부금액'에 기초하여 이자수익을 인식한다.)		• 상각후원가 = ECL 차감 후 장부금액 = 수취 예상 현금흐름의 현가 (신용이 손상된 후에는 '상각후원가'에 기초하여 이자수익을 인식한다.)

* 일반적으로 연체일수가 30일을 초과할 경우, ** 일반적으로 연체일수가 90일을 초과할 경우

연체일수가 초과하더라도 신용위험의 유의적인 증가가 아니라는 것을 뒷받침할 수 있는 정보가 있다면 그 정보에 근거하여 판단한다.

기대신용손실의 간편측정

다음의 금융자산에 대해서는 항상 전체기간 기대신용손실을 측정한다. 이는 보고기간 말마다 신용위험의 유의적인 증가여부를 추적해야 하는 부담을 줄여주기 위해서이다. 이러한 자산에 대해서는 '간편법(충당금설정률법)'을 사용할 수 있다.

① 유의적인 금융요소를 포함하고 있지 않은 매출채권이나 계약자산

② 유의적인 금융요소를 포함하고 있는 매출채권이나 계약자산에 대해서 전체기간 기대신용손실을 손실충당금으로 측정하는 회계정책을 선택한 경우

③ 매출거래 개시시점에서 1년 이내에 대금지급이 예상될 때 허용되는 실무적 간편법(유의적인 금융요소를 조정하지 않는 방법)을 적용하는 매출채권이나 계약자산

신용위험의 유의적 증가에 대한 판단

① 발행자나 차입자의 유의적인 재무적 어려움

② 채무불이행, 연체와 같은 계약위반

③ 차입자의 재무적 어려움에 관련된 경제적 또는 계약상의 이유로 당초 차입조건의 불가피한 완화

④ 차입자의 파산가능성, 재무구조조정 가능성이 높아짐

⑤ 재무적 어려움으로 해당 금융자산에 대한 활성시장의 소멸

⑥ 이미 발생한 신용손실을 반영하여 크게 할인한 가격으로 금융자산을 매입하거나 창출하는 경우

2. 금융자산(채무증권) 손상회계

채무증권에 투자한 경우 기말에 당연히 해야 하는 기록은 이자수익의 인식이다. 이자는 시간의 경과에 따라 발생하는(accrued) 것이므로 '벌어들인(earned) 금융자산'이기 때문이다. 이때 이자수익은 취득시점에서 결정된 '연평균 유효수익률'에 따라 인식한다. 이자수익을 인식한 후 금융자산의 장부금액을 '총장부금액'이라 한다. '기말총장부금액'은 취득 이후 이자율변동이나 수취할 미래현금흐름에 이상이 없을 경우 기말의 채권의 공정가치(채권가격)와 일치한다.

그러나 현실적으로 시장이자율은 시시각각 변동하므로 기말에 총장부금액은 공정가치(채권가격)와 차이가 나게 된다. 이 때 기말총장부금액을 공정가치로 수정할 수도, 하지 않을 수도 있다. 수정하는 모형이 FVOCI모형이고, 수정하지 않는 모형이 AC모형이다.

한편, 발행기업의 채무이행능력이 부실해져서 투자자가 수취할 미래현금흐름이 감소할 수 있다. 이 때 시장이 합리적이라면 채권의 공정가치(채권가격)는 현금부족액의 현재가치(기대신용손실)만큼 하

락한다. 기말총장부금액은 채권의 공정가치(채권가격)와 차이가 나게 된다. 기말총장부금액에서 기대신용손실을 차감하는 것을 손상(impairment)회계라 한다.

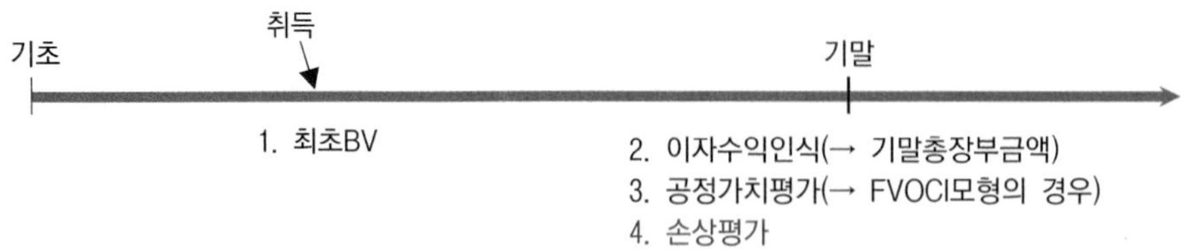

AC금융자산의 손상회계

AC모형에서는 당기말 ECL이 당기말 '손실충당금'으로 설정된다. 손상차손은 전기말 ECL과 당기말 ECL의 차이로 인식한다. 손상차손/환입은 당기손익(PL)이며, 손실충당금은 AC금융자산의 차감계정이다. 시장이 합리적이라면 기대신용손실의 현재가치는 채권가격의 하락으로 나타날 것이다. 그러나 AC모형에서는 FV변동을 반영하지 않으므로 손실충당금을 설정함으로써 감액시킨다.

손상차손/환입 = 전기말 ECL − 당기말 ECL
[차액의 부호가 (−)는 손상차손, (+)는 손상차손환입으로 처리한다]

① 당기말 ECL > 전기말 ECL : 차액을 추가적인 손상차손으로 인식한다.

(차) 손상차손(PL) ××× (대) 손실충당금 ×××

② 당기말 ECL < 전기말 ECL : 차액을 환입시킨다. 이때 환입액은 손상이 없었을 경우의 기말총장부금액을 한도로 한다.

(차) 손실충당금 ××× (대) 손상차손환입(PL) ×××

회계처리결과, AC금융자산 기말장부금액은 '수취예상현금흐름의 현재가치(회수가능액)'로 표시된다.

FVOCI금융자산의 손상회계

FVOCI모형에서는 기말에 ①이자수익의 인식, ②공정가치평가, ③손상평가의 순으로 회계처리한다. FVOCI모형에서는 '손상차손'을 인식하되 '손실충당금'을 인식하지 않는다. 시장이 합리적이라면 기대신용손실의 현재가치는 채권가격의 하락으로 나타난다. FVOCI모형에서는 FV변동을 장부에 직접 반영하므로 손실충당금을 설정할 필요가 없다.

① 평가손실 인식

(차) 금융자산평가손실(OCI) ××× (대) FVOCI금융자산 ×××

② 손상차손 인식

(차) 손상차손(PL) ××× (대) 금융자산평가손실(OCI) ×××

FVOCI모형에서 금융자산평가손실을 손상차손으로 '재분류'하는 것은 채권가격하락이 손상으로 인한 것과 이자율상승으로 인한 것, 두 부분으로 구성되어 있기 때문이다. 따라서 다음과 같이 처리할 수도 있다.

(차) 금융자산평가손실(OCI) ××× (대) FVOCI금융자산 ×××
손상차손(PL) ×××

회계처리결과, FVOCI금융자산 기말장부금액은 항상 '공정가치(FV)'로 표시된다.

예제 7 AC금융자산의 손상회계 : 신용이 손상되지 않은 상태

2001.1.1. 발행된 3년 만기 회사채를 매수하다. 액면금액 100,000원, 액면이자율 4%, 유효이자율은 5%이다. 이 채무상품은 AC금융자산으로 분류한다.

1. 유효이자 및 장부금액 조정표를 작성하시오.
2. 2001년 말 신용위험이 유의하게 증가하지 않았다고 판단하고 12개월 기대신용손실을 10,000원으로 추정하다. 2001년 말의 손상회계처리를 하시오.
3. 2002년 말 신용위험이 유의하게 증가하였다고 판단하고 전체기간 기대신용손실을 30,000원으로 추정하다. 2002년 말의 손상회계처리를 하시오.

풀이

1. 유효이자 및 장부금액(BV)조정표

연 도	기초BV	유효이자	액면이자	BV증액	기말BV
2001	97,277	4,864	4,000	864	98,141
2002	98,141	4,907	4,000	907	99,048
2003	99,048	4,952	4,000	952	100,000
				2,723	

2. ① 유효이자의 인식

(차) 현 금 4,000 (대) 이 자 수 익 4,864
A C 금 융 자 산 864

② 손상평가

(차) 손 상 차 손 10,000 (대) 손 실 충 당 금 10,000

〈2001년 말 재무상태표 표시〉

AC금융자산	98,141	← 총장부금액
손실충당금	(10,000)	← 기말 ECL
	88,141	← 상각후원가

3. ① 유효이자의 인식

2002년 유효이자는 '기초상각후원가'가 아니라, '기초총장부금액'을 기초로 유효이자를 계산한다. 손실충당금(ECL)이 있다 하더라도 아직 신용이 손상된 상태가 아니므로 약속한 이자를 수취하기 때문이다.

유효이자 = 98,141(기초총장부금액) × 0.05 = 4,907

(차) 현 금 4,000 (대) 이 자 수 익 4,907
A C 금 융 자 산 907

② 손상평가

당기말 ECL이 30,000원이므로 30,000원이 기말 손실충당금이 되어야 한다. 그런데 이미 손실충당금 잔액이 10,000원 있으므로 추가로 20,000원만 손상차손을 인식한다.

손상차손 = 전기말 ECL − 당기말 ECL
= 10,000 − 30,000
= −20,000

(차) 손 상 차 손 20,000 (대) 손 실 충 당 금 20,000

〈2002년 말 재무상태표 표시〉

AC금융자산	99,048	← 총장부금액
손실충당금	(30,000)	← 기말 ECL
	69,048	← 상각후원가

예제 8 AC금융자산(채무증권)의 손상회계 : 신용이 손상된 상태

> 2001.1.1. 발행된 3년 만기 회사채를 매수하다. 액면금액 100,000원, 액면이자율 4%, 유효이자율은 5%이다.
> 이 채무상품은 AC금융자산으로 분류한다.

1. 2001년도 이자는 정상적으로 수취하였으나 2001년 말 이후 신용이 손상된 것으로 판단하다. 2001년 말 이후 채무불이행 확률을 고려하여 액면이자는 3,500원, 만기에 수취할 금액은 80,000원으로 추정하다. 2001년 말의 손상회계처리를 하시오.
2. 2002년 말 이후 채무불이행 확률을 고려하여 액면이자는 3,500원, 만기에 수취할 금액은 90,000원으로 추정하다. 2002년 말 손상회계처리를 하시오. 2002년 말 액면이자는 3,500원을 수령하였다.

풀 이

• 유효이자 및 장부금액(BV)조정표

연 도	기초BV	유효이자	액면이자	BV증액	기말BV
2001	97,277	4,864	4,000	864	98,141
2002	98,141	4,907	4,000	907	99,048
2003	99,048	4,952	4,000	952	100,000
				2,723	

1. ① 유효이자의 인식

(차) 현 금	4,000	(대) 이 자 수 익	4,864
AC금융자산	864		

기말 총장부금액 = 97,277 + 864 = 98,141

② 손상평가

2001년 말 수취예상 현금흐름의 현가 = 80,000 × 0.90703 + 3,500 × 1.85941
= 79,070

2001년 말 기대신용손실(ECL) = 총장부금액 − 수취예상 현금흐름의 현가
= 98,141 − 79,070
= 19,071

손상차손 = 전기말 ECL − 당기말 ECL
= 0 − 19,071
= − 19,071

(차) 손 상 차 손 19,071 (대) 손 실 충 당 금 19,071

〈2001년 말 재무상태표 표시〉

AC금융자산	98,141	← 총장부금액
손실충당금	(19,071)	← 기말 ECL
	79,070	← 상각후원가(수취예상 현금흐름현가)

[그림 9] AC금융자산의 손상 (예제 8)

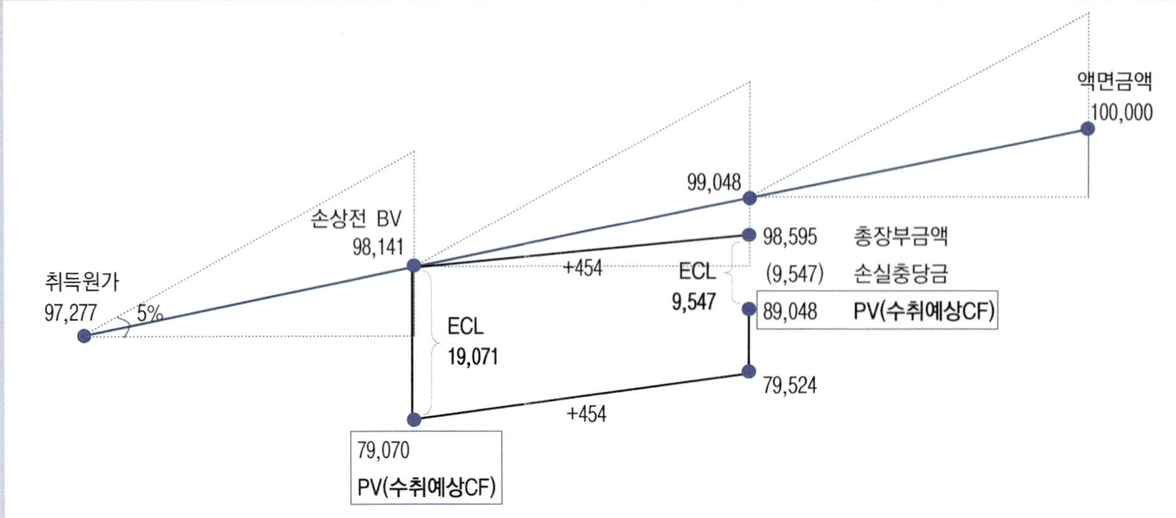

2. ① 유효이자의 인식

2002년 유효이자는 '상각후원가'를 기초로 유효이자를 계산한다. 신용이 손상된(채무불이행이 발생된) 상태에서는 기대신용손실(ECL, 현금부족액의 현재가치)을 수취하지 못할 것으로 간주한다. 따라서 수취예상 현금흐름의 현재 가치인 '상각후원가'(= 총장부금액 − 기말ECL)를 기초로 이자수익을 인식한다.

유효이자 = 기초상각후원가 × 최초유효이자율
= 79,070 × 0.05
= 3,954

(차) 현 금 3,500 (대) 이 자 수 익 3,954
A C 금 융 자 산 454

2002년 말 유효이자를 인식한 후, 기말총장부금액은 98,595(= 98,141 + 454)이고, 상각후원가는 79,524(= 79,070 + 454)이다.

〈2002년 말 이자수익인식 후 금융자산 계정〉

AC금융자산	98,595	← 총장부금액(98,141 + 454)이 변경된다.
손실충당금	(19,071)	← 기초 ECL
	79,524	← 상각후원가(79,070 + 454)

② 손상평가

2002년 말 수취예상 현금흐름현가 = 90,000 × 0.95238 + 3,500 × 0.95238
= 89,048

2002년 말 기대신용손실 = 총장부금액 − 수취예상 현금흐름현가
= 98,595 − 89,048
= 9,547

손상차손환입 = 전기말 ECL − 당기말 ECL
= 19,071 − 9,547
= 9,524

손실충당금 잔액이 19,071원 있으므로 9,524원을 환입한다.

(차) 손 실 충 당 금 9,524 (대) 손 상 차 손 환 입 9,524

〈2002년 말 손상 후 재무상태표 표시〉

AC금융자산	98,595	← 총장부금액(98,141 + 454)이 변경된다.
손실충당금	(9,547)	← 기말 ECL
	89,048	← 상각후원가(수취예상 현금흐름현가)

예제 9 FVOCI금융자산의 손상회계 : 신용이 손상된 상태

예제8의 채무증권을 FVOCI금융자산으로 처리할 경우 회계처리 하시오.
미래현금흐름의 변동은 앞의 예제 8과 동일하고, 연도말 공정가치는 다음과 같다.

2001.12.30	공정가치 70,000
2002.12.30	공정가치 90,000

1. 2001년도 말 회계처리를 하시오.
2. 2002년도 말 회계처리를 하시오

풀 이

• 유효이자 및 장부금액(BV) 조정표

연 도	기초BV	유효이자	액면이자	BV증액	기말BV
2001	97,277	4,864	4,000	864	98,141
2002	98,141	4,907	4,000	907	99,048
2003	99,048	4,952	4,000	952	100,000
				2,723	

1. ① 유효이자의 인식

(차)			(대)	
현금	4,000		이자수익	4,864
AC금융자산	864			

② 공정가치평가

평가손익 = 공정가치(채권가격) − 총장부금액
= 70,000 − 98,141
= − 28,141

(차)		(대)	
금융자산평가손실(OCI)	28,141	FVOCI금융자산	28,141

③ 손상평가

2001년 말 수취예상 현금흐름의 현가 = 80,000 × 0.90703 + 3,500 × 1.85941
= 79,070

2001년 말 기대신용손실 = 총장부금액 − 수취예상 현금흐름현가
= 98,141 − 79,070
= 19,071

손상차손 = 전기말 ECL − 당기말 ECL
= 0 − 19,071
= − 19,071

(차) 손 상 차 손 19,071 (대) 금융자산평가손실(OCI) 19,071

공정가치평가와 손상을 일괄하여 회계처리할 경우 다음과 같다. 채권가격하락분 28,141원은 이자율상승으로 인한 가격하락분 9,070원과 손상으로 인한 가격하락분 19,071원으로 구성된다.

(차) 손 상 차 손 19,071 (대) FVOCI금융자산 28,141
금융자산평가손실(OCI) 9,070

〈재무상태표 표시〉
FVOCI금융자산 70,000(FV)

[그림 10] FVOCI금융자산의 손상 (예제 9)

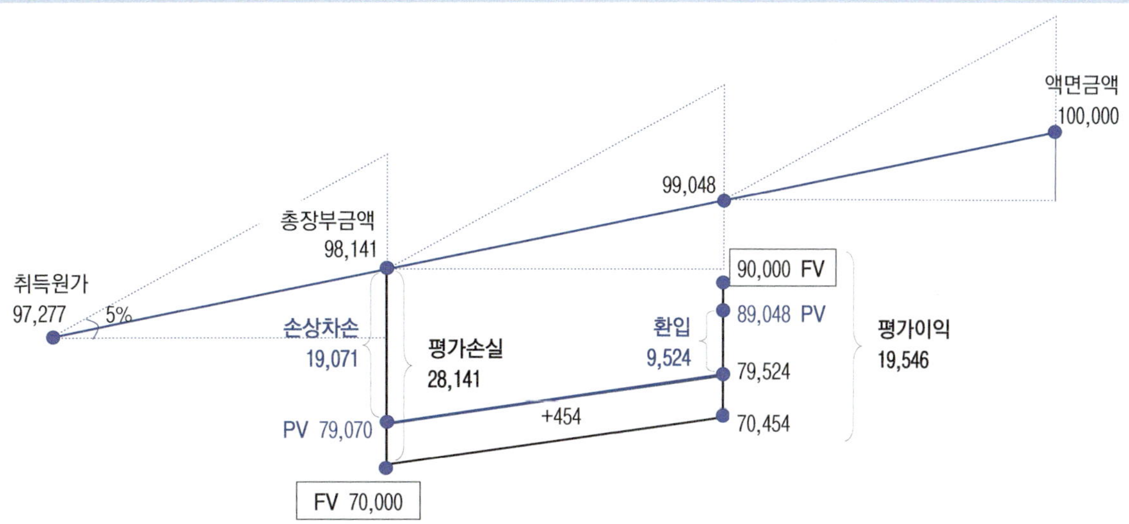

➲ FVOCI금융자산(채무증권)의 장부금액은 공정가치(FV)로 표시된다.

2. ① 유효이자의 인식

2002년 유효이자는 '수취예상 현금흐름현가'를 기초로 유효이자를 계산한다.

유효이자 = 79,070 × 0.05
= 3,954

(차) 현 금	3,500	(대) 이 자 수 익	3,954
FVOCI금융자산	454		

② 공정가치평가

평가손익 = 공정가치 − 평가전BV
= 90,000 − 70,454(= 70,000 + 454)
= 19,546

(차) FVOCI금융자산	19,546	(대) 금융자산평가이익(OCI)	19,546

③ 손상평가

2002년 말 수취 예상 현금흐름의 현가 = 90,000 × 0.95238 + 3,500 × 0.95238
= 89,048

2002년 손상차손환입 = 개선된 현금흐름현가 − 기 손상된 현금흐름현가
= 89,048 − 79,524
= 9,524

2002년 말부터는 총장부금액(70,454)에 공정가치변동이 포함되어 있어서 총장부금액이 계약상 현금흐름현가와 다르다. 따라서 기말ECL 측정에 어려움이 있어서 기초ECL과의 차이로 당기의 손상차손/환입을 계산할 수 없다. 따라서 기 손상된 현금흐름현가와 개선된 현금흐름현가의 차이로 손상차손/환입을 구한다. 2002년 말 수취 예상 현금흐름이 작년에 비해 증가한 것은 ECL(현금부족액의 현재가치)이 줄어든 것이므로 그 줄어든 금액을 손상차손환입으로 인식한다.

(차) 금융자산평가이익(OCI)	9,524	(대) 손 상 차 손 환 입	9,524

평가와 손상을 일괄하여 회계처리하면 다음과 같다.

(차) FVOCI금융자산	19,546	(대) 손 상 차 손 환 입	9,524
		금융자산평가이익(OCI)	10,022

〈재무상태표 표시〉
FVOCI금융자산 90,000(FV)

제7절 금융자산(채무증권)의 제거

금융자산의 제거(derecognition)란 금융자산을 장부에서 소멸시키는 것을 말한다. 기술적으로 이는 금융자산의 장부금액을 0으로 만드는 것이다. 금융자산이란 현금흐름에 대한 청구권이므로, 채무증권의 현금흐름에 대한 계약상의 권리가 소멸하거나, 그 권리를 양도하면 채무증권을 장부에서 제거한다. 단 양도의 경우 제거조건을 충족하는지 판단해야 한다. 제거조건은 채무증권의 '소유에 따른 위험과 보상'을 대부분 이전하였는지 여부에 달려 있다.

제거유형	상 황	회계처리
권리소멸	만기까지 보유한 경우	장부에서 제거
양도 및 제거조건의 충족	위험과 보상을 대부분 이전하는 경우 → 제거조건충족	장부에서 제거
	위험과 보상을 대부분 보유하는 경우 → 제거불가	계속 인식, 양도대금은 '차입금'으로 처리함
	위험과 보상을 이전도 보유도 않는 경우 → 금융자산에 대한 통제여부로 판단*	① 통제상실 : 장부에서 제거 ② 통제유지 : • 지속적으로 관여하는 정도까지 자산 인식 • 지속적으로 관여하지 않은 부분은 제거

* 금융자산에 대한 통제여부는 '양수자의 매도능력'으로 판단한다.
① 양수자가 자유롭게 매도할 수 있다면 → 양도자의 통제상실
② 양수자가 자유롭게 매도할 수 없다면 → 양도자의 통제유지

여기서는 채무증권을 만기이전에 양도하고 위험과 보상을 대부분 이전하는 경우를 다룬다. 채무증권을 장부에서 제거하는 경우이다.

예제 10 AC금융자산을 이자지급일 사이에 처분

> 보유하고 있는 회사채를 2003년 4월 1일에 처분하다. 이 채권은 2001년 1월 1일 발행된 3년 만기 회사채이다. 액면금액 100,000원, 액면이자율 4%, 유효이자율은 5%이다. 매수시점에서 거래원가는 없었으며, AC금융자산으로 처리하였다.

2003년 4월 1일 AC금융자산을 처분하다. 회계처리 하시오. 처분가격 100,786 , 처분수수료 200

풀이

금융자산의 매도시 회계처리의 핵심은 매도일의 최종장부금액(BV)을 결정하는 것이다. 최종장부금액이 결정되어야 매도가격과 비교를 통해 매도차익이 계산된다. 앞의 예제를 그대로 이용할 경우, 2003년 기초BV은 99,048원이다. 99,048원이 유효이자율 5%로 3개월 동안 증식하면 처분일 현재 얼마가 되겠는가?

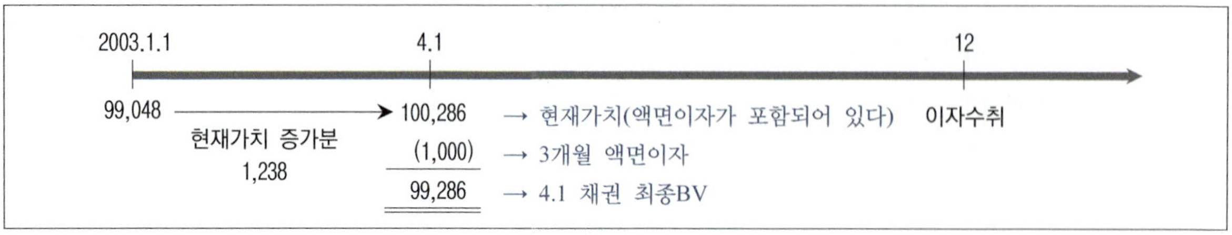

- 현재가치증가분 = 99,048 × 0.05 × 3/12
  (유효이자) = 1,238(→ 이 속에 3개월 액면이자가 포함되어 있다)
- 경과이자 = 100,000 × 0.04 × 3/12
  = 1,000

[그림 11] AC금융자산의 처분 (예제 11)

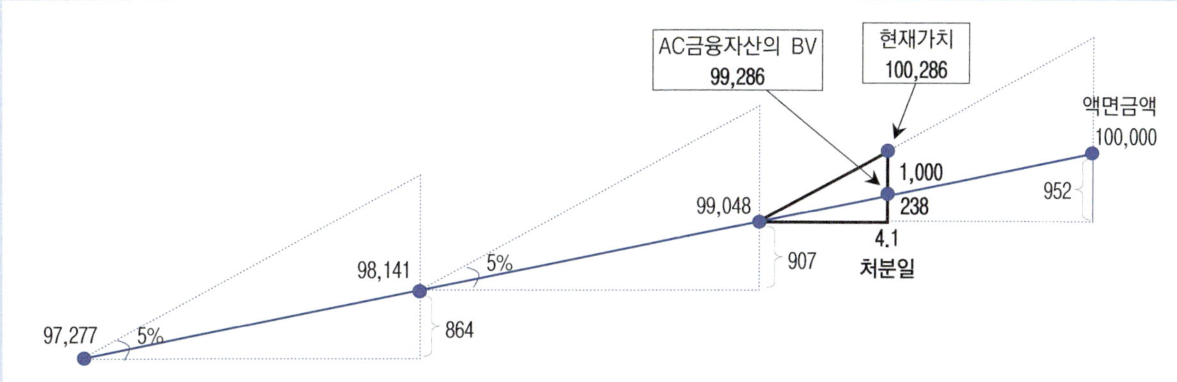

2003. 4. 1 ① 유효이자수익의 인식

먼저, 이자기간 초일부터 2003년 4월 1일까지의 현재가치증가분(= 유효이자 1,238원)을 장부에 인식한다. 위 그림에서 굵은 삼각형만큼 금융자산의 가치가 증식하였으므로 그 증식액을 먼저 금융자산으로 인식한다.

- 유효이자 = 99,048 × 0.05 × 3/12 = 1,238
- 액면이자 = 100,000 × 0.04 × 3/12 = 1,000

현재가치 증가분 1,238원 중 경과이자 1,000원은 '미수이자'로 처리하고, 나머지 238원은 'AC금융자산'으로 처리한다. 미수이자와 AC금융자산은 만기가 다른 별개의 금융자산이다.

(차) 미수이자	1,000	(대) 이자수익	1,238
AC금융자산	238		

위 분개의 결과 AC금융자산의 '최종장부금액'은 99,286이 되고, 미수이자는 1,000원이 된다 (앞의 그림에서 확인할 것).

AC금융자산 장부금액 = 99,048 + 238 = 99,286

매도자는 99,286원의 AC금융자산과 미수이자 1,000원을 처분하는 것이다.

② 금융자산의 처분

회사는 99,286원의 금융자산(채무증권)만 처분하는 것이 아니라 금융자산(미수이자) 1,000원도 함께 처분한다. 이자지급일 사이에 처분할 경우, 매도자는 보유기간 동안의 경과이자 1,000원을 받을 권리가 있다. 매도자는 매수자에게 채무증권과 미수이자를 함께 매도함으로써 경과이자를 회수한다. 따라서 4월 1일 매도자가 처분하는 두 금융자산의 장부금액은 100,286원(= 99,286 + 1,000)이다.

(차) 현 금	100,586	(대) AC금융자산	99,286
		미수이자	1,000
		금융자산처분이익	300

두 자산을 매도함으로써 받는 순현금수취액은 100,586원(= 100,786 − 200)이다.

그러므로 처분이익 300원(= 100,586 − 100,286)이 발생한다.

순현금수취액 = 두 자산의 처분가격(미수이자 포함) − 거래원가
= 100,786 − 200
= 100,586

두 자산의 처분손익 = 100,586(순현금수취액) − 100,286(두 자산의 BV)
= 300

또는 AC금융자산에 대해서만 다음과 같이 계산할 수도 있다.

AC금융자산 처분가격 = 순현금수취액 − 미수이자
= 100,586 − 1,000
= 99,586

AC금융자산 처분손익 = AC금융자산 처분가격 − AC금융자산 장부금액 (= 99,048 + 238)
= 99,586 − 99,286
= 300

« 예제 11 FVOCI금융자산을 이자지급일 사이에 처분

예제10의 채무상품을 FVOCI금융자산으로 분류한 경우 처분시 회계처리를 하시오.

연도 말 채권의 공정가치는 다음과 같다.

2001.12.30	98,000	금융자산평가손실(OCI) 141
2002.12.30	99,100	금융자산평가이익(OCI) 193

2003년 4월 1일 회계처리를 하시오. 처분가격 100,786 , 거래수수료 200

풀 이

회계기록의 핵심은 처분일 현재 금융자산의 장부금액(BV)을 결정하는 것이다.

3개월 유효이자 = AC금융자산 기초장부금액 × 유효이자율 × 보유월수/12
= 99,048 × 0.05 × 3/12
= 1,238(이 속에 3개월 액면이자가 포함되어 있다)

액면이자 = 100,000 × 0.04 × 3/12
= 1,000

2003. 4. 1 ① 유효이자수익의 인식

FVOCI금융자산의 유효이자수익의 인식은 AC금융자산의 유효이자수익의 인식과 동일하다.

(차)			(대)	
	미 수 이 자	1,000	이 자 수 익	1,238
	FVOCI금융자산	238		

위 분개의 결과 FVOCI금융자산 최종장부금액은 다음과 같다.

FVOCI금융자산 최종장부금액 = 99,100(기초BV) + 238
= 99,338

회사는 99,338원의 FVOCI금융자산과 미수이자 1,000원을 처분한다.

[그림 12] FVOCI금융자산의 처분 (예제 11)

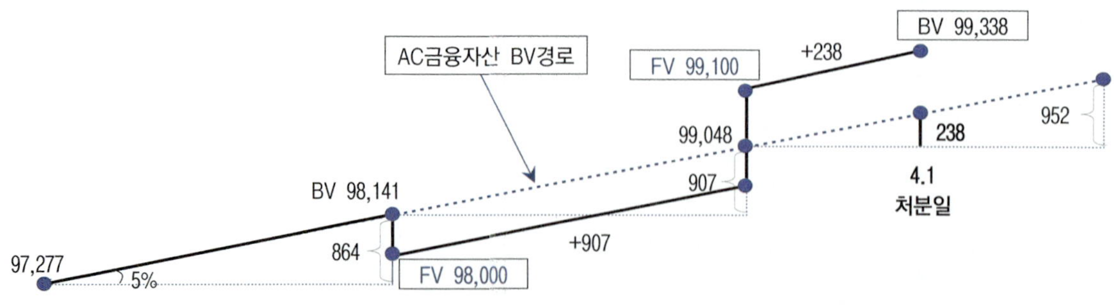

➲ 굵은 실선이 FVOCI금융자산 BV경로이다. 처분일의 BV = 99,338

② FVOCI금융자산 처분

회사는 FVOCI금융자산 99,338원을 처분할 뿐만 아니라 미수이자 1,000원도 함께 처분한다.

매도자가 처분하는 두 자산의 장부금액은 100,338(= 99,338 + 1,000)이다.

(차) 현　　　　금	100,586	(대)	FVOCI금융자산	99,338
			미　수　이　자	1,000
			금융자산처분이익	248

순현금수취액 = 두 자산의 처분가격(미수이자 포함) − 거래원가
= 100,786 − 200
= 100,586

금융자산 처분이익 = 순현금수취액 − 두 자산의 BV
= 100,586 − 100,338
= 248

또는

FVOCI금융자산 처분가격 = 순현금수취액 − 미수이자
= 100,586 − 1,000
= 99,586(FV)

FVOCI금융자산 처분이익 = FVOCI금융자산의 처분가격 − 장부금액
= 99,586 − 99,338
= 248

③ FVOCI금융자산평가손익(누계)의 재순환(recycling)

처분시점에 FVOCI금융자산평가손익(OCI누계) 52(= 193 − 141)원이 존재한다. 이 OCI누계를 처분손익으로 재순환한다. 재순환이란 '기타포괄손익누계'를 '금융자산처분손익'으로 변경하는 것이다. 이때 변경회계처리에 주의해야 한다.

다음과 같이 재무상태표의 기타포괄손익누계를 금융자산처분손익(당기손익)으로 직접 대체해서는 안된다.

(차) FVOCI금융자산평가손익(OCI누계) 52 (대) 금융자산처분이익 52 (X)

재무상태표의 '기타포괄손익누계'의 변경은 포괄손익계산서상의 '기타포괄손익(OCI)'의 변경을 통해서만 가능하다. 현재 FVOCI금융자산평가손익(OCI누계) 52원은 'FVOCI금융자산평가이익'에 해당하므로 이를 소멸시키기 위해서는 손익계산서의 기타포괄손익(OCI)에서 '금융자산평가손실(OCI)' 52원을 인식하면서, 금융자산처분이익 52원을 인식해야 한다.

(차) 금융자산평가손실(OCI) 52 (대) 금융자산처분이익 52 (O)

이 '금융자산평가손실(OCI)' 52는 마감분개를 통해서 'FVOCI금융자산평가손익(OCI누계)'을 0으로 만든다.

결과적으로 금융자산처분이익은 300원이 된다. 이 금액은 AC금융자산처분이익과 동일하다.

[그림 13] 기타포괄손익의 마감

포괄손익계산서 1.1~12.31

매출수익	+++
매출원가	−−−
매출총이익	±±±
영업비용	−−−
영업이익	±±±
영업외손익	
처분손익	±±±
평가손익(PL)	±±±
법인세차감전손익	±±±
법인세	−−−
당기순이익	±±±
기타포괄손익(OCI)	±±±
총포괄손익	±±±

재무상태표 12.31

차변		대변	
		자본금	+++
		자본잉여금	+++
		자본조정	±±±
		기타포괄손익누계	±±±
		이익잉여금	±±±
총자산	+++	부채와 자본	+++

마감분개: 당기순이익 → 이익잉여금, 기타포괄손익(OCI) → 기타포괄손익누계

➲ '기타포괄손익누계'의 조정은 손익계산서의 '기타포괄손익(OCI)'의 조정을 통해 이루어진다

금융자산의 평가요약

<table>
<tr><th></th><th>분류</th><th>최초BV
측정</th><th>기말BV
측정</th><th>이자수익</th><th>기말평가
손익</th><th>손상</th><th>처분일
최종BV</th><th>처분시
OCI누계
→PL재순환</th></tr>
<tr><td rowspan="3">채무상품</td><td>AC
금융자산</td><td>FV+TC
=PV(CF)</td><td>AC</td><td rowspan="2">유효이자 =
총장부금액 ×
최초유효이자율
①</td><td></td><td>인식
(손충O)</td><td>AC</td><td></td></tr>
<tr><td>FVOCI
금융자산</td><td>FV+TC
=PV(CF)</td><td>AC→FV</td><td>OCI
=FV−
평가전BV</td><td>인식
②(OCI→
손상차손)</td><td>AC</td><td>재순환 가능
③(OCI누계→
처분손익)</td></tr>
<tr><td>FVPL지정
금융자산</td><td>FV
(TC→비용)</td><td>FV</td><td>규정 없음
(표시이자로
인식)④</td><td>PL</td><td></td><td>FV</td><td></td></tr>
<tr><td rowspan="2">지분상품</td><td>FVPL
금융자산</td><td>FV
(TC→비용)</td><td>FV</td><td rowspan="2"></td><td>PL</td><td></td><td rowspan="2">FV로 평가
(→처분일에
'공정가치평가'
&
거래원가를
'처분손실'로
인식)</td><td></td></tr>
<tr><td>FVOCI선택
금융자산</td><td>FV+TC
=PV(CF)</td><td>FV</td><td>OCI</td><td></td><td>재순환 불가
⑤(OCI누계→
이익잉여금으
로 대체가능)</td></tr>
</table>

• BV: 장부금액, • FV: 공정가치, • TC: 거래원가, • AC: 상각후원가, • OCI: 기타포괄손익, • PL: 당기손익
• 총장부금액: 손상전 상각후원가(손상이 없을 경우 현재가치경로)

① 신용손상전 유효이자 = 총장부금액(ECL차감전 BV) × 최초유효이자율
신용손상후 유효이자 = 상각후원가(ECL차감후 BV) × 최초유효이자율

② 평가손실(OCI)를 손상차손으로 재분류한다.

③ 처분시점에서 OCI누계를 처분손익으로 재순환(recycling)한다. 결과적으로 채무증권을 AC금융자산으로 분류하든, FVOCI금융자산으로 분류하든 이자수익과 처분손익은 동일해진다.

④ 유효이자를 인식하든, 표시이자만 인식하든 기간손익은 동일하다. FVPL의 취지상 표시이자만 인식하는 것이 덜 번거롭다. 이는 금융자산 장부금액을 상각후원가로 측정하지 않는다는 뜻이다.

⑤ OCI누계를 처분시점에서 처분손익으로 재순환하지 않는다. 왜냐하면, 지분증권을 FVOCI금융자산으로 선택한 것은 금융자산의 가치변동으로 당기손익의 변동성을 증가시키지 않기 위해서이다. 따라서 금융자산의 처분시점까지 평가손익만 인식한다. 그 결과 OCI가 누적되며, OCI누계를 이익잉여금으로 대체할 수 있다. 이는 지분상품의 미실현손익누계를 자의적으로 실현손익으로 조정하는 것을 방지하기 위함이다.

부 록 금융자산(채무증권)의 범주재분류

금융자산(채무증권)의 범주재분류는 최초의 범주를 변경하는 것을 말한다. 이는 금융자산을 관리하는 사업모형을 변경하는 경우에만 허용된다[기준서 1109].

범주재분류는 지분증권에는 해당되지 않고 채무증권에만 해당하며, 재분류일부터 전진적으로 적용한다. 재분류일이란 사업모형 변경 후 첫 번째 보고기간의 첫 번째 날을 말한다. 예를 들어, 12월 결산기업의 사업모형 변경일이 2021년 11월 1일이면, 재분류일은 2022년 1월 1일이고 이 날에 재분류 회계처리를 한다.

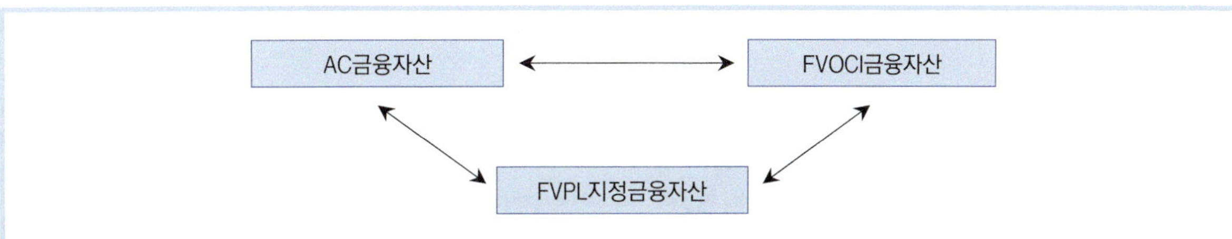

범주재분류 회계처리의 초점

재분류 회계처리는 기존 범주의 금융자산을 제거하고 새로운 범주의 금융자산을 인식하는 것이다. 회계처리는 재분류의 본질을 어떻게 볼 것이냐에 달려있다. 기존의 금융자산을 처분하고 새로운 금융자산을 취득한 것으로 볼 것인지, 기존 자산과 새로운 자산의 교환으로 볼 것인지? 실질은 기존 금융자산을 그대로 보유하고 있으면서 이름만 바꾸는 것이다. 따라서 처음부터 새로운 범주의 금융자산으로 인식한 것과 같은 결과를 낳도록 처리한다. 단 FVPL금융자산을 다른 범주의 금융자산으로 재분류할경우에는 금융자산을 새로 취득한 것으로 본다.

- **AC/FVOCI금융자산 → 타 범주** : 처음부터 새 범주의 금융자산으로 인식한 것과 동일한 효과를 낳도록 처리한다.

AC금융자산과 FVOCI금융자산 간의 변경은 당기순손익에 미치는 영향이 동일해야 한다. 둘 사이의 재분류 이후에도 당기순손익에 미치는 영향은 변함이 없어야 할 것이다. 따라서 재분류 당시 유효이자율과 기대신용손실(ECL)측정치도 그대로 사용한다.

- **FVPL금융자산 → 타 범주** : 새 범주의 금융자산을 취득한 것으로 본다.

범주재분류의 회계처리 요약

<table>
<tr><th>재분류전</th><th>재분류후</th><th>새장부 금액</th><th>재분류일의 회계처리
(FV : 재분류일의 공정가치,
BV : 재분류전 장부금액)</th><th>유효 이자율</th><th>ECL 측정치</th></tr>
<tr><td rowspan="2">AC</td><td>FVOCI</td><td>FV</td><td>AC자산의 BV를 제거하고 FV를 FVOCI자산으로 인식. (FV – BV)를 평가손익(OCI)으로 처리</td><td>재분류전의 유효이자율 사용</td><td>재분류전의 ECL사용</td></tr>
<tr><td>FVPL</td><td>FV</td><td>AC자산의 BV를 제거하고 FV를 FVPL자산으로 인식. (FV – BV)를 평가손익(PL)으로 처리.</td><td></td><td></td></tr>
<tr><td rowspan="2">FVOCI</td><td>AC</td><td>FV± 조정액</td><td>FVOCI자산의 FV를 AC자산으로 대체. OCI누계와 손상누계를 AC자산의 FV에서 조정. (FVOCI자산에서는 손상차손을 OCI에서 조정하므로, OCI누계와 손상누계(손실충당금 회복)를 모두 FV에서 조정해야 함 → 처음부터 AC자산으로 평가한 것으로 만듦)</td><td>재분류전의 유효이자율 사용</td><td>재분류전의 ECL사용</td></tr>
<tr><td>FVPL</td><td>FV</td><td>FVOCI자산의 FV를 FVPL자산으로 대체. OCI누계를 당기손익(PL)으로 재순환.</td><td></td><td></td></tr>
<tr><td rowspan="2">FVPL</td><td>AC</td><td>FV</td><td>FVPL자산의 FV를 AC자산으로 대체.</td><td rowspan="2">FV를 기초로 유효이자(율) 재계산</td><td></td></tr>
<tr><td>FVOCI</td><td>FV</td><td>FVPL자산의 FV를 FVOCI자산으로 대체.</td><td></td></tr>
</table>

예제 12 금융자산(채무증권)의 재분류

> 2001.1.1 발행된 3년 만기 회사채를 매수하다(액면금액 100,000원, 액면이자율 4%, 유효이자율은 5%). 매수시점에서 거래원가는 없는 것으로 가정한다. 금액계산시 원이하는 반올림한다.

1. 2001년 초 금융자산의 취득시점에서 AC금융자산으로 분류하였다. 2001년 11월 말 이 금융자산을 FVOCI금융자산과 FVPL금융자산으로 각각 재분류를 결정하였을 경우, 2001년 초 부터 2002년 말까지 회계처리를 하시오.
2. 2001년 초 금융자산의 취득시점에서 FVOCI금융자산으로 분류하였다. 2001년 11월 말 이 금융자산을 AC금융자산과 FVPL금융자산으로 각각 재분류를 결정하였을 경우, 2001년 초부터 2002년 말까지 회계처리를 하시오.
3. 2001년 초 금융자산의 취득시점에서 FVPL금융자산으로 분류하였다. 2001년 11월 말 이 금융자산을 AC금융자산과 FVOCI금융자산으로 각각 재분류를 결정하였을 경우, 2001년 초 부터 2002년 말까지 회계처리를 하시오.

> 2002년 초 유효이자율 : 7%　2002년 말 유효이자율 : 6%

풀이

• 유효이자 및 장부금액(BV)조정표

연 도	기초BV	유효이자	액면이자	BV증액	기말BV
2001	97,277	4,864	4,000	864	98,141
2002	98,141	4,907	4,000	907	99,048
2003	99,048	4,952	4,000	952	100,000
				2,723	

1. ① AC금융자산 → FVOCI금융자산으로 재분류

2001. 1. 1	(차) AC금융자산	97,277	(대) 현금	97,277
2001.12.31	(차) 현금	4,000	(대) 이자수익	4,864
	AC금융자산	864		

2002. 1. 1 공정가치 = 100,000 × 0.87343 + 4,000 × 1.80802 = 94,575

(재분류일)	(차) FVOCI금융자산	94,575	(대) AC금융자산	98,141
	금융자산평가손실(OCI)	3,566		

2002.12.31 FVOCI금융자산은 손상이 발생하기 전까지는 총장부금액에 기초하여 최초유효이자율을 그대로 사용하여 유효이자를 계산한다.

유효이자 = 98,141 × 0.05 = 4,907

(차) 현금	4,000	(대) 이자수익	4,907
FVOCI금융자산	907		

장부금액 = 94,575 + 907 = 95,482
공정가치 = 100,000 × 0.94339 + 4,000 × 0.94339 = 98,113
평가이익 = 98,113 − 95,482 = 2,631

(차) FVOCI금융자산	2,631	(대) 금융자산평가이익(OCI)	2,631

② AC금융자산 → FVPL금융자산으로 재분류

일자	차변	금액	대변	금액
2001. 1. 1	(차) AC금융자산	97,277	(대) 현금	97,277
2001.12.31	(차) 현금	4,000	(대) 이자수익	4,864
	AC금융자산	864		

장부금액 = 97,277 + 864 = 98,141
공정가치 = 100,000 × 0.87343 + 4,000 × 1.80802 = 94,575

일자	차변	금액	대변	금액
2002. 1. 1 (재분류일)	(차) FVPL금융자산	94,575	(대) AC금융자산	98,141
	금융자산평가손실(PL)	3,566		

2002.12.31 FVPL금융자산은 표면이자를 인식한다.

(차) 현금	4,000	(대) 이자수익	4,000

장부금액 = 94,575
공정가치 = 100,000 × 0.94339 + 4,000 × 0.94339 = 98,113
평가이익 = 98,113 − 94,575 = 3,538

(차) FVPL금융자산	3,538	(대) 금융자산평가이익(PL)	3,538

2. ① FVOCI금융자산 → AC금융자산으로 재분류

2001. 1. 1	(차) FVOCI금융자산	97,277	(대) 현금	97,277
2001.12.31	(차) 현금	4,000	(대) 이자수익	4,864
	FVOCI금융자산	864		

공정가치 = 100,000 × 0.87343 + 4,000 × 1.80802 = 94,575

(차) 금융자산평가손실(OCI)	3,566	(대) FVOCI금융자산	3,566

2002. 1. 1 (재분류일)	(차) AC금융자산	98,141	(대) FVOCI금융자산	94,575
			금융자산평가이익(OCI)	3,566

AC금융자산 장부금액 = FV + OCI누계
= 94,575 + 3,566 = 98,141

2002.12.31	(차) 현금	4,000	(대) 이자수익	4,907
	FVOCI금융자산	907		

② FVOCI금융자산 → FVPL금융자산으로 재분류

2001. 1. 1	(차) FVOCI금융자산	97,277	(대) 현금	97,277
2001.12.31	(차) 현금	4,000	(대) 이자수익	4,864
	FVOCI금융자산	864		

공정가치 = 100,000 × 0.87343 + 4,000 × 1.80802 = 94,575

(차) 금융자산평가손실(OCI)	3,566	(대) FVOCI금융자산	3,566

2002. 1. 1	(차) FVPL금융자산	94,575	(대) FVOCI금융자산	94,575
(재분류일)	(차) 금융자산평가손실(PL)	3,566	(대) 금융자산평가이익(OCI)	3,566

OCI누계를 금융자산평가손실(PL)로 재순환시킨다.

2002.12.31	(차) 현금	4,000	(대) 이자수익	4,000

공정가치 = 98,113
장부금액 = 94,575

(차) FVPL금융자산	3,538	(대) 금융자산평가이익(PL)	3,538

3. ① FVPL금융자산 → AC금융자산으로 재분류

2001. 1. 1 (차) FVPL금융자산 97,277 (대) 현 금 97,277

2001.12.31 (차) 현 금 4,000 (대) 이 자 수 익 4,000

공정가치 = 100,000 × 0.87343 + 4,000 × 1.80802 = 94,575
평가손실 = 94,575 − 97,277 = − 2,702

(차) 금융자산평가손실(PL) 2,702 (대) FVPL금융자산 2,702

2002. 1. 1 (재분류일) (차) AC금융자산 94,575 (대) FVPL금융자산 94,575

2002.12.31 재분류일의 공정가치(FV)를 기초로 유효이자를 계산한다.
유효이자 = 94,575 × 0.07 = 6,620

(차) 현 금 4,000 (대) 이 자 수 익 6,620
AC금융자산 2,620

② FVPL금융자산 → FVOCI금융자산으로 재분류

2001. 1. 1 (차) FVPL금융자산 97,277 (대) 현 금 97,277

2001.12.31 (차) 현 금 4,000 (대) 이 자 수 익 4,000

공정가치 = 100,000 × 0.87343 + 4,000 × 1.80802 = 94,575
평가손실 = 94,575 − 97,277 = − 2,702

(차) 금융자산평가손실(PL) 2,702 (대) FVPL금융자산 2,702

2002. 1. 1 (재분류일) (차) FVOCI금융자산 94,575 (대) FVPL금융자산 94,575

2002.12.31 재분류일의 공정가치(FV)를 기초로 유효이자를 계산한다.
유효이자 = 94,575 × 0.07 = 6,620
(차) 현 금 4,000 (대) 이 자 수 익 6,620
FVOCI금융자산 2,620

장부금액 = 94,575 + 2,620 = 97,195
공정가치 = 98,113

(차) FVOCI금융자산 918 (대) 금융자산평가이익(OCI) 918

연습문제

1 AC금융자산의 취득과 처분

2021.4.1. A사는 B사가 발행한 채권을 매수하다(액면 100,000원, 액면이자율 5%, 3년 만기, 명목발행일 2021.1.1). 이 금융상품을 AC금융자산으로 분류한다. 액면이자는 매 연말에 지급한다. 매수 당시 유효이자율은 6%이다. (3년 할인율 6%일 때 현가계수 0.83962, 연금현가계수 2.6730, 금액계산시 소수점 이하에서 반올림하시오)

❶ 유효이자 및 장부금액조정표를 작성하시오.

❷ 위 금융상품에 대해 취득시점부터 만기까지 분개하시오.

❸ 만약 위 채권을 2022.1.1 95,000원에 처분하였다면, 분개하시오.

❹ 만약 위 채권을 2022.7.1 95,000원에 처분하였다면, 분개하시오.

2 AC금융자산의 손상

2021. 1. 1	A사는 B사가 발행한 3년 만기 채권을 매수하다 • 액면금액 1,000,000원 • 액면이자율 5%, 매 연말에 지급한다. • 매수 당시 유효이자율은 7%이다.

〈현각수〉	5%		7%	
기간	단일현가계수	연금현가계수	단일현가계수	연금현가계수
1	0.95238	0.95238	0.93458	0.93458
2	0.90703	1.85941	0.87344	1.80802
3	0.86384	2.72325	0.81630	2.62432

❶ A사는 채무상품을 AC금융자산으로 분류한다. 2021년 말 신용이 손상되어 만기에 수취할 현금흐름이 800,000원, 수취할 이자는 40,000원으로 예상된다. 2021년 말 회계처리를 하시오. 금액계산시 소수점 이하는 반올림한다. 2021년의 이자는 정상적으로 수취하였다.

❷ 2022년 말 AC금융자산의 채무불이행확률을 고려하여 만기에 수취할 현금흐름이 900,000원, 수취할 이자는 50,000원으로 예상된다. 2022년 말 회계처리를 하시오. 금액계산시 소수점 이하는 반올림한다.

3 FVOCI금융자산의 손상

2021. 1. 1	A사는 B사가 발행한 3년 만기 채권을 매수하다 • 액면금액 1,000,000원 • 액면이자율 5%, 매 연말에 지급한다. • 매수 당시 유효이자율은 7%이다.

〈현가계수〉	5%		7%	
기간	단일현가계수	연금현가계수	단일현가계수	연금현가계수
1	0.95238	0.95238	0.93458	0.93458
2	0.90703	1.85941	0.87344	1.80802
3	0.86384	2.72325	0.81630	2.62432

❶ A사는 채무상품을 FVOCI금융자산으로 분류한다. 2021년 말 신용이 손상되어 만기에 수취할 현금흐름이 800,000원, 수취할 이자는 40,000원으로 예상된다. 금융자산의 공정가치는 700,000원이다. 2021년 말 회계처리를 하시오. 금액계산시 소수점 이하는 반올림한다. 2021년의 이자는 정상적으로 수취하였다.

❷ 2022년 말 FVOCI금융자산의 채무불이행확률을 고려하여 만기에 수취할 현금흐름이 900,000원, 수취할 이자는 50,000원으로 예상된다. 금융자산의 공정가치는 900,000원이다. 2022년 말 회계처리를 하시오. 금액계산시 소수점 이하는 반올림한다.

연습문제 해답

1

1 유효이자(6%) 및 장부금액(BV) 조정표

연 도	유효이자	액면이자	BV증가	기말BV
2021. 1. 1				97,327
2021.12.31	5,840	5,000	840	98,167
2022.12.31	5,890	5,000	890	99,057
2023.12.31	5,943	5,000	943	100,000
			2,673	

2 회계처리

① 2021. 4. 1 현재가치 = 97,327 + 97,327 × 0.06 × 3/12
= 97,327 + 1,460
= 98,787

액면이자 = 100,000 × 0.05 × 3/12
= 1,250

장부금액 = 98,787 − 1,250
= 97,537

(차) 미 수 이 자	1,250	(대) 현 금	98,787
A C 금 융 자 산	97,537		

② 2021.12.31 유효이자 = 5,840 × 9/12
= 4,380

액면이자 = 100,000 × 0.05 × 9/12
= 3,750

상각액 = 4,380 − 3,750
= 630

(차) 현 금	5,000	(대) 미 수 이 자	1,250
A C 금 융 자 산	630	이 자 수 익	4,380

③ 2022.12.31 유효이자 = 98,167 × 0.06
= 5,890
액면이자 = 100,000 × 0.05
= 5,000
상각액 = 890

(차) 현금	5,000	(대) 이자수익	5,890
AC금융자산	890		

④ 2023.12.31 유효이자 = 99,057 × 0.06
= 5,943
액면이자 = 100,000 × 0.05
= 5,000
상각액 = 943

(차) 현금	5,000	(대) 이자수익	5,943
AC금융자산	943		

(차) 현금	100,000	(대) AC금융자산	100,000

3 처분

2022. 1. 1 장부금액 98,167 처분금액 95,000

(차) 현금	95,000	(대) AC금융자산	98,167
금융자산처분손실	3,167		

4 처분

2022. 7. 1 장부금액 98,167 + 5,890 × 6/12 − 2,500 = 98,612 처분금액 95,000

(차) 현금	95,000	(대) AC금융자산	98,612
금융자산처분손실	3,612		

2 <이자수익 및 장부금액 조정표>

연 도	유효이자	액면이자	상각액	장부금액
2021. 1. 1				947,516
2021.12.31	66,326	50,000	16,326	963,842
2022.12.31	67,469	50,000	17,469	981,311
2023.12.31	68,692	50,000	18,692	1,000,000

1 2021년 말

- 이자수익인식 : (차) 현 금 50,000 (대) 이 자 수 익 66,326
  A C 금 융 자 산 16,326

  2021년 말 수취예상현금흐름의 현재가치 = 800,000 × 0.87344 + 40,000 × 1.80802
  = 771,073

  손상차손 = 771,073 − 963,842 = − 192,769

- 손상차손인식 : (차) 손 상 차 손 192,769 (대) 손 실 충 당 금 192,769

- 재무상태표표시 : AC금융자산 963,842
  손실충당금 (192,769)
  771,073

2 2022년 말

- 이자수익인식 : (차) 현 금 40,000 (대) 이 자 수 익 53,975
  A C 금 융 자 산 13,975

  2022년도 유효이자 = 771,073 × 0.07 = 53,975
  2022년 말 장부금액 = 771,073 + 13,975 = 785,048
  2022년 말 수취예상현금흐름의 현재가치 = 950,000 × 0.93458 = 887,851
  손상차손환입= 887,851 − 785,048 = 102,803

- 손상차손환입인식 :
  (차) 손 실 충 당 금 102,803 (대) 손 상 차 손 환 입 102,803

- 재무상태표표시 : AC금융자산 977,817 ← 963,842 + 13,975
  손실충당금 (89,966) ← 192,769 − 102,803
  887,851 ← 수취예상 현금흐름현가

3 <이자수익 및 장부금액 조정표>

연 도	유효이자	액면이자	상각액	장부금액
2021. 1. 1				947,516
2021.12.31	66,326	50,000	16,326	963,842
2022.12.31	67,469	50,000	17,469	981,311
2023.12.31	68,692	50,000	18,692	1,000,000

1 2021년 말

- 이자수익인식 : (차) 현 금 50,000 (대) 이 자 수 익 66,326
  FVOCI금융자산 16,326

  2021년 말 공정가치 = 700,000
  평가손익 = 700,000 − 963,842 = − 263,842

- 공정가치평가 : (차) 금융자산평가손실(OCI) 263,842 (대) FVOCI금융자산 263,842

  2021년 말 수취예상현금흐름의 현재가치 = 800,000 × 0.87344 + 40,000 × 1.80802
  = 771,073
  손상차손 = 771,073 − 963,842 = − 192,769

- 손상차손인식 : (차) 손 상 차 손 192,769 (대) 금융자산평가손실(OCI) 192,769

- 재무상태표표시 : FVOCI금융자산 700,000

2 2022년 말

- 이자수익인식 : (차) 현 금 40,000 (대) 이 자 수 익 53,975
  FVOCI금융자산 13,975

  2022년도 유효이자 = 771,073 × 0.07 = 53,975
  2022년 말 공정가치 평가전 장부금액 = 700,000 + 13,975 = 713,975
  2022년 말 공정가치 = 900,000
  2022년 말 평가손익 = 900,000 − 713,975 = 186,025

- 공정가치평가 : (차) FVOCI금융자산 186,025 (대) 금융자산평가이익(OCI) 186,025

  2022년 말 수취예상현금흐름의 현재가치 = 950,000 × 0.93458 = 887,851
  손상차손환입= 887,851 − (771,073 + 13,975) = 102,803

- 손상차손환입인식 :
  (차) 금융자산평가이익(OCI) 102,803 (대) 손 상 차 손 환 입 102,803

- 재무상태표표시 : FVOCI금융자산 900,000

Chapter 09

금융부채

제1절 금융부채의 의의

금융부채란

금융상품을 거래함으로써 '계약상의 의무'를 부담할 때 금융부채를 인식한다. 국제회계기준(IFRS)에서는 금융부채를 구체적으로 열거하고 있지만, 이 책에서는 금융부채의 개념을 이해하는데 중점을 둔다. 금융부채는 대부분 장기부채로서 재무활동인 자금조달거래, 투자활동인 구매거래에서 주로 발생한다. 대표적인 금융부채는 다음과 같다.

① 기업이 외부로부터 자금을 조달하고 재무제표일로부터 1년 이후에 상환을 약속한 의무(자금조달거래)
: 장기차입금, 사채

② 재화나 용역을 구매하고 재무제표일로부터 1년 이후에 그 대금지급을 약속한 의무(구매거래)
: 장기매입채무, 장기미지급금

금융부채를 명확히 이해하기 위해서는 금융(financing)이 무엇인지 통찰해야 한다. 금융이란 돈(현금)을 빌려주거나 빌리는 것을 말한다. ①번의 경우, 기업이 운영자금이나 투자자금을 조달하기 위해 외부로부터 돈을 빌리는 거래에 해당한다. 돈을 빌려서 사용하는 대가로 사용기간 동안 사용료, 즉 '이자(interest)'를 지급해야 하고, 만기에 원금을 상환하여야 한다. ②번의 경우, 재화나 용역을 구매하고 대금을 장기간에 걸쳐 지급하는 거래이다. 이 거래는 판매자가 상품을 제공함과 동시에 신용을 제공하는 거래이다. 구매자인 기업은 사실상 판매자에게 돈을 빌린 것과 같으므로 상품대금뿐만 아니라 이자까지 지급해야 한다.

> 예 우리는 이동통신사와 통신용역계약을 맺을 때 스마트폰기계를 함께 구매한다. 보통기계를 2년 약정 할부로 구매한다. 할부 구매시 이동통신사는 기계값뿐만 아니라 할부이자까지 통신요금에 포함하여 청구한다. 우리가 할부이자를 지급하는 이유는 통신사로부터 기계값을 빌렸기 때문이다. 고객은 약정이 끝날 때까지 이동통신사에 장기미지급금이라는 금융부채를 지게 되며 분할 상환해야 한다. 이동통신사는 통신용역과 기계를 판매하면서 이익을 얻고, 동시에 고객에게 돈을 빌려주면서 이자수익까지 챙긴다.

[그림 1] 금융부채의 발생

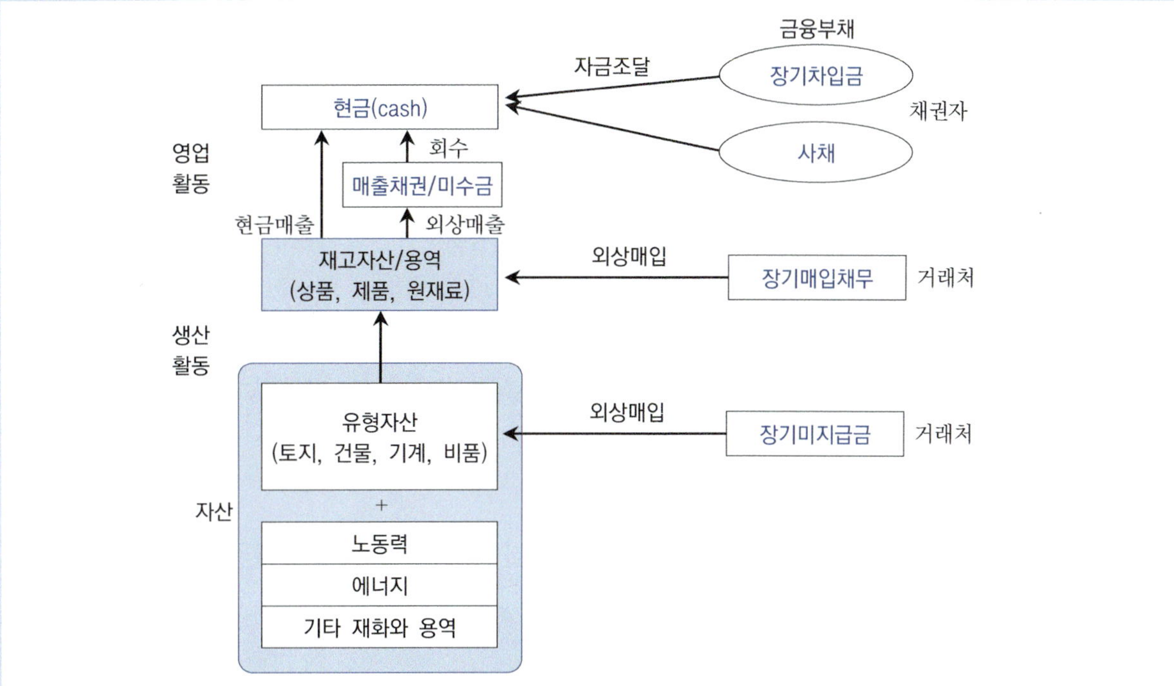

금융부채의 분류

금융부채는 후속측정기준에 따라 다음과 같이 분류한다. 대부분의 금융부채는 상각후원가(Amortized Cost)를 후속측정치로 사용하므로 이 책에서는 AC금융부채만 설명한다. 상각후원가로 측정하지 않는 금융부채에 대해서는 중급회계에서 학습하기 바란다.

- AC금융부채 : 상각후원가로 측정한다.
- 기타측정금융부채 : 거래조건에 따라 다양한 측정치로 측정한다.
- FVPL지정금융부채 : 공정가치로 측정한다.

제2절 금융부채회계

금융부채회계의 핵심 : '이자비용'의 인식

금융부채는 나중에 원금과 이자를 상환할 의무를 나타낸다. 자금조달거래는 '차입-이자지급-상환', 이 세 가지 사건으로 구성된다. 이 중 차입과 상환의 회계처리는 비교적 단순하다. 핵심은 이자비용의 인식에 있다. 이자(interest)는 시간의 경과에 따라 발생하며(accrued), 발생한 이자는 반드시 지급해야 하므로 '금융부채'이다. 이 금융부채를 어떻게 인식할 것인지가 회계처리의 관건이다.

이자의 측정

이자비용은 유효이자율법으로 측정한다. 유효이자율이란 '차입자가 실제로 부담하는 이자율'을 말하며 발행시점에서 결정된다. 이자를 1년에 한번(기말에) 지급하고, 회계기간이 이자지급기간과 동일한 것으로 가정할 경우 유효이자의 계산은 다음과 같다.

유효이자 = 기초 부채장부금액(기초에 빌린 돈) × 조달시점의 유효이자율*

* 이자를 3개월, 6개월 단위로 지급할 경우 유효이자의 계산은 다음과 같다.
유효이자 = 이자기간초일의 부채장부금액 × 3개월 또는 6개월 유효이자율

이자비용의 인식(회계처리)

이자를 지급하는 방식은 다양하다. 자금을 조달하는 시점에서 선급할 수도 있고, 만기 전에 이자지급일을 정하여 정기적으로 지급할 수도 있고, 만기에 한꺼번에 지급할 수도 있다. 이자지급방식이 어떠하든, 이자는 자금을 사용하는 기간 동안 시간의 경과에 따라 일정하게 발생하는 것으로 간주한다. 따라서 지급시점이 아니라, 시간의 경과에 따라 이자가 발생하는 시점에서 '이자비용'을 인식한다. 보통 이자지급일과 기말에 인식한다.

① 정기적으로 지급하는 이자(표면이자 또는 액면이자)

정기적으로 지급하는 이자는 지급일이 1년 내에 도래하므로 유동부채로 처리한다.

- 이자지급일

(차) 이 자 비 용 ×× (대) 현 금 ××

• 이자지급일이 도래하지 않은 시점

(차) 이 자 비 용 ×× (대) 미 지 급 이 자 ××

② 만기에 원금과 함께 지급하는 이자

만기에 원금과 함께 지급하는 이자는 부채원금에 가산한다.

(차) 이 자 비 용 ×× (대) 부 채 ××
(사채, 장기차입금, 장기미지급금 등)

AC금융부채 회계의 틀

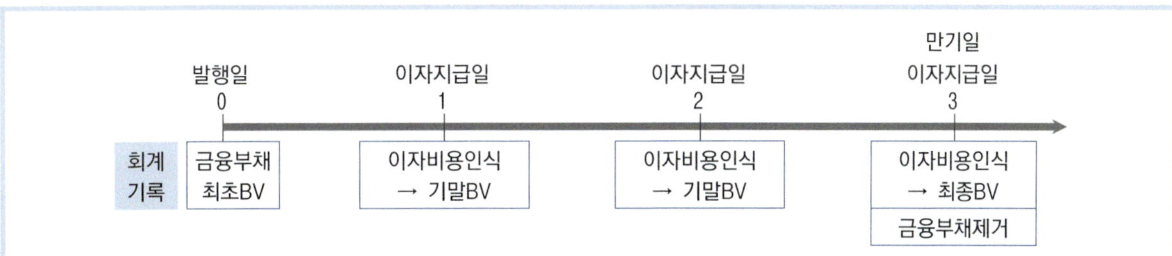

금융부채는 발행 이후 상환할 때까지 발생하는 이자를 지급해야 한다. AC금융부채의 경우, 발행시점에서 결정된 최초유효이자율로 증식하는 이자를 장부에 반영하는 분개만 한다. 시간의 경과에 따라 발생하는 이자비용을 금융부채로 인식해야 하므로 최초 인식 후 제거할 때까지 장부금액을 계속 수정해 주어야 한다. 보통 기말이나 이자지급일에 장부금액을 수정한다.

1. 장기차입

금전대차계약을 통해 은행으로부터 돈을 빌린 경우의 회계처리를 관찰하자. 특히 이자비용의 인식에 주목해야 한다.

예제 1 장기차입금 : 이자의 정기지급

2021. 1. 1	A사는 은행으로부터 100,000원을 차입하다. 이자율은 6%이고, 이자는 매월 말 회사계좌로부터 은행계좌로 인출된다.
2023.12.31	차입금을 상환하다.

풀이

2021. 1. 1	<차입>	(차)	현 금	100,000	(대)	장기차입금	100,000
		매월 이자비용 = 100,000 × 0.06 × 1/12 = 500					
2021. 1.31		(차)	이 자 비 용	500	(대)	현 금	500
2021. 2.28		(차)	이 자 비 용	500	(대)	현 금	500
:			:			:	
2021.12.31		(차)	이 자 비 용	500	(대)	현 금	500
:			:			:	
2023.12.31		(차)	이 자 비 용	500	(대)	현 금	500
	<상환>	(차)	장기차입금	100,000	(대)	현 금	100,000

예제 2 정기예금 : 원금과 이자의 만기지급

2021. 1. 1	A은행은 3년 만기 정기예금을 유치하다. 예금액 100,000원 이자율은 6%이다.
2023.12.31	정기예금 만기일이 되어 정기예금이 해지되다.

1. A은행(차입자) 입장에서 만기까지 분개하시오.

풀이

우리가 은행에 예금을 하는 것은 은행에게 돈을 빌려주는 것이고, 은행은 돈을 빌리는 것이다. 이자율 6%는 은행입장에서 조달금리가 된다. 정기예금은 만기 전에 이자를 지급하지 않고, 만기에 3년 동안의 이자와 원금을 한꺼번에 지급하는 금융상품이다.

2021. 1. 1 (차) 현 금 100,000 (대) 장기차입금 100,000

2021.12.31 2021년 이자비용 = 기초부채장부금액 × 이자율

= 100,000 × 0.06 = 6,000

(차) 이 자 비 용 6,000 (대) 장기차입금 6,000 ← 정기예금이자는 만기에 지급하므로 금융부채원금에 가산함

2021년 기말장부금액 = 100,000 + 6,000 = 106,000

2022.12.31 2022년 이자비용 = 106,000 × 0.06 = 6,360

2022년 기초에 빌린 돈은 106,000원이므로, 이자는 106,000원에 대해 계산한다.

(차) 이 자 비 용 6,360 (대) 장기차입금 6,360 ← 정기예금이자는 금융부채원금에 가산함

2022년 기말장부금액 = 106,000 + 6,360 = 112,360

2023.12.31 2023년 이자비용 = 112,360 × 0.06 = 6,742

2023년 기초에 빌린 돈은 112,360원이므로, 이자는 112,360원에 대해 계산한다.

(차) 이 자 비 용 6,742 (대) 장기차입금 6,742

이자가 금융부채원금에 가산되어 만기시점에 금융부채의 장부금액은 119,102가 된다.

이 금액을 상환해야 한다.

(차) 장기차입금 119,102 (대) 현 금 119,102

[그림 2] 금융부채의 장부금액(예제 2)

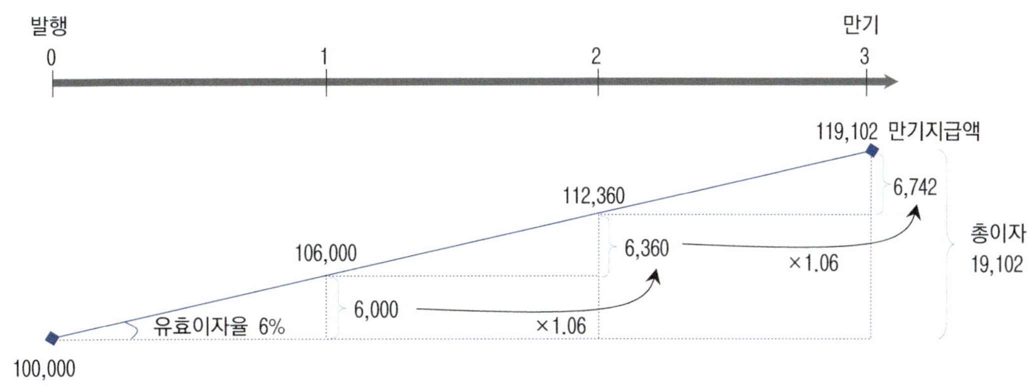

➲ 원리금을 만기에 지급할 경우 매년의 이자가 부채원금에 가산되어 부채(장기차입금) 장부금액이 점점 증가한다. 이자는 복리로 증식한다.

2. 증권발행

(1) 무이표채 발행

무이표채는 표면이자가없고 만기에 약속한 금액(액면금액)만 지급하는 채권이다. 보통 단기로 발행되지만, 무이표채의 회계처리를 학습하기 위해 만기 3년으로 가정한다.

« 예제 3 금융부채의 최초장부금액 결정 : 무이표채

> 2001.1.1. A회사는 3년 만기 회사채를 발행하여 자금을 조달하다. 액면금액 100,000원, 표시이자는 없다. 발행시점에 이 채권이 시장에서 매매되는 가격은 88,900원이다. 사채발행비용으로 2,516원이 지출되다.

1. 이 채권의 발행금액은 얼마인가.
2. 이 채권에 대한 시장이자율은 얼마인가.
3. 이 채권의 순발행금액은 얼마인가.
4. 이 채권의 유효이자율은 얼마인가.
5. 이 채권의 할인액은 얼마인가.
6. 만기까지 발행자가 부담해야 할 이자(유효이자)와 금융부채의 장부금액을 결정하시오. 유효이자 및 장부금액조정표를 작성하시오.

금융투자협회와 한국거래소의 발표자료에 의하면, 국내 채권시장에서 가장 많이 거래되는 채권은 국고채 1년물과 국고채 3년물, 그리고 3년 만기 무보증회사채이다(국제신문 2017.11.27.(월)). 국고채금리는 무위험이자율이 될 것이다. 3년 만기 무보증회사채는 신용등급에 따라 금리차이가 난다. 신용등급은 원리금상환능력을 의미하므로 아래의 회사채금리는 각 채권의 신용위험을 반영한 '시장이자율'을 의미한다.

구 분	2017년 11월 1일	2017년 11월 24일	증감률(%P)
국고채 1년물	1.765	1.824	0.059
국고채 3년물	2.140	2.169	0.029
회사채 AA- (무보증 3년)	2.705	2.722	0.017
회사채 BBB- (무보증 3년)	8.950	8.975	0.025

〈자료 : 금융투자협회 %〉

풀이

1. 채권을 발행하는 것은 채권증서를 투자자에게 판매하는 형식으로 돈(현금)을 빌리는 것이다(채권발행 = 차입). 채권의 '발행금액'이란 시장에서 채권을 판매함으로써 유입되는 현금을 말한다. 채권은 시장가격에 거래되므로 시장가격이 발행금액이 된다. 그 금액만큼 회사로 돈이 들어올 것이다(발행비용이 있다면 그것을 차감한 금액만큼 들어올 것이다). 주식과 달리, 채권의 미래현금흐름은 확정되어 있으므로 채권의 발행금액(시장가격)은 그 채권이 제공하는 미래현금흐름의 현재가치로 결정된다.

채권의 발행금액(현금유입액) = 시장가격 = 미래현금흐름의 현재가치

여기서, 채권의 발행금액은 시장가격 88,900원이다. 이 금액에 채권을 투자자에게 판매하므로 그 금액만큼 현금이 들어올 것이다.

2. 시장이자율이란 '채권투자자가 요구하는 수익률'을 말한다. 시장이자율은 채권의 미래현금흐름의 현재가치가 현재의 시장가격과 일치되는 할인율을 말한다.

$$\underbrace{88{,}900}_{\text{시장가격}} = \underbrace{PV = \frac{100{,}000}{(1+r)^3}}_{\text{미래현금흐름의 현재가치(공정가치)}}$$

위 식을 만족시키는 r은 4%이므로, 시장이자율은 4%이다.

3. 채권의 순발행금액은 발행금액(판매금액)에서 발행비용을 차감한 금액이다. 그러므로 실제로 회사에 들어오는 현금은 순발행금액 86,384원(= 88,900 − 2,516)이 된다. 채권을 팔아서 88,900원을 받았는데 발행비용이 2,516원 소요되므로 순수하게 회사에 들어오는 현금은 86,384원이 된다. 이 순발행금액이 금융부채의 최초장부금액이 된다.

채권의 순발행금액(순현금유입액) = 발행금액 − 거래비용

4. 채권의 유효이자율은 채권의 미래현금흐름의 현재가치가 순발행금액과 일치되는 할인율을 말한다.

$$\underbrace{86{,}384}_{\text{순발행금액 (최초BV)}} = \underbrace{PV = \frac{100{,}000}{(1+r)^3}}_{\text{미래현금흐름의 현재가치}}$$

위 식을 만족시키는 r은 5%이므로, 유효이자율은 5%이다. 즉 시장이자율이 4%였는데, 회사가 부담하는 발행비용을 이자비용으로 간주하면 회사가 실제로 부담하는 이자율은 5%가 된다. 발행자는 발행비용을 지출시점에서 비용으로(예: 사채발행비)처리하지 않고 이자비용(할인액)에 포함시키는 방식으로 처리한다. 그러므로 발행자가 실제로 부담하는 유효이자율이 상승하는 것이다.

시장이자율은 발행채권의 수요와 공급에 의해 시장에서 유일하게 결정되는 데 반해, 발행자마다 발행비용이 다를 수 있으므로 유효이자율은 발행자에 따라 차이가 날 수 있다.

5. 이 채권의 할인액은 100,000(액면금액) - 86,384(순발행금액) = 13,616원이다. 이 할인액 속에는 발행비용 2,516원이 포함되어 있다. 만약 발행비용이 없다면 할인액은 100,000(액면금액) - 88,900(발행금액) = 11,100원이 될 것이다. 할인채의 경우 할인액은 이자에 해당하므로, 발행비용을 할인액에 포함시키는 것은 회사가 부담하는 이자가 늘어나는 셈이 된다. 그래서 실제로 회사가 부담하는 이자율(유효이자율)은 시장이자율 4%가 아니라 5%가 된다(시장이자율은 투자자들이 이 회사의 신용위험을 반영하여 요구하는 수익률이다).

할인액 = 액면금액 - 최초장부금액

[그림 3] 금융부채의 발행금액 결정(예제 3)

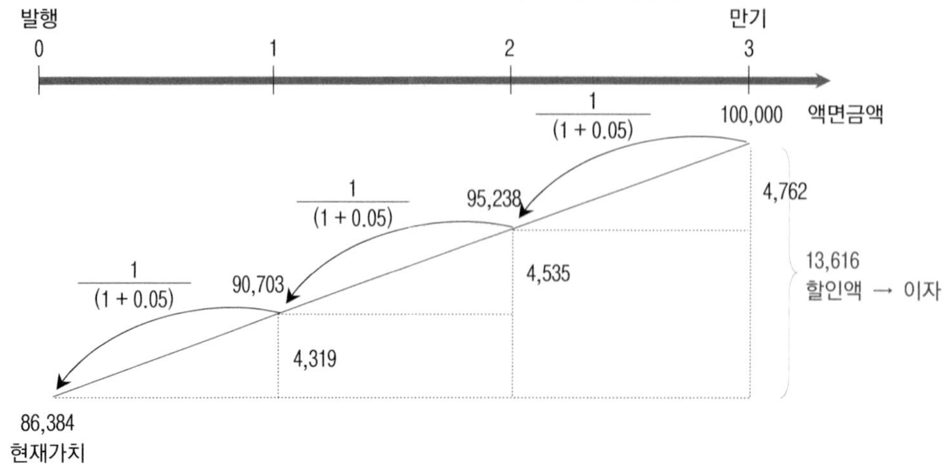

$$86{,}384 = 100{,}000 \times \frac{1}{(1+0.05)^3}$$

$= 100{,}000 \times 0.86384$(← 3년, 이자율 5%의 현재가치계수)

6. 유효이자 및 장부금액 조정표

연 도	기초BV	유효이자	액면이자	BV증액(상각액)	기말BV(상각후원가)
2001	86,384	4,319	0	4,319	90,703
2002	90,703	4,535	0	4,535	95,238
2003	95,238	4,762	0	4,762	100,000
				13,616	

유효이자 = 기초 부채장부금액(기초에 빌린 돈) × 유효이자율

2001년 : 86,384 × 0.05 = 4,319

2002년 : 90,703 × 0.05 = 4,535

2003년 : 95,238 × 0.05 = 4,762

예제 4 순수할인채 발행의 회계처리

예제3의 회사채발행에 대해 발행시점부터 만기까지 분개하시오.

풀이

① 2001. 1. 1 발행시점

회사채 발행으로 86,384원의 현금이 회사에 들어온다. 이 금액이 투자자로부터 빌린 원금에 해당하며, 나중에 상환해야 하므로 대변에 부채를 기록한다.

(차) 현 금 86,384 (대) 사 채 86,384

② 2001.12.31 유효이자의 회계처리

기말에는 2001년 동안 발생한 유효이자를 인식해야 한다.

2001년 유효이자 = 기초 사채장부금액(기초에 빌린 돈) × 유효이자율
= 86,384 × 0.05
= 4,319

(차) 이 자 비 용 4,319 (대) 사 채 4,319

이자를 기말에 지급한다면 '(대) 현금'으로 기록하겠지만, 만기에 지급하므로 이자를 사채에 가산한다. 이자비용만큼 사채가 증가한다.

③ 2002.12.31 유효이자의 회계처리

2002년 유효이자를 계산한다. 2002년 초에는 원금부채가 늘어나서 빌린 돈이 90,703원(= 86,384 + 4,319)이 된다.

2002년 유효이자 = 기초 사채장부금액(기초에 빌린 돈) × 유효이자율
= 90,703 × 0.05
= 4,535

(차) 이 자 비 용 4,535 (대) 사 채 4,535

④ 2003.12.31 유효이자의 회계처리

2003년 초에는 원금부채가 더 늘어나서 빌린 돈이 95,238원(= 86,384 + 4,319 + 4,535)이 된다.

2003년 유효이자 = 기초 사채장부금액(기초에 빌린 돈) × 유효이자율
= 95,238 × 0.05
= 4,762

(차) 이 자 비 용 4,762 (대) 사 채 4,762

이 분개를 마친 후 원금부채(사채)의 기말장부금액은 100,000원이 된다. 3년 동안 발생이자를 원금부채에 가산하여 왔으므로 만기에는 부채의 장부금액이 액면금액과 일치한다. 만기일에는 사채를 상환한다.

(차) 사　　채　100,000　(대) 현　　금　100,000

발행시점부터 만기까지 이자비용에 관한 분개를 전체적으로 요약하면 아래와 같다.

[그림 4] 금융부채의 장부금액(예제 4)

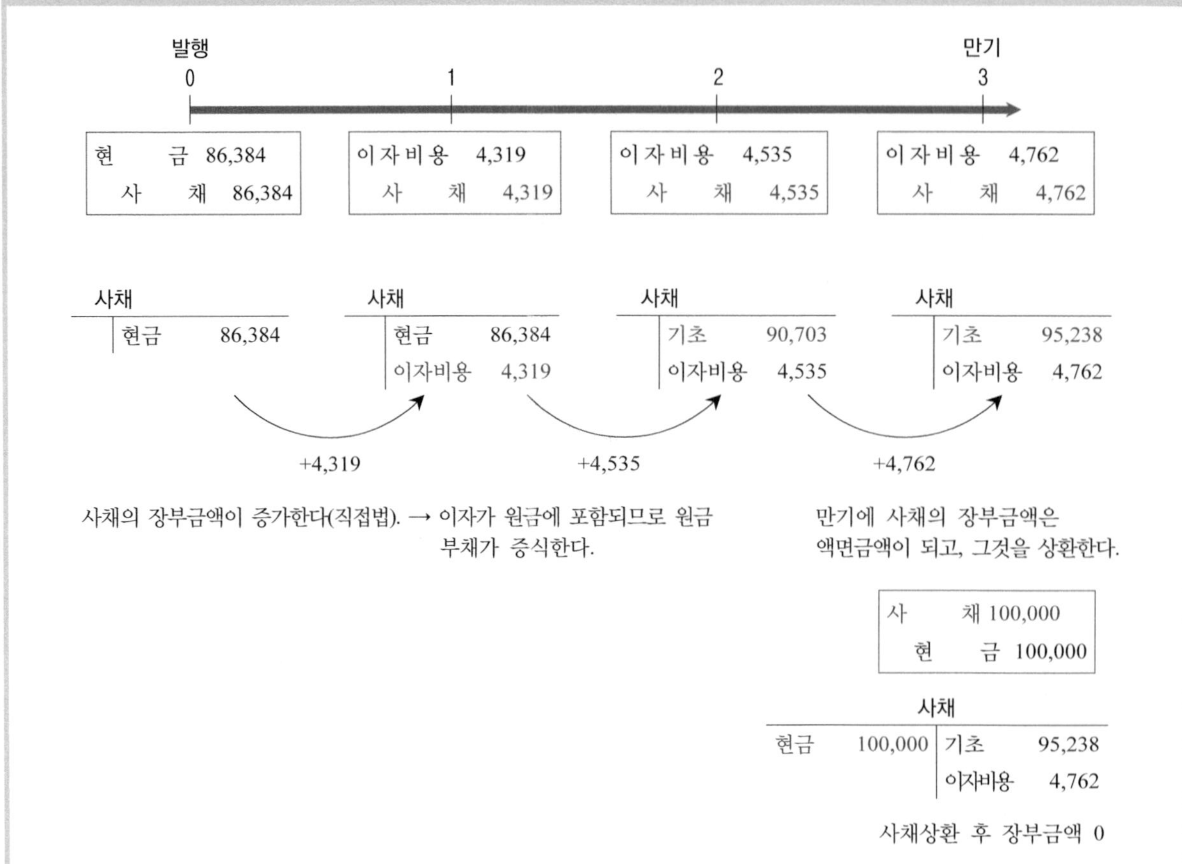

발행시점부터 만기까지 할인채 형태의 사채장부금액의 증가를 그림으로 요약하면 아래와 같다. 그림에서 우상향하는 굵은 선이 사채의 장부금액을 나타내는 선이다.

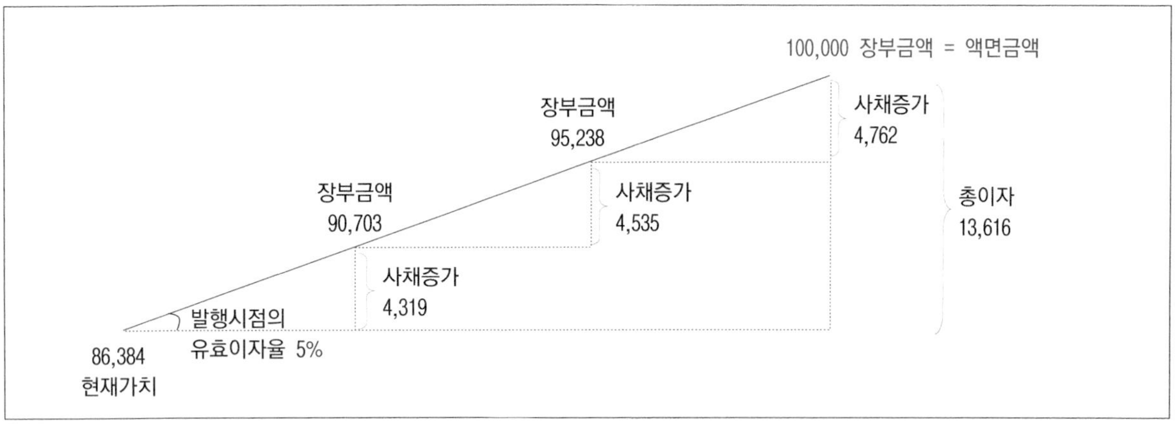

3년 동안의 총이자 13,616 중 매년 유효이자액만큼 사채의 장부금액이 증가하여 만기에 상환하여야 할 금액(액면금액)이 된다. 결국 차입자는 86,384원을 빌리고 3년 동안 13,616원의 이자를 더하여 만기에 100,000원을 갚는 것이 된다. 이자는 만기에 지급하지만 시간의 경과에 따라 매년 이자비용을 인식한다.

이자에 대한 회계처리를 위해 '사채할인차금(→ 사채의 차감계정)'을 이용하는 방법

위와 같이 부채의 증식을 사채계정에 직접 가산할 경우,사채의 액면금액(만기상환액)이 얼마인지 사채계정에 나타나지 않는다. 대안으로 부채의 증식을 간접적으로 가산하는 방법을 이용할 수 있다. 그것은 부채의 차감계정인 '할인발행차금'계정을 이용하는 것이다. 두 방법의 결과는 동일하다.

[그림 5] 금융부채의 장부금액(할인차금계정의 이용)

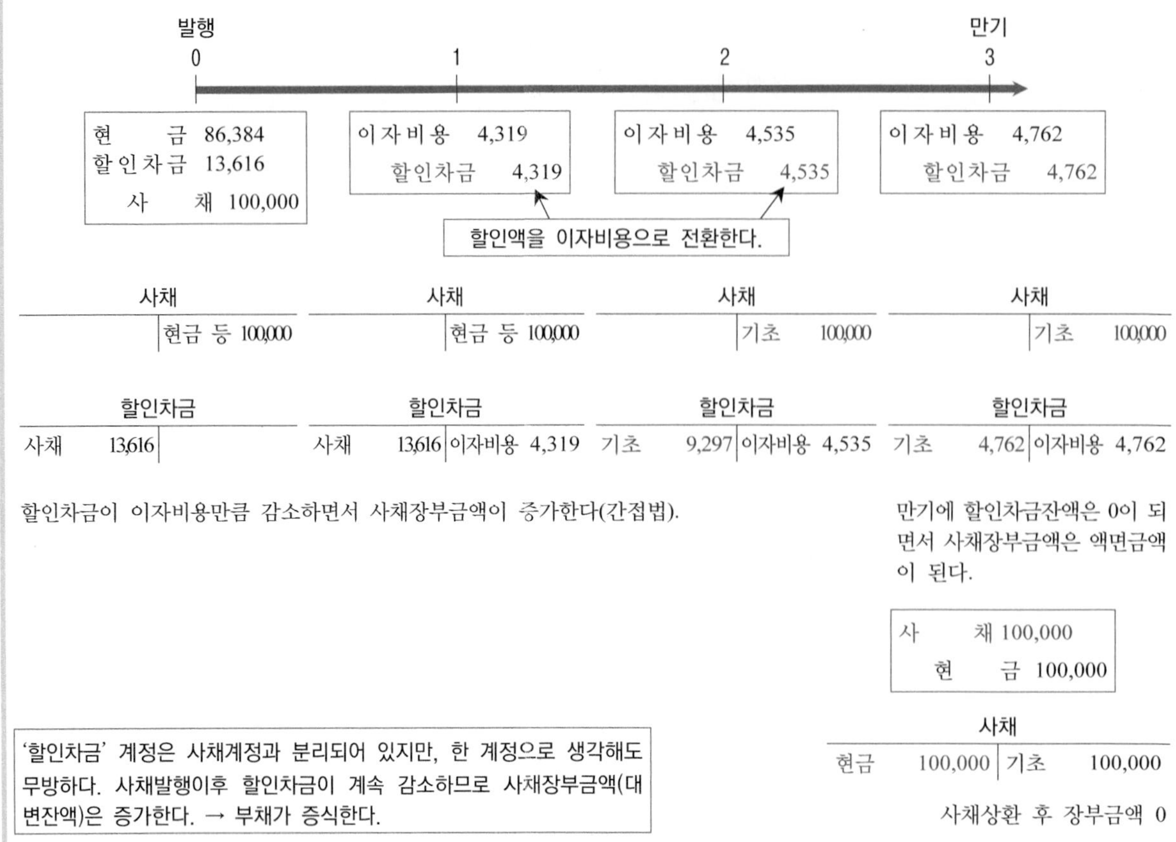

(2) 이표채발행

이표채(coupon bonds)는 만기 전에 약정이자(표면이자)를 정기적으로 지급하고 만기에 약속한 금액(액면금액)을 지급하는 채권이다. 일반적으로 가장 많이 유통되는 3년 만기 회사채를 설명한다.

예제 5 이표채 : 액면발행

2001.1.1	A사는 만기 3년 액면 100,000원의 회사채를 발행하다. 표면이자율 10%, 매년 12월 30일에 지급한다.
사채발행일 현재 A사의 위험을 고려한 시장이자율은 10%이고, 발행비용은 없는 것으로 가정한다.	

1. 사채의 발행금액을 결정하시오.
2. 사채의 최초장부금액은 얼마인가.
3. 취득시점부터 만기까지 회계처리를 하시오.

풀이

1. 사채의 발행금액은 현재 시장에서 거래되고 있는 가격이며, 사채의 시장가격은 미래현금흐름의 현재가치로 결정된다. 현재가치 계산시 할인율은 시장이자율이다. 발행비용이 없을 경우 시장이자율은 유효이자율과 같다.

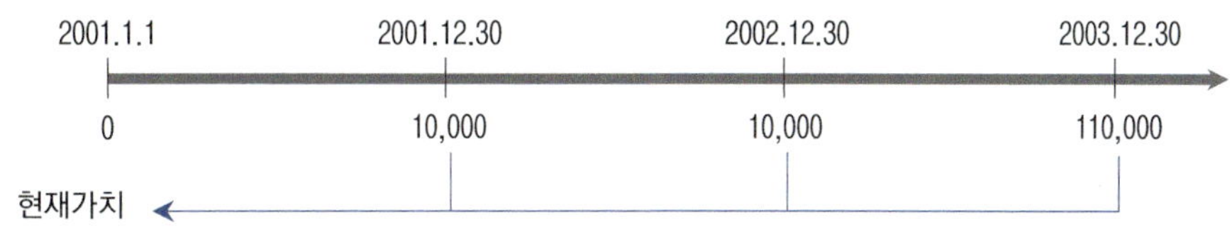

$$PV = \frac{10,000}{(1+0.1)^1} + \frac{10,000}{(1+0.1)^2} + \frac{110,000}{(1+0.1)^3}$$

발행금액(현재가치)은 정확히 액면금액 100,000원과 일치한다. 그 이유는 할인율인 시장이자율(유효이자율)이 액면이자율과 동일하기 때문이다.

2. 발행비용이 없을 경우 발행금액에 해당하는 금액이 회사로 유입되기 때문에 사채의 최초 장부금액은 발행금액 100,000원이 된다. 발행금액이 액면금액과 동일할 경우 '액면발행'이라 한다.

3. 회계처리(액면발행)

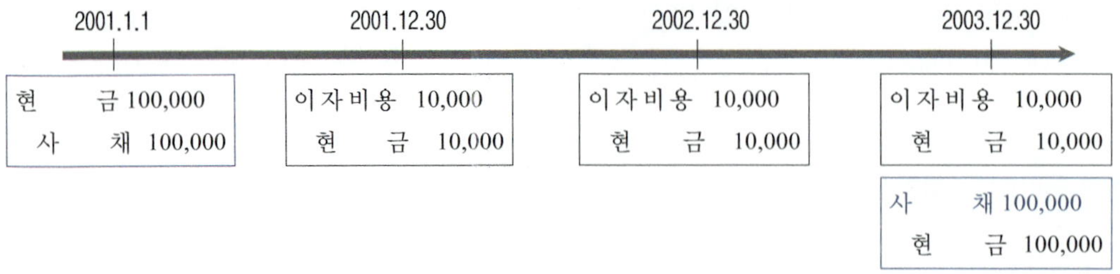

사채	
	1.1현금 100,000

사채	
	1.1현금 100,000

사채	
	1.1전기이월 100,000

사채	
12.30현금 100,000	1.1전기이월 100,000

사채장부금액은 상환하기 전까지 액면금액 100,000원으로 기록된다. 액면발행 이후 사채장부금액의 변동이 없다.

« 예제 6 이표채 : 할인발행

2001.1.1	A사는 만기 3년 액면 100,000원의 회사채를 발행하다. 표면이자율 10%, 매년 12월 30일에 지급한다.
사채발행일 현재 시장이자율은 12%이다. 발행비용은 없는 것으로 가정한다.	

1. 이 사채의 최초장부금액을 결정하시오.
2. 사채의 유효이자와 장부금액조정표를 작성하시오.
3. 취득시점부터 만기까지 회계처리를 하시오.

풀이

1. 이 사채의 발행금액(현금유입액)은 미래현금흐름을 시장이자율로 할인한 현재가치이다.

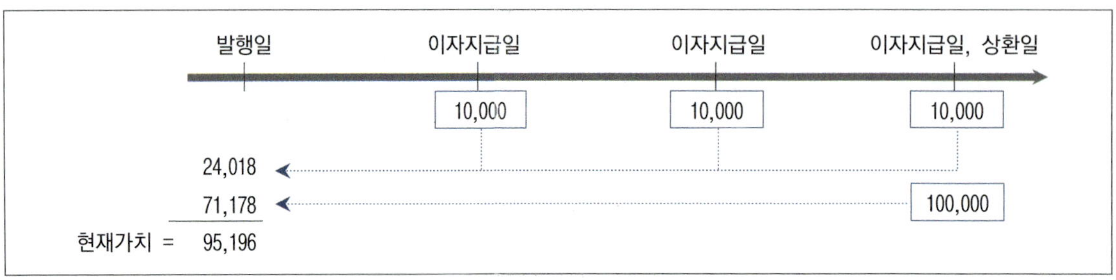

$$
\begin{aligned}
\text{발행금액} &= 100{,}000 \times \frac{1}{(1+0.12)^3} + 10{,}000 \times 2.4018 \\
&= 100{,}000 \times 0.71178(\leftarrow \text{ 3년, 할인율 12\%의 현재가치계수}) \\
&\quad + 10{,}000 \times 2.4018(\leftarrow \text{ 3년, 할인율 12\%의 연금현재가치계수}) \\
&= 95{,}196
\end{aligned}
$$

① 이 사채의 발행금액은 액면금액보다 작다. 이를 '할인발행'이라고 한다. 이는 할인율에 해당하는 유효이자율이 액면이자율보다 높기 때문이다. 액면이자율보다 높은 이자율로 할인하기 때문에 현재가치(95,196)가 액면금액(100,000)보다 낮은 금액으로 결정된다. 이는 기업이 회사채를 발행해서 95,196원을 빌리고, 만기에 100,000원을 갚는 것이다. 그 차액 4,804원(할인액)은 액면이자에 추가적으로 지불하는 이자에 해당한다.

② 이러한 메커니즘을 반대로 생각해보자. 만약 유효이자율이 액면이자율보다 낮다면, 발행금액은 액면금액보다 높게 결정될 것이다. 이를 '할증발행'이라고 하다. 예를 들어 유효이자율은 8%이고 액면이자율은 10%라고 가정하면, 현재가치는 105,154원이 된다. 이는 기업이 회사채를 발행해서 105,154원을 빌리고, 만기에 100,000원을 갚는 것이다. 빌린 돈보다 덜 갚으므로 회사에게 유익하다. 그 차액 5,154원(할증액)은 회사가 부담하는 이자를 줄여주는 역할을 한다.

$$
\begin{aligned}
\text{발행금액} &= 100{,}000 \times \frac{1}{(1+0.08)^3} + 10{,}000 \times 2.5771 \\
&= 100{,}000 \times 0.79383(\leftarrow \text{ 3년, 할인율 8\%의 현재가치계수}) \\
&\quad + 10{,}000 \times 2.5771(\leftarrow \text{ 3년, 할인율 8\%의 연금현재가치계수}) \\
&= 105{,}154
\end{aligned}
$$

여기서 발행금액은 시장가격에 해당하는데, 왜 이 사채의 시장가격이 액면금액보다 높을까? 그것은 이 사채의 액면이자율(10%)이 시장이자율(8%)보다 높기 때문에, 이 사채에 대한 수요가 높아져서 시장가격이 상승하여 액면금액보다 높아지는 것이다.

만약 어느 투자자가 이 회사채를 105,154원에 매수한 것으로 가정해 보자. 그는 만기에 액면금액 100,000원을 받는다. 만기까지 이 채권을 보유할 경우 할증액 5,154원만큼 손해를 보는 것이 아닌가? 맞다. 손해를 보기 싫다면 그는 만기 이전에 더 비싼 가격으로 팔아야 한다. 그것은 채권가격이 계속 상승해야 가능하다.

설사 만기까지 보유하더라도 할증액 5,154원은 손실이지만 총액면이자를 30,000원 받기 때문에 최종적으로 손실은 아니다. 대신 투자자의 입장에서 할증액만큼 이자수익이 줄어드는 효과를 가져온다. 발행자의 입장에서는 할증액만큼 이자비용이 줄어드는 효과를 가져온다.

요약하면, 발행자의 입장에서 할인액은 이자비용이 늘어나는 것이고, 할증액은 이자비용이 줄어드는 것이다.

2. 유효이자 및 장부금액 조정표를 작성해 보시오.

연 도	기초BV	유효이자	표면이자	BV증액(상각액)	기말BV(상각후원가)
2001	95,196	11,424	10,000	1,424	96,620
2002	96,620	11,594	10,000	1,594	98,214
2003	98,214	11,786	10,000	1,786	100,000
				4,804	

2001년 유효이자 = 기초 사채장부금액 × 유효이자율
= 95,196 × 0.12
= 11,424

2002년 유효이자 = 96,620 × 0.12
= 11,594

2003년 유효이자 = 98,214 × 0.12
= 11,786

3. ① 2001. 1. 1 발행

(차) 현 금 95,196 (대) 사 채 100,000
할인발행차금 4,804

할인발행차금은 3년에 걸쳐 인식해야 하는 이자이다. 만약 발행시점에서 '할인발행차금' 대신 '이자비용'으로 기록한다면, 4,804원이 모두 2001년도 이자비용이 되는 것이다. 이 할인액을 유효이자율법에 따라 3년에 걸쳐 이자비용으로 전환해야 한다. 그러기 위해서는 이 3년 동안의 이자를 사채의 차감계정인 '할인발행차금'계정에 기록해 둔다.

② 2001.12.31 유효이자의 회계처리

발행 이후 1년이 경과하였으므로 2001년 유효이자를 인식한다.

2001년 유효이자 = 기초 사채장부금액 × 유효이자율
= 95,196 × 0.12
= 11,424

회사가 2001년도에 '실제로 부담하는 이자'는 표면이자 10,000원이 아니라 유효이자 11,424원이다. 11,424원 중 10,000원은 기말에 지급하기로 약속하였다. 그렇다면 1,424원은 언제 지급하는가? 만기에 지급한다. 따라서 1,424원은 '만기에 지급하는' 사채의 장부금액에 포함시킨다. 즉 이자를 원금에 포함시키는 것이다.

(차) 이 자 비 용 10,000 (대) 현 금 10,000 → 이자지급일에 지급하는 액면이자
이 자 비 용 1,424 할인발행차금 1,424 → 만기에 지급하는 이자, 부채원금에 가산

이자를 만기에 지급하더라도 이자의 지급시기와 관계없이 시간의 경과에 따라 이자비용을 인식해야 한다. 할인발행차금을 이자비용으로 전환함으로써 사채장부금액을 증가시키는 것을 '할인차금상각'이라 한다.

③ 2002.12.31 유효이자의 회계처리

똑같은 방식으로 2002년 유효이자를 인식한다.

2002년 유효이자 = 기초 사채장부금액 × 유효이자율
= 96,620 × 0.12
= 11,594

(차) 이 자 비 용 10,000 (대) 현 금 10,000 → 이자지급일에 지급하는 액면이자
이 자 비 용 1,594 할인발행차금 1,594 → 만기에 지급하는 이자, 부채원금에 가산

④ 2003.12.31 유효이자의 회계처리

똑같은 방식으로 2003년 유효이자를 인식한다.

2003년 유효이자 = 기초 사채장부금액 × 유효이자율
= 98,214 × 0.12
= 11,786

(차) 이 자 비 용 10,000 (대) 현 금 10,000 → 이자지급일에 지급하는 액면이자
이 자 비 용 1,786 할인발행차금 1,786 → 만기에 지급하는 이자, 부채원금에 가산

이자지급에 관한 회계처리를 끝내고 나면 사채 장부금액은 액면금액 100,000원이 된다. 이 금액은 할인액이 부채원금에 가산된 결과이다. 액면금액은 만기에 상환한다.

(차) 사 채 100,000 (대) 현 금 100,000

[그림 6] 금융부채의 할인발행(예제 6)

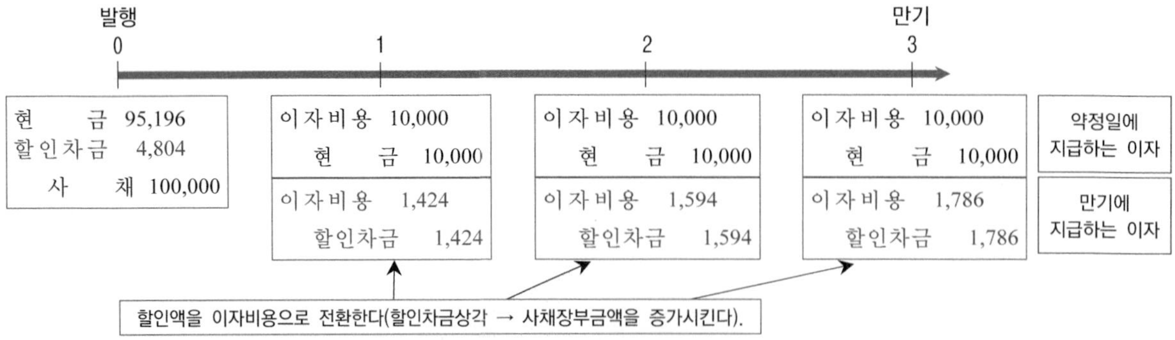

사채		사채		사채		사채	
	현금 등 100,000		현금 등 100,000		기초 100,000		기초 100,000

할인차금		할인차금		할인차금		할인차금	
사채 4,804		사채 4,804	이자비용 1,424	기초 3,380	이자비용 1,594	기초 1,786	이자비용 1,786

장부금액 : 95,196 —(+1,424)→ 96,620 —(+1,594)→ 98,214 —(+1,786)→ 100,000 상환직전 장부금액

할인차금이 이자비용으로 전환되면서 사채 장부금액이 증가한다(간접법).
(할인차금상각액 = 유효이자 − 표면이자)

차변	대변
사 채 100,000	
	현 금 100,000

사채	
현금 100,000	기초 100,000

사채상환 후 장부금액 0

금융부채회계의 핵심은 이자에 대한 회계처리이다. 이자비용에 대한 회계처리를 할인차금계정을 이용하여 보여준다. 할인차금계정을 이용하지 않는 방법으로 회계처리 할 수도 있다.

[그림 7] 금융부채의 할인발행시 장부금액(예제 6)

이표채의 경우 발행시점부터 만기까지 부채의 장부금액이 증식하는 것을 그림으로 표시하면 아래와 같다.

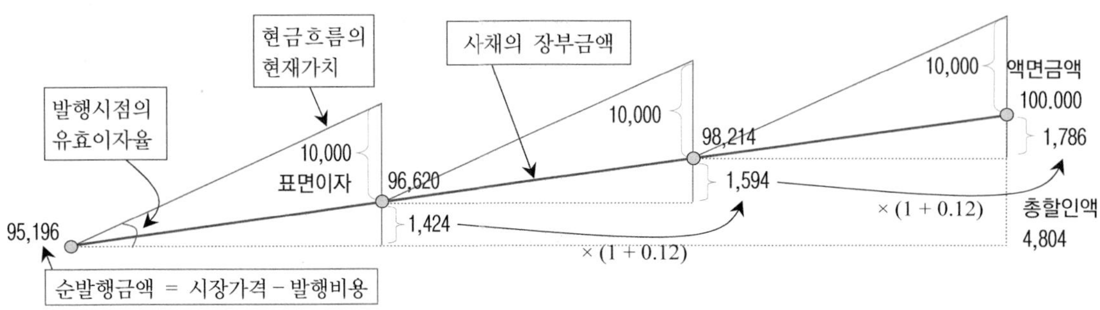

예제 7 회사채의 기중발행

2001.4.1	A사는 만기 3년 액면 100,000원의 회사채를 발행하다. 표면이자율 10%, 이자는 매년 12월 30일에 지급한다. 이때 시장이자율은 12%이고, 발행비용은 없는 것으로 가정한다. 이 사채의 명목발행일은 2001년 1월 1일이다.

1. 유효이자 및 장부금액조정표를 작성하시오.
2. 이 사채의 최초장부금액을 결정하시오.
3. 실제발행일부터 2001년 12월 31일까지 회계처리를 하시오.

풀 이

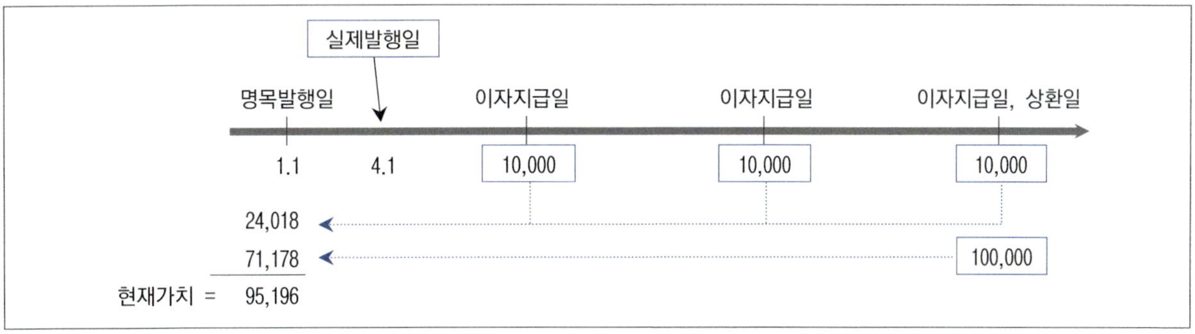

1. 유효이자 및 장부금액 조정표

연 도	기초BV	유효이자	표면이자	BV증액(상각액)	기말BV(상각후원가)
2001	95,196	11,424	10,000	1,424	96,620
2002	96,620	11,594	10,000	1,594	98,214
2003	98,214	11,786	10,000	1,786	100,000
				4,804	

2. 최초장부금액

사채회계기록을 위해서는 4월 1일 현재 최초장부금액을 구해야 한다. 그러기 위해서는 4월 1일 현재가치(시장가격)를 구하고 경과이자를 차감해야 한다. 2001.1.1일의 현재가치를 먼저 구한 다음 3개월간 현재가치 증가분을 더하는 방식으로 2001년 4월 1일의 현재가치를 계산한다.

- 4월 1일 최초장부금액 = 4월 1일 현재가치(시장가격) − 경과이자

2001년 4월 1일의 현재가치

현재가치	95,196 + 95,196 × 0.12 × 3/12	=	98,052 → 경과이자가 포함되어 있다.
경과이자	100,000 × 0.1 × 3/12	=	(2,500)
발행금액(최초장부금액)			95,552

[그림 8] 회사채의 기중발행시 최초장부금액(예제 7)

발행시점부터 만기까지 이표채 형태인 사채 장부금액의 증가를 그림으로 요약하면 아래와 같다.

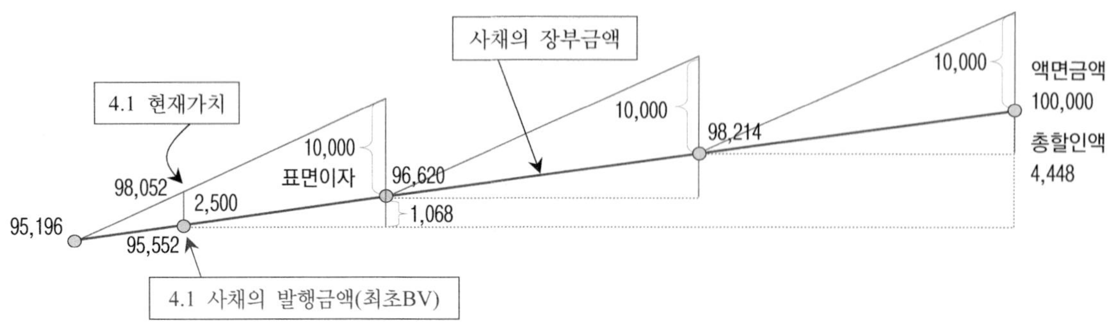

3. ① 2001.4.1. 발행시 회계처리

(차)	현　　　금	95,552	(대)	사　　　채	100,000
	할인발행차금	4,448			
(차)	현　　　금	2,500	(대)	미지급이자	2,500

4월 1일, 채권의 현재가치(시장가격)는 98,052원이다. 발행자는 이 금액으로 채권을 판매한 것이다. 이 금액 속에는 1.1 ~ 3.31 동안의 액면이자 2,500원이 포함되어 있다. 발행자는 사채BV 95,552 뿐만 아니라 경과이자 2,500원도 매수자에게 팔아야 한다. 발행자는 4월 1일에 채권을 판매하였으므로, 발행연도에는 4월 1일부터 12월 30일까지의 이자를 부담한다. 그러나 발행자는 12월 30일에 채권보유자에게 액면이자 10,000원을 지급해야 한다. 따라서 발행자는 1.1 ~ 3.31 동안의 이자 2,500원을 거래가격(현재가치)에 포함시켜 받아 두었다가 이자지급일에 채권보유자에게 10,000원을 지급한다. 2,500원은 현금으로 받지만 나중에 채권보유자에게 지급해야 하므로 (대)미지급이자로 처리한다. 결과적으로, 발행자의 실제 액면이자부담액은 7,500원이 된다.

할인액 = 100,000 − 95,552
　　　= 4,448

② 2001.12.31. 이자비용의 회계처리

(차)	이 자 비 용	7,500	(대)	현　　　금	10,000
	미지급이자	2,500			
(차)	이 자 비 용	1,068	(대)	할인발행차금	1,068

발행연도 유효이자 = 95,196 × 0.12 × 9/12 = 8,568

발행연도 액면이자 = 100,000 × 0.1 × 9/12 = 7,500

발행연도 할인차금상각액 = 1,424 × 9/12 = 1,068(발행 후 9개월의 할인차금상각액)

제3절 사채의 조기상환

사채는 만기에 상환할 수도 있지만 필요에 따라 발행자가 만기 이전에 상환할 수도 있다. 쉽게 말해, 사채를 조기에 상환하는 것은 금융부채를 일찍 갚는 것이다. 조기상환방법은 채권시장에서 거래되고 있는 자기회사의 사채를 시장가격에 매수하는 것이다(자기사채의 매수 = 상환).

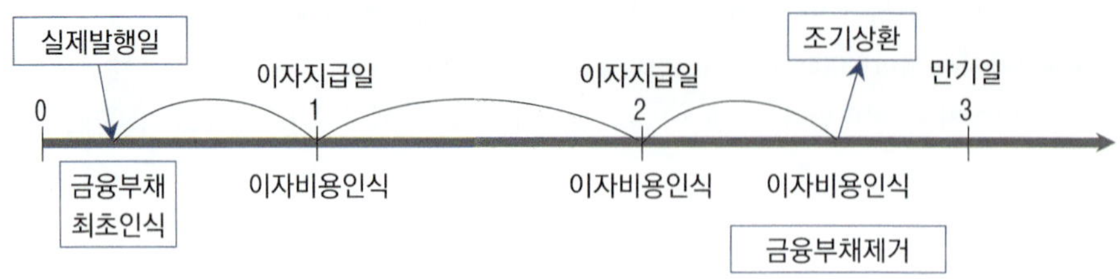

조기상환의 회계처리

금융부채가 소멸한 경우(계약상 의무의 이행, 취소, 만료된 경우) 재무상태표에서 제거한다. 사채의 조기상환은 채권보유자에게 원리금을 상환하는 것이므로 계약상 의무를 이행한 것이 된다. 상환일에 금융부채의 장부금액(장부상 갚아야 할 금액)이 실제 상환에 지출한 금액과 차이가 날 경우 상환손익이 발생한다.

조기상환으로 인한 사채상환손익

= 금융부채의 장부금액(= 사채장부금액+경과이자) − 조기상환시 지불하는 금액(상환금액= 매수가격+상환비용)

↓ ↓

= 상환시점에서 '실제발행일의 유효이자율'로 할인한 현재가치 − '상환일의 유효이자율'로 할인한 현재가치

예제 8 사채의 조기상환 1

2001. 1. 1	A사는 만기 3년 액면 100,000원의 회사채를 발행하다. 표면이자율 10%, 매년 12월 30일에 지급한다. 시장이자율은 12%이고, 발행비용은 없는 것으로 가정한다.
2003. 1. 1	사채를 조기상환하다. 사채의 상환비용을 포함한 상환금액은 80,000원이다.

1. 상환일의 사채장부금액을 계산하시오.
2. 상환일의 사채상환손익을 계산하시오.
3. 상환일의 회계처리를 하시오. 사채할인차금계정을 사용하지 않았다고 가정하라.

풀이

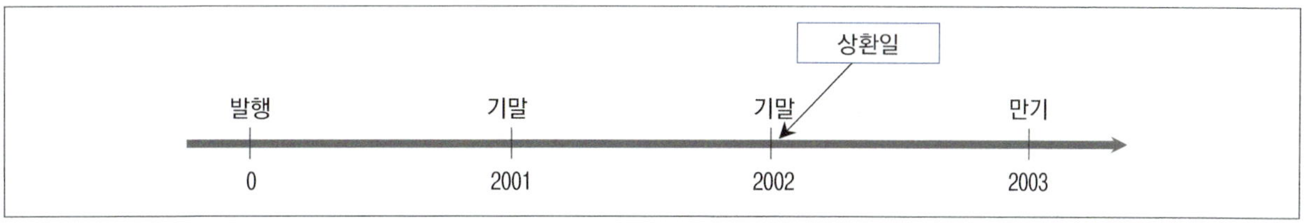

만기 이전에 사채를 상환하는 것은 시장에서 유통되고 있는 자사 회사채를 매수하는 것이다. 조기상환일의 시장가격에 매수할 수 있으며, 거래비용이 들 수 있다. 여기서 A사는 금융부채를 갚기 위해 매수가격과 거래비용을 합하여 80,000원을 지불한 것이다.

한편, 조기상환일의 사채장부금액을 알아야 한다. 사채장부금액과 상환금액을 비교하여 상환손익을 계산한다. 사채장부금액에 비해 비싸게 지불한 경우 상환손실이 발생하고, 싸게 지불한 경우 상환이익이 발생한다.

1. 조기상환일의 사채장부금액

연 도	기초BV	유효이자	표면이자	BV증액(상각액)	기말BV(상각후원가)
2001	95,196	11,424	10,000	1,424	96,620
2002	96,620	11,594	10,000	1,594	98,214
2003	98,214	11,786	10,000	1,786	100,000
				4,804	

2003. 1. 1 사채장부금액 = 98,214(장부상 갚아야 하는 부채금액)

상환금액 = 80,000(부채를 갚는데 실제로 지출한 금액)

2. 사채상환이익 = 상환해야 할 금융부채 장부금액 − 상환금액
= 98,214 − 80,000
= 18,214(→ 부채를 싸게 갚았으므로 상환이익이 생김)

3. 상환분개

(차) 사 채	98,214	(대)	현 금	80,000
			사채상환이익	18,214

사채할인차금계정을 사용했을 경우, 상환분개는 다음과 같다.

(차) 사 채	100,000	(대)	사채할인차금	1,786
			현 금	80,000
			사채상환이익	18,214

[그림 9] 사채의 조기상환(예제 8)

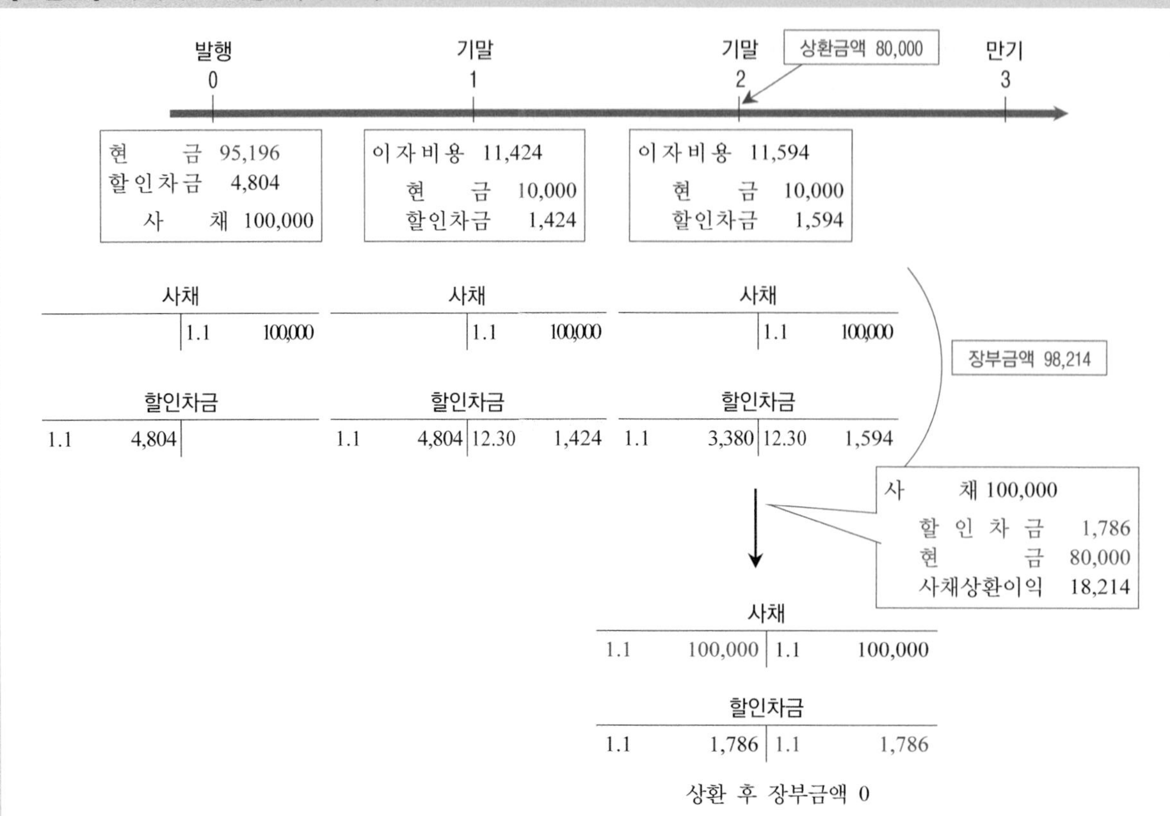

예제 9 사채의 조기상환 2

2001. 1. 1	A사는 만기 3년 액면 100,000원의 회사채를 발행하다. 표면이자율 10%, 매년 12월 30일에 지급한다. 유효이자율은 12%이고 발행비용은 없는 것으로 가정한다.
2003. 7. 1	사채를 조기상환하다. 사채의 상환비용을 포함한 상환금액은 110,000원이다.

상환일의 분개를 하시오.

풀이

상환일에 '상환해야 할 금융부채 장부금액(= 사채장부금액 + 경과이자)'를 구하는 것이 관건이다. 상환금액은 주어져 있으므로 상환해야 할 금융부채 장부금액을 구하면 상환손익을 산출할 수 있다. 금융부채 장부금액을 구하기 위해서는 1.1 ~ 6.30 동안의 유효이자를 인식해야 한다.

〈유효이자 및 사채장부금액 조정표〉

연 도	기초BV	유효이자	표면이자	BV증액(상각액)	기말BV(상각후원가)
2001	95,196	11,424	10,000	1,424	96,620
2002	96,620	11,594	10,000	1,594	98,214
2003	98,214	11,786	10,000	1,786	100,000
				4,804	

① 유효이자인식

2003 .1. 1 ~ 2003. 6.30 유효이자 = 98,214 × 0.12 × 6/12 = 5,893

액면이자 = 100,000 × 0.1 × 6/12 = 5,000

할인액상각 = 5,893 − 5,000 = 893

(차) 이 자 비 용	5,893	(대) 미 지 급 이 자	5,000
		사채할인차금	893

위 분개의 결과, 사채장부금액 98,214 + 893 = 99,107, 미지급이자 5,000

상환해야 할 금융부채 장부금액 = 99,107 + 5,000 = 104,107

[그림 10] 사채의 조기상환(예제 9)

① 6개월간 이자비용 인식

이 자 비 용	5,893		
		미지급이자	5,000
		사채할인차금	893

사채

		1.1	100,000

미지급이자

		7.1	5,000

할인차금

1.1	1,786	7.1	893

금융부채 = 사채장부금액 + 미지급이자
= 99,107 + 5,000
= 104,107

[그림 11] 사채의 조기상환손익(예제 9)

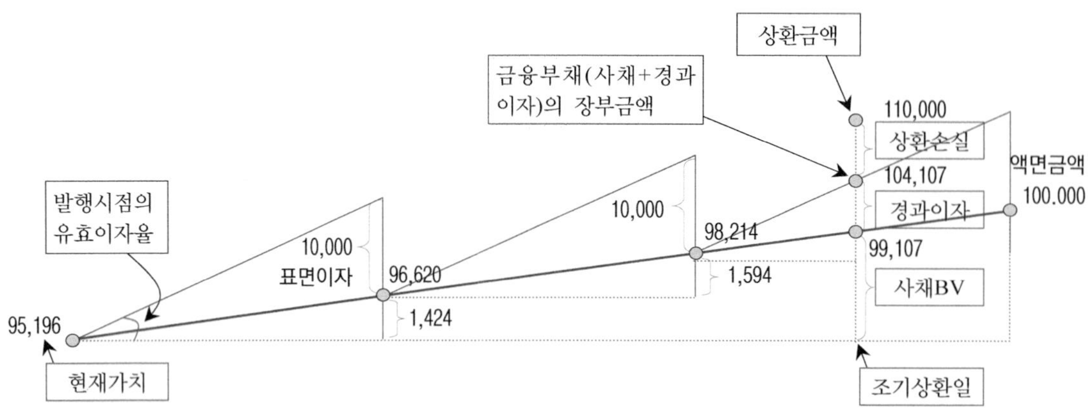

② 사채상환

- 사채상환손익 = 상환해야 할 금융부채 장부금액(사채장부금액 + 경과이자)
  − 상환에 지출한 금액(매수가격 + 상환비용)
  = 104,107 − 110,000
  = − 5,893

장부상 갚아야 하는 부채 총장부금액은 104,107원인데, 실제 갚는데 지출한 돈은 110,000원이므로 상환손실 5,893원이 발생하였다.

〈상환분개〉

(차)	사 채	100,000	(대)	사채할인차금	893
	미 지 급 이 자	5,000		현 금	110,000
	사채상환손실	5,893			

사채상환손익을 계산할 때 경과이자를 제외하고 다음과 같이 구할 수도 있다. 사채상환시 지불하는 시장가격에는 경과이자가 포함되어 있으므로 경과이자를 제외하면 순수 사채상환에만 소요된 금액은 105,000원이다.

- 사채상환손익 = 사채장부금액 − 사채상환에만 지출한 금액
  = 99,107 − 105,000
  = − 5,893

[그림 12] 사채의 조기상환분개(예제 9)

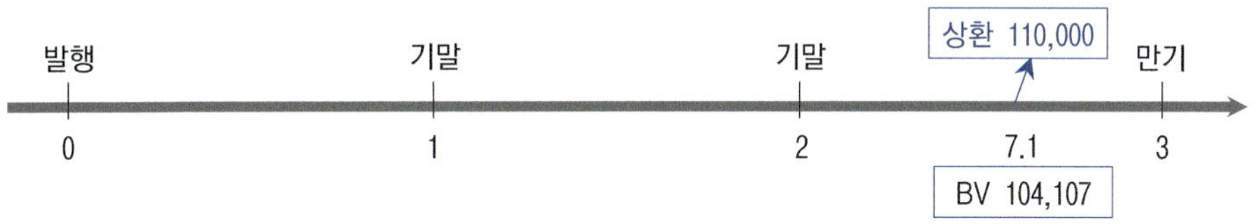

② 2003.7.1 상환분개

사 채	100,000		
미지급이자	5,000		
사채상환손실	5,893		
		사채할인차금	893
		현 금	110,000

사채

7.1	100,000	1.1	100,000

미지급이자

7.1	5,000	7.1	5,000

할인차금

1.1	1,786	7.1	893
		7.1	893

사채관련계정들의 잔액은 모두 0이 되어 소멸한다.

제4절 장기매입채무, 장기미지급금

장기매입채무는 재고자산을 매입하고 대금을 장기간에 걸쳐 지급하는 경우, 그 지급의무를 기록하는 부채계정이다. 장기미지급금은 유형자산을 구매하고 대금을 장기간에 걸쳐 지급하는 경우, 그 지급의무를 기록하는 부채계정이다. 장기매입채무나 장기미지급금은 금융의 요소(이자)가 포함된 '금융부채'이다. 장기신용으로 재화나 용역을 구매하는 경우 사실상 구매자가 판매자로부터 돈을 빌리는 것과 같다. 따라서 구매자는 물건값과 함께 이자도 지급해야 한다.

앞에서 언급하였듯이, 금융부채회계의 핵심은 '이자비용의 인식과 금융부채 장부금액의 결정'에 있다. 잘 관찰하자.

예제 10 장기미지급금

2001. 1. 1	A사는 영업용으로 스마트폰을 3년 할부로 구매하다. 매월 40,000원씩(매년 480,000원)할부금을 지급한다. 할부이자는 7%로 약정되어 있다. 스마트폰기계는 정액법으로 상각하며 잔존가치는 없는 것으로 본다.

1. 스마트폰 기계의 현금가격을 구하고, 장기미지급금 장부금액조정표를 작성하시오. 할부금의 현재가치는 편의상 연단위로 계산하시오.
2. 할부금과 할부이자를 연단위로 계산하여 분할상환에 대해 분개하시오(금액계산시 소수점 이하는 반올림).
3. 매년 기계값의 상환액을 계산해 보시오.

풀이

1. 스마트폰 기계의 현금가격 = 할부금의 현재가치

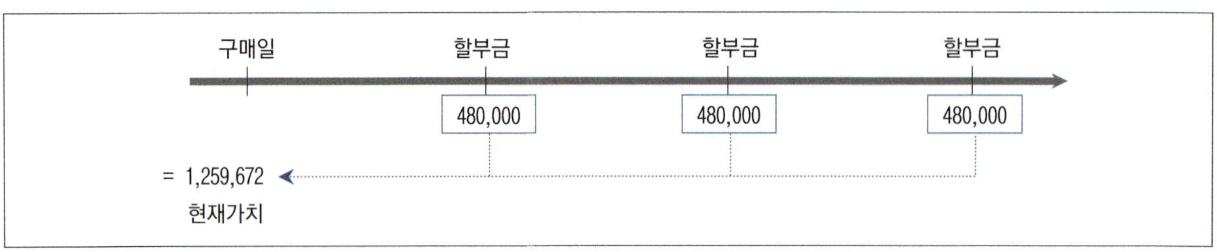

현재가치 = 480,000 × 2.624316 (← 3년, 이자율 7%의 연금현재가치계수)
= 1,259,672

〈장기미지급금 장부금액 조정표〉

연 도	기초BV	할부이자	할부금	기말BV
2001	1,259,672	88,177	480,000	867,849
2002	867,849	60,749	480,000	448,598
2003	448,598	31,402	480,000	0

기말BV = 기초BV + 할부이자 − 할부금

2. 분개

2001. 1. 1 스마트폰 할부취득. 현금가격이 기계의 취득원가가 된다.

(차) 기 계 1,259,672 (대) 장기미지급금 1,259,672

2001.12.30 ① 이자비용 인식

2001년 이자 = 기초 부채장부금액 × 이자율
= 1,259,672 × 0.07
= 88,177

(차) 이 자 비 용 88,177 (대) 장기미지급금 88,177 ← 발생한 이자를 부채원금에 가산

② 할부금지급

(차) 장기미지급금 480,000 (대) 현 금 480,000

장기미지급금 기말장부금액 = 1,259,672 + 88,177 − 480,000
= 867,849

③ 기계 감가상각

(차) 감 가 상 각 비 419,891 (대) 감가상각누계 419,891

감가상각비 = 1,259,672 × 1/3 = 419,891

2002.12.31 ① 이자비용 인식

2002년 이자 = 기초 부채장부금액 × 이자율
= 867,849 × 0.07
= 60,749

(차) 이 자 비 용 60,749 (대) 장기미지급금 60,749 ← 발생한 이자를 부채원금에 가산

② 할부금지급

(차) 장기미지급금 480,000 (대) 현 금 480,000

장기미지급금 기말장부금액 = 867,849 + 60,749 − 480,000
= 448,598

③ 기계 감가상각

(차) 감 가 상 각 비 419,891 (대) 감가상각누계 419,891

2003.12.31 ① 이자비용 인식

2003년 이자 = 기초 부채장부금액 × 이자율
= 448,598 × 0.07
= 31,402

(차) 이 자 비 용 31,402 (대) 장기미지급금 31,402

② 할부금지급

(차) 장기미지급금 480,000 (대) 현 금 480,000

장기미지급금 기말장부금액 = 448,598 + 31,402 − 480,000
= 0

③ 기계 감가상각

(차) 감 가 상 각 비 419,891 (대) 감가상각누계 419,891

3. 매년 원금상환액

원금상환액 = 할부금 - 할부이자

연 도		할부금		할부이자		기계값 상환액
2001	=	480,000	−	88,177	=	391,823
2002	=	480,000	−	60,749	=	419,251
2003	=	480,000	−	31,402	=	448,598
합계						1,259,672(기계값)

초년에는 빌린 돈(부채기초장부금액)이 크기 때문에 할부이자가 높고 기계값 상환액이 낮은데 비해, 말년에는 기계값을 상환해 왔으므로 부채기초장부금액이 줄어들어 할부이자가 낮아지고 기계값 상환액이 높아진다.

[그림 13] 장기미지급금 장부금액(예제 10)

〈장기미지급금 장부금액 조정표〉

연 도	기초BV	할부이자	할부금	기말BV
2001	1,259,672	88,177	480,000	867,849
2002	867,849	60,749	480,000	448,598
2003	448,598	31,402	480,000	0

기말BV = 기초BV + 할부이자 − 할부금

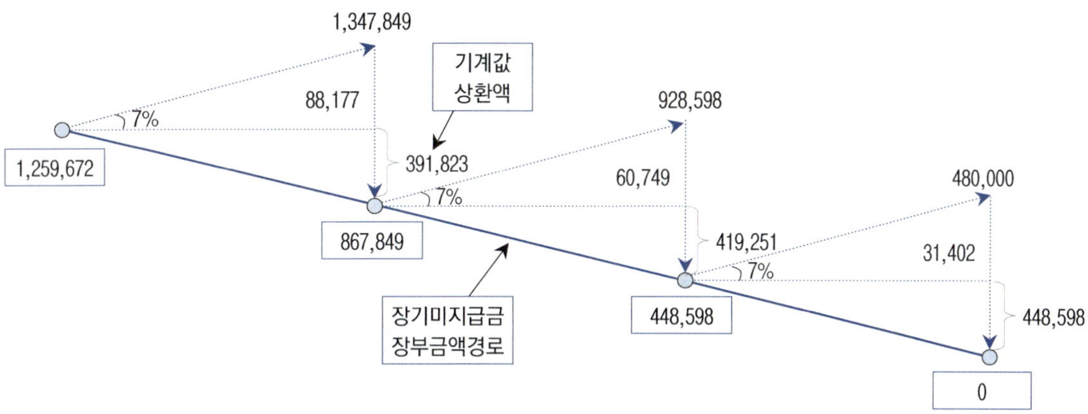

부록 사채할증발행

2011.1.1	A사는 만기 3년, 액면 100,000원의 회사채를 발행하여 자금을 조달하다. 표면이자율 7%는 매년 12월 31일에 지급한다. 회사채발행일 현재 시장이자율은 5%이며, 발행비용은 없는 것으로 가정한다.

1. 사채의 최초장부금액을 결정하시오.
2. 사채의 최초인식부터 만기까지 분개하시오.

풀 이

1. 사채의 최초장부금액

$$\text{발행금액} = 100{,}000 \times \frac{1}{(1+0.05)^3} + 7{,}000 \times 2.7232$$

= 100,000 × 0.86384(← 3년, 이자율 5%의 현재가치계수)
+ 7,000 × 2.7232(← 3년, 이자율 5%의 연금현재가치계수)
= 105,446

① 2011. 1. 1 발행시 회계처리

(차) 현 금	105,446	(대) 사 채	100,000
		할증발행차금	5,446

할증발행차금은 회사채 액면금액을 초과하여 발행한 금액이다. 쉽게 말해 액면금액보다 더 많이 받은 금액이다. 할증액은 3년 동안 회사가 부담하는 이자를 줄여준다. 따라서 유효이자율법에 따라 3년에걸쳐 이자비용을 줄여주는 방식으로 회계처리한다. 그러기 위해서는 할증액을 사채의 부가계정인 '할증발행차금' 계정에 기록해 둔다.

② 2011.12.31 이자의 회계처리

발행 이후 1년이 경과하였으므로 2011년 유효이자를 인식한다.

2011년 유효이자 = 기초 부채장부금액 × 유효이자율
= 105,446 × 0.05
= 5,272

회사가 2011년도에 '실제로 부담하는 이자'는 표면이자 7,000원이 아니라 유효이자 5,272원이다. 그러나 표면이자 7,000원을 약정일에지급하기로 약속하였다. 차액 1,728원은 이자비용에서 차감하여야 한다.

(차) 이 자 비 용 7,000 (대) 현 금 7,000 → 이자지급일에 지급하는 이자
할증발행차금 1,728 이 자 비 용 1,728 → 이자비용을 줄여준다.

결과적으로 2011년도의 이자비용은 유효이자 5,272원이 된다. 표면이자와 유효이자의 차액을 할증발행차금과 이자비용에서 차감함으로써 이자비용을 줄여주고 사채장부금액을 감소시키는 것을 '할증차금상각'이라 한다.

③ 2012.12.31 이자의 회계처리

똑같은 방식으로 2012년 유효이자를 인식한다.

2012년 유효이자 = 기초 부채장부금액 × 유효이자율
= (105,446 − 1,728) ×0.05
= 5,186

(차) 이 자 비 용 7,000 (대) 현 금 7,000 → 이자지급일에 지급하는 이자
할증발행차금 1,814 이 자 비 용 1,814 → 이자비용을 줄여준다.

② 2013.12.31 이자의 회계처리

똑같은 방식으로 2013년 유효이자를 인식한다.

2013년 유효이자 = 기초 부채장부금액 × 유효이자율
= (105,446 − 1,728 − 1,814) ×0.05
= 5,096

(차) 이 자 비 용 7,000 (대) 현 금 7,000 → 이자지급일에 지급하는 이자
할증발행차금 1,904 이 자 비 용 1,904 → 이자비용을 줄여준다.

이자지급에 관한 회계처리를 끝내고 나면 사채 장부금액은 액면금액 100,000원이 된다.
발행시점에 사채는 105,446원이었으나 할증발행차금상각을 통하여 만기에 사채는 100,000원이 된다. 이 금액을 갚으면 된다.

(차) 사 채 100,000 (대) 현 금 100,000

발행 2011.1.1	2011.12.31	2012.12.31	만기 2013.12.31
현 금 105,446 / 사 채 100,000 / 할증차금 5,446	이자비용 7,000 / 현 금 7,000	이자비용 7,000 / 현 금 7,000	이자비용 7,000 / 현 금 7,000
	할증차금 1,728 / 이자비용 1,728	할증차금 1,814 / 이자비용 1,814	할증차금 1,904 / 이자비용 1,904

할증액이 이자비용을 줄여준다(할증차금상각 → 사채 장부금액을 감소시킨다).

사채

차변		대변	
		현금	100,000

사채

차변		대변	
		현금	100,000

사채

차변		대변	
		기초	100,000

사채

차변		대변	
		기초	100,000

할증차금

차변		대변	
		현금	5,446

할증차금

차변		대변	
이자비용	1,728	현금	5,446

할증차금

차변		대변	
이자비용	1,814	기초	3,718

할증차금

차변		대변	
이자비용	1,904	기초	1,904

장부금액 : 105,446 —(−1,728)→ 103,718 —(−1,814)→ 101,904 —(−1,904)→ 100,000 상환직전 장부금액

할인차금이 이자비용으로 전환되면서 사채 장부금액이 증가한다(간접법).
(할인차금상각액 = 유효이자 − 표면이자)

사 채 100,000 / 현 금 100,000

사채

차변		대변	
현금	100,000	기초	100,000

사채상환 후 장부금액 0

연습문제

1 A사의 명목상 채권발행일은 2001년 1월 1일이다(액면 100,000원, 액면이자율 5%, 3년 만기). 그러나 실제발행일은 2001년 4월 1일이다. A사는 12월 결산기업이며, 액면이자는 12월 31일에 지급한다. 발행 당시 A사의 신용위험을 반영한 시장이자율은 7%이다. 발행비용은 없는 것으로 가정한다. 3년 할인율 7%일 때 현가계수 0.81630, 연금현가계수 2.62432이다. 금액계산시 소수점 이하에서 반올림하시오.

❶ 연도별 유효이자 및 장부금액 조정표를 작성하시오.

연 도	기초BV	유효이자	표면이자	BV증액(상각액)	기말BV
2001					
2002					
2003					

❷ 2001년 4월 1일 실제발행일의 발행금액을 구하시오.

❸ 2001년 4월 1일 사채장부금액을 구하시오.

❹ 2001년 4월 1일 사채할인차금을 구하시오.

2 **1번 계속 : 만기상환**

발행시점부터 만기까지 분개하시오.

❶ 2001. 4 .1. (차) (대)

❷ 2001.12.31. (차) (대)

❸ 2002.12.31. (차) (대)

❹ 2003.12.31. (차) (대)

3 1번 계속 : 조기상환

❶ 만약 채권을 2003년 1월 1일 98,000원에 취득하여 상환하였다면, 분개하시오.

(차) (대)

❷ 만약 채권을 2003년 6월 30일 90,000원에 취득하여 상환하였다면 분개하시오.

(차) (대)

4 승용차 할부구매(분할상환)

2001.1.1	A는 승용차를 5년 할부로 구매하다. 매년 6,000,000원씩 할부금을 지급한다. 할부이자는 3%로 약정되어 있다. 승용차는 10년 동안 정액법으로 상각하며 잔존가치는 없는 것으로 본다.

❶ 승용차의 현금가격을 구하시오. 이자율 3%, 기간 5년의 연금현가계수는 4.57971이다.

❷ 2002년까지 분할상환에 대해 분개하시오(금액계산시 소수점 이하는 반올림).

연습문제 해답

1 ❶ 연도별 유효이자 및 장부금액 조정표를 작성하시오.

연 도	기초BV	유효이자	액면이자	BV증액(상각액)	기말BV
2001	94,752	6,633	5,000	1,633	96,385
2002	96,385	6,747	5,000	1,747	98,132
2003	98,132	6,869	5,000	1,869	100,000

❷ 2001년 4월 1일 실제발행일의 발행금액을 구하시오.

4/1 현재가치 = 94,752 + 1,658 = 96,410

❸ 2001년 4월 1일 사채장부금액을 구하시오.

사채장부금액 = 96,410 − 1,250(= 100,000 × 0.05 × 3/12) = 95,160

❹ 2001년 4월 1일 사채할인차금을 구하시오.

할인액 = 100,000 − 95,160 = 4,840

2 발행시점부터 만기까지 분개하시오.

	일자	차변	금액	대변	금액
❶	2001. 4. 1	(차) 현 금	96,410	(대) 미 지 급 이 자	1,250
				사 채	95,160
❷	2001.12.31	(차) 미 지 급 이 자	1,250	(대) 현 금	5,000
		이 자 비 용	4,975	사 채	1,225

유효이자비용 = 6,633 × 9/12 = 4,975
액면이자비용 = 5,000 × 9/12 = 3,750
사채장부금액증가액 = 4,975 − 3,750 = 1,225

	일자	차변	금액	대변	금액
❸	2002.12.31	(차) 이 자 비 용	6,747	(대) 현 금	5,000
				사 채	1,747

4 2003.12.31

	차변	금액		대변	금액
(차)	이자비용	6,869	(대)	현금	5,000
				사채	1,869
(차)	사채	100,000	(대)	현금	100,000

3

1 회사채를 2003년 1월 1일 98,000원에 취득하여 상환

2003.1. 1 장부금액 98,132 상환금액 98,000

	차변	금액		대변	금액
(차)	사채	98,132	(대)	현금	98,000
				사채상환이익	132

2 회사채를 2003년 6월 30일 90,000원에 취득하여 상환

2003. 6.30 현재가치(금융부채장부금액) = 98,132 + 6,869 × 6/12 = 101,567
상환가격 = 90,000
상환손익 = 101,567 − 90,000 = 11,567

6월 30일 현재 갚아야 할 금융부채 장부금액은 101,567(= 사채장부금액 + 경과이자)인데, 실제로 90,000원에 상환하였다. 11,567원만큼 상환이익이 발생한다. 또는 사채상환이익을 다음과 같이 계산할 수 있다.

2003. 6.30 사채장부금액 = 101,567 − 2,500(= 100,000 × 0.05 × 6/12) = 99,067
사채순상환금액 = 90,000(액면이자가 포함된 상환금액) − 2,500(액면이자) = 87,500
사채상환이익 = 99,067 − 87,500 = 11,567

	차변	금액		대변	금액
(차)	이자비용	3,435	(대)	미지급이자	2,500
				사채	935
(차)	사채	99,067	(대)	현금	90,000
	미지급이자	2,500		사채상환이익	11,567

4

1 승용차의 현금가격 = 할부금의 현재가치

현재가치 = 6,000,000 × 4.57971 (←5년, 이자율 3%의 연금현재가치계수)
= 27,478,260

2 분개

2001. 1. 1 (차) 차 량 운 반 구 27,478,260 (대) 장 기 미 지 급 금 27,478,260

2001.12.31 (차) 이 자 비 용 824,348 (대) 장 기 미 지 급 금 824,348
이자비용 = 27,478,260 × 0.03 = 824,348

(차) 장 기 미 지 급 금 6,000,000 (대) 현 금 6,000,000
장기미지급금 장부금액 = 27,478,260 + 824,348 − 6,000,000 = 22,302,608

(차) 감 가 상 각 비 2,747,826 (대) 감 가 상 각 누 계 2,747,826

2002.12.31 (차) 이 자 비 용 669,078 (대) 장 기 미 지 급 금 669,078
이자비용 = 22,302,608 × 0.03 = 669,078

(차) 장 기 미 지 급 금 6,000,000 (대) 현 금 6,000,000
장기미지급금 장부금액 = 22,302,608 + 669,078 − 6,000,000 = 16,971,686

(차) 감 가 상 각 비 2,747,826 (대) 감 가 상 각 누 계 2,747,826

Chapter 10

충당부채

제1절 충당부채의 의의

충당부채는 과거의 거래나 사건의 결과로 현재 의무가 존재하지만 지급시기 또는 금액이 확정되지 않은 부채를 말한다. 언제, 얼마의 금액을 지급해야 하는지 확실하지 않지만, 현재 의무가 존재하는 것은 분명하고(법적의무 또는 의제의무), 미래에 자원의 유출가능성(50%이상)이 높기 때문에 부채로 인식해야 한다. 이때 부채의 인식금액은 신뢰성 있게 추정해야 한다.

대표적인 충당부채는 제품보증의무이다. 예를 들어 정수기 판매회사가 판매 후 3년 동안 무상수리를 해주기로 했다면, 고객이 언제 무상수리를 요청할 지, 그리고 얼마의 금액이 소요될 지 현재로서는 알 수 없다. 그러나 정수기회사의 입장에서는 현재 무상수리 의무가 분명히 존재한다는 것이다. 그러므로 미래에 소요될 무상수리 원가를 신뢰성 있게 추정하여 제품보증충당부채를 인식한다.

충당부채와 우발부채

우발부채는 충당부채와 유사하지만, 의무의 존재가 잠재적이고(possible), 자원의 유출가능성도 낮은(50% 이하) 부채를 말한다. 부채에 대한 신뢰성 있는 추정도 불가능하므로 부채로 인식하지 않고 주석으로 공시한다.

충당부채와 우발부채의 인식

신뢰성 있는 추정 / 자원의 유출가능성	신뢰성 있는 추정가능	신뢰성 있는 추정불가능
50%이상(probable)	재무상태표에 충당부채로 인식	우발부채로 주석공시
어느 정도 있음(possible)	우발부채로 주석공시	우발부채로 주석공시
희박함(romote)	공시하지 않음	공시하지 않음

충당부채를 인식하기 위해서는 현재의무가 기업의 미래행위에 의해 회피가능해서는 안된다.

제2절 충당부채의 측정

충당부채는 지출시기나 지출금액이 불확실하므로 부채금액을 추정해야 한다. 그 추정치는 최선의 추정치(best estimates)여야 한다. 최선의 추정치란 보고기간 말에 의무를 이행하기 위하여 합리적으로 지급해야 하는 금액을 말한다[기준서 1037].

미래의 예상지출액에 대한 최선의 추정치

최선의 추정치로 기댓값, 중간값, 그리고 최빈값 중의 하나를 선택할 수 있으며, 상황을 고려하여 결정한다.

현재가치

시간가치가 중요할 경우 예상지출액의 현재가치로 충당부채를 평가한다. 이때 할인율은 그 부채의 특유한 위험과 시간가치에 대한 현행시장의 평가를 반영한 것으로 '세전이자율'이다. 이 할인율에는 미래현금흐름을 추정할 때 고려된 위험을 반영하지 않는다. 시간의 경과에 따른 현재가치증가분은 차입원가(이자비용)으로 인식한다.

후속측정

보고기간 말에 최선의 추정치가 변동하면 그 변동을 반영한다(회계추정의 변경). 즉 충당부채를 공정가치로 평가한다. 공정가치는 최선의 추정치를 현행이자율로 할인한 현재가치이다. 이때 평가전 장부금액과 공정가치의 차이를 어떻게 회계처리 할 것인지가 관건이다. 한편 자원의 유출가능성이 높지 않게 된 경우에는 충당부채를 환입한다.

제3절 충당부채의 종류

1. 복구충당부채

기업이 시설물을 설치하는 과정에서 환경오염이 발생할 경우 나중에 원상복구의무를 지게 된다. 복구충당부채는 그 원상복구의무를 나타내는 계정이다.

« 예제 1 복구충당부채 : 최선의 추정치 변동이 없는 경우

2021. 1. 1	A사는 쓰레기매립장으로 사용할 토지를 구매하다. 토지가격은 1억원이고, 5년 후 쓰레기매립장을 원상복구하는 데 드는 비용은 5,000,000원으로 추정된다. 토지구매시점의 시장이자율은 5%이다.

1. 5년 후 예상지출액은 얼마인가?
2. 충당부채의 최초장부금액을 구하시오.
3. 2025년 말까지 후속장부금액을 구하시오. 2025년 말까지 최선의 추정치의 변동은 없는 것으로 가정한다.
4. 2025년 말 실제복구비용이 6,000,000원이 소요되었다. 2025년 말까지 분개하시오.

풀이

1. 예상지출액 = 5,000,000

2. 충당부채의 최초장부금액(예상지출액의 현재가치) = 5,000,000 × 0.783526(시장이자율 5% 현재가치계수)
= 3,917,630

3. 충당부채의 후속장부금액

연 도	기초장부금액	유효이자(= 복구충당부채 증가액)	기말장부금액
2021	3,917,630	195,882	4,113,512
2022	4,113,512	205,676	4,319,188
2023	4,319,188	215,959	4,525,147
2024	4,535,147	226,757	4,761,904
2025	4,761,904	238,096	5,000,000
총할인액		1,082,370(= 5,000,000 − 3,917,630)	

이자비용 = 복구충당부채 기초장부금액 × 유효이자율

4. 분개

2021. 1. 1	(차) 토　　지	103,917,630	(대) 현　　금	100,000,000
			복구충당부채	3,917,630

현재가치 3,917,630원을 토지의 취득원가에 포함시킴과 동시에 복구충당부채로 인식한다. 5년 동안의 화폐의 시간가치를 반영하여 자산과 부채의 인식금액을 결정한다. 5년 동안의 화폐의 시간가치는 시간이 흐름에 따라 이자비용으로 인식한다.

2021.12.31	(차) 이 자 비 용	195,882	(대) 복구충당부채	195,882
2022.12.31	(차) 이 자 비 용	205,676	(대) 복구충당부채	205,676
2023.12.31	(차) 이 자 비 용	215,959	(대) 복구충당부채	215,959
2024.12.31	(차) 이 자 비 용	226,757	(대) 복구충당부채	226,757
2025.12.31	(차) 이 자 비 용	238,096	(대) 복구충당부채	238,096

5년 동안 복구충당부채가 증가되면 2025년말 복구충당부채 장부금액은 최선의 추정치 5,000,000원이 된다. 복구공사를 집행하게 되면 이 충당부채를 제거하고 나머지는 복구비용으로 처리한다.

(차) 복구충당부채	5,000,000	(대) 현　　금	6,000,000
복구공사손실	1,000,000		

2. 제품보증충당부채

상품이나 제품을 판매하고, 보증기간 내에 하자가 발생할 경우 판매자는 수리해 줄 의무가 있다. 그런데 소비자가 언제 수리를 요청해 올지, 얼마의 수리비가 소요될지 제품판매시점에서 확실하지 않다. 그러나 수리요청이 있을 것이라는 사실은 거의 확실하고(자원의 유출가능성이 높다), 그 금액을 신뢰성 있게 추정 가능하므로 충당부채를 인식한다.

• 판매시점	(차)	현 금	×××	(대)	매 출	×××
		제 품 보 증 비	×××		제품보증충당부채	×××
• 보증행위수행시점	(차)	제품보증충당부채	×××	(대)	현금/재고자산 등	×××
• 보증기간만료시점	(차)	제품보증충당부채	×××	(대)	제품보증비환입	×××

예제 2 제품보증

2021.12.31	S사는 노트북 제조-판매회사이다. 2021년 한 해 동안 제조-판매한 노트북에 대해 향후 1년 동안 보증수리의무가 있다. 기말 현재 예상지출액은 10,000,000원으로 추정하다. 보고기간 말 분개하시오.

2022. 5. 1 실제로 수리요청을 해 온 금액은 6,000,000원이다. 분개하시오.

2022.12.31 기말 현재 보증충당부채에 대한 예상지출액은 9,000,000원이다 분개하시오.

풀이

2021.12.31	(차)	제 품 보 증 비 용	10,000,000	(대)	제품보증충당부채	10,000,000
2022. 5. 1	(차)	제품보증충당부채	6,000,000	(대)	현 금	6,000,000

2022.12.31 새로운 추정을 하기 전의 충당부채 잔액이 4,000,000원이므로 추가적으로 5,000,000원을 충당부채로 설정한다. 그 결과 충당부채 기말장부금액은 9,000,000원이 된다.

(차)	제 품 보 증 비 용	5,000,000	(대)	제품보증충당부채	5,000,000

연습문제

1 복구충당부채

2018.1.1	A사는 기계를 취득하였다(취득원가 1,000,000원). 이 기계는 오염물질을 배출한다. 2년 뒤 오염을 제거하고 주변 환경을 원상복구하기 위해 2,000,000원이 지출될 것으로 추정된다. 기계 취득시 시장이자율은 10%이다.

(2년 할인율 10%의 현가계수 0.82645, 금액계산시 소수점 이하는 반올림). 복구충당부채에 대해 각 날짜 별로 분개하시오. 복구시점에서 실제복구비용은 2,100,000원이 지출되다. 기계 감가상각에 대한 분개는 생략하시오.

연습문제 해답

1

❶ 2018. 1. 1

(차)	기계	2,652,900	(대)	복구충당부채	1,652,900
				현금	1,000,000

복구충당부채 = 2,000,000 × 0.82645 = 1,652,900

❷ 2018.12.30

(차)	이자비용	165,290	(대)	복구충당부채	165,290

이자비용 = 1,652,900 × 0.1 = 165,290

❸ 2019.12.30

(차)	이자비용	181,819	(대)	복구충당부채	181,819

이자비용 = (1,652,900 + 165,290) × 0.1 = 181,819

❹ 2020. 1. 1

실제복구비용 2,100,000원이 지출되다. (원리금 합계(복구충당부채의 장부금액)는 2,000,009원이 되지만 9원은 무시할 것)

(차)	복구충당부채	2,000,000	(대)	현금	2,100,000
	복구비용	100,000			

Chapter 11

자 본

제1절 자본의 의의

자본은 자산에서 부채를 차감한 잔여액(residual)이다. 그러므로 자본은 자산과 부채의 평가를 통해 평가된다.

보통 자본은 주주들이 출자한 자산(납입자산)과 기업활동의 결과로 증가한 순자산(잉여금)으로 구성된다. 또는 부채가 자본으로 바뀌기도 한다(출자전환). 그것은 채권자가 채권을 포기하고 지분을 받는 것이다.

[그림 1] 자산/부채와 자본의 관계

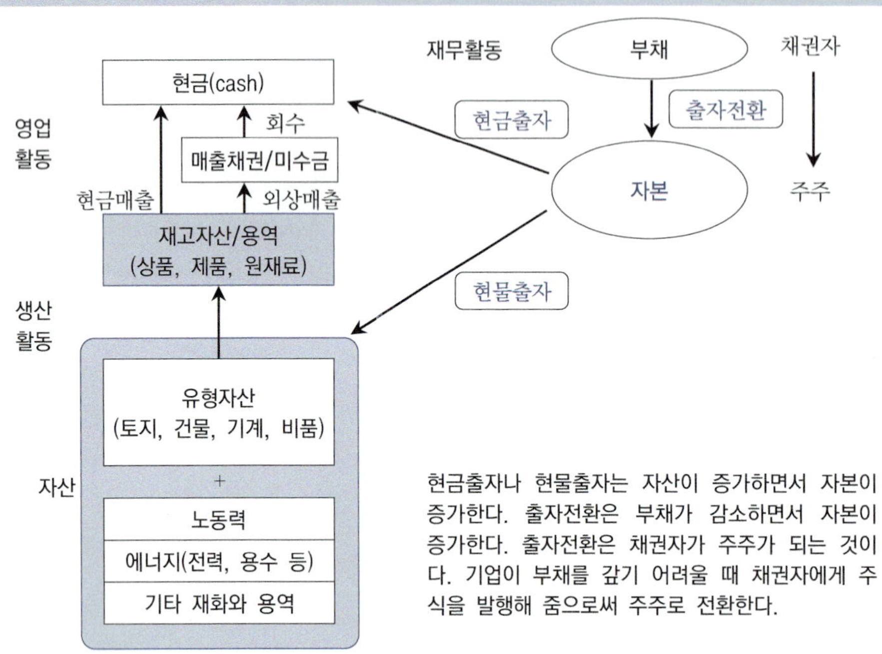

제2절 자본의 구성

1. IFRS의 자본구성

IFRS는 자본에 관하여 엄밀하게 규정하기보다 기업에게 재량권을 부여하고 있다.

(1) 납입자본

납입자본은 주식매입대금으로 주주들이 회사에 납부한 금액을 말한다. 납입자본은 액면금액에 해당하는 '자본금'과 액면초과액에 해당하는 '주식발행초과금'으로 구성된다.

- 자본금 = 발행주식수 × 1주당 액면금액
- 주식발행초과금(자본잉여금) = 발행주식수 × 1주당 액면금액을 초과한 납입액

1주당 액면금액은 정관에서 정한다. 우리나라 상장기업은 액면주식을 발행하고 있지만, 상법에서는 무액면주식의 발행도 허용한다. 무액면주식을 발행하는 경우 액면주식을 발행할 수 없고 자본금은 주식발행금액의 1/2이상의 금액으로 하여야 하며 이사회 또는 주주총회에서 결정한다.

(2) 기타자본구성요소

기타자본항목은 납입자본에서 가감하는 항목이다.

(3) 이익잉여금

기업이 영업활동 또는 비영업활동으로 벌어들인 이익(손실)의 누적금액이다.

2. 일반기업회계기준의 자본구성

IFRS는 자본의 구성에 대해 확정된 규정이 없으므로 우리나라기업은 일반기업회계기준의 자본구성을 준용하는 경우가 많다.

(1) **자본금** : 보통주자본금, 우선주자본금

(2) **자본잉여금** : 주식발행초과금, 감자차익, 자기주식처분이익

(3) **자본조정** : [차감계정] 주식할인발행차금, 감자차손, 자기주식처분손실, 자기주식
[가산계정] 주식선택권, 미교부주식배당금, 신주청약증거금 등

(4) **기타포괄손익누계** :
- FVOCI금융자산평가손익
- 재평가잉여금
- 표시통화환산차이
- 확정급여제도 재측정요소
- 현금흐름위험회피 파생상품평가손익 등

(5) **이익잉여금(결손금)** 법정적립금, 임의적립금, 미처분이익잉여금(미처리결손금)

위 5가지 항목 중에서 (1), (2), (3)의 경우는 자본거래(회사와 주주간의 지분거래)에서 발생하며, (4), (5)의 경우는 자본거래의 결과가 아니다. (4)기타포괄손익누계는 자산-부채의 평가에서 발생하는 손익의 누적금액이고, (5)이익잉여금은 영업활동 또는 비영업활동으로 인해 발생하는 당기순손익의 누적금액이다.

주식의 종류

주주는 배당권, 잔여재산분배권, 의결권, 그리고 신주인수권을 갖는다. 배당권은 손익분배에 비례적으로 참가할 권리이다. 잔여재산분배권은 청산시 부채를 상환하고 남은 재산에 대해 비례적으로 청구할 권리이다. 의결권은 주주총회에 참가하여 투표할 권리를 말한다. 신주인수권은 신주발행시 지분율에 비례하여 신주를 받을 권리를 말한다.

(1) **보통주** : 보통주는 주주의 권리에 제한이나 우선권이 없는 주식이다.

(2) **우선주** : 우선주는 보통주에 비해 이익배당과 잔여재산분배에서 우선권이 있으나 의결권이 없는 주식이다.

- 참가적우선주 : 우선주에 먼저 배당을 지급한 후 보통주배당을 지급할 때 보통주주와 함께 배당에 참여할 권리가 있는 우선주
- 누적적우선주 : 연체배당금을 우선적으로 받을 수 있는 권리가 있는 우선주
- 전환우선주 : 주주의 청구에 의해 보통주로 전환할 수 있는 권리가 있는 우선주
- 상환우선주 : 회사가 일정한 조건하에 상환권을 갖는 우선주
  (주주가 상환청구권을 갖는 우선주 : 금융부채로 분류함)

제3절 납입자본

1. 자본금의 증가

기업은 필요한 자금을 조달하기 위해 투자자들에게 지분상품(주식)을 판매한다. 주식도 판매목적으로 발행되므로 상품이라고 할 수 있다. 증자는 '자본금(= 발행주식수 × 1주당 액면금액)'이 증가하는 거래이므로 자본금에 상응하는 주식이 발행되어야 한다.

유상증자(실질적 증자)와 무상증자(형식적 증자)

유상증자는 주주에게 주식을 발행-교부해 주는 대가로 현금이나 현물자산을 받는 자본거래이고, 무상증자는 자본잉여금이나 이익잉여금을 자본금으로 대체하면서 주식을 발행-교부해 주는 자본거래이다. 무상증자는 자산이 유입되지 않으므로 형식적인 증자이다.

- 유상증자

(차) 현 금 or 토 지 (자산증가) ××× (대) 자 본 금 (자본금증가) ×××

- 무상증자

(차) 자본잉여금 or 이익잉여금 (자본감소) ××× (대) 자 본 금 (자본금증가) ×××

[그림 2] 유상증자와 무상증자

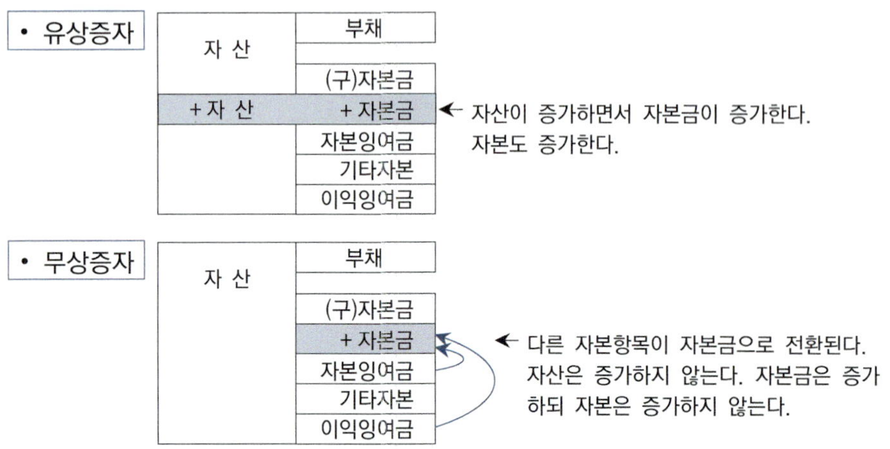

주식발행형태

우리나라의 경우 대부분 액면주식을 발행한다. 이때 주식대금의 납입형태에 따라 액면발행, 할증발행, 할인발행이 있다. 발행형태는 발행시점의 기업가치에 달려 있다. 일반적으로 주식시장에서 기업가치는 액면금액을 초과하므로 할증발행이 대부분이다. 상법에서 '자본충실의 원칙'에 따라 할인발행(액면미달발행)을 금지하고 있으나 특별한 상황에서는 할인발행이 가능하다.

- 액면발행

(차) 현 금	×××	(대) 보 통 주 자 본 금	×××(액면금액)

- 할증발행

(차) 현 금	×××	(대) 보 통 주 자 본 금	×××(액면금액)
		주식발행초과금	×××(액면초과액)

- 할인발행

(차) 현 금	×××	(대) 보 통 주 자 본 금	×××(액면금액)
주식할인발행차금	×××(액면미달액)		

주식할인발행차금은 주식발행초과금과 상계하고, 미상계금액은 자본조정으로 분류하였다가 미처분이익잉여금과 상계한다.

주식거래원가

주식거래원가는 주식거래에서 회피불가능하고 직접 관련되어 발생한 원가를 말한다. 거래원가는 법인세혜택을 차감한 순액을 자본에서 차감한다. 즉 주식발행초과금에서 차감하거나 주식할인발행차금에 가산한다.

예제 1 유상증자 – 현금출자

A사는 2001년 5월 1일에 운영자금을 조달할 목적으로 유상증자를 실시하다. 발행주식수는 1,000주, 증자와 직접관련하여 발생한 원가는 10,000원이다.

다음 각각의 독립된 거래에 대해 분개하시오.

1. 발행주식은 액면주식이며 주당 액면금액은 5,000원이고, 발행금액은 7,000원이다.
2. 발행주식은 액면주식이며 주당 액면금액은 5,000원이고, 발행금액은 4,000원이다.
3. 발행주식은 무액면주식이며 주당 발행금액은 8,000원이다. 이사회에서 4,000,000원을 자본금으로 결정하다.

풀이

1. 순납액금액 = 1,000주 × 7,000원 − 10,000원
   = 6,990,000원

   총액면금액 = 1,000주 × 5,000원
   = 5,000,000원

(차) 현 금	6,990,000	(대) 자 본 금	5,000,000
		주식발행초과금	1,990,000

   거래원가만큼 주식발행초과금이 적게 인식된다.

2. 순납액금액 = 1,000주 × 4,000원 − 10,000원
   = 3,990,000원

   총액면금액 = 1,000주 × 5,000원
   = 5,000,000원

(차) 현 금	3,990,000	(대) 자 본 금	5,000,000
주식할인발행차금	1,010,000		

   거래원가만큼 주식할인발행차금이 많이 인식된다.

3. 순납입금액 = 1,000주 × 8,000원 − 10,000원
   = 7,990,000원

(차) 현 금	7,990,000	(대) 자 본 금	4,000,000
		주식발행초과금	3,990,000

   무액면주식을 발행할 경우 이사회 또는 주주총회에서 신주발행금액의 1/2이상을 자본금으로 확정해야 한다.

예제 2 유상증자 - 현물출자

> A사는 2001년 5월 1일에 유상증자를 실시하다. 발행주식수는 1,000주, 1주당 액면금액은 5,000원이다. 납입대가는 토지이다.

다음 각각의 독립된 거래에 대해 분개하시오

1. 유상증자일 현재 토지의 공정가치는 6,000,000원이다.
2. 유상증자일 현재 토지의 공정가치를 신뢰성 있게 측정할 수 없으나, 주식의 공정가치는 1주당 5,500원이다.

풀이

현물출자의 경우 제공받는 현물자산의 가치평가가 관건이다. 현물자산의 최초장부금액은 '제공받는 현물의 공정가치'로 인식하는 것이 원칙이다. 그러나 현물의 공정가치를 신뢰성 있게 측정할 수 없다면 제공하는 주식의 공정가치로 인식한다.

1.

(차)			(대)		
	토지	6,000,000		자본금	5,000,000
				주식발행초과금	1,000,000

2.

(차)			(대)		
	토지	5,500,000		자본금	5,000,000
				주식발행초과금	500,000

예제 3 무상증자와 주식배당

1. A사는 2001년 5월 1일에 무상증자를 실시하다. 재원은 법정적립금인 이익준비금 5,000,000원이다.
2. A사는 2001년 5월 1일 주식배당을 결의하다. 재원은 미처분이익잉여금 1,000,000원이다.

풀이

1. <주식교부일>

(차)			(대)		
	이익준비금	5,000,000		자본금	5,000,000

만약 액면금액이 1주당 5,000원이라면 1,000주를 발행해서 주주들에게 배분해야 한다.

* 준비금의 자본전입 효력 발생일은 이사회결의에 의할 경우 신주배정일이며, 주주총회결의에 의할 경우 주주총회종결일이다.(상법 461조) 무상증자는 액면발행을 한다.

2. 주식배당도 현금배당과 마찬가지로 배당에 해당하므로 그 재원은 미처분이익잉여금이다.

<배당결의일>

(차) 미처분이익잉여금	1,000,000	(대)	미교부주식배당금 (→ 자본조정)	1,000,000

<주식교부일>

(차) 미교부주식배당금	1,000,000	(대)	자 본 금	1,000,000

상법에서는 주식배당시 액면금액을 자본금으로 전입하도록 규정하고 있다(462조2 ②). 기준서에서는 명시적 규정이 없다. 그러므로 액면금액이 5,000원이라면 주주들에게 200주를 발행해 주어야 한다.

2. 자본금의 감소

감자는 '자본금(=발행주식수 × 1주당 액면금액)'을 감소시키는 거래이다. 그러기 위해서는 주식수를 감소시켜야 한다.

유상감자(실질적 감자)와 무상감자(형식적 감자)

유상감자는 주식시장에서 거래되고 있는 자기주식을 매입하여 소각함으로써 자본금을 감소시키는 것이다. 무상감자는 보통 미처리결손금(누적손실)을 없애기 위해 실시한다. 미처리결손금이 재무제표에 계속 표시될 경우 투자자들에게 부정적인 영향을 주거나 기업활동에 제약이 따를 수 있으므로 자본금으로 미처리결손금을 메꾸는 것이다.

• 유상감자

자기주식의 취득 :	(차)	자기주식	×××	(대)	현금	×××
주식소각(주총결의) :	(차)	보통주자본금	×××	(대)	자기주식	×××
		감자차손	×××	or	감자차익	×××

• 무상감자

무상감자 효력발생일 :	(차)	보통주자본금	×××	(대)	감자차익	×××
정기주총결의일 :	(차)	감자차익	×××	(대)	미처리결손금	×××

예제 4 유상감자

A사는 2001년 5월 1일에 유상감자를 하기로 하고(100주, 액면금액 5,000원), 1주당 6,000원에 주식을 매입하다. 5월 15일에 주식을 소각하다.

풀 이

5월 1일	(차) 자 기 주 식	600,000	(대) 현 금	600,000
5월 15일	(차) 보통주자본금	500,000	(대) 자 기 주 식	600,000
	감 자 차 손	100,000		

예제 5 무상감자 : 결손보전

A사는 보통주자본금 1,000,000원으로 무상감자를 하기로 하다.

1. 미처리결손금이 800,000원일 경우 분개하시오.
2. 미처리결손금이 1,100,000원일 경우 분개하시오.

풀 이

1.	무상감자 효력발생일 :	(차) 보통주자본금	1,000,000	(대) 감 자 차 익	1,000,000
	주총결의일 :	(차) 감 자 차 익	800,000	(대) 미처리결손금	800,000
		감자차익이 200,000원 남아 있다.			
2.	무상감자 효력발생일 :	(차) 보통주자본금	1,000,000	(대) 감 자 차 익	1,000,000
	주총결의일 :	(차) 감 자 차 익	1,000,000	(대) 미처리결손금	1,000,000
		미처리결손금이 100,000원 남아 있다.			

주식병합 및 주식분할

주식병합이란 주식 n주를 n보다 적은 수의 주식으로 만드는 것을 말하고, 주식분할이란 주식 1주를 2주 이상으로 만드는 것을 말한다. 이때 액면금액을 합치거나 분할하는데, 주식병합의 경우 액면금액의 합계가 병합전보다 감소할 수 있다(감자를 수반한 병합). 주식분할의 경우 액면금액의 합계가 줄어들지 않는다.

예제 6 주식병합, 주식분할

1. 액면금액 5,000원의 주식 10주를 5주로 병합하다.
2. 액면금액 500원의 주식 10주를 1주로 병합하다.
3. 액면금액 5,000원의 주식 1주를 10주로 분할하다.

풀 이

1. 감자를 수반하는 주식병합. 주식 1주의 액면금액은 최대 5,000원이므로 10주를 5주로 만드는 것은 감자를 수반한다. 자본금이 변동하므로 회계처리를 한다.

   (차) 보통주자본금 25,000 (대) 감자차익 25,000

2. 감자를 수반하지 않는 주식병합. 액면금액 500원의 주식 10주를 액면금액 5,000원의 주식 1주로 만드는 것이므로 감자를 수반하지 않는다. 자본금의 변동이 없으므로 회계처리가 없다.
3. 액면분할. 액면금액 5,000원의 주식 1주가 액면금액 500원의 주식 10주로 되었을 뿐 자본금의 변동이 없다. 회계처리가 없다.

무상증자, 주식배당, 주식분할, 주식병합의 비교

	무상증자	주식배당	주식분할	주식병합	
				감자없는 주식병합	감자있는 주식병합
발행주식수	증가	증가	증가	감소	감소
액면금액	불변	불변	감소	증가	불변
자본금 (=발행주식수×액면금액)	증가	증가	불변	불변	감소
자본잉여금	감소가능*	불변	불변	불변	증가가능***
이익잉여금	감소가능*	감소**	불변	불변	불변

* 무상증자재원을 자본잉여금이나 이익잉여금으로 한 경우
** 주식배당재원은 이익잉여금이다.
*** 자본금을 감소시키는 과정에서 감차차익이 발생할 수 있다.

제4절 자본잉여금

자본잉여금은 회사와 주주의 거래에서 발생한다. 증자거래 및 감자거래, 기타 주식거래에서 발생한다.

1. 자본잉여금의 증가

주식발행초과금

주주가 액면금액(자본금)을 초과하여 납입한 금액이다. 유상증자의 경우에만 발생한다.

기타자본잉여금

주식발행초과금 외의 자본잉여금이다.

① 감자차익 : 유상 또는 무상감자거래에서 자본금감소액보다 지급대가가 적을 경우 발생한다.

② 자기주식처분이익 : 자기주식을 취득원가보다 높은 금액으로 처분할 경우 발생한다.

③ 전환권대가 및 신주인수권대가 : 전환사채 또는 신주인수권부사채를 발행할 때 전환권 또는 신주인수권의 가치에 해당하는 금액이 추가로 불입된 금액이다.

2. 자본잉여금의 감소

자본전입

자본잉여금을 자본금으로 대체할 경우 자본잉여금이 감소한다.

결손보전

주주총회의 결의에 따라 자본잉여금이나 이익잉여금을 미처리결손금과 상계처리할 경우 자본잉여금이 감소한다.

자본잉여금으로 배당(상법 제461조의 2)

상법은 자본충실의 원칙에 기초하여 주주에게 배당할 수 있는 재원을 이익잉여금으로 제한하고, 자본잉여금을 재원으로 배당하는 것을 금지하였다. 그러나 2012년 상법개정으로 자본잉여금 및 이익잉여금 총액이 자본금의 1.5배를 초과하는 경우 주주총회의 결의에 따라 그 초과한 금액의 범위 내에서 배당할 수 있도록 하였다.

제5절 자본조정

기준서 제1032호에서는 자기주식의 거래에 대해서만 언급하고 있다. 다른 항목에 대해서는 해당 지분거래에서 발생하므로 여기서는 설명을 생략한다.

1. 자기주식

주식회사가 이미 발행한 자기회사의 주식(자사주)을 취득하여 보유하고 있는 주식을 말한다. 보통 상장기업의 경우 주가방어를 위해 또는 적대적 인수합병을 방어하기 위해 자사주를 취득한다.

2. 자기주식의 회계처리

타사의 주식을 취득하면 금융자산이 되지만 자기주식을 취득하면 자산으로 인정하지 않는다. 자기주식을 자산으로 인정하면, 회사가 자신의 실물자산에 대해 청구권을 갖는 금융자산을 소유하는 모순이 발생하기 때문이다. 자기주식은 자본의 차감항목(자본조정항목)으로 처리한다.

이하 자기주식의 회계처리는 우리나라 상법에 의한 회계처리이다.

- 자기주식 취득

(차) 자 기 주 식	×××	(대) 현 금	×××	

- 자기주식 매각

취득원가보다 비싸게 매각하면 처분이익을, 싸게 매각하면 처분손실을 인식한다.

① 처분금액 > 취득원가

(차) 현 금	×××	(대) 자 기 주 식	×××
		자기주식처분이익	××× → 자본잉여금

② 처분금액 < 취득원가

(차) 현 금	×××	(대) 자 기 주 식	×××
자기주식처분이익	×××		
자기주식처분손실	×××		

자기주식처분손실을 자기주식처분이익과 우선상계하고 나머지를 자기주식처분손실로 인식한다. 미상계된 자기주식처분손실은 자본조정으로 분류하였다가 미처분이익잉여금과 상계한다.

- **자기주식 소각**

자기주식의 소각은 자본금감소(감자)를 의미한다. 상법상(제343조①) 감자는 주주총회의 특별결의와 채권자 보호절차를 요구한다. 그러나 이사회 결의에 의해 자기주식을 소각하는 경우 주주총회의 특별결의와 채권자 보호절차를 요구하지 않는다.

① 상법상 자본감소 규정에 따른 경우 자본금을 직접 감소시킨다.(액면금액 < 취득원가)

(차)	보통주자본금	×××	(대) 자기주식	×××
	감자차익	×××		
	감자차손	×××		

감자차손을 감자차익과 우선상계하고 나머지를 감자차손으로 인식한다. 미상계된 감자차손은 자본조정으로 분류하였다가 미처분이익잉여금과 상계한다.

② 이사회 결의에 따른 경우 자본금을 직접 감소시키지 않고 이익잉여금을 감소시킨다(이익으로 소각). 그럴 경우 재무상태표의 자본금이 감소되지 않으므로 사실상 감자가 아니다.

(차)	이익잉여금	×××	(대) 자기주식	×××

예제 7 자기주식

2020. 5. 1 보통주 1,000주를 취득하다. 취득원가는 주당 1,000원이다. 액면금액은 500원이다.
2020. 6. 1 자기주식 300주를 매각하다. 매각금액은 주당 1,200원이다.
2020. 7. 1 자기주식 300주를 매각하다. 매각금액은 주당 700원이다.
2020. 9. 1 자기주식 200주를 소각하다. 소각은 상법상 자본금 감소에 관한 규정을 따른다.

일자별로 회계처리를 하시오.

풀 이

일자		차변	금액		대변	금액
5.1	(차)	자기주식	1,000,000	(대)	현금	1,000,000
6.1	(차)	현금	360,000	(대)	자기주식	300,000
					자기주식처분이익	60,000
7.1	(차)	현금	210,000	(대)	자기주식	300,000
		자기주식처분이익	60,000			
		자기주식처분손실	30,000			
9.1	(차)	보통주자본금	100,000	(대)	자기주식	200,000
		감자차손	100,000			

제6절 기타포괄손익누계

포괄손익계산서상의 총포괄손익은 당기순손익과 기타포괄손익(other comprehensive income)으로 구분하여 표시된다. 기말의 마감분개를 통하여 두 항목은 재무상태표로 넘어간다. 당기순손익은 '미처분이익잉여금'으로, 기타포괄손익은 '기타포괄손익누계'로 집합된다.

기타포괄손익은 대부분 자산의 평가손익이다. 해당자산의 평가에서 설명한다. 여기서는 어떤 항목이 있는지 살펴보자.

기타포괄손익누계의 종류

종류	재순환조정 여부
유형,무형자산의 평가시 재평가모형을 적용할 때 인식하는 재평가잉여금	재순환 금지
FVOCI금융자산(채무상품)의 공정가치 평가손익	재순환
FVOCI선택금융자산(지분상품)의 공정가치 평가손익	재순환 금지
FVPL지정금융부채의 신용위험변동에 따른 공정가치평가손익	재순환 금지
확정급여제도의 재측정요소	재순환 금지
기능통화로 작성된 재무제표를 표시통화로 환산하는 과정에서 발생하는 외환차이	재순환
현금흐름회피 파생상품 평가손익 중 위험회피에 효과적인 부분	재순환
지분법자본변동	경우에 따라 재순환 또는 재순환금지

[그림 3] 당기순손익과 기타포괄손익의 마감

포괄손익계산서

	포괄손익계산서		
	매 출 수 익	+++	
	매 출 원 가	---	
	매출총이익	±±±	
	영 업 비 용	---	
	영 업 이 익	±±±	
	영업외손익		
	처 분 손 익	±±±	
자산의 평가손익 →	평 가 손 익	±±±	
	법인세차감전손익	±±±	
	법 인 세	---	
	당기순손익	±±±	→ 마감분개를 통해 이익잉여금으로 대체
(자산의 평가손익) →	기타포괄손익	±±±	→ 마감분개를 통해 기타포괄손익누계으로 대체
	총포괄손익	±±±	

제7절 이익잉여금(retained earnings)

1. 이익잉여금의 의의

이익잉여금이란 기업활동으로부터 획득한 당기순이익 중 사내에 유보한 이익을 말한다. 유보방식은 법정적립금 또는 임의적립금의 형태로 유보하고, 나머지는 미처분이익잉여금의 형태로 유보한다.

[그림 4] 이익잉여금처분계산서

이익잉여금처분계산서	
Ⅰ. 미처분이익잉여금	±±±
1. 전기이월미처분이익잉여금 (또는 전기이월미처리결손금)	
2. 회계정책변경의 누적효과	
3. 오류수정의 누적효과	
4. 중간배당액	
5. 당기순이익(or 당기순손실)	
6. 기타포괄손익(누계)의 이익잉여금 대체	
Ⅱ. 임의적립금이입액	+++
1. 감채적립금	
2. 사업확장적립금	
Ⅲ. 이익잉여금처분액	−−−
1. 이익준비금	
2. 기타법정적립금	
3. 자본조정상계액	
4. 배당금(현금배당 or 주식배당)	
5. 사업확장적립금 등	
6. ………	
Ⅳ. 차기이월미처분이익잉여금	±±±

2. 이익잉여금의 분류

기업의 당기순손익은 마감분개를 통해 '집합손익'계정에서 '미처분이익잉여금'계정으로 대체된다. 미처분이익잉여금은 회사가 벌어들인 이익의 유보액으로서 주주에게 배당가능하지만 모두 배당하지는 않는다. 미래의 재투자를 위해 또는 채권자보호를 위해 법적으로 또는 자발적으로 일부를 유보한다.

법정적립금

상법에 의하면 주식회사는 자본금의 1/2에 달할 때까지 금전에 의한 이익배당액(주식배당 제외)의 1/10이상의 금액을 이익준비금으로 적립하여야 한다. 이익준비금의 적립은 주주총회에서 결정되며 총회일에 다음과 같이 처리한다.

(차) 미처분이익잉여금 ××× (대) 이 익 준 비 금 ×××

법정적립금은 무상증자나 결손보전에 사용할 수 있으며, 일정 조건을 충족하는 경우 배당의 재원으로 사용가능하다.

임의적립금

회사가 임의로 정관에 규정하거나 주주총회의 결의에 의해 특정한 목적을 위하여 적립한 이익잉여금을 말한다. 그 목적에 따라 사업확장적립금, 감채기금적립금, 재해손실적립금 등으로 적립한다. 적립한다는 의미는 '미처분이익잉여금'의 일부를 '××적립금'이라는 이름으로 분류한다는 의미이다. 임의적립금의 적립은 주주총회에서 결정되며 총회일에 다음과 같이 처리한다.

(차) 미처분이익잉여금 ××× (대) 감채기금적립금 등 ×××

임의적립금은 그 목적이 달성되었을 때 주주총회의 결의에 의해 다시 '미처분이익잉여금'으로 환원시킨다. 그것을 임의적립금의 이입이라 하며, 이입 후 다른 임의적립금으로 적립하거나 배당할 수도 있다. 이입의 회계처리는 다음과 같다.

이 입 :	(차) 감 채 기 금 적 립 금	×××	(대) 미처분이익잉여금	×××
적 립 :	(차) 미처분이익잉여금	×××	(대) 사 업 확 장 적 립 금	×××

차기이월미처분이익잉여금

미처분이익잉여금을 처분하고 남은 잔액을 말한다.

차기이월미처분이익잉여금 = 전기이월미처분이익잉여금 ± 당기순손익 + 임의적립금이입액 − 이익잉여금처분액

3. 이익잉여금의 처분

이익잉여금의 처분이란 회사가 벌어들인 이익 중 사내에 유보할 부분, 사외로 유출할 부분, 그리고 자본조정과 상계할 부분을 결정하는 것이다. 이익잉여금의 처분은 주주총회의 결의에 의해 확정되므로 그 회계처리도 주주총회일에 장부에 반영한다. 일반적으로 12월 결산기업의 경우 주주총회는 다음해 2월 ~ 3월에 개최된다.

- 이익잉여금의 처분형태

① 다른 이익잉여금으로 적립하여 사내유보 : 법정적립금, 임의적립금

② 자본조정과 상계 : 자기주식처분손실, 주식할인발행차금, 감자차손 중 해당 자본잉여금과 미상계된 부분을 상계

③ 사외유출 : 배당이나 상여금으로 지급

회계처리

- **결산일** : 마감분개를 통해 당기순이익을 미처분이익잉여금으로 대체한다.

(차) 집합손익	×××	(대) 미처분이익잉여금	×××	

- **주주총회일** : 주주총회의 결의를 통해 이익잉여금을 처분한다.

① 임의적립금의 이입 : 그 목적이 달성된 임의적립금을 미처분이익잉여금으로 환원시킨다.

(차) 임의적립금	×××	(대) 미처분이익잉여금	×××	

② 이익잉여금의 처분

(차) 미처분이익잉여금	×××	(대) 이익준비금	×××	→ 법정적립금 적립
		임의적립금	×××	→ 임의적립금 적립
		감자차손	×××	→ 자본조정액 상계
		미지급배당금(부채)	×××	→ 현금배당
		미교부주식배당금(자본)	×××	→ 주식배당

예제 8 이익잉여금의 처분

다음은 A사의 2001년 12월 31일의 재무상태표에 표시된 이익잉여금의 구성은 다음과 같다.

이익잉여금 기초잔액

이익준비금	100,000
사업확장적립금	50,000
미처분이익잉여금	200,000

2002년 2월 25일 주주총회일 미처분이익잉여금의 처분에 대한 승인이 이루어졌다.

사업확장적립금 이입	50,000
감채기금적립금 적립	60,000
감자차손상계	20,000
현금배당	50,000

이익준비금 적립 : 법정최소금액, 이익준비금은 현재 자본금의 1/2에 미치지 못함

이익잉여금 처분에 관한 분개를 하시오. 사업확장적립금의 목적은 달성하였다.

풀 이

2002. 2. 25	(차)	사업확장적립금	50,000	(대)	미처분이익잉여금	50,000
	(차)	미처분이익잉여금	135,000	(대)	감채기금적립금	60,000
					감 자 차 손	20,000
					미지급배당금	50,000
					이 익 준 비 금	5,000

결손금의 처리

결손금이란 당기순손실이 누적된 것을 말한다. 즉 음(-)의 미처분이익잉여금이다. 결손금이 재무상태표에 표시되는 것은 투자자들에게 부정적인 영향을 주므로 결손금을 메꾸기 위해 이익잉여금, 자본잉여금 심지어 자본금을 사용하기도 한다. 이익잉여금과 자본잉여금으로 메꾸는 것을 '결손보전'이라 하고, 자본금으로 메꾸는 것을 '무상감자'라 한다.

회계처리

- **결산일** : 마감분개를 통해 당기순손실을 미처리결손금으로 대체한다.

(차)	미처리결손금	×××	(대) 집합손익	×××

- **주주총회일** : 미처리결손금을 보전한다.

(차)	이익준비금	×××	(대) 미처리결손금	×××
	임의적립금	×××		
	자본잉여금	×××		

예제 9 결손금의 처리

다음은 A사의 2001년 12월 31일의 재무상태표자본의 일부이다.

자본잉여금	150,000
이익준비금	100,000
사업확장적립금	50,000
미처리결손금	200,000

2002년 2월 25일 주주총회에서 미처리결손금을 임의적립금과 이익준비금, 자본잉여금으로 보전하기로 하다.

풀이

2002. 2. 25	(차)	사업확장적립금	50,000	(대) 미처리결손금	200,000
		이익준비금	100,000		
		자본잉여금	50,000		

제8절 배당(dividend)

배당이란 기업의 배당가능이익 중 일부를 주주들에게 분배하는 것을 말한다. 이익배당은 주주총회의 결의로 정한다. 다만, 정관으로 정하고 외부감사인의 적정의견 및 감사(또는 감사위원)전원의 동의가 있는 경우 이사회결의로 배당할 수 있다.

배당은 주주들의 투자금액(납입자본)에 대한 보상이다. 배당은 이익잉여금(투자수익)에서 지급하여야 하며 납입자본(투자원금)에서 지급해서는 안 된다. 따라서 배당가능이익이 없을 경우 배당하지 않을 수 있다. 이 점이 채권자들에 대한 보상(이자)과 다른 점이다.

배당관련 주요일자

배당기산일

배당금계산의 초일이 되는 날로서 원칙적으로 주식발행일이다.

① 구주(그것에 귀속되는 무상신주): 사업연도 초일

② 기중 발행한 유상신주(그것에 귀속되는 무상신주) : 납입기일의 다음날. 정관에 기재하여 사업연도 초일로 할 수 있다.

투자에 대한 보상은 항상 투자기간을 반영한다. 채권자들이 대출일부터 이자계산을 하듯이, 주주들도 대출일부터 배당금계산을 하여야 할 것이다. 주주의 대출일은 주식을 매입한 날, 정확히 말하면 주식대금을 납입한 날일 것이다. 실무적으로 납입기일의 다음 날부터 배당금 계산이 시작된다.

배당기준일

배당받을 권리를 구분하는 날이다. 통상 회계연도 말일에 주주명부를 작성하며, 그 날 주주명부에 기재된 주주들이 배당을 받을 권리를 갖는다. 배당기준일 현재 주주명부에 이름이 등록된 주주는 배당권을 가지며, 그 다음날에 주주명부에 등록된 주주는 배당권을 갖지 못한다(배당락). 그런데 우리나라는 3일 결제제도를 유지하고 있으므로 주주명부에 등록되기 위해서는 회계연도 말일 3일전에 주식을 매수하여야 한다. 일반적으로 연 1회 배당을 할 경우 배당기준일은 결산일이다.

배당결의일(배당선언일)

주주총회에서 배당을 결의한 날. 그 날부터 회사는 주주들에게 배당을 지급할 의무가 발생한다. 주주총회에서 결의한 사항들이 회계처리되는 날이다.

배당지급일

배당금을 지급하는 날. 배당결의일로부터 1개월 내에 지급된다(상법).

배당관련 용어

배당률(액면배당률)

주식액면금액에 대한 배당금의 비율. 주주들의 배당금계산의 기초가 된다.

$$\text{배당률} = \frac{\text{배당금}}{\text{주식액면금액}}$$

배당성향

당기순이익 중 현금배당액의 비율. 유보율(= 1 − 배당성향)과 역의 관계에 있다.

$$\text{배당성향} = \frac{\text{현금배당액}}{\text{당기순이익}}$$

배당수익률

주가에 대한 주당배당금의 비율. 이때 분자의 주가는 매수주가를 말하며 매수주가는 주주의 투자금이다. 배당수익률은 자본이익률과 함께 주주의 투자수익률을 구성한다.

$$\text{배당수익률} = \frac{\text{주당배당금}}{\text{주가}}$$

$$\text{투자수익률} = \frac{\text{매도주가} - \text{매수주가} + \text{배당금}}{\text{매수주가}} = \text{자본이익률} + \text{배당수익률}$$

현금배당에 대한 회계처리

- 배당기준일 : −분개없음−
- 배당결의일 : (차) 미처분이익잉여금 ××× (대) 미지급배당금 ×××
이익준비금 ×××
감채적립금 ×××
- 배당지급일 : (차) 미지급배당금 ××× (대) 현금 ×××

배당금계산

기업은 배당가능이익의 범위 내에서 배당을 할 수 있다.

상법상 금전배당액의 10%이상을 이익준비금으로 적립하여야 한다. 만약 배당가능이익을 전부 금전으로 배당할 경우 그것의 10%를 이익준비금으로 적립하여야 한다. 따라서 배당가능이익의 10%를 제외한 금액이 최대 배당가능금액이 된다.

최대배당가능이익(x) = 미처분이익잉여금(A) + 임의적립금 이입액(B)
− 기타법정적립금액(이익준비금제외)(C) − 기타이익잉여금처분액(D)*
− 이익준비금(= $0.1\times x$)

* 임의적립금적립액, 자본조정과 상계분 :

$$x = \frac{A+B-C-D}{1.1}$$

일반적으로 기업은 일정수준의 배당액을 선언하고 그 범위 내에서 주주들에게 배분한다.

① 기본배당금

• 배당하기로 선언한금액	××
• 우선주배당금 = 우선주자본금 × 우선주배당률 × 배당횟수(당기포함)	(××)
• 보통주배당금 = 보통주자본금 × 보통주배당률	(××)
• 잔여배당금	××

② 잔여배당금 배분

우선주가 완전참가적 우선주일 경우 다음과 같다.

- 우선주배당금 = 잔여배당금 × $\frac{\text{우선주자본금}}{(\text{우선주자본금} + \text{보통주자본금})}$

• $보통주배당금 = 잔여배당금 \times \dfrac{보통주자본금}{(우선주자본금 + 보통주자본금)}$

예제 10 보통주와 우선주의 배당금

A사의 2003년 12월 31일 현재의 발행주식수는 다음과 같다.

보통주 : 액면금액 1,000원 발행주식수 3,000주
우선주 : 액면금액 1,000원 발행주식수 1,000주

우선주의 경우 2001년과 2002년도에 배당금을 지급하지 못하였다. 2003년도에는 1,500,000원의 배당을 지급할 예정이다. 보통주배당률은 5%, 우선주배당률은 6%로 결정하였다.

다음의 각 경우에 대해서 보통주와 우선주의 배당금을 계산하시오.

1. 우선주가 누적적, 비참가적인 경우
2. 우선주가 비누적적, 참가적인 경우
3. 우선주가 누적적, 참가적인 경우

풀이

1. 누적적, 비참가적 우선주

우선주배당금 = 1,000,000 × 0.06 × 3 = 180,000 → 연체배당금이 포함되어 있다.

보통주배당금 = 3,000,000 × 0.05 = 150,000

잔여배당금 = 1,500,000 − 180,000 − 150,000 = 1,170,000 → 보통주주에게 귀속된다.

최종적으로 우선주배당금 = 180,000

보통주배당금 = 150,000 + 1,170,000 = 1,320,000

2. 비누적적, 참가적 우선주

우선주배당금 = 1,000,000 × 0.06 = 60,000

보통주배당금 = 3,000,000 × 0.05 = 150,000

잔여배당금 = 1,500,000 − 60,000 − 150,000 = 1,290,000

잔여배당금의 분배

우선주배당금 = 1,290,000 × 1,000,000/4,000,000 = 322,500

보통주배당금 = 1,290,000 × 3,000,000/4,000,000 = 967,500

최종적으로 우선주배당금 = 60,000 + 322,500 = 382,500

보통주배당금 = 150,000 + 967,500 = 1,117,500

3. 누적적, 참가적 우선주

우선주배당금 = 1,000,000 × 0.06 × 3 = 180,000 → 연체배당금이 포함됨

보통주배당금 = 3,000,000 × 0.05 = 150,000

잔여배당금 = 1,500,000 − 180,000 − 150,000 = 1,170,000

잔여배당금의 분배

우선주배당금 = 1,170,000 × 1,000,000/4,000,000 = 292,500

보통주배당금 = 1,170,000 × 3,000,000/4,000,000 = 877,500

최종적으로 우선주배당금 = 180,000 + 292,500 = 472,500

보통주배당금 = 150,000 + 877,500 = 1,027,500

연습문제

1 자기주식

4.1	시장에서 유통되고 있는 자기주식 1,000주를 취득하다. 취득원가는 주당 1,500원이다. 액면금액은 1,000원이다.
5.1	자기주식 300주를 매각하다. 매각금액은 주당 1,700원이다.
6.1	자기주식 300주를 매각하다. 매각금액은 주당 1,100원이다.
8.1	자기주식 200주를 소각하다. 소각은 상법상 자본금 감소에 관한 규정을 따른다.

2 이익잉여금의 처분

- 2001년 말 결산결과 3,000,000원의 이익이 보고되다. 전기이월 미처분이익잉여금은 5,000,000원이다.
- 이사회에서 결정된 이익처분계획은 다음과 같다. 2002년 2월 25일 주주총회에서 이익처분계획이 승인되다.

– 이익준비금 적립	250,000
– 임의적립금(감채기금적립금)적립	350,000
– 임의적립금(사업확장적립금)이입	500,000
– 현금배당	500,000
– 주식배당	400,000

주주총회일의 회계처리를 하시오.

3 배당

A사의 2003년 12월 31일 현재의 자본금에 관한 사항은 다음과 같다.

보통주 : 액면금액 5,000원　발행주식수 3,000주
우선주 : 액면금액 5,000원　발행주식수 1,000주

우선주의 경우 2001년과 2002년도에 배당금을 지급하지 못하였다. 2003년도에는 2,500,000원의 배당을 지급할 예정이다. 보통주배당률은 5%, 우선주배당률은 6%로 결정하였다.

우선주가 누적적, 참가적인 경우, 보통주와 우선주의 배당금을 계산하시오.

4 유상증자

A사의 2001년 1월 1일 현재의 자본금에 관한 사항은 다음과 같다.

보통주 : 액면금액 5,000원　발행주식수 3,000주

A사는 기초 자본금의 20%에 해당하는 유상증자를 실시하기로 하고, 2001년 3월 15일 청약증거금 500,000원을 수취하였다. 신주는 2001년 4월 10일 발행하였고 신주대금을 전액 납입받다. 신주 발행가액은 주당 15,000원이며, 발행수수료 50,000원을 지급하였다.

분개하시오.

연습문제 해답

1

	일자		차변 계정	금액		대변 계정	금액
❶	4.1	(차)	자 기 주 식	1,500,000	(대)	자 본 금	1,000,000
						주식발행초과금	500,000
❷	5.1	(차)	현 금	510,000	(대)	자 기 주 식	450,000
						자기주식처분이익	60,000
❸	6.1	(차)	현 금	330,000	(대)	자 기 주 식	450,000
			자기주식처분이익	60,000			
			자기주식처분손실	60,000			
❹	8.1	(차)	자 본 금	200,000	(대)	자 기 주 식	300,000
			감 자 차 손	100,000			

2

	차변 계정	금액		대변 계정	금액
(차)	집 합 손 익	3,000,000	(대)	미처분이익잉여금	3,000,000
(차)	사업확장적립금	500,000	(대)	미처분이익잉여금	500,000
(차)	미처분이익잉여금	1,500,000	(대)	이 익 준 비 금	250,000
				감채기금적립금	350,000
				미 지 급 배 당 금	500,000
				미교부주식배당금	400,000

3

우선주 배당금 = 5,000 × 1,000주 × 0.06×3회 = 900,000
보통주 배당금 = 5,000 × 3,000주 × 0.05 = 750,000
잔여 배당금 = 2,500,000 − (900,000 + 750,000) = 850,000

〈잔여배당금 배분〉

우선주 배당금 = 850,000 × 5,000,000/20,000,000 = 212,500
보통주 배당금 = 850,000 × 15,000,000/20,000,000 = 637,500

우선주 배당금 총액 = 900,000 + 212,500 = 1,112,500
보통주 배당금 총액 = 750,000 + 637,500 = 1,387,500

4

2001. 3.15	(차)	현 금	500,000	(대)	신주청약증거금	500,000 → 자본조정항목
2001. 4.10	(차)	신주청약증거금	500,000	(대)	자 본 금	3,000,000
		현 금	8,500,000		주식발행초과금	6,000,000
	(차)	주식발행초과금	50,000	(대)	현 금	50,000

저자약력

심호석

〈약력〉

경성대학교 회계학과 졸업

고려대학교 대학원 경영학석사(회계학 전공)

고려대학교 대학원 경영학박사(회계학 전공)

영국 Lancaster University 방문교수

아산세무서 국세심사의원

현, 선문대학교 경영학과 회계학 교수

〈논문〉

On the role conflict of auditors in Korea, Accounting Auditing Accountability Journal(1999)

감사인합병과 감사품질, 회계학연구(2005)

전기오류수정에 관한 정책변경효과 : 손익조정 대 이익잉여금조정, 회계학연구(2005)

BIG회계법인과의 제휴가 국내감사인의 인증가치에 미치는 영향, 회계저널(2011)

개념을 잘 설명하는 IFRS 재무회계 (제2판)

초판발행 • 2021. 9. 13
2판발행 • 2022. 8. 26

저자와의 협의하에 인지 생략

지은이 • 심 호 석
펴낸이 • 김 대 명
펴낸곳 • 나우퍼블리셔
등록번호 • 2020년 1월 20일 (제2020-000005호)

주소 • 서울특별시 성동구 한림말5길 11 덕성빌딩
전화 • 010-9133-5272 | 팩스 02-6305-3639
전자우편 • nowpublisher@daum.net
홈페이지 • www.nowpublisher.co.kr
ISBN • 979-11-91345-56-8 93320

정가 25,000 원